《中华易学》编辑委员会

中华易学

爱新觉罗毓鋆题签

第十三卷

张涛 主编

文物出版社

图书在版编目（CIP）数据

中华易学．第十三卷 ／ 张涛主编．－－ 北京：文物
出版社，2024.6．－－ ISBN 978-7-5010-8481-4

Ⅰ．B221.5

中国国家版本馆 CIP 数据核字第 2024R7H621 号

中华易学（第十三卷）

主　　编：张　涛

责任编辑：刘永海
责任印制：张道奇

出版发行：文物出版社
社　　址：北京市东城区东直门内北小街 2 号楼
邮　　编：100007
网　　址：http://www.wenwu.com
邮　　箱：wenwu1957@126.com
经　　销：新华书店
制版印刷：北京世纪恒宇印刷有限公司
开　　本：710mm×1000mm　1/16
印　　张：26
版　　次：2024 年 6 月第 1 版
印　　次：2024 年 6 月第 1 次印刷
书　　号：ISBN 978-7-5010-8481-4
定　　价：70.00 元

目　录

《离骚》与古代易学

连劭名

摘要：《离骚》是中国古代浪漫主义诗人屈原的代表作。王逸《离骚经章句·叙》云："夫《离骚》之文，依托《五经》以立义焉。"又云："'夕览洲之宿莽'，则《易》'潜龙勿用'也；驷玉虬而乘鹥，则'时乘六龙以御天'也。"离、遁同义，《周易·遁·象》云："君子以远小人，不恶而严。"此说最合《离骚》主旨。《离骚》云"纷吾既有此内美兮"，即坤阴之美，《周易·坤·文言》云："阴虽有美，含之以从王事，弗敢成也。"又云："君子黄中通理，正位居体，美在其中，而畅于四支，发于事业，美之至也。"

关键词：《楚辞》《离骚》 易学

一

司马迁《史记·屈原贾生列传》云："屈平疾王听之不聪也，谗谄之蔽明也，邪曲之害公也，方正之不容也。故忧愁幽思而作《离骚》。离骚者，犹离忧也。"又云："明道德之广崇，治乱之条贯，靡不毕见。其文约，其辞微，其志洁，其行廉。其称文小而其指极大，举类迩而见义远。其志洁，故其称物芳。其行廉，故死而不容。自疏濯淖污泥之中，蝉蜕于浊秽，以浮游尘埃之外，不获世之滋垢，皭然泥而不滓者也。推此志也，虽与日月争光可也。"王逸《离骚经章句·叙》云："夫《离骚》之文，依托《五经》以立义焉。"又云："夕览洲之宿莽，则《易》潜龙勿用也；驷玉虬而乘鹥，则时乘六龙以御天也。"《文心雕龙·辨骚》云："《离骚》之文，依经立义，驷虬乘鹥，则时乘六龙；昆仑流沙，则《禹贡》敷土。"

离、遁义通。《周易·遁·象》云："天下有山，遁，君子以远小人，不恶而严。"《广雅·释诂三》云："遁，去也。"《广雅·释诂二》云："离，去也。"《离骚》云："余既不难夫离别兮，伤灵修之数化。"《周易·遁》初六云："遁尾。"王弼注："遁之为义，辟内而之外者也。"《周易·杂卦》云："睽，外也；家人，内也。"《左传·僖公十五年》云："遇《归妹》之《睽》。"杜预注："睽者，乖离之象。"家人，同族之人。《周礼·大司徒》云："五族为党。"《礼记·奔丧》云："哭父之党于庙。"郑玄注："党谓族类无服者。"《离骚》云："惟夫党人之偷乐兮，路幽昧以险隘。"又云："惟此党人之不谅兮，恐嫉妒而折之。"党人如言乡人，《礼记·乡饮酒义》云："乡饮酒之义。"郑玄注："州党，乡之属也。"离、断同义，《礼记·丧服四制》云："门内之治恩掩义，门外之治义断恩。"《左传·昭公六年》云："断之以刚。"杜预注："义断恩。"

《周易·遁·象》侯果注："群小浸盛，刚德殒削，故君子避之。高尚林野，但矜严于外，亦不憎恶于内，所谓吾家耄逊于荒也。"《国语·周语》云："夫事君者，险而不怼，怨而不怒，况事王乎。"《史记·屈原贾生列传》云："《国风》好色而不淫，《小雅》怨诽而不乱，若《离骚》者，可谓兼之矣。"《论语·阳货》云："子贡曰：君子亦有恶乎？子曰：有恶。恶称人之恶者，恶居下流而讪上者，恶勇而无礼者，恶果敢而窒者。"皇侃疏："恶，谓憎疾也。"

政治昏暗，义士去国。《尚书·微子》云："曰：父师、少师，我其发出狂，吾家耄，逊于荒。""出""往"同义，《左传·成公十三年》杜预注:"出入,犹往来也。"《周易·咸》云:"憧憧往来。"虞翻注:"之外为往。""狂"读为往,《管子·权修》云:"无以畜之,则往而不可止。"尹知章注:"往,谓亡去也。"《左传·昭公七年》云:"取而臣以往。"杜预注:"往,去也。"故"狂吾家"即"去吾家",指"义断恩"。"髦"读为"覒",《方言十三》云:"覒,好也。"《尔雅·释诂》云:"逊,遁也。"《周易·遁》九四云:"好遁,君子吉。"《离骚》云:"忽反顾以游目兮,将往观乎四荒。"王逸注:"荒,远也。"《楚辞·惜誓》云:"彼圣人之神德兮,远浊世而自藏,使麒麟可得羁而系兮,又何以异乎牛羊。"《孟子·公孙丑上》云:"孟子曰:伯夷,非其君不事,非其友不友。不立于恶人之朝,不与恶人言。立于恶人之朝,与恶人言,如以朝衣朝冠坐于涂炭。推恶恶之心,思与乡人立,其冠不正,望望然去之,若将浼焉。"

《周易·杂卦》云:"遁则退也。"《老子》第九章云:"功成,名遂,身退,天之道也。"《离骚》云:"进不入以离尤兮,退将复修吾初服。"《庄子·缮性》云:"无以反其性情而复其初。"郭象注:"初谓性命之本。"《淮南子·本经》云:"神明定于天下而心反其初。"《易纬乾凿度上》云:"太初者,气之始也。"郑玄注:"元气之所本始。"《孟子·公孙丑上》云:"敢问夫子恶乎长?曰:我知言,我善养吾浩然之气。敢问何谓浩然之气?曰:难言也。其为气也,至大至刚,以直养而无害,则塞于天地之间。其为气也,配义与道,无是,馁也。"

《周易·序卦》云:"家道穷必乖,故受之以睽。睽者乖也,乖必有难,故受之以蹇,蹇者难也。"《方言六》云:"骚,蹇也。吴楚偏蹇曰骚。"《广雅·释诂三》云:"骚,蹇也。"故"离骚"者,乖离之难。《广雅·释诂三》云:"乖者,离也。"《周易·系辞下》云:"弦木为弧,剡木为矢,弧矢之利,以威天下,盖取诸睽。"《说文》云:"义,己之威仪也。"天道如弓,《礼记·射义》云:"射者,仁之道也。射求正诸己,己正而后发,发而不中,则不怨胜己者,反求诸己而已矣。"《周易·系辞下》云："《易》曰：公用射隼于高墉之上，获之，无不利。"子曰："隼者禽也；弓矢者，器也；射之者，人也。君子藏器于身，待时而动，何不利之有？"《离骚》云："曾歔欷余郁邑兮，哀朕时之不当。"又云："及年岁之未晏兮，时亦犹其未央。"

二

《离骚》云：

> 纷吾既有此内美兮，又重之以修能。扈江离与辟芷兮，纫秋兰以为佩。汩余若将不及兮，恐年岁之不吾与。朝搴阰之木兰兮，夕揽洲之宿莽。日月忽其不淹兮，春与秋其代序。惟草木之零落兮，恐美人之迟暮。不抚壮而弃秽兮，何不改乎此度？乘骐骥以驰骋兮，来吾道夫先路。

王逸注："纷，盛貌。五臣曰：内美，谓忠贞。"又云："修，远也。言己之生，内含天地之美气，又重有绝远之能，与众异也。言谋足以安社稷，智足以解国患，威能制强御，仁能怀远人。"今按：《周易·巽》九二云："用史巫纷若。"《象》云："纷若之吉，得中也。"《周易·坤·文言》云："君子黄中通理，正位居体，美在其中，而畅于四支，发于事业，美之至也。"《论语·里仁》云："子曰：里仁为美。择不处仁，焉得知？"旧解以"里"为乡里，不确。《说文》云："里，居也。"《孟子·尽心上》云："居恶在？仁是也。路恶在？义是也。居仁由义，大人之事备矣。"故"里仁"即"内美"。《离骚》又云："羌内恕己以量人兮，各兴心而嫉妒。"《说文》云："恕，仁也。"

洪兴祖《补注》云："重，储用切，再也。非轻重之重。"不确。《说文》云："重，厚也。"《周易·坤·象》云："君子以厚德载物。"《周易·系辞上》云："子曰：劳而不伐，有功而不德，厚之至也。"《论语·泰伯》云："曾子曰：士不可不弘毅，任重而道远，仁以为己任，不亦重乎？死而后已，不亦远乎？"《韩非子·喻老》云："制在己曰重。"《春秋繁露·仁义法》云："求诸己谓之厚。"《老子》第二十六章云："重为轻根，静为躁君，是以圣人终日行，不离辎重。"《周易·系辞下》云："服牛乘马，引重致远，以利天下，盖取诸随。"虞翻注："坤为重。"《周易·随·彖》云："随，刚来而下柔，动而说。随，大亨贞无咎，而天下随时，随时之义大矣哉！"

王逸注："汩，去貌。疾若水流也。"洪兴祖《补注》云："五臣云，岁月行疾，若将追之不及。"《论语·子罕》云："子在川上曰：逝者如斯夫，不舍昼夜。"朱熹《集注》云："天地之化，往者过，来者续，无一息之停，乃道体之本然也。然而可指见者，莫如川流。故于此发以示人，欲学者时时省察，而无毫发之间断也。"《周易·乾·文言》云："终日乾乾，与时偕行。"

王逸注："言我念年命汩然流去，诚欲辅君，心中汲汲，常若不及，又恐年岁忽过，不与我相待，而身老耄也。"论《周易·乾·文言》云："子曰：上下无常，非为邪也，进退无恒，非离群也。君子进德修业，欲及时也。故无咎。"又云："子曰：君子进德修业，忠信所以进德也。修辞立其诚，所以居业也。知至至之，可与言几也，知终终之，可与存义也。是故居上位而不骄，在下位而不忧，故乾乾因其时而惕，虽危无咎矣。"《释名·释言语》云："业，捷也，事捷乃有功业也。"《小尔雅·释诂》云："捷，及也。"

王逸注："言己旦起升山采木兰，上事太阳，承天度也；夕入洲泽采取宿莽，下奉太阴，顺地数也。"又云："代，更也。序，次也。言日月昼夜常行，忽然不久。春往秋来，以次相代。言天时易过，人年易老。"今按：《周易·系辞下》云："日往则月来，月往则日来，日月相推而明生焉。寒往则暑来，暑往则寒来，寒暑相推而岁成焉。往者屈也，来者信也，屈信相感而利生焉。尺蠖之屈，以求信也，龙蛇之蛰，以存身也，精义入神，以致用也，利用安身，以崇德也。过此以往，未之或知也。穷神知化，德之盛也。"

王逸注："迟，晚也。美人，谓怀王也。人君服饰美好，故言美人也。言天时运转，春生秋杀，岁复尽矣，而君不建立道德，举贤用能，则年老耄晚暮，而功不成，事不遂也。"今按："美人"是屈原自喻，非指楚王。"迟暮"，如今语"落后"。《周易·归妹》九四云："归妹愆期，迟归有时。"《释名·释言语》云："迟，颓也，不进之言也。"《广雅·释诂二》云："迟，缓也。"《释名·释言语》云："缓，浣也，断也，持之不急，则动摇浣断，自放纵也。""暮"，古作莫，《说文》云："晚，莫也。"《广雅·释诂四》云："晚，后也。"

王逸注："改，更也。言愿令君甫及年德，盛壮之时，修明政教，弃去谗佞，无令害贤，改此惑误之度，修先王之法也。"今按："度"，行。《淮南子·兵略》云："诎伸不获五度。"高诱注："五度，五行也。"《周易·益·象》云："君子以见善则迁，有过则改。"

王逸注："骐骥，骏马也。以喻贤智。言乘骏马，一日可致千里，以言任贤智，则可成于治也。"又云："路，道也。言己如得任用，将驱先行，愿来随我，遂为君王导入圣王之道也。"今按："骐骥"比喻天数。马王堆帛书《易传·系辞》云："是故易有大恒，是生两仪，两仪生四马，四马生八卦。"四马即四数，指七八九六，相加得三十，为一月之数，《大戴礼记·本命》云："辰主月，月主马，故马十二月而生。"一岁十二月。《礼记·月令》云："其数八。"郑玄注："数者，五行佐天地，生物、成物之次也。"

"吾道"指"道枢"。楚地语言中"吾"同"郊"。《汉书·汲黯传》云："楚地之郊也。"颜师古注："郊，谓郊道，冲要之处也。"《汉书·郑当时传》云："常置驿马长安诸郊。"颜师古注："郊，交道，四通处也。"《韩非子·扬权》云："事在四方，要在中央，圣人执要，四方来效。"《文子·道原》云:"古者三皇,得道之统,立于中央,神与化游,以抚四方。"《素问·天元纪大论》云:"至数之要,愿尽闻之。"王冰注:"要,枢纽也。"《庄子·齐物论》云:"果且有彼是乎哉?果且无彼是乎哉?彼是莫得其偶,谓之道枢。枢始得其环中,以应无穷。"《鹖冠子·环流》云:"惟圣人究道之情,唯道之法,公政以明。斗柄东指,天下皆春。斗柄南指,天下皆夏。斗柄西指,天下皆秋。斗柄北指,天下皆冬。斗柄运于上,事立于下。斗柄指一方,四塞皆成,此道之用法也。"中、当同义。《管子·白心》云:"建当立有,以靖为宗,以时为宝,以政为仪,和则能久。"又,"先路"如言"前路",《说文》云:"先,前进也。"又云:"前,不行而进谓之前。"

三

《离骚》云:

> 余故知謇謇之为患兮,忍而不能舍也。指九天以为正兮,夫唯灵修之故也。曰黄昏以为期兮,羌中道而改路。初既与余成言兮,后悔遁而有他。余既不难夫离别兮,伤灵修之数化。

王逸注:"謇謇,忠贞貌也。《易》曰:王臣謇謇,匪躬之故。"又云:"舍,止也。言己知重言謇謇谏君之过,必为身患,然中心不能自止而不言也。"今按:"謇謇"指修身。《一切经音义》卷二八古文"謇"有二形,一为蹇,一为从言从虔;《谷梁传·昭公十一年》云:"楚子虔。"《释文》云:"虔,或作乾。"《周易·蹇》上互离,六二云:"王臣蹇蹇,匪躬之故。"《象》云:"王臣蹇蹇,终无尤也。"故"謇謇""蹇蹇"皆可读为"乾乾",《周易·乾》九三云:"君子终日乾乾,夕惕若,厉无咎。"

"匡躬"，无私。"患"非指"身患"，《广雅·释诂四》云："患，苦也。"《孟子·告子下》云："故天将降大任于是人也，必先苦其心志，劳其筋骨，饿其体肤，空乏其身，行拂乱其所为，所以动心忍性，曾益其所不能。"《周易·困·象》云："君子以致命遂志。"《周易·系辞下》云："困，德之辨也。"

《周易·蹇》云："利西南，不利东北，利见大人，贞吉。"《彖》云："蹇，难也。险在前也，见险而能止，知矣哉。蹇利西南，往得中也。不利东北，其道穷也。利见大人，往有功也。当位贞吉，以正邦也。蹇之时用大义哉。"《象》云："君子以反身修德。"《离骚》云："民生各有所乐兮，余独好修以为常。虽体解吾犹未变兮，岂余心之可惩。"又云："汝何博謇而好修兮，纷独有此姱节。"

五臣云："恐君之败，故忍此祸患，而不能止。"今按："忍"非指祸患。《释名·释言语》云："仁者忍也，好生恶杀，善含忍也。"《荀子·儒效》云："志忍私然后能公，行忍性情，然后能修。"《离骚》云："屈心而抑志兮，忍尤而攘垢。伏清白以死直兮，固前圣之所厚。"

王逸注："指，语也。九天，谓中央八方也。正，平也。"五臣云："九，阳数，谓天也。"《周易·乾·文言》云："乾元用九，乃见天则。"《管子·五行》云："天道以九制。"尹知章注："九，老阳之数。"《汉书·律历志上》云："九者，所以究极中和，为万物元也。"

洪兴祖《补注》云："一本有此二句，王逸无注；至下文'羌内恕己以量人'，始释羌义，疑此二句后人所增耳。《九章》曰：昔君与我诚言兮，曰黄昏以为期。羌中道而回畔兮，反既有此他志。与此语同。"今按："成言"者，有始有终。《周易·说卦》云："艮，东北之卦也，万物之所成终而所成始也，故曰成言乎艮。""黄昏"指永久。《淮南子·天文》云："日至于虞渊，是谓黄昏。"《说文》云："昏，日冥也。"冥、昧同义。《周易·归妹·象》云："泽上有雷，归妹，君子以永终知敝。"妹通昧。"永终"即永久，《周易·坤》用六云："利永贞。"《象》

云："用六永贞，以大终也。"

四

《离骚》云：

> 众皆竞进以贪婪兮，凭不厌乎求索。羌内恕己以量人兮，各兴心而嫉妒。

王逸注："凭，满也。楚人名满为凭。言在位之人，无有清洁之志，皆并进取，贪婪于财利，中心虽满，犹复求索，不知厌饱也。"今按：王说可商。"凭"读为朋。言众人所求皆财利。若人之交友，多多益善，不厌求索。《诗经·伐木》毛诗序云："燕朋友故旧也。自天子至于庶人，未有不须友以成者，亲亲以睦，有贤不弃，不遗故旧也，则民德归厚矣。"诗云："伐木丁丁，鸟鸣嘤嘤。出自幽谷，迁于乔木。嘤其鸣矣，求其友声。相彼鸟矣，犹求友声。矧伊人矣，不求友声。神之听之，终和且平。"郑玄笺："以可否相增减曰和。平，齐等也。此言心诚求之，神若听之，使得如志，则友终相与和而齐功也。"徐幹《中论·贵验》云："小人尚明鉴，君子尚至言。至言也，非贤友则无取之，故君子必求贤友也。《诗》曰：伐木丁丁，鸟鸣嘤嘤。出自幽谷，迁于乔木。言朋友之义，务在直切，以升于善道也。"《周易·兑·象》云："君子以朋友讲习。"

《周易·坤·象》云："西南得朋，乃与类行。"《鹖冠子·环流》云："通之谓类。"《周易·同人·彖》云："文明以健，中正而应，君子正也，唯君子为能通天下之志。"《象》云："天与火，同人，君子以类族辨物。""得朋"象征得天命，《周易·乾·文言》云："子曰：同声相应，同气相求，水流湿，火就燥，云从龙，风从虎，圣人作而万物睹。

本乎天者亲上，本乎地者亲下，则各从其类也。"《离骚》云："路曼曼其修远兮，吾将上下而求索。"《论语·学而》云："有朋自远方来，不亦乐乎？"朱熹《集注》云："朋，同类也。自远方来，则近者可知。程子曰：以善及人，而信从者众，故可乐。说在心，乐主发散在外。"君子得朋，自求于己。《论语·卫灵公》云："子曰：君子求诸己，小人求诸人。"郭店楚简《君子》云："故君子所复之不多，所求之不远，窃反诸己而可以知人。是故欲人之爱己也，则必先爱人，欲人之敬己也，则必先敬人。"《吕氏春秋·举难》云："故君子责人则以仁，自责则以义。责人以仁则易足，易足则得人；自责以义则难为非，难为非则行饰，故任天地而有余。不肖者则不然，责人则以义，自责则以仁。责人以义则难赡，难赡则失亲；自责以仁则易为，易为则行苟，故天下大而不容也。身取危，国取亡焉。此桀纣幽厉之行也。"

五

《离骚》云：

> 忽驰骛以追逐兮，非余心之所急。老冉冉其将至兮，恐修名之不立。朝饮木兰之坠露兮，夕餐秋菊之落英，苟余情其信姱以练要兮，长顑颔亦何伤。

王逸注："言众人所以驰骛惶遽者，争追逐权贵，求财利也，故非我心之所急。"今按："追逐"比喻竞争。《尉缭子·兵令》云："争者，事之末也。"《说苑·指武》云："争者，逆德也。"《老子》第八章云："上善若水，水善利万物而不争，处众人之所恶，故几于道。"又云："夫唯不争，故无尤。"《老子》第六十六章云："以其不争，故天下莫能与之争。"河上公注："天下无厌圣人时，是由圣人不与人争先后也。言人皆有为，无有与吾争无为。"《周易·谦》云："谦亨，君子有终。"《彖》云："谦亨。天道下济而光明，地道卑而上行。天道亏盈而益谦，地道变盈而流谦，鬼神害盈而福谦，人道恶盈而好谦，谦尊而光，卑而不可踰，君子之终也。"《周易·系辞下》云："谦，德之柄也。"

王逸注："立，成也。言人年命冉冉而行，我之衰老，将以来至，恐修身建德，而功不成名不立也。《论语》曰：君子疾没世而名不称焉。屈原建志清白，贪流名于后世也。"今按："成名"，非贪流名于后世。《论语·里仁》云："子曰：富与贵，是人之所欲也；不以其道得之，不处也。贫与贱，是人之所恶也，不以其道得之，不去也。君子去仁，恶乎成名；君子无终食之间违仁，造次必于是，颠沛必于是。"故"成名"者，成人之名；人无仁义，等同禽兽。《礼记·中庸》云："成己，仁也；成物，知也；性之德也，合外内之道，故时措之宜也。"《周易·系辞上》云："成性存存，道义之门。"

五臣云："苟，且；姱，大；练，择也。且信大择道要而行。"洪兴祖《补注》云："信姱，言实好也，与信芳、信美同意。"今按：马王堆帛书《黄帝四经·十大经·雌雄节》云："凡人好用〔雌节〕，是胃承禄。富者则昌，贫者则谷。以守则宁，以作事则成。以求则得，以单则克。厥身则〔寿，子孙则殖，是谓吉〕节，是胃绔德。"又云："皇后屯磿吉凶之常，以辩雌雄之节，乃分祸福之乡。宪敖骄居，是胃雄节；〔晃湿〕共验，是胃雌节。夫雄节者，涅之徒也；雌节者，兼之徒也……夫雄节而数得，是胃积英；凶忧重至，几于死亡。雌节而数亡，是胃积德；慎戒毋法，大禄将极。"

王逸注："顑颔，不饱貌。言己饮食清洁，诚欲使我形貌信而美好，中心简练，而合于道要，虽长顑颔，饥而不饱，亦何所伤也。何者？众人苟欲饱于财利，己独欲饱于仁义也。"

洪兴祖《补注》云："言我中情实美，又择要道而行，虽颜色憔悴，形容枯槁，亦何伤乎？彼先口体而后仁义，岂知要者。或曰：有道者虽贫贱，而容貌不枯。屈原何为其顑颔也？曰：当是时，国削君辱，原独得不忧乎？"今按："顑"，《说文》云："读若戆。"马王堆帛书《周易》坎作赣。《周易·说卦》云："坎者水也，正北方之卦也；劳卦也，万物之所归也，故曰劳乎坎。"《国语·晋语》云："坎，劳也，水也，众也。"《淮南子·精神》云："竭力而劳万民。"高诱注："劳，忧也。"《吕氏春秋·爱类》云："勤劳为民，无苦乎禹者也。""颔"读为钦，《尔雅·释训》云："钦钦，忧也。"《尚书·尧典》云："钦明文思。"郑玄注："敬事节用谓之钦。"

六

《离骚》云：

> 揽木根以结茝兮，贯薜荔之落蕊。矫菌桂以纫蕙兮。索胡绳之纚纚。謇吾法夫前修兮，非世俗之所服，虽不周于今之人兮，愿依彭咸之遗则。

王逸注："揽，持也。根以喻本。"洪兴祖《补注》云："《荀子》云：兰槐之根，是为芷。注云：苗名兰槐，根名芷。然则木根与茝皆喻本也。"今按：《说苑·建本》云："孔子曰：君子务本，本立而道生。"又云："《易》曰：建其本而万物理，失之毫厘，差以千里。是故君子贵建本而重立始。"根同艮，《周易·艮·象》云："兼山艮，君子以思不出其位。"

震、巽皆为木。《周易·益》下震上巽，下互坤，《象》云："利涉大川，木道乃行，益动而巽，日进无疆，天施地生，其益无方。凡益之道，与时偕行。"《周易·涣》下坎上巽，下互震，《象》云："利涉大川，乘木有功也。"坤为川，坎为水，《说文》云："川，贯穿通流水也。"《周易·蒙》初六云:"用说桎梏。"虞翻注:"坎为穿木。"木根为静,流水为动,《周易·系辞上》云:"动静有常,刚柔断矣。"

王逸注:"矫,直也。"又云:"胡绳,香草也。纚纚,索好貌。言己行虽据履根本,犹复矫直菌桂芬香之性,纫索胡绳,令之泽好,以善自约束,终无懈倦也。"今按:《庄子·天下》云:"以绳墨自矫。"郭象注:"矫,厉也。"《周易·说卦》云:"坎为矫𫐓。"宋衷注:"曲者更直为矫,直者更曲为𫐓。水流有曲直,故为矫𫐓。"老子云上善若水。"菌"与"桂"比喻人之本性。《礼记·中庸》云:"天命之谓性。"《淮南子·道应》云:"朝菌不知晦朔。"高诱注:"朝菌,朝生暮死之虫也。"故"菌"象征一日之命。《楚辞·远游》云:"嘉南州之炎德兮,丽桂树之冬荣。"王逸注:"元气温煖,不凋零也。"洪兴祖《补注》云:"桂凌冬不凋。""桂"可超越四时,象征大命。《逸周书·命训》云:"曰大命有常,小命日成。""纫蕙"为香草,象征公德,《周易·系辞上》云:"二人同心,其利断金。同心之言,其臭如兰。"

《广雅·释诂三》云:"纫,索也。"《左传·定公四年》云:"疆以周索。"杜预注:"索,法也。"《广雅·释诂一》云:"胡,大也。"故"胡绳"比喻天纲,《诗经·卷阿》云:"颙颙卬卬,如珪如璋,令闻令望。岂弟君子,四方之纲。"徐幹《中论·修本》:"举珪璋以喻其德,贵不变也。"《淮南子·时则》云:"天为绳……绳者,所以绳万物也。"《淮南子·主术》云:"绳之于内外,无私曲直,故可以为正。"《文选·景福殿赋》云:"若幽星之纚连也。"李善注:"纚,相连之貌。"

王逸注:"言我忠信謇謇者,乃上法前世远贤,固非今时俗之人所服行也。一云:謇,难也。言己服饰虽为难法,我仿前贤以自修洁,非本今世俗人之所服佩。"五臣云:"言我所以遭难者,吾法前修道德之人,故不为代俗所用。"今按:"前修"指"旧德",《周易·讼》六三云:"食旧德,贞厉,终吉。"《象》云:"食旧德,从上吉也。"前贤是古人,《诗经·绿衣》云:"我思古人,俾无訧兮。"郑玄笺:"古人,谓制礼者。我思此人定尊卑，使人无过差之行，心善之也。"又云："我思古人，实获我心。"郑玄笺："古之圣人制礼者，使夫妇有道，妻妾贵贱各有次序。"

七

《离骚》云：

> 长太息以掩涕兮，哀民生之多艰。余虽好修姱以鞿羁兮，謇朝谇而夕替。既替余以蕙纕兮，又申之以揽茝，亦余心之所善兮，虽九死其犹未悔。

王逸注："艰，难也。言己自伤所行不合于世，将效彭咸沈身于渊，乃太息长悲，哀念万民受命而生，遭遇多难，以陨其身。申生雉经，子胥沈江，是谓多难也。"今按："太息""掩涕"，忧患之象。《周易·系辞下》云："《易》之兴也，其于中古乎？作《易》者其有忧患乎？"《释名·释言语》云："哀，爱也，爱乃思念之也。"楚竹书《用曰》云："思民之初生，多险而难成。"《说文》云："屯，难也，象草木之初生，屯然而难。"《周易·屯·彖》云："屯，刚柔始交而难生，动乎险中。大亨贞，雷雨之动满盈，天造草昧，宜建侯而不宁。"《周易·杂卦》云："屯见而不失其居。"《孝经》云："仲尼居。"《释文》引孔注："居，静而思道也。"

王逸注："鞿羁，以马自喻。辔在口曰鞿，革络头曰羁言为人所系累也。"今按："姱"读为夸，《诗经·板》云："无为夸毗。"毛传："夸毗，体柔人也。"《史记·屈原贾生列传》云："夸者死权。"《集解》引应劭曰："夸，毗也。"《诗经·节南山》云："天子是毗。"毛传："毗，厚也。"毗读为卑，天尊地卑，《周易·坤·象》云："地势坤，君子以厚德载物。""鞿羁"比喻自我约束。《淮南子·修务》云："形夸骨佳。"高诱注："夸，弱也。"《老子》第三章云："虚其心，实其腹，弱其志，强其骨。"

王逸注："谇，谏也。《诗》曰：谇予不顾。替，废也。言己虽有绝远之智，姱好之姿，然以为馋人所鞿羁而系累矣。故朝谏謇謇于君，夕暮而身废弃也。"今按："謇"读为乾。"谇"读为迅。《诗经·墓门》云："歌以讯之。"《释文》云："讯，本作谇。"《尔雅·释诂》云："替，止也。"朝日而动，夕夜而静，君子与时偕行。《周易·乾·文言》云："九三云：君子终日乾乾，夕惕若厉。何谓也？子曰：君子进德修业，忠信所以进德也，修辞立其诚，所以居业也。知至至之，可与言几也，知终终之，可与存义也。是故居上位而不骄，在下位而不忧，故乾乾因其时而惕，虽危无咎也。"

王逸注："纕，佩带也。"又云："又，复也。言君所以废弃己者，以余带佩众香，行以忠正之故也。然犹复重引芳茝，以自结束，执志弥笃也。"今按："替"非废弃之义。"替"，止也。《礼记·檀弓上》云："吉事虽止不殆。"郑玄注："止，立俟时事也。"《周易·贲·彖》云："文明以止，人文也。"《周易·艮·彖》云："艮，止也。时止则止，时行则行，动静不失其时，其道光明。艮其止，止其所也。"

"蕙纕"即香囊。《淮南子·诠言》云："故广成子曰：慎守而内，周闭而外，多知为败，毋视毋听，抱神以静，形将自正，不得之己而能知彼者，未之有也。故《易》曰：括囊，无咎无誉。"又，《释名·释姿容》云："揽，敛也，敛置手中也。"《汉书·礼乐志》云："茝兰芳。"颜师古注："茝即今白芷。"《周易·大过》初九云："藉用白茅，无咎。"《象》云："藉用白茅。柔在下也。"《周易·姤》九二云："苞有鱼，无咎，不利宾。"《象》云："苞有鱼，义不及宾也。"虞翻注："巽为白茅。"《周易·系辞下》云："巽，德之制也。"《三国志·魏志·李通传》裴松之注引李秉《家诫》云："夫清者不必慎，慎者必自清。亦犹仁者必有勇，勇者不必有仁。是以《易》称括囊无咎，藉用白茅。皆慎之至也。"

八

《离骚》云：

> 众女嫉余之蛾眉兮，谣诼谓余以善淫。固时俗之工巧兮，偭
> 规矩而改错。背绳墨以追曲兮，竞周容以为度。忳郁邑余侘傺兮，
> 吾独穷困乎此时也。宁溘死以流亡兮，余不忍为此态也。鸷鸟之
> 不群兮，自前世而固然。

王逸注："偭，背也。圆曰规，方曰矩。改，更也。错，置也。言
今世之工，才知强巧，更造方圆，必失坚固，败材木也。以言佞臣巧于
言语，背违先圣之法，以意妄造，必乱政治，危君国也。"今按："固"，
鄙视。《荀子·修身》云："体倨固而心执诈。"杨倞注："固，鄙也。"《礼
记·曲礼下》云："辍朝而顾，不有异事，必有异虑。故辍朝而顾，君
子谓之固。"郑玄注："固，谓不达于礼。""偭"读为愐，字又作勔。《说
文》云："愐，勉也。"《文选·思玄赋》云："勔自强而不息兮。"《周
易·益·象》云："君子以见善则迁，有过则改。""周容"如"乡原"，
《论语·阳货》云："子曰：乡原，德之贼也。"《孟子·尽心下》云："恶
乡原，恐其乱德也。"

王逸注："言吾所以忳忳而忧，中心郁邑，怅然住立而失志者，以
不能随从世俗，屈求容媚，故独为时人所穷困。"今按："忳"读为屯，
《周易·屯》六二云："屯如。"荀爽注："阳动而止，故屯如也。""邑"
读为悒，《说文》云："悒，不安也。""侘傺"读为宅际，《尔雅·释诂》
云："际，捷也。"《释名·释言语》云："业，捷也。事捷乃有功也。"《周
易·乾·文言》云："修辞立其诚，所以居业也。""侘傺"即居业之义。

《周易·困·彖》云："困，刚揜也。险以说，困而不失其所亨，其唯君子乎。贞大人吉，以刚中也；有言不信，尚口乃穷也。"《象》云："泽无水，困，君子以致命遂志。"《周易·系辞下》云："困，德之辨也。"徐幹《中论·修本》云："世之治也，行善者获福，为恶者得祸；及其乱也，行善者不获福，为恶者不得祸，变数也。知者不以变数疑常道，故循福之所自来，防祸之所自至也。遇不遇，非我也，其时也。夫施吉报凶，谓之命；施凶报吉，谓之幸，守其志而已矣。《易》曰：君子以致命遂志。"

王逸注："溘，犹奄也。"又云："言我宁奄然而死，形体流亡，不忍以中正之性，为淫邪之态。"今按：《汉书·刘向传》云："物故流离。"颜师古注："流离谓亡其居处也。"《后汉书·张衡传》李贤注："流亡，为流遁亡去也。"遁世之思即"离骚"。《礼记·中庸》云："君子依乎中庸，遁世不见知而不悔，唯圣者能之。"《周易·乾·文言》云："初九曰：潜龙勿用。何谓也？子曰：龙德而隐者也。不易乎世，不成乎名，遁世无闷，不见是而无闷，乐则行之，忧则违之，确乎其不可拔，潜龙也。"《诗经·白驹》毛诗序云："大夫刺宣王也。"郑玄笺："刺其不能留贤也。"其诗云："皎皎白驹，贲然来思。尔公尔侯，逸乐无期，慎尔优游，勉尔遁思。"郑玄笺："诚女优游，使待时也。勉女遁思，度己终不得见，自诀之词。"《离骚》云："和调度以自娱兮，聊浮游以求女。"又云："勉远逝而无狐疑兮，孰求美而释女。"《左传·昭公十八年》云："天道远，人道迩。"《说文》云："外，远也。"《离骚》云："欲远集而无所止兮，聊浮游以逍遥。"又云："何离心之可同兮，吾将远逝以自疏。"

王逸注："鸷，执也。谓能执伏众鸟，鹰鹯之类也。以喻中正。"又云："言鸷鸟执志刚厉，特处不群。以言忠正之士，亦执分守节不随俗人，自前世固然，非独于今，比干、伯夷是也。"今按：鸷鸟不群，独立之象。《周易·大过·象》云："泽灭木，大过，君子以独立不惧，遁世无闷。"《管子·心术上》云："去欲则宣，宣则静，静则精，精则独立矣。独则明，明则神矣。"《庄子·大宗师》云："已外生矣，而后能朝彻，朝彻，而后能见独，见独，而后能无古今。"郭象注："当所遇而安之，忘先后之所接，斯见独者也。"成玄英疏："夫至道凝然，妙绝言象，非无非有，不古不今，独往独来，绝待绝对。睹斯胜境，谓之见独。故《老经》云：寂寞而不改。"

九

《离骚》云：

> 悔相道之不察兮，延伫乎吾将反，回朕车以复路兮，及迷途之未远。步余马于兰皋兮，驰椒丘且焉止息。进不入以离尤兮，退将复修吾初服。制芰荷以为衣兮，集芙蓉以为裳，不吾知其亦已兮，苟余情其信芳。高余冠之岌岌兮，长余佩之陆离。

王逸注："延，长也。伫，立貌。《诗》曰：伫立以泣。言己自悔恨，相视君之道不明审，当若比干伏节死义，故长立而望，将欲还反，终己之志也。"今按："相道"指楚王，君王辅相天地之道，《周易·泰·象》云："天地交，泰，后以财成天地之道，辅相天地之宜，以左右民。""宜"同"义"，《庄子·缮性》云："道无不理，义也。"《周易·乾·文言》云："利者，义之和也。"又云："利物足以和义。"《周易·系辞下》云："理财正辞，禁民为非，曰义。"

"延伫"，义为止。《墨子·经上》云："止，以久也。"《周易·系辞上》云："有亲则可久，有功则可大。可久则贤人之德，可大则贤人之业。易简而天下之理得矣。"《礼记·乐记》云："乐，乐其所自生；而礼反其所自始。乐章德，礼报情反始也。"《周易·乾·象》云："大哉乾元，万物资始，乃统天。"

"回"、转同义。《史记·平准书》云："漕转山东粟。"《索隐》云："车运曰载。"古人以车喻德，《礼记·礼运》云："天之以德为车，以乐为御。"《周易·小畜》上九云："既雨既处，尚德载，妇贞厉。"《象》云："既雨既处，德积载也。"《周易·大有》九二云："大车以载，有攸往，无咎。"《象》云："大车以载，积中不败也。"《周易·剥》上九云："君子得舆，小人庐。"《象》云："君子得舆，民所载也。"

王逸注："迷，误也。言乃旋我之车，以反故道，及己迷误欲去之路，尚未甚远也。同姓无相去之义，故屈原遵道行义，欲归还也。"今按：《周易·复》初九云："不远复，无祗悔，元吉。"《象》云："不远之复，以修身也。"远、迩相对，《管子·大匡》云："鲁邑之教，好迩而训于礼。"《孟子·离娄上》云："道在迩而求诸远，事在易而求之难。人人亲其亲、长其长而天下平。"《周易·复》六四云："中行独复。"《象》云："中行独复，以从道也。"

王逸注："步，徐行也。泽曲曰皋。《诗》云：鹤鸣于九皋。"又云："土高四望曰椒丘。言己欲还，则徐步我之马于芳泽之中，以观听怀王。遂驰高丘而止息，以须君命。"今按："步""驰"比喻缓急，"兰皋""椒丘"比喻高低。缓急、高低皆为二，《说苑·辨物》云："夫占变之道，二而已矣。二者阴阳之数也。"《周易·说卦》云："是以立天之道，曰阴与阳。"

王逸注："退，去也。言己诚欲遂进，竭其忠诚，君不肯纳，恐重遇祸，故将复去，修吾初始清洁之服也。"今按：《周易·系辞上》云："变化者，进退之象也。"《周易尚氏学》云："阳生于复，进而推阴，则万物化生。阴生于《姤》，退而消阳，则万物变死。"《周易·观》六三云："观我生进退。"《象》云："观我生进退，未失道也。"《周易·大壮》上六云："不能退，不能遂。"《象》云："不能退，不能遂。不详也。"《孝经》云："进退可度。"郑玄注："进退，动静也。"

王逸注："荷，芙蕖也。"又云："芙蓉，莲华也。上曰衣，下曰裳。言己进不见纳，犹复裁制芰荷，集合芙蓉，以为衣裳，被服愈洁，修善益明。"今按：《诗经·山有扶苏》云："山有扶苏，隰有荷华。"郑玄笺："兴者，扶胥之木生于山，喻忽置不正之人于上位也。荷华生于隰，喻忽置有美德者于下位，此言其用臣颠倒，失其所也。"《艺文类聚》卷六三引《风俗通》云："荷，水物也。所以压火类。"荷华喻阴柔，《周易·坤·文言》云："坤至柔而动也刚，至静而德方。"

五臣云："言君不知我，我亦将止，然我情实美。"今按："不吾知"者，不知自我。《诗经·皇矣》云："不识不知，顺帝之则。"《老子》第二十章云："众人皆有余，而我独若遗。我愚人之心也哉，沌沌兮。俗人昭昭，我独若昏，俗人察察，我独闷闷。""已"者，已于不已。《大戴礼记·哀公问孔子》云："敢问君何贵乎天道？孔子对曰：贵其不已。如日月西东相从而不已也。"《庄子·人间世》云："且夫乘物以游心，讬不得已以养中，至矣。"

王逸注："言己怀德不用，复高我之冠，长我之配，尊其威仪，整其服饰，以异于众也。"今按："高"、崇同义。《广雅·释诂一》云："长，常也。"《逸周书·命训》云："有常则广。"马王堆帛书《五行》云："圣始天，知始人。圣为崇，知为广。"

十

《离骚》云：

> 芳与泽其杂糅兮，唯昭质其犹未亏。忽反顾以游目兮，将往观乎四荒。佩缤纷其繁饰兮，芳菲菲其弥章。

王逸注："芳，德之臭也。《易》曰：其臭如兰。泽，质之润也。玉坚而有润泽。"又云："唯，独也。昭，明也。亏，歇也。言我外有芬芳之德，内有玉泽之质，二美杂会，兼在于己，而不得施用，故独保明其身，无有亏歇而已。所谓道行则兼善天下，不用则独善其身。"五臣云："唯独守其明洁之质，犹未为自亏损也。"今按：《周易·系辞下》云："日月之道，贞明者也。"《荀子·劝学》云："天见其明。"杨倞注："明，谓日月。"《吕氏春秋·圜道》云："精行四时，一上一下各与遇，圜道也。"高诱注："精，日月之光明也。"《周易·乾·文言》云："刚健中正，纯粹精也。六爻发挥，旁通情也。"《国语·周语》云："明，精白也。"马王堆帛书《易传·二三子问》云："戒事敬命，精白柔和，而不讳贤，爵之曰夫子。"又云："卦曰：根其北，不获其身。行其庭，不见其人。孔子曰：根其北者，言任事也。不获其身者，精白□□也。敢宫任事，身□□者鲜矣。其占曰：能精能白，必为上客；能白能精，必为□□。能以精白长众者，难得也。故曰：行其庭，不见其人。"

"昭质未亏"，全生之论。《吕氏春秋·贵生》云："子华子曰：全生为上，亏生次之，死次之，迫生为下。故所谓尊生者，全生之谓。所谓全生者，六欲皆得其宜也。所谓亏生者，六欲分得其宜也。亏生则于尊之者薄矣。其亏弥甚者也，其尊弥薄。所谓死者，无有所以知，复其未生也。所谓迫生者，六欲莫得其宜也，皆获其所甚恶者，服是也，辱是也。辱莫大于不义，故不义，迫生也，而迫生非独不义也，故曰迫生不若死。"《吕氏春秋·适音》云："人之情，欲寿而恶夭，欲安而恶危，欲荣而恶辱，欲逸而恶劳。四欲得，四恶除，则心适矣。四欲之得也，在于胜理。胜理以治身则生全，生全则寿长矣。胜理以治国则法立，法立则天下服矣。故适心之务在于胜理。"

王逸注："荒，远也。言己欲进忠信，以辅事君，而不见省，故忽然反顾而去，将遂游目往观四荒之外，以求贤君也。"洪兴祖《补注》云："《尔雅》：觚竹、北户、西王母、日下，谓之四荒，皆四方昏荒之国。礼失而求诸野，当是时国无人，莫我知者，故欲观乎四荒，以求同志，此孔子浮海居夷之意。然原初未尝去楚者，同姓无可去之义故也。"今按：《论语·公冶长》云："子曰：道不行，乘桴浮于海。""反""顾"义近，《说文》云："顾，还视也。"《老子》第五十四章云："故以身观身，以家观家，以国观国。"王弼注："彼皆然也。"个人、家族、国家，皆有彼此之分。《庄子·齐物论》云："是亦彼也，彼亦是也。"成玄英疏："我自以为是，亦为彼之所非；我以彼为非，而彼亦以自为是也。""四荒"代指天下，《老子》第五十四章云："以天下观天下。"王弼注："以天下百姓心，观天下之道也。"心与天下合一，无彼此之分，是真正的无私。《周易·系辞上》云："圣人以此洗心，退藏于密，吉凶与民同患，神以知来，知以藏往。"《老子》第五十四章云："吾何以知天下然哉？以此。"王弼注："言吾何以得知天下乎？察己以知之，不求于外也。所谓不出户以知天下者也。"

十一

《离骚》云：

> 民生各有所乐兮，余独好修以为常，虽体解吾犹未变兮，岂余心之可惩。

王逸注："言万民禀天命而生，各有所乐，或乐谄佞，或乐贪淫，我独好修正直以为常行也。"今按：《颜氏家训·音辞》云："人心有所去取，去取谓之好。"好、乐同义。《礼记·乐记》云："君子乐得其道，小人乐得其欲。以道制欲，则乐而不乱；以欲忘道，则惑而不乐。"《周易·损·象》云："山下有泽，损，君子以惩忿窒欲。"《周易·系辞下》云："损，德之修也。"《老子》第四十八章云："为学日益，为道日损。损之又损，以至于无为，无为则无不为。"河上公注："损情欲也，又损之，所以渐去。"又云："情欲断绝，德于道合，则无所不施，无所不为也。"

"好修"即"积善"。《诗经·鹿鸣》云："人之好我。"郑玄笺："好，犹善也。"《说文》云："修，饰也。"《荀子·修身》云："见善，修然必以自存也，见不善，愀然必以自省也。善在身，介然必以自好也；不善在身，菑然必以自恶也。"杨倞注："修然，整饬貌。"《荀子·儒效》云："故君子务修其内而让之于外，务积德于身而处之以遵道。如是，则贵名起如日月，天下应之如雷霆。"又云："炤炤兮其用知之明也，修修兮其用统类之行也。"《礼记·礼运》云："故圣人修义之柄，礼之序，以治人情。"《礼记·学记》云："故君子之于学也，藏焉、修焉、息焉、游焉。"郑玄注："修，习也。"《周易·坎·象》云："君子以常德行，习教事。"《礼记·中庸》云："修道之谓教。"

十 二

《离骚》云：

> 女嬃之婵媛兮，申申其詈予。曰：鲧婞直以亡身兮，终然殀乎羽之野，汝何博謇而好修兮，纷独由此姱节，薋菉葹以盈室兮，判独离而不服。众不可户说兮，孰云察余之中情？世并举而好朋兮，夫何茕独而不予听？

王逸注："女嬃，屈原姊也。婵媛，犹牵引也，一作婵援。"今按："女嬃"非屈原姊，指儒生，亦指懦夫。"女"、柔同义，"嬃"读为须。《说文》云："儒，柔也。术士之称。"《论语·雍也》云："女为君子儒，无为小人儒。"《周易·需·象》云："需，须也。"《周易·归妹》六三云："归妹以须。"《释文》云："嬬，妾也。"《说文》云："嬬，弱也。

一曰下妻也。"又云："懦，驽弱者也。"《荀子·礼论》云："苟怠惰偷懦之为安，若者必危。""婵媛"读为啴喧，《方言一》云："谩台协阅，惧也。南楚江湘之间谓之啴喧。"

王逸注："女媭数谏屈原，言汝何为独博采往古，好修謇謇，有此姱异之节，不与众同，而见憎恶于世也。"今按：《说文》云："博，大通也。"《荀子·修身》云："多闻曰博。"《周易·大畜·象》云："天在山中，大畜。君子以多识前言往行，以畜其德。"《论语·子罕》云："夫子循循然善诱人，博我以文，约我以礼。""謇"同蹇，《周易·蹇·彖》云："蹇，难也。险在前也，见险而能止，知矣哉。蹇利西南，往得中也。不利东北，其道穷也。利见大人，往有功也。当位贞吉，以正邦也。蹇之时义大矣哉。"《象》云："山上有水，蹇，君子以反身修德。"

王逸注："薋，蒺藜也。菉，王刍也。葹，枲耳也。《诗》曰：楚楚者薋。又曰：终朝采菉。三者皆恶草，以喻谗佞盈满于侧者也。"今按："薋菉"，读为次禄。《尚书·舜典》云："望秩于山川。"郑玄注："秩，次也。"《周礼·宫伯》云："掌其政令，行其秩叙，作其徒役之事。"郑玄注："秩，禄廪也；叙，才等也。"《荀子·强国》云："官人益秩，庶人益禄。"杨倞注："秩禄，谓廪食也。"《周礼·大宰》云："四曰禄位，以驭其士。"郑玄注："禄，若今月奉也。""葹"读为施，《周易·夬·象》云："君子以施禄及下，居德则忌。"

王逸注："判，别也。女媭言众人皆配薋、菉、枲耳，为谗佞之行，满于朝廷，而获富贵。汝独服兰蕙，守忠直，判然离别，不与众同，故斥弃也。"今按：《周易·否·彖》云："否之匪人，不利，君子贞。大往小来，则是天地不交而万物不通也。上下不交而天下无邦也。内阴而外阳，内柔而外刚，内小人而外君子。小人道长，君子道消也。"《象》云："天地不交，否，君子以俭德辟难，不可荣以禄。"《周易尚氏学》云："乾为德，俭约也。坤闭故曰俭德，言敛抑自守也。互巽为伏，故曰辟难。坤为患为难，言遁世不出，以避世难。乾为禄，艮为荣，巽伏故不可荣以禄位，言当否之时，遁入山林，高隐不出也。"《汉书·刘向传》云："向上封事云：谗邪进则众贤退，群枉盛则正士消，故《易》有否泰，小人道长，君子道消；君子道消，则政日乱，故为否。否者，闭而乱也。"《周易·坤·文言》云："天地闭，贤人隐。"

十 三

《离骚》云：

> 世并举而好朋兮，夫何茕独而不予听。依前圣以节中兮，喟凭心而历兹。济沅湘以南征兮，就重华而陈词。

王逸注："节，度。"今按：《周易·系辞下》云："天地设位，圣人成能；人谋鬼谋，百姓与能。""节中"如言"节性"，《左传·成公十三年》云："民受天地之中以生，所谓命也。"《礼记·王制》云："司徒修六礼以节民性。"《礼记·丧服四制》云："节者礼也。"《周易·节·彖》云："节亨，刚柔分而刚得中。苦节不可贞，其道穷也。说以行险，当位以节，中正以通。天地节而四时成，节以制度，不伤财，不害民。"《象》云："泽上有水，节，君子以制数度，议德行。"

王逸注："喟，叹也。历，数也。言己所言，皆依前世圣人之法，节其中和，喟然舒愤懑之心。历数前世成败之道，而为此词也。"今按："凭"读为凤。《淮南子·览冥》云："凤皇之翔，至德也。"《周礼·师氏》云："一曰至德，以为道本。"《淮南子·原道》云："所谓无形者，一之谓也。"高诱注："一者，道之本。"《周易·系辞下》云："天下之动，贞夫一者也。"虞翻注："一谓乾元。"《老子》第十章云："载营魄抱一，能无离。"河上公注："一者，道始所生，大和之精气也，故曰一。"《周易·乾·象》云："乾道变化，各正性命，保合太和，乃利贞。"

"凭心"是天心。《说苑·反质》云："传曰：鸤鸠之所以养七子者，一心也；君子所以理万物者一仪也。以一仪理物，天心也。五者不离，合而为一，谓之天心，在我能固，自深结其意于一。"《左传·襄公廿一年》云："纥也闻之，在上位者洒濯其心，一以待人，轨度其信，可明徵也，而后可以治人。夫上之所为，民之归也。上所不为而民或为之，是以加刑罚焉，而莫敢不惩。若上之所为而民亦为之，乃其所也，又可禁乎？《夏书》曰：念兹在兹，释兹在兹，名言兹在兹，允出兹在兹，惟帝念功。将谓由已一也。信由已一，而后功可念也。"《左传·襄公二三年》云："仲尼曰：知之难也。有臧武仲之知，而不容于鲁国，抑有由也。作不顺而施不恕也。《夏书》曰：念兹在兹。顺事恕施也。"杜预注："逸《书》也。念此事，在此身。言行事当常念如在己身也。"

王逸注："重华，舜名也。《帝系》曰：瞽叟生重华，是为帝舜，葬于九疑山，在沅湘之南。言己依圣王法而行，不容于世，故欲渡沅湘之水，南行就舜，陈词自说，稽疑圣帝，冀闻祕要，以自开悟也。"今按："济沅湘"如言"利涉大川"。《周易·升》下巽上坤，下互兑，上互震，南上北下，坤为川，震为动，利涉大川之象，其卦辞云："元亨，用见大人，勿恤，南征吉。"《彖》云："柔以时升，巽而顺，刚中而应，是以大亨，用见大人。勿恤，有庆也。南征吉，志行也。"《象》云："地中生木，升，君子以顺德，积小以高大。"《周易·明夷》下离上坤，下互坎，上互震，卦象与《周易·升》相近，卦辞云："利艰贞。"《彖》云："明入地中，明夷，内文明而外柔顺，以蒙大难，文王以之。利艰贞，晦其明也。内难而能正其志，箕子以之。"九三云："明夷于南狩，得其大首，不可疾贞。"《象》云："南狩之志，乃大得也。"

"就重华而陈词"即"用见大人"。《礼记·中庸》云："子曰：舜其大知也与！舜好问而好察迩言，隐恶而扬善，执其两端，用其中于民，其斯以为舜乎！"《周易·大有·彖》云："大有柔得尊位，大中而上下应之，曰大有。其德刚健而文明，应乎天而时行。"《象》云："火在天上，大有，君子以遏恶扬善，顺天休命。"

十　四

《离骚》云：

> 羿淫游以佚畋兮，又好射乎封狐，固乱流而鲜终兮，浞又贪
> 夫厥家，浇身被服强圉兮，纵欲而不忍，日康娱而自忘兮，厥首
> 用夫颠陨。夏桀之常违兮，乃遂焉而逢殃。后辛之菹醢兮，殷宗
> 用而不长。

王逸注："浞，寒浞，羿相也。妇谓之家。言羿因夏衰乱，代之为
政，娱乐畋猎，不恤民事，信任寒浞，使为国相。浞行媚于内，施赂于
外，树之诈慝而专其权势。羿畋将归，使家臣逢蒙射而杀之，贪取其
家，以为己妻。羿以乱得政，身既灭亡，故言鲜终。"今按：《左传·襄
公四年》云："昔有夏之方衰也，后羿自鉏迁于穷石，因夏民以代夏
政。"《周易·困》六三云："困于石，据于蒺藜，入于其宫，不见其妻，
凶。"《象》云："据于蒺藜，乘刚也。入于其宫，不见其妻，不祥也。"
《周易·系辞下》云："困于石，据于蒺藜，入于其宫，不见其妻，凶。
子曰：非所困而困焉，名必辱，非所据而据焉，身必危。既辱且危，死
期将至，妻其可得见邪？"《老子》第四十二章云："强梁者，不得其
死。"河上公注："强梁，谓不信玄妙，背叛道德，不从经教，尚势任力
也。不得其死者，为天所绝，兵刃所伐，王法所杀，不得以寿命死也。"
故"鲜终"者，不得善终。《周易·乾·文言》云："知终终之，可与存
义也。"

王逸注："浇，寒浞子也。强圉，多力也。"又云："纵，放也。言
浞取羿妻而生浇，强梁多力，纵放其情，不忍其欲，以杀夏后相也。"

洪兴祖《补注》云："《论语》曰：羿善射，奡荡舟，俱不得其死然。"又云："《左传》云：昔有过浇，杀斟灌以伐斟寻，灭夏后相。杜预云：相失国，依于二斟，为浇所灭。"今按：《国语·周语》云："夫子被之矣。"韦昭注："被，被服之也。"《孝经》云："无思不被。"《释文》云："被，本作服。"故"被服"即"被"，《管子·立政》云："俗之所被。"尹知章注："被，合也。""强圉"亦作"强御"，《诗经·烝民》云："不侮矜寡，不畏强御。"《诗经·荡》云："曾是强御。"毛传："强御，强梁。"《逸周书·谥法》云："威德刚武曰圉。"马王堆帛书《易传·易之义》云："是故天之义，刚建动发而不息，其吉保功也，无柔救之，不死必亡。重阳者亡，故火不吉也。"

王逸注："康，安也。"又云："首，头也。自上下曰颠。陨，坠也。言浇既灭杀夏后相，安居无忧，日作淫乐，忘其过恶，卒为相子少康所诛，其头颠陨而坠也。"今按："忘"读为妄，《周易·无妄·象》云："物与无妄。"虞翻注："妄，忘也。"《贾子·道术》云："以人自观，谓之度；反度为妄。"

《老子》第十六章云："不知常，妄作，凶。"《周易·系辞下》云："善不积不足以成名，恶不积不足以灭身。小人以小善为无益而弗为也，以小恶为无伤而弗去也。故恶积而不可掩，罪大而不可解。《易》曰：何校灭耳，凶。"

王逸注："殃，咎也。言夏桀上背于天道，下逆于人理，乃遂以逢殃咎，终为殷汤所诛灭。"今按：《说文》云："遂，亡也。"《周易·坤·文言》云："积善之家，必有余庆；积不善之家，必有余殃。臣弑其君，子弑其父，非一朝一夕之故，其所由来者渐矣，由辩之不早辩也。《易》曰：'履霜，坚冰至。'盖言顺也。"

十 五

《离骚》云：

> 汤禹俨而祗敬兮，周论道而莫差。举贤而授能兮，循绳墨而不颇。皇天无私阿兮，览民德而错辅。夫维圣哲以茂行兮，苟得用此下土。瞻前而顾后兮，相观民之计极。夫孰非义而可用兮，孰非善而可服。

王逸注："俨，畏也。祗，敬也。俨，一作严。"今按：《释名·释言语》云："严，俨也。俨然人惮之也。"《诗经·泽陂》云："有美一人，硕大且俨。"毛传："俨，矜庄貌。"《荀子·儒效》云："严严兮，其能敬己也。"杨倞注："严严，有威重之貌。"《论语·学而》云："子曰：君子不重则不威，学则不固。"《周易·系辞下》云："服牛乘马，引重致远，以利天下，盖取诸随。"虞翻注："坤为重。"《周易·随·象》云："泽中有雷，随，君子以向晦入宴息。""向晦""宴息"指"夜行"，《鹖冠子·夜行》云："鬼见不能为人业，故圣人贵夜行。"《管子·形势解》云："明主之使远者亲而近者来也，为之在心。所谓夜行者，心行也。能心行德，则天下莫能与之争矣。"

王逸注："言殷汤、夏禹、周文王，受命之君，皆畏天敬贤，无有过差，故能获夫神人之助，子孙蒙其福祐也。"今按：《周易·屯·象》云："云雷屯，君子以经纶。"《礼记·中庸》云："唯天下至诚，为能经纶天下之大经，立天下之大本，知天地之化育。肫肫其仁，渊渊其渊，浩浩其天。苟不聪明圣知达天德者，其孰能知之？"周人之道是王道，《周易·说卦》云："昔者圣人之作易也，将以顺性命之理，是以立天之道曰阴与阳，立地之道曰柔与刚，立人之道曰仁与义。"

王逸注："一云举贤才。"又云："颇，倾也。言三王选士，不遗幽陋，举贤用能，不顾左右，行用先圣法度，无有倾失。故能绥方国，安天下也。《易》曰：无平不颇也。"今按：《周易·大畜·象》云："大畜，刚健笃实，辉光日新，其德刚上而尚贤，能止健，大正也。不家食吉，养贤也。利涉大川，应乎天也。"《论语·颜渊》云："舜有天下，选于众，举皋陶，不仁者远矣。汤有天下，选于众，举伊尹，不仁者远矣。"《鹖冠子·天则》云："裁衣而知择其工，裁国而知索其人，此固世之所公哉。"

王逸注："错，置也。辅，佐也。言皇天神明，无所私阿。观万民之中有道德者，因置以为君，使贤能辅佐，以成其志。"今按："辅"指圣人，非指贤能。《周易·泰·象》云："天地交，泰，后以财成天地之道，辅相天地之宜，以左右民。"《管子·霸言》云："圣人能辅时，不能违时。"尹知章注："圣人能因时而来，辅成其事，不能违时而立功。不有桀纣之暴，则无汤武之功。"

王逸注："哲，智也。茂，盛也。"又云："苟，诚也。下土，谓天下也。言天下之所立者，独有圣明之智，盛德之行，故得用事天下，而为万民之主。"今按：马王堆帛书《五行》云："圣始天，知始人；圣为崇，知为广。"《周易·系辞上》云："广大配天地，变通配四时。"

《周易·无妄·象》云："天下雷行，物与无妄，先王以茂对时，育万物。"王弼注："茂，盛也。"虞翻注："乾盈为茂。"《诗经·南山有台》云："乐只君子，德音是茂。"《诗经·天保》云："如松柏之茂。"《诗经·斯干》云："如竹苞矣，如松茂矣。"《诗经·下武》云："下武维周，世有哲王，三后在天，王配于京，成王之孚，下土之式。永言孝思，孝思维则。"

王逸注："瞻，观也。顾，视也。前谓禹汤，后谓桀纣。"今按：王说可商。《周易·观·象》云："大观在上，顺而巽，中正以观天下。观，盥而不荐，有孚颙若。下观而化也。观天之神道，而四时不忒，圣人以神道设教，而天下服矣。"《礼记·大学》云："《康诰》曰：克明德。《大甲》曰：顾諟天之明命。《帝典》曰：克明峻德。皆自明也。""諟"读为视。《周易·晋·象》云："明出地上，晋，君子以自昭明德。"

《周易·系辞下》云"夫易彰往而察来"，"前"为来，"后"为往，自我处前后之间，位于今日。马王堆帛书《老子》乙本云："执今之道，以御今之有，以知古始，是谓道纪。"《荀子·不苟》云："天地始者，今日是也；百王之道，后王是也。君子审后王之道，而论于百王之前，若端拜而议。推礼义之统，分是非之分，总天下之要，治海内之众，若使一人。故操弥约而事弥大，五寸之矩，尽天下之方也。"《周易·系辞上》云："圣人以此洗心，退藏于密，吉凶与民同患，神以知来，知以藏往。"

王逸注："相，视也。计，谋也。极，穷也。言前观汤武之所以兴，顾视桀纣之所以亡，足以观察万民忠佞之谋，穷其真伪也。"今按："计极"指中和。《管子·七法》天运："计数：刚柔也，轻重也，大小也，实虚也，远近也，多少也，谓之计数。"由两端而知中和，《周易·节》九二《象》云："失时极也。"虞翻注："极，中也。"《春秋繁露·循天之道》云："中者，天地之太极也，日月之所至而却也，长短之隆，不得过中，天地之制也。"又，《说文》云："中，内也。"故"民之计极"即"民和"，《孟子·公孙丑下》云："天时不如地利。地利不如人和。"《春秋繁露·循天之道》云："夫德莫大于和而道莫正于中。中者，天地之美达理也，圣人之所保守也。《诗》曰：不刚不柔，布政优优。"

王逸注："服，服事也。言世人之臣，谁有不行仁义，而可任用；谁有不行信善，而可服事者乎？言人非义则德不立，非善则行不成。"今按：《孟子·告子上》云："孟子曰：水信无分于东西，无分于上下乎？人性之善也，犹水之就下也。人无有不善，水无有不下。"《孟子·告子下》云："曹交问曰：人皆可以为尧舜，有诸？孟子曰：然。"又云："子服尧之服，诵尧之言，行尧之行，是尧而已矣。子服桀之服，诵桀之言，行桀之行，是桀而已矣。"朱熹《集注》云："言为善为恶，皆在我而已。"

十 六

《离骚》云：

> 跪敷衽以陈辞兮，耿吾既得此中正，驷玉虬以椉鹥兮，溘埃风余上征。朝发轫于苍梧兮，夕余至乎县圃。欲少留此灵琐兮，日忽忽其将暮。吾令羲和弭节兮，望崦嵫而勿迫。路曼曼其修远兮，吾将上下而求索。

王逸注："溘，犹掩也。埃，尘也。言我设往行游，将乘玉虬，驾凤车，掩尘埃而上征。去离世俗，远群小也。"今按：《礼记·月令》云："处必掩身。"郑玄注："掩，犹隐翳也。"《左传·文公十八年》云："掩贼为藏。"杜预注："掩，匿也。"臧同藏，《贾子·修政语上》云："道以数施之万姓为藏。"《周易·系辞上》云："显诸仁，藏诸用，鼓万物不与圣人同忧，盛德大业至矣哉！"《庄子·达生》云："圣人藏于天，故莫之能伤也。"郭象注："不窥性分之外，故曰藏。"《庄子·释诂三》云："藏，深也。"《周易·系辞上》云："夫易，圣人之所以极深而研几也。惟深也，故能成天下之志。"

《说文》云："埃，尘也。"《庄子·逍遥游》云："鹏之徙于南冥也，水击三千里，抟扶摇而上者九万里，去以六月息者也。野马也，尘埃也，生物之以息相吹也。"成玄英疏："天地之间，生物气息更相吹动，以举于鹏者也。"以六月息，亦以六月消，《周易·剥·象》云："君子尚消息盈虚，天行也。"《周易·丰·象》云："天地盈虚，与时消息。"《周易·系辞上》云："变化者，进退之象也。"荀爽注："春夏为变，秋冬为化。息卦为进，消卦为退也。"

王逸注："灵以喻君。琐，门镂也，文如连琐，楚王之省阁也。一云：灵，神之所在也。琐，门有青琐也。言未得入门，故欲小住门外也。"今按："灵琐"指易道，下文云"时缤纷其变易兮，又何可以淹留?"《周易·旅》初六云："旅琐琐。"《释文》云："琐琐，小貌。"《周易·旅》云："小亨，旅贞吉。"《彖》云："旅小亨，柔得中乎外而顺乎刚，止而丽乎明，是以小亨，旅贞吉也。旅之时义大矣哉。"《说文》云："小，物之微也。"小、少古同，《老子》第二十二章云："圣人抱一以为天下式。"王弼注："一，少之极也。"

《尔雅·释宫》云："旅，道也。"《周易·系辞上》云："一阴一阳之谓道，继之者，善也，成之者，性也，仁者见之谓之仁，知者见之谓之知，百姓日用而不知，故君子之道鲜矣。"《释文》引马、郑、王肃注云："鲜，少也。"《尔雅·释诂》云："鲜，寡也。"《周易·杂卦》云："亲寡，旅也。"《说文》云："寡，少也。"《广雅·释诂四》云："旅，客也。"《老子》第三十五章云："乐与饵，过客止。"河上公注："过客，一也。人能乐美于道，则一留止也。一者去盈而处虚，忽忽如过客。"

十 七

《离骚》云：

> 鸾皇为余先戒兮，雷师告余以未具。吾令凤鸟飞腾兮，继之以日夜。飘风屯其相离兮，帅云霓而来御。纷总总其离合兮，斑陆离其上下。吾令帝阍开关兮，倚阊阖而望予。

王逸注："鸾，俊鸟也。皇，雌凤也。以喻仁智之士。"又云："雷为诸侯，以兴于君。言已使仁智之士，如鸾皇，先戒百官，将往适道，而君怠堕，告我严装未具。"今按："鸾皇"非喻"仁智之士"。《说文》云："鸾，亦神灵之精也。赤色五彩，鸡形，鸣中五音，颂声作则至。"《广雅·释鸟》云："鸾鸟，凤皇属也。"《逸周书·王会》云："氐羌以鸾鸟。"孔晁注："鸾，大于凤，亦归于仁义者也。"鸾鸟为天帝之使，以戒屈原。《仪礼·士冠礼》云："主人戒宾。"郑玄注："戒，警也，告也。"《周易·系辞上》云："圣人以此斋戒，以神明其德夫。"《老子》第十章云："载营魄抱一，能无离乎？专气致柔，能如婴儿乎？涤除玄览，能无疵乎？爱民治国，能无为乎？天门开阖，能为雌乎？明白四达，能无知乎？生之畜之，生而不有，为而不恃，长而不宰，是谓玄德。"

"雷师"非指诸侯。震为雷，《周易·震·彖》云："震亨。震来虩虩，恐致福也。笑言哑哑，后有则也。震惊百里，惊远而惧迩也。出可以守宗庙社稷，以为祭主也。"《象》云："君子以恐惧修省。"

"未具"犹言"未备"，《广雅·释诂三》云："备，成也。"《老子》第四十五章云："大成若缺，其用不弊。"河上公注："谓道德大成之君也。若缺者灭名藏誉，如毁缺不备也。"又云："其用心如是，则无弊尽时也。"大成则无成，《周易·坤》六三云："含章可贞，或从王事，无成有终。"《象》云："含章可贞，以时发也。或从王事，知光大也。"《文言》云："阴虽有美，含之以从王事，弗敢成也。地道也，妻道也，臣道也；地道无成，而代有终也。"大成即大备，《礼记·礼器》云："礼器是故大备，大备，盛德也。"

王逸注："言我使凤皇明智之士，飞行天下，以求同志，续以日夜，冀相逢遇也。"洪兴祖《补注》云："上言鸾皇，鸾，凤皇之佐；而皇，雌凤也。以喻贤人之同类者，故为命先戒百官。此云凤鸟，以喻贤人之全德者，故令飞腾，以求同志也。"今按：《说文》云："凤，神鸟也。"又云："朋，古文凤。象形，凤飞群鸟随以万数，故以为朋党字。"《周易·坤》云："西南得朋，东北丧朋，安贞吉。"《象》云："西南得朋，乃与类行；东北丧朋，乃终有庆。""得朋"象征得天命，《论语·子罕》

云："子曰：凤鸟不至，河不出图，吾已矣夫。"《吕氏春秋·开春》云："王者厚其德，积众善，而凤皇、圣人皆来至矣。"坤为厚德。马王堆帛书《黄帝四经·十大经·成法》云："昔者皇天使冯下道一言而止。五帝用之，以杬天地，[以]楼四海，以坏下民，以正一世之士。"冯读为凤。《韩诗外传》卷八云："惟风为能通天祉，应地灵，律五音，览九德。"

"飞腾"象征变化。《淮南子·览冥》云："凤皇之翔，至德也。"《诗经·卷阿》云："凤皇于飞，翙翙其羽。亦集爰止，蔼蔼王多吉士，维君子使，媚于天子。凤凰于飞，翙翙其羽，亦傅于天，蔼蔼王多吉人，维君子命，媚于庶人。"《韩诗外传》卷八云："天下有道，得凤象之一，则凤过；得凤象二，则凤翔之。"二为阴阳，《周易·系辞上》云："一阴一阳之谓道，继之者，善也。"《释名·释言语》云："善，演也。演尽物理也。"《春秋繁露·实性》云："善者，王教之化也。"《周易·系辞下》云："日往则月来，月往则日来，日月相推而明生焉。"

王逸注："回风为飘。飘风，无常之风，以兴邪恶之众。屯其相离，言不与己和合也。"今按："屯"读为顿，《战国策·秦策》云："吾甲兵顿。"高诱注："顿，罢也。"

王逸注："云霓，恶气，以喻佞人。御，迎也。言己使凤鸟往求同志之士，欲与俱共事君，反见邪恶之人，相与屯聚，谋欲离己。又遇佞人相帅来迎，欲使我变节以随之。帅，一作率。"今按："云霓"非恶气，亦非喻佞人。《古微书》引《春秋元命苞》云："阴阳合为云。"又云："阴阳交为虹霓。"故"云霓"象征雨露，《大戴礼记·曾子天圆》云："和则雨。"《周易·乾·彖》云："云行雨施，品物流行。"《周易·系辞上》云："鼓之以雷霆，润之以风雨。"

王逸注："斑，乱貌。陆离，分散也。言己游观天下，但见俗人竞为谗佞，傅傅相聚，乍离乍合，上下之义，斑然纷乱而不可知也。"今按：王说可商。"离合""上下"指天道；"斑"又读为般。《周易·屯》

六二云："屯如邅如，乘马班如。"《史记·屈原贾生列传》云："般纷纷其离此尤兮。"《索隐》云："般，槃桓也。"《吕氏春秋·圜道》云："圣王法之，所以立上下。何以说天道之圜也？精气一上一下，圜周无所稽留，故曰天道圜。"《吕氏春秋·大乐》云："太一出两仪，两仪出阴阳，阴阳变化，一上一下，合而成章，浑浑沌沌，离则复合，合则复离，是谓天常。"《老子》第十六章云："至虚极，守静笃，万物并作，吾以观其复。夫物芸芸，各复归其根，归根曰静，是谓复命。复命曰常，知常曰明。"

王逸注："阊阖，天门也。言己求贤不得，疾谗恶佞，将上诉天帝，使阍人开关，又倚天门望而距我，使我不得入也。"今按：《周易·系辞上》云："是故阖户谓之坤，辟户谓之乾，一阖一辟谓之变，往来不穷谓之通。"《周易·系辞下》云："子曰：乾坤，其易之门邪？乾，阳物也，坤，阴物也。阴阳合德而刚柔有体，以体天地之撰，以通神明之德。""天门"即"众妙之门"，《老子》第一章云："故常无欲，以观其妙；常有欲，以观其徼。此两者同出而异名，同谓之玄，玄之又玄，众妙之门。"河上公注："守中和，是谓知道要之门户也。"《庄子·庚桑楚》云："有乎生，有乎死，有乎出，有乎入。入出而无见其形，是谓天门。天门者，无有也，万物出乎无有。有不能以有为有，必出乎无有，而无有一无有，圣人藏乎是。"成玄英疏："玄德圣人，冥真契理，藏神隐智，其在兹乎！"

十 八

《离骚》云：

朝吾将济于白水兮，登阆风而绁马。忽反顾以流涕兮，哀高丘之无女。溘吾游此春宫兮，折琼枝以继佩。及荣华之未落兮，相下女之可诒。

王逸注："济，渡也。《淮南子》言：白水出昆仑之原，饮之不死。"又云："阆风，山名，在昆仑之上。绁，系也。言己见中国混浊，则欲渡白水，登神山，屯车系马，而留止也。白水洁净，阆风清明，言己修清白之行，不懈怠也。"今按："白水"喻精诚之性。《左传·僖公廿四年》云："所不与舅氏同心者，有如白水。"杜预注："言与舅氏同心之明，如此白水。犹《诗》言：谓予不信，有如皦日。"金为白，性坚刚，《周易·说卦》云："乾为金。"

"阆风"旧无确解，说"阆风"为山名，位昆仑之上，不知何据？今按："阆风"指巽，东南之卦。《后汉书·张衡传》李贤注："阆阆，明大也。"《周易·说卦》云："巽为风。"《说文》云："东南曰清明风。"《周易·同人》下离上乾，下互巽，九四云："乘其墉，弗克攻，吉。"《象》云："乘其墉，义弗克也。其吉，则困而反则也。"虞翻注："巽为墉。"

王逸注："楚有高丘之山。女以喻臣。言己虽去，意不能已，犹复顾念楚国无有贤臣，心为之悲而流涕也。或云：高丘，阆风山上也。无女，喻无与己同心也。"今按："高丘"与"阆风"皆比喻高亢之义。《说文》云："阆，门高也。"《文选·思玄赋》李善注引《字林》云："阆，高大貌。"《说文》又云："阬，阆也。"阬，读为亢。《广雅·释诂四》云："亢，高也。"《诗经·緜》云："皋门有伉。"毛传："伉，高貌。"《周易·乾》上九云："亢龙有悔。"《象》云："亢龙有悔，盈不可久也。"《文言》云："亢之为言也，知进而不知退，知存而不知亡，知得而不知丧。其唯圣人乎！知进退存亡而不失其正者，其唯圣人乎！"

《周易·杂卦》云："复，反也。"《周易·复·象》云："复亨，刚反，动而以顺行，是以出入无疾，朋来无咎，反复其道，七日来复，天行也。"《周易·乾·文言》云："亢龙有悔，穷之灾也。"忧患故"流涕"。《周易·萃》上六云："赍咨涕洟，无咎。"《象》云："赍咨涕洟，未安上也。"《周易·屯》上六云："泣血涟如。"《象》云："泣血涟如，何可长也。"阳气至极，故曰"无女"；女喻阴柔。《春秋繁露·循天之道》云："阴阳亦可以谓男女，男女亦可以谓阴阳。"

　　王逸注："荣华喻颜色。落，堕也。"又云："相，视也。诒，遗也。言己既得修行仁义，冀得同志，愿及年德盛时，颜貌未老，视天下贤人，将持玉帛而聘遗之，与俱事君也。"今按："荣华"喻人道，《庄子·齐物论》云："道隐于小成，言隐于荣华。"天道无言，人道有言。"下女"喻阴柔之道，《周易·坤·象》云："牝马地类，行地无疆，柔顺利贞，君子攸行。""诒"读为怡，《说文》云："怡，和也。"《尔雅·释诂》云："怡，乐也。"

十　九

《离骚》云：

　　　　吾令丰隆乘云兮，求宓妃之所在，解佩纕以结言兮，吾令蹇修以为理。纷总总其离合兮，忽纬繣而难迁。夕归次于穷石兮，朝濯发乎洧盘。保厥美以骄傲兮，日康娱以淫游，虽信美而无礼兮，来违弃而改求。览相观于四极兮，周流乎天余乃下。

　　王逸注："丰隆，云师。一曰雷师。"洪兴祖《补注》云："《穆天子传》云：天子升昆仑，封丰隆之葬。郭璞云：丰隆筮师，御云得大壮卦，遂为雷师。《淮南子》曰：季春三月，丰隆乃出，以将其雨。"今按：《周易·说卦》云："帝出乎震。"《说文》云："辰，震也。三月阳气动，雷电振民，农时也，物皆生。"《周易·乾·象》云："云行雨施，品物流行。"《淮南子·俶真》云："若夫真人则动溶于至虚，而游于灭亡之野，骑蜚廉而从敦圉，驰于方外，休乎宇内，烛十日而使风雨，臣雷公，役夸父，妾宓妃，妻织女，天地之间何足以留其志？是故虚无者道之舍，平易者道之素。"

王逸注："宓妃，神女，以喻隐士。言我令云师丰隆，乘云周行，求隐士清洁若宓妃者，欲与并心力也。"今按："宓妃"即"下女"，指坤卦。宓通密，《周易·系辞上》云："不出户庭，无咎。子曰：乱之所生也，则言语以为阶。君不密则失臣，臣不密则失身，几事不密则害成，是以君子慎密而不出也。"虞翻注："坤为密。"《尔雅·释诂》云："密，静也。"《贾子·道德说》云："密者，德之高也。"又云："有密，德之美也。"坤为牝，《老子》第六章云："谷神不死，是谓玄牝。玄牝之门，是谓天地之根，绵绵若存，用之不勤。"宓同虙，《汉书·司马相如传上》云："青琴虙妃之徒。"颜师古注："虙读与伏同。"北方为伏，其数一，《春秋繁露·玉英》云："一元者，大始也。"《周易·系辞上》云："乾知大始，坤作成物。"《说文》云："始，女之初也。"

王逸注："纕，佩带也。"洪兴祖《补注》云："《洛神赋》云：愿诚素之先达兮，解玉佩以要之。亦此意。"今按："纕"读为囊。《周易·坤》六四云："括囊，无咎无誉。"故"解佩纕"者，有言。《鹖冠子·环流》云："言者，万物之宗也。"《左传·僖公廿四年》云："言，身之文也。"《墨子·经上》云："言，口之利也。""结言"即"成言"，《左传·襄公十二年》云："使阴里结之。"杜预注："结，成也。"《离骚》云："初既与余成言兮，后悔遁而有他。"《周易·说卦》云："艮，东北之卦也。万物之所成终而所成始也，故曰成言乎艮。"《国语·周语》云："成，德之终也。"《周易·乾·文言》云："忠信，所以进德也，修辞立其诚，所以居业也。知至至之，可与言几也；知终终之，可与存义也。"

王逸注："蹇修，伏羲氏之臣也。理，分理也，述礼意也。言己既见宓妃，则解我佩带之玉，以结言语，使古贤蹇修以为媒理也。伏羲时敦朴，故使其臣也。"今按："蹇修"喻修身，《周易·蹇》下艮上坎，《象》云："君子以反身修德。"《周易尚氏学》云："艮为身，反身者，反而求诸己。"《孟子·尽心下》云："有诸己之谓信。"《论语·学而》云："信近于义，言可复也。"复即反身，《礼记·丧服四制》云："理者，义也。"《周易·说卦》云："和顺于道德而理于义。"

王逸注："纬繣，乖戾也。迁，徙也。言蹇修既持其佩带通言，而谗人复相聚毁败，令其意一合一离，遂以乖戾而见距绝。言所居深僻，难迁徙也。"今按："纷总总其离合兮"指天常，见上文。"纬繣"如横逆。《广雅·释言》云："纬，横也。""繣"读为画，《左传·襄公四年》云："画为九州。"杜预注："画，分也。"《贾子·道术》云："刚柔相适谓之和，反和为戾。"《说文》云："乖，戾也。"《荀子·非十二子》云："言辩而逆。"杨倞注："逆，乖于常理。"《孟子·离娄下》云："自反而忠矣，其横逆由是也，君子曰：此亦妄人也已矣，如此则与禽兽奚择哉？""迁"，变动，《周易·系辞下》云："吉凶以情迁。"

王逸注："《淮南子》言弱水出于穷石，入于流沙也。"又云："洧盘，水命。《禹大传》曰：洧盘之水，出崦嵫之山。言宓妃体好清洁，暮即归舍穷石之室，朝沐洧盘之水，遁世隐居，不肯仕也。"今按："夕"为终，"朝"为始。"穷石""洧盘"比喻品德。《周易·困》六三云："困于石，据于蒺藜。"《象》云："据于蒺藜，乘刚也。"王弼注："石之为物，坚而不纳者也。"《周易·豫》六二云："介于石，不终日，贞吉。"《象》云："不终日，贞吉。以中正也。"《公羊传·僖公五年》云："霣石于宋五。"何休注："石者，阴德之专者也。"《周易·系辞上》云："夫乾，其静也专，其动也直。"

"洧"读为宥。《周易·解·象》云："雷雨作，解，君子以赦过宥罪。"《周易·杂卦》云："解，缓也。"《周易·中孚·象》云："泽上有风，中孚，君子以议狱缓死。"《管子·法禁》云："莫敢布惠缓行。"尹知章云："从容养民，谓之缓行。"《周易·屯》初九云："盘桓，利居贞，利建侯。"《象》云："虽盘桓，志行正也。以贵下贱，大得民也。"荀爽注："盘桓者，动而退也。""穷石"喻待己，"洧盘"喻待人，二者合外内之道。

王逸注："倨简约交，侮慢曰傲。"又云："康，安也。言宓妃用志高远，保守美德，骄傲侮慢，日自娱乐，以游戏自恣，无有事君之意也。"今按："骄傲""淫游"皆非美德。《论语·泰伯》云："子曰：如有周公之才之美，使骄且吝，其余不足观也。""美"指人的天性、本质。《孟子·尽心下》云："充实之谓美。"《淮南子·俶真》高诱注："真，实也。"《淮南子·泛论》云："全性保真，不以物累形，杨子之所立，而孟子非之。"《荀子·性恶》云："夫人虽有性质美而心辩知，必将求贤师而事之，择良友而友之。得贤师而事之，则所闻者尧舜禹汤之道也；得良友而友之，则所见者忠信敬让之行也。"

王逸注："违，去也。改，更也。言宓妃虽信有美德，骄傲无礼，不可与共事君。来复弃去，而更求贤也。"洪兴祖《补注》云："此孔子所谓隐者，子路所谓洁身乱伦。"今按："骄傲""淫游"属放纵。《管子·九败》云："全生之说胜，则廉耻不立。"《管子·九败解》云："人君唯无好全生，则群臣皆全其生，而生又养生。养何也？曰滋味也，声色也，然后为养生。然则从欲妄行，男女无别，反于禽兽。然则礼义廉耻不立，人君无以自守也。"《荀子·非十二子》云："纵情性，安恣睢，禽兽行，不足以合文通治；然而其持之有故，其言之成理，足以欺惑愚众，是它嚣、魏牟也。"生命美好，但必须节制欲望。《尚书·召诰》云："节性，惟日其迈。王敬作所，不可不敬德。"巽为礼，《周易·系辞下》云："巽，德之制也。"

王逸注："言我乃复往观四极，周流求贤，然后乃来下也。"今按："四极"配四时，《周易·系辞上》云："变通配四时。"又云："易有四象，所以示也。"《说文》云"示，天垂象，见吉凶，所以示人也。"又云："观乎天文以察时变，示神事也。"《周易·益·彖》云："自上下下，其道大光。"

廿

《离骚》云：

> 望瑶台之偃蹇兮，见有娀之佚女。吾令鸩为媒兮，鸩告余以不好。雄鸩之鸣逝兮，余犹恶其佻巧。心犹豫而狐疑兮，欲自适而不可。凤皇既受诒兮，恐高辛之先我。欲远集而无所止兮，聊浮游以逍遥。及少康之未家兮，留有虞之二姚。理弱而媒拙兮，恐导言之不固。

王逸注："有娀，国名。佚，美也。谓帝喾之妃，契母简狄也，配圣帝生贤子，以喻贞贤也。《诗》曰：有娀方将，帝立子生商。《吕氏春秋》曰：有娀氏有美女，为之高台而饮食之。言己望见瑶台高峻，睹有娀氏美女，思得与共事君也。"今按："见"犹感也。《周易·系辞上》云："易无思也，无为也，寂然不动，感而遂通天下之故。"《周易·咸·彖》云："咸，感也。柔上而刚下，二气感应以相与，止而说，男下女，是以亨利贞，取女吉也。天地感而万物化生，圣人感人心而天下和平。观其所感，而天地万物之情可见矣。"《象》云："山上有泽，咸，君子以虚受人。"

"有娀"比喻人道。"娀"从戎声，《周易·萃·象》云："君子以除戎器，戒不虞。"《说文》云："戎，兵也。"《鹖冠子·近迭》云："兵者百岁不用，然不可一日忘也，是故人道先兵。庞子曰：先兵奈何？鹖冠子曰：兵者，礼义忠信也。"《白虎通·封公侯》云："兵者，所以为媒除害也；所以全其生，卫其养也。"《周易·坤》上六云："龙战于野，其血玄黄。"《象》云："龙战于野，其道穷也。"《礼记·礼运》云："今大道既隐，天下为家，各亲其亲，各子其子，货力为己，大人世及以为礼，城郭沟池以为固，礼义以为纪；以正君臣，以笃父子，以睦兄弟，以和夫妇，以设制度，以立田里，以贤勇知，以功为己。故谋用是作，而兵由此起。"

"简狄"即简易，"狄"读为易。《周易·系辞上》云："乾以易知，坤以简能。易则易知，简则易从。易知则有亲，易从则有功。有亲则可久，有功则可大。可久则贤人之德，可大则贤人之业，易简而天下之理得矣。"又云："易简之善配至德。"《礼记·乐记》云："大乐必易，大礼必简。"

王逸注："鸩，运日也。羽有毒，可杀人，以喻谗佞贼害人也。言我使鸩鸟为媒，以求简狄，其性谗贼，不可信用，还诈告我言不好也。"洪兴祖《补注》云："《广志》云：其鸟大如鸮，紫绿色，有毒，食蛇蝮，雄名运日，雌名阴谐。"今按："鸩"比喻性恶。《论衡·言毒》云："毒，阳气也。"又云："毒，太阳之热气也。"《广雅·释诂三》云："毒，恶也。"又，"媒"读为谋，《逸周书·成开》云："任谋生诈。"《周易·讼·象》云："天与水违行，讼。君子以作事谋始。"马王堆帛书《黄帝四经·经法·道法》云："生必动，动有害，曰不时，曰时而□。动有事，事有害，曰逆，曰不称，不知所为用。"好、恶相对，《说文》云："凶，恶也。"《周易·讼·象》云："讼，上刚下险，险而健，讼。讼有孚，窒惕，中吉，刚来而得中也。终凶，讼不可成也。""终凶"，故曰"不好"。

王逸注："佻，轻也。巧，利也。言又使雄鸩衔命而往，其性轻佻巧利，多语言而无要实，复不可信用也。"今按：《诗经·小宛》云："宛彼鸣鸠，翰飞戾天。"《吕氏春秋·季春》云："鸣鸠拂其羽。"高诱注："鸣鸠，斑鸠也。是月拂击其羽，直刺上飞，数十丈乃复者是也。"《礼记·中庸》云："鸢飞戾天，鱼跃于渊。言其上下察也。"上为天，下为地，《老子》第二十五章云："人法地。"人当法地，安柔正静，故屈原恶雄鸠上飞之"轻佻"。《老子》第三十九章云："故贵以贱为本，高以下为基。"《老子》第六十六章云："江海所以能为百谷王者，以其善下之，故能为百谷王。"《周易·剥·象》云："山附于地，剥，上以厚下安宅。"又，《淮南子·天文》云："清阳者薄靡而为天，重浊者凝滞而为地。"《老子》第二十六章云："重为轻根，静为躁君。是以君子终日行，不离辎重。"重。厚同义，《周易·坤·象》云："地势坤，君子以厚德载物。"

王逸注："适，往也。言己令鸠为媒，其心谗贼，以善为恶，又使雄鸠衔命而往，多言无实。故心狐疑犹豫，意欲自往，礼又不可，女当须媒，士必待介也。"今按："狐疑""犹豫"源自无知。《周易·损》六三云："三人行则损一人，一人行则得其友。"《象》云："一人行，三则疑也。"一人之行，自求于己。郭店楚简《尊德义》云："察者出所以知己，知己所以知人，知人所以知命。知命而后知道，知道而后知行。"郭店楚简《君子》云："故君子所复之不多，所求之不远，窃反诸己而可以知人。"

往、来相对，《周易·咸》九四云："憧憧往来，朋从尔思。"虞翻注："之内为来，之外为往。"故不"自适"，则反己。《说文》云："己，中宫也。"《老子》第五章云："多言数穷，不如守中。"《孟子·离娄上》云："孟子曰：道在尔而求诸远，事在易而求之难。人人亲其亲、长其长而天下平。"

《释名·释言语》云："往，暀也，归往于彼也。"彼、此相对；彼为外，此为内。"此"指自我。《老子》第三十八章云："是以大丈夫处其厚，不处其薄，处其实，不处其华，故去彼取此。"《老子》第五十四章云："故以身观身，以家观家，以乡观乡，以国观国，以天下观天下，何以知天下之然哉？以此。"

王逸注："诒，一作诏。"五臣云："诒，遗也。言我得贤人如凤皇者，受遗玉帛，将行就聘。"今按："凤皇"象征天命，《论语·子罕》云："子曰：凤鸟不至，河不出图，吾已矣夫。""受"读为授，"诒"读为始，《礼记·檀弓下》云："君子念始之者也。"郑玄注："始，犹生也。"故"受诒"如言"授命"。《周易·系辞上》云："乾知大始。"

王逸注："高辛，帝喾有天下号也。《帝系》曰：高辛氏为帝喾。帝喾次妃有娀氏女生契。言己得贤智之士若凤皇，受礼遗将行，恐帝喾已先我得娀简狄也。"今按：《白虎通·号》云："高辛者，道德大信也。"《释名·释天》云："辛，新也。物初新者，皆收成也。"《周易·系辞上》云："日新之谓盛德，生生之谓易。"新、故相对，《谷梁传·庄公二十九年》云："其言新，有故也。"《谷梁传·僖公廿年》云："言新，有故也。"生命之道"日新"，死亡称为"物故"。如果落后于"高辛"，即死亡；君子与时偕行，"恐高辛氏先我"是戒慎之道。《尔雅·释诂》云："恐，惧也。"《周易·震·象》云："君子以恐惧修省。"《礼记·中庸》云："道也者，不可须臾离也，可离非道也。是故君子戒慎乎其所不睹，恐惧乎其所不闻，君子慎其独也。"《汉书·礼乐志》云："以正月上辛。"颜师古注："辛取斋戒自新之义也。"《周易·系辞上》云："圣人以此斋戒，以神明其德夫。"

王逸注："集，一作进。"又云："言己既求简狄，复后高辛，欲远集它方，又无所之。故且游戏观望以忘忧，用以自适也。"今按："远集"指大成。《老子》第二十五章云："吾不知其名，字之曰道，强为之名曰大。大曰逝，逝曰远。"河上公注："言远者，穷乎无穷，布气天地，无所不通也。"马王堆帛书《五行》云："君子之为德也，有与始，无与终。有与始者，言与其体始；无与终者，言舍其体而独其心也。"《孟子·万章下》云："孔子之谓集大成。集大成也者，金声而玉振之也。金声也者，始条理也；玉振之也者，终条理也。始条理者，智之事也；终条理者，圣之事也。""聊逍遥以浮游"指"远游"，《楚辞·远游》云："悲时俗之迫阨兮，愿轻举而远游。"王逸注："高翔避世，求道真也。"

王逸注："屈原设至远方之外，博求众贤，索宓妃则不肯见，求简狄有后高辛，幸若少康留止有虞，而得二妃，以成显功，是不欲远去之意也。"今按："少康之未家"，比喻赤子。《老子》第五十五章云："含德之厚，比于赤子。毒虫不螫，猛兽不据，玃鸟不搏。骨弱筋柔而握固，未知牝牡之合而峻作，精之至也。终日号而不哑，和之至也。"《老子》第十章云："专气致柔，能婴儿。"河上公注："专守精气使不乱，则形体能应之而柔顺。"又云："能如婴儿内无思虑，外无政事，则精神不去也。"《孟子·离娄下》云："孟子曰：大人者，不失其赤子之心者也。"朱熹《集注》云："赤子之心，则纯一无伪而已。"

"留"读为流。《诗经·关雎》云："左右流之。"毛传："流，求也。"《周易·系辞下》云："定其交而后求。"《周易·睽·象》云："男女睽而其志通也。"《周易·系辞下》云："天地纲缊，万物化醇，男女构精，万物化生。"《周易·咸·象》云："咸，感也。柔上而刚下，二气感应而相与，止而悦，男下女，是以亨利贞，取女吉也。"

王逸注："弱，劣也。拙，钝也。"五臣云："我欲留聘二姚，又恐道理弱于少康，而媒无巧辞。"今按："理弱""谋拙"，比喻质朴之本性。《韩非子·解老》云："理者，成物之文也。"《礼记·乐记》云："礼由外作，故文。"《后汉书·丁鸿传》李贤注："弱，少也。"《论语·雍也》云："子曰：质胜文则野。"《论语·先进》云："先进于礼乐，野人也。"皇侃疏："野人，质朴之称也。"《老子》第三十八章云："夫礼者，忠信之薄，而乱之首。"河上公注："言礼废本治末，忠信日以衰薄。"又云："礼者贱质而贵文，故正直日以少，邪乱日以生。"

"媒"读为谋。《庄子·大宗师》云："颜回曰：堕肢体，黜聪明，离形去知，同于大通，此谓坐忘。"郭象注："内不觉其一身，外不识有天地，然后旷然与变化为体而无不通也。"《诗经·皇矣》云："不识不知，顺帝之则。"《淮南子·俶真》云："闭九窍，藏心志，弃聪明，反无识，芒然仿佯于尘埃之外，而消摇于无事之业，含阴吐阳，而万物和同者，德也。是故道散而为德，德溢而为仁义，仁义立而道德废矣。"

王逸注："言己欲效少康，留而不去，又恐媒人弱钝，达言于君不能坚固，复使回移也。"今按："导言"即道言。《管子·君臣上》云："道也者，上之所以导民也。"《释名·释言语》云："道，导也，所以通导万物也。"道而有言，指人道。《老子》第一章云："道可道，非常道。"河上公注："谓经术政教之道。"又云："非自然长生之道也。常道当以无为养神，无事安民，含光藏晖，灭迹匿端，不可称道。"郭店楚简《性自命出》云："道四术，唯人道为可道也。其三术者，道之而已。"

廿 一

《离骚》云：

> 世溷浊而嫉贤兮，好蔽美而称恶，闺中既已邃远兮，哲王有不寤，怀朕情而不发兮，余焉能忍与此终古。

王逸注："哲，智也。寤，觉也。言君处宫殿之中，其闺深远，忠言难通，指语不达，自明智之王，尚不能觉悟善恶之情，高宗杀孝己是也。何况不智之君而多暗蔽，固其宜也。"

今按：《周易·否·彖》云："否之匪人，不利君子贞。大往小来，则是天地不交而万物不通也；上下不交而天下无邦也。内阴而外阳，内柔而外刚，内小人而外君子。小人道长，君子道消也。"《象》云："天地不交，否，君子以俭德辟难，不可荣以禄。"

王逸注："言我怀忠信之情，不得发用，安能久与此暗乱之君，终古居乎？意欲复去也。"今按："朕"读为腾。《说文》云："腾，神蛇也。"《仪礼·乡射礼记》云："龙首，其中蛇交。"郑玄注："蛇龙，君子之类也。"《周易·系辞下》云："龙蛇之蛰，以存身也。"《周易尚氏学》云："咸艮位戊亥，互乾为龙，伏坤为蛇，乾坤合居于戊亥数无之地，故曰蛰。惟能蛰故能存身，乾传所谓保合太和也。"

《淮南子·原道》云："非谓其底滞而不发。"高诱注："发，动也。"动为阳，静为阴。马王堆帛书《易传·易之义》云："子曰：万物之义，不刚则不能动，不动则无功。恒动而弗中则□，[此刚] 之失也。不柔则不静，不静则不安，久静不动则沈，此柔之失也。是故键之炕龙，壮之触蕃，句之离角，鼎之折足，鄹之虚盈，五繇者，刚之失也。动而不能静者也。川之牝马，小蓄之密云，句之 [适属]，[渐] 之绳妇，朕之泣血，五繇者，阴之失也。静而不能动者也。是故天之义刚建动发而不息，其吉保功也。无柔救之，不死必亡。重阳者亡，故火不吉也。地之义柔弱沈静不动，其吉 [保安也。无] 刚正之，则穷贱遗亡。重阴者沈，故水不吉也。故武之义保功而恒死，文之义保安而恒穷。是故柔而不王刃，然后文而能胜也，刚而不折，然后武而能安也。"《白虎通·情性》云："仁者不忍也，施生爱人也。"

廿 二

《离骚》云：

> 索䒓茅以筳篿兮，命灵氛为余占之，曰两美其必合兮，孰信修而慕之？思九州之博大兮，岂唯是其有女？曰勉远逝而无狐疑兮，孰求美而释女？何所独无芳草兮，尔何怀乎故宇？

王逸注："索，取也。䒓茅，灵草也。筳，小折竹也。楚人名结草折竹以卜曰篿。《文选》䒓作琼。"今按："䒓茅"即蓍。《诗经·下泉》云："浸彼苞蓍。"毛传："蓍，草也。"《说文》云："蓍，蒿属，生千岁，三百茎，易以为数。"《周易·系辞上》云："成天下之亹亹者，莫大乎蓍龟。"《周易·说卦》云："昔者圣人之作《易》也，幽赞于神明而生蓍。"

"筳篿"指筮法。"篿"读为团，《说文》云："团，圆也。"《周易·系辞上》云："是故蓍之德圆而神，卦之德方以知，六爻之义易以贡，圣人以此洗心，退藏于密，吉凶与民同患。神以知来，知以藏往。"圆、周同义，《周易·系辞上》云："与天地相似，故不违；知周乎万物而道济天下，故不过。"

王逸注："灵氛言以忠臣而就明君，两美必合，楚国谁能心明美恶，修行忠直，欲相慕及者乎？己宜以时去也。"今按："两美"指阴阳。阴阳者，事之两端。《礼记·中庸》云："子曰：舜其大知也与！舜好问而好察迩言，隐恶而扬善，执其两端，用其中于民，其斯以为舜乎！"《荀子·礼论》云："两情者，人生固有端焉。"又，《论语·学而》云："信近于义，言可复也。"《孟子·尽心下》云："有诸己之谓信。"《周易·乾·文言》云："九二曰：见龙在田，利见大人。何谓也？子曰：龙德而正中者也。庸言之信，庸行之谨，闲邪存其诚，善世而不伐，德博而化。《易》曰：见龙在田，利见大人。君德也。"又，"慕"读为谋，字又作谟。《诗经·皇华》云："周爰咨谋。"毛传："咨事之难易为谋。"《周易·系辞下》云："天地设位，圣人成能，人谋鬼谋，百姓与能。"《尚书·洪范》云："汝则有大疑，谋及乃心，谋及卿士，谋及庶人，谋及卜筮。"《论衡·超奇》云："心思为谋。"

"两美必合"为德，"信修而慕"指义；凡德必及义。马王堆帛书《易传·要》云："子曰：易，我后其祝卜矣。我观其德义耳也。幽赞而达乎数，明数而达乎德，有仁〔守〕者而义行之耳。"郭店楚简《尊德义》云："尊德义，明乎民伦，可以为君。"

王逸注："言我思念天下博大，岂独楚国有臣而可止乎？"今按："是"、此同义。"女"喻柔顺。《周易·系辞上》云："履信思乎顺。"虞翻注："坤为顺。"《周易·坤·文言》云："坤至柔而动也刚，至静而德方，后得主而有常，含万物而化光。坤道其顺乎，承天而时行。"

五臣云："灵氛曰但勤力远去，谁有求忠臣而不择取汝者也。"今按："远"与"逝"是道之别名。《论语·子罕》云："子在川上曰：逝者如斯夫，不舍昼夜。"朱熹《集注》云："程子曰：此道体也。天运而不已，日往则月来，寒往则暑来，水流而不息，物生而不穷，皆与道为体，运乎昼夜，未尝已也。是以君子法之，自强不息。及其至也，纯亦不已。"《老子》第二十五章云："吾不知其名，字之曰道，强为之名曰大，大曰逝，逝曰远，远曰反。"河上公注："言远者，穷乎无穷，布气天地，无所不通也。"又云："言其远不越绝，乃复在人身也。"《周易·系辞上》云："言出乎身，加乎民，行发乎迩，见乎远。言行，君子之枢机，枢机之发，荣辱之主也。言行，君子之所以动天地也，可不慎乎？"

《周易·系辞上》云："坤道成女。"《周易·坤·文言》云："君子黄中通理，正位居体，美在其中而畅于四支，发于事业，美之至也。"《文子·道原》云："守清道，抱雌节，因循而应变，常后而不先。柔弱以静，安徐以定，功大靡坚，不能与争也。"

王逸注："怀，思也。宇，居也。言何所独无贤者之君，何必思故居而不去也。"今按："故宇"指故家。《孟子·公孙丑上》云："纣之去武丁未久也，其故家遗俗，流风善政犹有存者。"家族是私有制的产物。《吕氏春秋·贵公》云："伯禽将行，请所以治鲁。周公曰：利而勿利也。荆人有遗弓者，而不肯索。曰荆人遗之，荆人得之，又何索焉？孔子闻之曰：去其荆而可矣。老聃闻之曰：去其人而可矣。故老聃则至公矣。天地大矣，生而弗字，成而弗有，万物皆被其泽，得其利，而莫知其所由始，此三皇五帝之德也。"

廿 三

《离骚》云：

世幽昧以眩曜兮，孰云察余之善恶？民好恶其不同兮，惟此党人其独异？户服艾以盈要兮，谓幽兰其不可佩。览察草木其犹未得兮，岂珵美之能当？苏粪壤以充帏兮，谓申椒其不芳。

王逸注："屈原答灵氛曰：当世之君，皆暗昧惑乱，不分善恶谁当察我之善情而用己乎？是难去之意也。"今按：此仍为灵氛之言，当世昏暗，无明智之君。"察余之善恶"指明恕之道。"余"指自我，非屈原。郭店楚简《尊德义》云："察者出所以知己，知己所以知人，知人所以知命，知命而后知道，知道而后知行。由礼知乐，由乐之哀。有知己而不知命者，无知命而不知己者。"《管子·宙合》云："见察谓之明。"《周易·晋·象》云："君子以自昭明德。"

王逸注："党，乡党，谓楚国也。言天下万民之所好恶，其性不同，此楚国尤独异也。"今按："不同"即好恶。《鹖冠子·博选》云："所谓人者，恶死乐生者也。""惟此党人其独异？"是反问之辞，言楚人与天下万民相同，皆好生恶死。好恶、生死皆为二，圣人守一，《老子》第三十九章云："侯王得一以为天下正。"河上公注："言侯王得一，故能为天下平正。"人有好恶，不能去私；圣人无私，好恶与民同。《周易·系辞上》云："圣人以此洗心，退藏于密，吉凶与民同患。神以知来，知以藏往。"

王逸注："犹，一作独。"又云："珵，美玉也。《相玉书》言：珵大六寸，其耀自照。言时人无能知臧否，观众草尚不能别其香臭，岂当知玉之美恶乎？以为草木易别于禽兽，禽兽易别于珠玉，珠玉易别于忠佞，知人最为难也。"今按：《周易》卦象艮为草木，艮同根，《淮南子·原道》云："万物有所生而独知守其根。"高诱注："根，本也。"《孟子·离娄上》云："孟子曰：人有恒言，皆曰天下国家。天下之本在国，国之本在家，家之本在身。"郭店楚简《君子》云："是故亡乎其身而存乎其辞，虽厚其命，民弗从之矣。是故威服刑罚之屡行也，由上之弗身也。"故"草木其犹未得"比喻"亡乎其身"。《礼记·乡饮酒义》云："德也者，得于身也。故曰古之学术道者，将以得身也，是故圣人务焉。"《说文》云："德，外得于人，内得于己也。"《礼记·大学》云："尧舜帅天下以仁，而民从之；桀纣帅天下以暴而民从之。其所令反其所好，而民不从。是故君子有诸己而后求诸人，无诸己而后非诸人。"

"珵"读为盈。《老子》第四十五章云："大盈若冲，其用不穷。"《墨子·经上》云："盈，莫不有也。""珵美"即大中，《周易·大有·彖》云："大有，柔得尊位，大中而上下应之，曰大有，其德刚健而文明，应乎天而时行，是以元亨。"《象》云："火在天上，大有，君子以遏恶扬善，顺天休命。""大有"是"有极"，《逸周书·命训》云："通道通天以正人，正人莫如有极，道天莫如无极，道天有极则不威，不威则不昭，正人无极则不信，不信则不行。"《论语·学而》云："有子曰：礼之用，和为贵，先王之道斯为美，小大由之。"

廿 四

《离骚》云：

> 欲从灵氛之吉占兮，心犹豫而狐疑，巫咸将夕降兮，怀椒糈而要之，百神翳其备降兮，九疑缤其并迎，皇剡剡其扬灵兮，告余以吉故。曰勉升降以上下兮，求榘矱之所同。汤武严而求合兮，挚咎繇而能调。苟中情其好修兮，又何必用夫行媒。说操筑于付岩兮，武丁用而不疑。吕望之鼓刀兮，遭周文而得举，宁戚之讴歌兮，齐桓闻以该辅。

王逸注："巫咸，古神巫也。当殷中宗之世。降，下也。"今按：《说文》云："巫，祝也。女能事无形，以舞降神者也。"又云："古者巫咸初作巫。"巫咸夕降，指夕卜。《说文》云："外，远也。卜尚平旦，今夕卜于事外矣。"《论语·颜渊》云："不仁者远矣。"皇侃疏："远，去也。"《汉书·刘向传》云："黜远外戚。"颜师古注："远谓疏离之也。"

王逸注："皇，皇天也。剡剡，光貌。"又云："言皇天扬其光美，是百神告我，当去就吉善也。"五臣云："告我去当吉。"今按："皇"、明同义。《周易·系辞下》云："以通神明之德。"《荀子·劝学》云："天见其明。"《贾子·修语上》云："道以数取之为明。"《周易·系辞上》云："易与天地准，故能弥纶天地之道，仰以观于天文，俯以察于地理，是故知幽明之故，原始反终，故知死生之说。"

王逸注："勉，强也。上谓君，下谓臣。"洪兴祖《补注》云："升降上下，犹所谓经营四方，周流六漠耳，不必指君臣。"今按：《尚书·尧典》云："光被四表，格于上下。"《周易·系辞上》云："天尊地卑，乾坤定矣，卑高以陈，贵贱位矣。动静有常，刚柔断矣。"《周易·系辞下》云："《易》之为书也，不可远，为道也屡迁，变动不居，周流六虚，上下无常，刚柔相易，不可为典要。唯变所适。其出入以度，外内使知惧。又明于忧患与故。"

王逸注："矩，法也。矱，度也。言当自勉强上求明君，下索贤臣，与己合法度者，因与同志共为治也。"今按："矩矱"即法度。《鹖冠子·世兵》云："道有度数，故神明可交也。"《周易·节·彖》云："当位以节，中正以通天地，节而四时成，节以制度，不伤财，不害民。"《象》云："泽上有水，节，君子以制数度，议德行。"《逸周书·度训》云："天生民而制其度，度小大以正，权轻重以极，明本末以立中，立中以补损，补损以知足。"《说文》云："度，法制也。"

王逸注："严，敬也。合，匹也。"又云："挚，伊尹名。汤臣也。咎繇，禹臣也。调，和也。言汤、禹至圣犹敬承天道，求其匹合，得伊尹、咎繇，乃能调和阴阳，而安天下也。"今按：《史记·乐书》云："合生气之和。"《正义》云："合，应也。"《周易·系辞上》云："鸣鹤在阴，其子和之。我有好爵，吾与尔靡之。子曰：君子居其室，出其言善，则千里之外应之，况其迩者乎？居其室，出其言不善，则千里之外违之，况其迮者乎？"《周易·同人·象》云："同人，柔得位得中而应乎乾，曰同人。同人曰：同人于野，亨，利涉大川，乾行也。文明以健，中正而应，君子正也，唯君子为能通天下之志。"《象》云："君子以类族辨物。"《庄子·知北游》云："调而应之德也，偶而应之道也。"郭象注："调偶，和合之谓也。"《贾子·道术》云："合得周密谓之调。"《庄子·渔父》云："同类相从，同声相应，固天之理也。"《周易·乾·文言》云："九五曰：飞龙在天，利见大人。何谓也？子曰：同声相应，同气相求，水流湿，火就燥，云从龙，风从虎，圣人作而万物睹。本乎天者亲上，本乎地者亲下，则各从其类也。"

王逸注："行媒，喻左右之臣也。言诚能忠信常好善，则精感神明，贤君自举用之，不必须左右荐达也。"不确。今按："行媒"指占卜；"媒"读为谋。《诗经·氓》云："来即我谋。"《史记·陈涉世家》云："乃行卜。"《论语·述而》云："子疾病，子路请祷。子曰：有诸？子路对曰：有之。诔曰：祷尔于上下神祇。子曰：丘之祷久矣。"朱熹《集注》云："上下谓天地。天曰神，地曰祇。祷者，悔过迁善，以祈神之祐也。无其理则不必祷。既曰有之，则圣人未尝有过，无善可迁，其素行固已合于神明，故曰：丘之祷久矣。"马王堆帛书《易传·要》云："故明君不时不宿，不日不月，不卜不筮，而知吉与凶，顺于天地之心，此谓易道。"

<h1 align="center">廿　五</h1>

《离骚》云：

览椒兰其若兹兮，又况揭车与江离！惟兹佩之可贵兮，委厥美而历兹。芳菲菲而难亏兮，芳至静犹未沫。和调度以自娱兮，聊浮游而求女。及余饰之方壮兮，周流观乎上下。

王逸注："历，逢也。言己内行忠直，外佩众香，此诚可贵重。不意明君弃其至美，而逢此咎也。"今按："佩"如言饰，下文云"及余饰之方壮兮"。前文云"扈江离与辟芷兮，纫秋兰以为佩"。王逸注："佩，饰也，所以象德。故行清洁者佩芳，德仁明者佩玉，能解结者佩觿，能决疑者佩玦，故孔子无所不佩也。言己修身清洁，乃取江离、辟芷以为衣被，纫索秋兰，以为佩饰；博采众善，以自约束也。""可贵"如言可宝，《礼记·大学》云："《楚书》曰：楚国无以为宝，惟善以为宝。舅犯曰：亡人无以为宝，仁亲以为宝。"

《说文》云："委，委随也。""美"指中和。《春秋繁露·循天之道》云："中者，天地之太极也。""委厥美"者，随时之义。"兹"、此同义。《老子》第廿一章云："自古及今，其名不去，以阅众甫。吾何以知众甫之然哉？以此。"河上公注："此，今也。以今，万物皆得道精气而生，动作起居，非道不然。"《周易·系辞上》云："日新之谓盛德，生生之谓易。"

王逸注："言我虽不见用，犹和调己之行度，执守忠贞，以自娱乐，且徐徐浮游，以求同志也。"今按："调度"指中和，《春秋繁露·循天之道》云："能以中和养其身者，其寿极命。""女"非指同志，指坤柔之道。《管子·势》云："故贤者安徐正静，柔节先定。"

王逸注："上谓君，下谓臣也。言我愿及年德方盛壮之时，周流四方，观君臣之贤，欲往就之也。"洪兴祖《补注》云："高余冠之岌岌兮，长余佩之陆离。所谓余饰之方壮也。"今按："饰"读为饬。《周易·杂卦》云："蛊则饬也。"《释文》云："饬，王肃本作饰。"《周易·蛊·象》云："山下有风，蛊，君子以振民育德。"《释名·释书契》云："敕，饬也。使自警饬，不敢废慢也。"

《广雅·释诂二》云："壮，健也。"《周易·乾·象》云："天行健，君子以自强不息。"《周易·大壮·象》云："大壮，大者壮也，刚以动，故壮。大壮，利贞，大者正也，正大而天地之情可见矣。"《象》云："雷在天上，大壮，君子以非礼弗履。"《论语·颜渊》云："颜渊问仁。子曰：克己复礼为仁，一日克己复礼，天下归仁焉，为仁由己，而由人乎哉？颜渊曰：请问其目。子曰：非礼勿视，非礼勿听，非礼勿言，非礼勿动。"《周易·杂卦》云："大壮则止。"《礼记·大学》云："《诗》云：穆穆文王，于缉熙敬止。为人君，止于仁。为人臣，止于敬。为人子，止于孝。为人父，止于慈。与国人交，止于信。"南为上，北为下，《孟子·尽心上》云："夫君子所过者化，所存者神，上下与天地同流，岂曰小补之哉？"

<h1 style="text-align:center">廿 六</h1>

《离骚》云：

> 为余驾飞龙兮，杂瑶象以为车。何离心之可同兮？吾将远逝以自流。邅吾道夫昆仑兮，路修远以周流。

王逸注："言我驾飞龙，乘明智之兽，象玉之车，文章杂错，以言己德似龙玉，而世莫之识也。"五臣云："飞龙喻道，瑶象以比君子之德。言我远游，但驾此道德以为车。"洪兴祖《补注》云："《易》曰：飞龙在天。许慎云：飞龙有翼。瑶，美玉也。言以瑶象为车，而驾以飞龙也。"今按：《周易·乾·彖》云："大明终始，六位时成，时乘六龙以御天。乾道变化，各正性命，保合太和，乃利贞。"《周易尚氏学》云："时乘六龙以御天，即言乾乘六阳时以统御天道。"马王堆帛书《易传·二三子问》云："二三子问曰：易屡称于龙，龙之德何如？孔子曰：龙大矣。龙形迁，假宾于帝，见神圣之德也。高尚齐乎星辰日月而不眺，能阳也。下纶穷深渊之渊而不沫，能阴也。上则风雨奉之，下纶则有天下之□，□乎深渊，则鱼蛟先后之，水流之物莫不随从。陵处，则雷神养之，风雨避乡，鸟守弗干。曰：龙大矣。龙既能云变，有能蛇变，有能鱼变，飞鸟正虫，唯所欲化，而不失本形，神能之至也。"

《周易·乾》九五云："飞龙在天，利见大人。"《文言》云："飞龙在天，乃位乎天德。"又云："夫大人者，与天地合其德，与日月合其明，与四时合其序，与鬼神合其吉凶。先天而天弗违，后天而奉天时。天且弗违，而况于人乎？况于鬼神乎？"《淮南子·人间》云："得道之士，外化而内不化。外化，所以入人也；内不化，所以全其身也。故内有一定之操，而外能诎伸、赢缩、卷舒，与物推移，故万举而不陷。所以贵圣人者，以其能龙变也。"

王逸注："言贤愚异心，何可合同，知君与己殊志，故将远去自疏，而流遁于世也。"今按：楚邦人心各异，分崩离析。"远逝"如言"远游"《周易·涣》初六王弼注："故可以逝行。"《释文》云："逝，本作游。"《庄子·齐物论》云："瞿鹊子问乎长梧子曰：吾闻诸夫子，圣人不从事于务，不就利，不违害，不喜求，不缘道，无谓有谓，有谓无谓，而游乎尘垢之外。夫子以为孟浪之言，而我以为妙道之行也，吾子以为奚若？"《周易·说卦》云："神也者，妙万物而为言者也。"远游如优游，《礼记·儒行》云："礼之以和为贵，忠信之类，优游之法。"《文选·东京赋》云："于是百姓涤除荡秽，而镜至清，形神寂寞，耳目弗营，嗜欲之源灭，廉耻之心生，莫不优游而自得，玉润而金声。"《易纬乾凿度上》云："四时和，粟孽结，四渎通，情优游。"

廿 七

《离骚》云：

　　乱曰：已矣哉。国无人莫我知兮，又何怀乎故都？既莫足与为美政兮，吾将从彭咸之所居。

王逸注："已矣，绝望之词。无人，谓无贤人也。《易》曰：阒其户，阒其无人。屈原言已矣，我独怀德不见用者，以楚国无有贤人知我忠信之故，自伤之词。"又云："言众人无有知己，己复何为思故乡念楚国也。"今按：《论语·子罕》云："子曰：凤鸟不至，河不出图，吾已矣夫。"皇侃疏："已，止也。"《论语·公冶长》云："子曰：已矣乎！吾未见能见其过而内自讼者也。"皇侃疏："已，止也。"《周易·杂卦》云："艮，止也。"《周易·艮》云："艮其背，不获其身；行其庭，不见其人。无咎。""国无人"即"行其庭，不见其人。"庭同廷，《说文》云："廷，朝中也。""莫我知"即"艮其背，不获其身"。《周易·观》六三云："观我生。"虞翻注："我，身也。"《周易·艮·彖》云："艮其止，止其所也。上下敌应，不相与也。是以不获其身，行其庭，不见其人。无咎也。"

"又何怀乎故都？"比喻"日新"之道，马王堆帛书《黄帝·十大经》云："我不藏故，不挟陈。向者已去，至者乃新。新故不谬，我有所周。"《离骚》又云："何所独无芳草兮，尔何怀乎故宇。"

王逸注："言时世之君无道，不足与共行美德，施善政者，故我将自沈汨渊，从彭咸而居处也。"今按："彭"为鼓声，震为鼓，《周易·说卦》云："帝出乎震。"《周易·咸·彖》云："君子以虚受人。"故"彭咸"合天人之道。《周易·系辞上》云："子曰：知变化之道者，其知神之所为乎。"又云："故神无方而易无体。"《史记·五帝本纪》云："明鬼神而敬事之。"《正义》云："天神曰神，人神曰鬼。"《周易·系辞上》又云："精气为物，游魂为变，是故知鬼神之情状。"东北为鬼户，与艮卦同位。《周易·艮·彖》云："艮，止也。时止则止，时行则行，动静不失其时，其道光明。艮其止，止其所也，上下敌应，不相与也。是以不获其身，行其庭不见其人。无咎也。"《象》曰："兼山艮，君子以思不出其位。"

作者单位：北京教育学院、北京师范大学

《大象传》卦义来源考

涂　山

摘要：《大象传》的解经体例为"卦象＋卦名＋卦义"。学界认为《大象传》每条后面的卦义只和前面的卦象和卦名有意义上的关联性。事实上，《大象传》中有部分条的情况是如此，然而尚有许多条却看不出卦义和前面的卦象和卦名有意义关联性。经过对《大象传》六十四条的卦义来源逐条分析后可以发现，其来源可能性有五端，即《周易》文本中的卦形、卦名、卦辞、爻辞和《象传》，并从中择其一。在考辨中不仅确定了作为卦义来源的联想点所在，还揭示了《大象传》作者对来源材料进行改造从而有所创新的思路所在，并且分析了《大象传》卦义来源的分布情况、卦义的主语情况、卦义对来源材料的加工处理方法、《大象传》卦义是君子的行动指南等问题。

关键词：《大象传》　卦义　来源　《象传》　训诂

一、问题的提出

有关《周易》产生过程中的层次问题，本人已有专著加以讨论①，

---

① 参见徐山《周易词义与结构分析》第一章"《周易》产生过程中的层次问题"，《周易》文本的四个部分卦形、卦名、卦辞和爻辞，是依次叠加的历史发展的结果。（中国书店，2007年版，第1～3页）

而解说《周易》的《易传》七种中的《大象传》，虽经前贤诠释，仍存不少疑点，需要进一步研究。

《大象传》的解经体例为"卦象＋卦名＋卦义"，其中卦象部分，以重卦所含的上下两个经卦的原始卦象作为会意基础，如"风雷，益"，但也有个别的原始卦象已有改动①。另外，卦象部分除了确定两个经卦的原始卦象的方位时加了"上、下"等词以外，还增加了动词，从而指出两个经卦的原始卦象之间的隐含关系，如"天地交，泰"，"泽无水，困"。在卦名部分，除了首卦卦名为健，其余六十三卦均同于《周易》中的卦名，由此可知《大象传》卦名健是本字为乾的通假字。最后的卦义部分，其句式多为"君子以"开头的主谓句。"君子以"的"以"为介词，介词"以"后作宾语的指示代词"之"（指代前面提及的卦象和卦名）省略了。今人高亨《周易大传今注》将"君子以"开头的卦义部分理解为"君子观此卦象及卦名，从而……"，当从②。主语"君子"在少数卦义中亦作"先王、后"等，如"地上有水，比。先王以建万国，亲诸侯"。由于"先王以建万国，亲诸侯"一句的主语是"先王"，所以该句当为已然之事，由此可以推断以"君子以"开头的主谓句所论之事均为已然之事，而非一般说教意义上的应然之事。换言之，"君子以"后面所论之事在《大象传》作者看来是前人已经实践过的，读者只需模仿即可。

有关《大象传》每条后面卦义的来源问题，前贤已经注意到了。孔颖达《周易正义》："凡《大象》君子所取之义，或取二卦之象而法之

---

① 如经卦巽的原始卦象为风，而《象传》在解释重卦卦象时，把其中一些经卦巽的卦象说成是"木"，如"泽灭木，大过""地中生木，升""木上有水，井""木上有火，鼎""山上有木，渐"等，徐山《周易词义与结构分析》第四章《周易》六十四卦卦名的命名之由一文则不从。参见徐山：《周易词义与结构分析》，中国书店，2007年版，第28~39页。

② 如《大象传》："山下出泉，蒙。君子以果行育德。"高亨注："君子观此卦象及卦名，从而果其行以育其德。"参见高亨：《周易大传今注》，齐鲁书社，1983年版，第101页。

者……或直取卦名，因其卦义所有，君子法之，须合卦义行事者。"① 即《大象传》每条后面的卦义和前面的卦象和卦名有意义上的关联性。《大象传》六十四条解说，其中确实有部分条的卦义和前面的卦象和卦名有意义关联性，然而尚有许多条却看不出卦义和前面的卦象和卦名有什么意义关联性，试举一例：《大象传》："山上有泽，咸。君子以虚受人。""咸"一词的本义为杀义②。《彖传》释咸卦的卦名义为"咸，感也"，这是用声训手段来解释的，然而"咸"一词的"杀"义和"感"一词的"感应"义两者义不相涉，即"咸"和"感"两词并非同源词关系，所以《彖传》用"感应"义的"感"来解释"咸"卦的卦名义不可信。《大象传》"君子以虚受人"王弼注以及孔颖达疏均承《彖传》的"感应"义立论，故不足取。总之，《大象传》解说"咸"卦的卦义部分"君子以虚受人"和前面的卦象和卦名并没有意义关联性，这就提示了卦义"君子以虚受人"应另有其来源。

《大象传》作者所解说的《周易》文本有卦形、卦名、卦辞和爻辞四个部分，因此在分析《大象传》卦义来源时，应拓宽视野，在卦形、卦名、卦辞和爻辞这几种材料中寻找有无可信的联想点。另外，《彖传》和《大象传》两种的写作年代孰先孰后，学界亦有不同看法。孔颖达《周易正义》："《象》在《彖》后者，《彖》详而《象》略也。是以过半之义，思在《彖》而不在《象》，有由而然也。"③ 高亨《周易大传今注》

---

① （清）阮元校刻，方向东点校：《十三经注疏·周易注疏》，中华书局，2021 年版，第116 页。

② 咸，其甲骨文字形从斧状从口，字形下方的"口"表示用力声。"咸"的本义为杀义。《尚书·君奭》："咸刘厥敌。"卦名"咸"为杀义，而爻辞中的"咸"亦为"杀、砍伤"义，如初六："咸其拇。"咸卦象为泽在山上，即泽水漫过山高，实为洪水状。卦名咸则因洪水对人的威胁即"杀"义而命名。详见徐山：《周易词义与结构分析》，中国书店，2007 年版，第 34 页。

③ （清）阮元校刻，方向东点校：《十三经注疏·周易注疏》，中华书局，2021 年版，第31页。下引《周易》经传及注疏，若无特别标明，皆为此版本。

亦认为"《彖传》作于《象传》之前"①，本文则采用此说。

综上所述，《大象传》卦义来源的可能性有五端，即《周易》文本中的卦形、卦名、卦辞、爻辞和《彖传》，并从中择其一。下面将按照《大象传》六十四条的排列顺序，逐一对其中的卦义来源进行探讨。在分析的过程中，不仅要确定作为卦义来源的联想点所在，同时还要指出《大象传》作者对来源材料进行改造从而有所创新的思路所在。

二、《大象传》六十四条中的卦义来源分析

（一）《大象传》："天行，健。君子以自强不息。"按："天行，健"部分，传统的读法作"天行健"，即中间不断开，且其中的"行"理解为动词。这样的理解当今学界认为是不确的。根据《大象传》的解经体例，可知"天行健"三字含有"卦象＋卦名"这两部分，所以应该标点为"天行，健"，且健为卦名乾的通假字。"天行"和下面紧接的一条"地势，坤"中的"地势"结构相同，均为名词性短语。王引之《经义述闻》："《尔雅》：'行，道也。'天行，谓天道也。"②王说甚是。孔颖达《周易正义》在"《象》曰：明两作，离"。下认为，"八纯之卦"因上下两经卦相同，在解说震、坎、巽、离的卦象时，"义皆取连续相因""相随""不绝"，而艮、兑的卦象则"各自为体，非相入之物"③。孔说两类情况，得之。要弄明白卦象"天行"的理据，应结合坤卦卦象"地势"来理解。所谓"地势"，取此地和彼地相连而地势呈高低不平之状。"天行"，正好和不平的"地势"相对，着眼于"平"，即"天行"取此天和彼天相连而天呈如同大道般的平坦通畅之状。卦义"君子以自强不

① 高亨：《周易大传今注》，齐鲁书社，1983年版，第7页。
② （清）王引之：《经义述闻》，江苏古籍出版社，2000年版，第42页。
③ （清）阮元校刻，方向东点校：《十三经注疏·周易注疏》，中华书局，2021年版，第247页。

息"来源于三爻爻辞"君子终日乾乾，夕惕若，厉，无咎"，且直接采用"君子终日乾乾"的句义。《大象传》卦义部分大都以"君子"开头，可以看出受到了《周易》首卦此爻的影响。爻辞中的"乾乾"，为卦名乾的叠用；而卦名乾，《大象传》则用通假字"健"，且认同此字之义。孔颖达《周易正义》解说"君子终日乾乾"为："言每恒终竟此日健健，自强勉力，不有止息。"孔说精当。由此可知，《大象传》"自强"对应了爻辞"乾乾"，《大象传》"不息"对应了爻辞"终日"。

（二）《大象传》："地势，坤。君子以厚德载物。"按：卦义来源于《彖传》中的"坤厚载物"。"坤厚载物"义即大地广厚而能（如车子那样）载物。《大象传》"厚德载物"取《彖传》"坤厚载物"中的"厚""载物"三字，使得原来义指大地"厚"的语境改造成君子厚其德；且"载物"，由《彖传》的大地（如车子那样）载物变成君子厚其德并以这样的德载物。比较《彖传》和《大象传》的"载物"含义，可知前者仍有实在意味，而后者的语义则抽象了。

（三）《大象传》："云雷，屯。君子以经纶。"按：《周易》"屯"卦五爻爻辞"屯其膏"，高亨《周易大传今注》指出其中的"屯"为"聚"（屯积）义①。《彖传》"屯，刚柔始交而难生"，将卦名屯理解为屯难义。《大象传》卦义"经纶"的来源是在《彖传》对卦名屯理解为屯难义的基础上，取《周易》屯卦卦辞"勿用有攸往，利建侯"而言之，即在屯难之世，当如卦辞那样经纬世事。

（四）《大象传》："山下出泉，蒙。君子以果行育德。"按：卦义中的"果行"为果决其行之义，其来源为蒙卦卦辞中的"匪我求童蒙，童蒙求我。初筮告，再三渎，渎则不告"。童蒙在初筮被告后即应"果行"，却要再三筮占则为亵渎。"育德"的起因实为童蒙"再三渎"而失德。

---

① 高亨：《周易大传今注》，齐鲁书社，1983 年版，第 95 页。

（五）《大象传》："云上于天，需。君子以饮食宴乐。"按：卦义来源于五爻爻辞"需于酒食，贞吉"。卦义中的"饮食"为动词，爻辞"酒食"为名词，意义相通。卦义中"饮食"之后的"宴乐"为申说部分，这样"饮食宴乐"四字便能形成《大象传》卦义部分"君子以"后面多见的四字结构。

（六）《大象传》："天与水违行，讼。君子以作事谋始。"按：卦义来源于卦辞中的"有孚，窒惕，中吉终凶"。该卦辞承卦名讼而来，即对待"讼"事，应有诚信，（如果）心里窒塞、恐惧，则"中吉终凶"。《大象传》"谋始"为避免卦辞"终凶"的结果而言之，"作事"二字则为确定话题语境而添加。

（七）《大象传》："地中有水，师。君子以容民畜众。"按：《周易》师卦爻辞中多含有"师"，均用作军队义，如初爻"师出以律，否臧凶"。《彖传》："师，众也。'贞'，正也。能以众正，可以王矣。"《大象传》卦义不取爻辞中含有"师"的军队义，避谈战争，而取《彖传》解说"师"为"众"之义。《彖传》"能以众正，可以王矣"，即为"王"而言之，而《大象传》改造成"君子"与"众"的关系，即君子容畜民众。

（八）《大象传》："地上有水，比。先王以建万国，亲诸侯。"按：卦义来源于卦辞中的"不宁方来"。"不宁方来"义即不安宁的邦国来到，卦义中的"建万国，亲诸侯"为杜绝这种事情发生所采取的策略。又因为"建万国，亲诸侯"之事非卦义常见的主语"君子"所为，故主语作"先王"。卦义中的"亲"的亲近义和卦名"比"亦有关联。"比"的甲骨文为两人紧挨状。《说文》："比，密也。"①

（九）《大象传》："风行天上，小畜。君子以懿文德。"按：卦义来

---

① （清）段玉裁：《说文解字注》，中华书局，2013 年版，第 390 页。下引《说文》原文，若无特别标注，皆为此版本。

源于上爻爻辞"既雨既处，尚德载。妇贞厉。月几望，君子征凶"。上爻爻辞的《小象传》："既雨既处，德积载也。君子征凶，有所疑也。"孔颖达《周易正义》解说"尚德载"为："言尚慕此道德之积载也。"卦义"文德"的"德"取之于爻辞中的"德"，而"文德"实与武功相对，即此"文德"是针对"君子征凶"而言的。

（十）《大象传》："上天下泽，履。君子以辩上下，定民志。"按：辩，通"辨"。卦义来源于《彖传》中的"履帝位而不疚，光明也"。孔颖达《周易正义》解说"辩上下，定民志"为："以分辩上下尊卑，以定正民之意志，使尊卑有序也。""辩上下，定民志"本为"履帝位"所为，《大象传》改造成"君子"所为。

（十一）《大象传》："天地交，泰。后以财成天地之道，辅相天地之宜，以左右民。"按：财，通"裁"。《彖传》解说中有"天地交而万物通也"的内容，《大象传》的卦象"天地交"当取之于《彖传》。《大象传》卦义进而以"天地"为话题，扩展为"财成天地之道，辅相天地之宜"。又因为"财成天地之道，辅相天地之宜"之事，实非"君子"所为，故主语确定为"后"。主语为"后"，导致最后的"以左右民"之说。

（十二）《大象传》："天地不交，否。君子以俭德辟难，不可荣以禄。"按：辟，通"避"。卦义来源于卦辞"不利君子贞，大往小来"。卦义中的"难"，对应的是卦辞"不利君子贞"。而卦辞"大往小来"，即往者大而来者小，两者相较，则得到的较少。《大象传》卦义承"大往小来"义，无逾越非分之念，故有"俭德"之说。孔颖达《周易正义》解说"俭德辟难，不可荣以禄"为："以节俭为德，辟其危难，不可荣华其身，以居禄位。""不可荣以禄"句申说"俭德"。

（十三）《大象传》："天与火，同人。君子以类族辨物。"按：卦义取卦名同人中的"同"立意。高亨《周易大传今注》："类犹分也……

族，种类也。类族即分析事物之种类。"① 有同则有异，实际上在"类族辨物"的操作过程中，两者都要考虑。

（十四）《大象传》："火在天上，大有。君子以遏恶扬善，顺天休命。"按：《尔雅·释诂》："休，美也。"② 卦义有两小句，分别来源于初爻和上爻爻辞。大有卦初爻爻辞中曰"无交害"，义即不相害，卦义中的"遏恶"和爻辞"无交害"义近，"扬善"为申说部分。大有卦上爻爻辞："自天佑之，吉，无不利。"卦义中的"顺天休命"义承爻辞"自天佑之"。

（十五）《大象传》："地中有山，谦。君子以裒多益寡，称物平施。"按：王弼注："多者用谦以为裒，少者用谦以为益，随物而与，施不失平也。"卦义来源于《彖传》"天道亏盈而益谦"。孔颖达《周易正义》解说"亏盈而益谦"为："减损盈满而增益谦退……盈者亏减，则谦者受益也。"《大象传》"多""寡"话题取之于《彖传》中的"亏盈"，其后的"称物平施"为申说部分。

（十六）《大象传》："雷出地奋，豫。先王以作乐崇德，殷荐之上帝，以配祖考。"按：郑玄曰："殷，盛也。"③ 卦义来源于卦名豫。《尔雅·释诂》："豫，乐也。"④ "乐"一词有两音两义，名词为音乐义，动词为快乐义，两者意义关联。卦义中的"乐"为名词的音乐义，"荐之"即荐乐，"作乐"后的"崇德，殷荐之上帝，以配祖考"，申说礼乐用途。卦义"作乐"诸事非"君子"所能主持，故主语确定为"先王"。

（十七）《大象传》："泽中有雷，随。君子以向晦入宴息。"按：《说文》："宴，安也。"卦义来源于卦象"泽中有雷"。在"泽中有雷"的景象中，此雷不像出现在天上时闪电有亮光，故卦义以"晦"对应之；此

---

① 高亨：《周易大传今注》，齐鲁书社，1983年版，第165页。
② 胡奇光、方环海：《尔雅译注》，上海古籍出版社，2004年版，第39页。
③ 张文智等整理：《周易集解》，巴蜀书社，2004年版，第65页。
④ 胡奇光、方环海：《尔雅译注》，上海古籍出版社，2004年版，第11页。

时的雷呈休息状，故卦义以"入宴息"对应之。

（十八）《大象传》："山下有风，蛊。君子以振民育德。"按：高亨《周易大传今注》："《广雅·释诂》：'振，动也。'振民谓教民。"①《大象传》卦义来源于上爻爻辞"不事王侯，高尚其事"。"不事王侯"，隐含的主语当为"民"。"高尚其事"，其中的"事"为名词，指前面的"不事王侯"这样的事。"不事王侯，高尚其事"，义即不侍奉王侯，并且把这样的做法看得很高尚。卦义"振民育德"，义承爻辞"不事王侯，高尚其事"的旨意而说之。

（十九）《大象传》："泽上有地，临。君子以教思无穷，容保民无疆。"按：卦义来源于五爻爻辞"知临，大君之宜，吉"。"知临"的"知"，《释文》："音智。"②"知临，大君之宜"，即以明智监临，大君适宜这样做。卦义中的"教思"即教化思念，义承爻辞的大君"知临"；"教思无穷"，义即"教思民无穷"，该五字和后面的"容保民无疆"结构一致。"教思"后的"无穷，容保民无疆"部分为申说。

（二十）《大象传》："风行地上，观。先王以省方观民设教。"按：卦义中的"设教"二字来源于《彖传》"圣人以神道设教，而天下服矣"。"设教"之事在《彖传》为"圣人"所为，《大象传》卦义亦不取"君子"所为而确定是"先王"所为。卦义中的"省方观民"，其中"观"用卦名，且"省""观"两词义近；"省方"之事和"先王"相称，所观之"民"和"先王"相对。

（二十一）《大象传》："雷电，噬嗑。先王以明罚敕法。"按：高亨《周易大传今注》：敕，"修正整理之义"③。卦义来源于噬嗑卦卦辞"亨，利于狱"，"明罚敕法"义承狱讼的"狱"。

---

① 高亨：《周易大传今注》，齐鲁书社，1983年版，第202页。
② （唐）陆德明撰，张一弓点校：《经典释文》第二《周易音义》，上海古籍出版社，2012年版，第31页。
③ 高亨：《周易大传今注》，齐鲁书社，1983年版，第220页。

（二十二）《大象传》："山下有火，贲。君子以明庶政，无敢折狱。"按：卦义有两小句，其旨分别来源于《彖传》"文明以止，人文也"和四爻爻辞中的"贲如皤如，白马翰如，匪寇，婚媾"。卦义中的"明"，取《彖传》的"明"字，进而扩展改造为"明庶政"。四爻爻辞义为乘白马的人不是寇贼，而是来求婚的，卦义"无敢折狱"则是取爻辞所含的不可误判之义而说之。

（二十三）《大象传》："山附于地，剥。上以厚下安宅。"按：卦义来源于剥卦上爻爻辞"硕果不食，君子得舆，小人剥庐"，其中的"剥庐"为剥落庐舍义，即房屋被毁。因为上爻爻辞已有"君子"二字，卦义开头则不取"君子"而言"上"，以便展开立论。卦义"厚下"对应于"君子得舆"，"安宅"则针对"小人剥庐"而从正面价值说之。

（二十四）《大象传》："雷在地中，复。先王以至日闭关，商旅不行，后不省方。"按：卦义来源于卦辞"反复其道"。"反复其道"义为沿其道路返回。卦义从归而不行的角度展开论说，因在冬至之日闭关，遂有"商旅不行"的结果。又因"至日闭关"非"君子"所为，故以"先王"为主语。"后不省方"，仍是申说前面的"不行"。

（二十五）《大象传》："天下雷行，物与，无妄。先王以茂对时育万物。"按：《说文》："与，赐予也。一勺为与。此与與同。""物与"即万物有所赐予义。卦义来源于卦象中的"物与"。卦义中的"育万物"因"物与"而说之，而"对时"为添加部分。"茂对时育万物"义即（万物）茂盛，应对天时而养育之。卦义的主语不取"君子"而是"先王"，可见此事影响面之大。

（二十六）《大象传》："天在山中，大畜。君子以多识前言往行，以畜其德。"按：卦义来源于卦名大畜。卦义在如何畜和畜什么这两方面论说，"多识前言往行"为如何畜，而"畜其德"则指出畜什么。

（二十七）《大象传》："山下有雷，颐。君子以慎言语，节饮食。"按：卦义来源于卦辞中的"观颐，自求口实"。卦义取其中的"口"义，而"口"有说话和饮食两个功能，卦义中的"慎言语，节饮食"两小句则分别对应之。

（二十八）《大象传》："泽灭木，大过。君子以独立不惧，遁世无闷。"按：卦义来源于"大过"卦上爻爻辞"过涉灭顶，凶，无咎"。"过涉灭顶"的"过"和卦名中的"过"均为过甚义，而且大过卦诸爻辞中只有上爻爻辞中含有"过"。"过涉灭顶"，义为涉水过深而淹没头顶，卦义取此危难之境为话题背景，提出或"独立不惧"或"遁世无闷"的应对之法，进退皆不失君子人格本色。《文言》亦有"遁世无闷"一句，高亨《周易大传今注》解说为："君子甘心隐居，故无烦闷。"①

（二十九）《大象传》："水洊至，习坎。君子以常德行，习教事。"按：高亨《周易大传今注》解说《周易》卦名习坎为："习字疑涉初九爻辞及象传之'习坎'二字而衍。"②《大象传》"习坎"中的"习"，高亨亦认为是"衍文"③，可从。卦义"常德行"来源于卦辞"有孚维心，亨，行有尚"。"行有尚"，和"泰"卦二爻中的"得尚于中行"义相仿。王引之《经义述闻》："《广雅》：'尚，佐也。'佐，亦助也……同类相助，是往而有助，故曰'行有尚'也。"④卦义取卦辞中的"行"字而扩展之。卦义"习教事"来源于初爻爻辞中的"习坎"，两者中"习"的词义相同，均为熟习义。"习教事"取初爻爻辞中的"习"字而扩展之。

（三十）《大象传》："明两作，离。大人以继明照于四方。"按：卦义来源于卦象"明两作"。卦义"继明"义取"明两作"，"照于四方"为申说部分。因"照于四方"和"君子"不甚相配，故卦义的主语为"大人"。

（三十一）《大象传》："山上有泽，咸。君子以虚受人。"按：卦义

---

① 高亨：《周易大传今注》，齐鲁书社，1983 年版，第 62 页。
② 高亨：《周易大传今注》，齐鲁书社，1983 年版，第 273 页。
③ 高亨：《周易大传今注》，齐鲁书社，1983 年版，第 275 页。
④ （清）王引之：《经义述闻》，江苏古籍出版社，2000 年版，第 14 页。

来源于四爻爻辞中的"憧憧往来，朋从尔思"。《说文》："憧，意不定也。"卦义中的"虚"针对"憧憧"而反其义说之，即"意不定"而意须定，所采取之法为"虚"，具体而言即虚其心。"虚受人"义为虚其心而受人。"朋从尔思"的"思"，高亨《周易大传今注》认为是"语气词，犹哉也"①。"思"作为四字句的句末语气词，《诗经》其例多见。卦义中的"受人"，继续爻辞中的"朋从尔"，即朋友随从你的话题而接受朋友其人。

（三十二）《大象传》："雷风，恒。君子以立不易方。"按：孔颖达《周易正义》解说"方"为"犹道也"。卦义来源于《彖传》中的"圣人久于其道"。卦义中的"不易方"对应于"久于其道"，"立"为根据语境所添加的部分。

（三十三）《大象传》："天下有山，遁。君子以远小人，不恶而严。"按：卦义来源于卦名遁。遁为退隐义，而卦象"天下有山"实为退隐之所。卦义中的"远小人"为退隐的目的，"不恶而严"为申说部分，强调对付小人的策略。孔颖达《周易正义》解说"不恶而严"为："小人进长，理须远避，力不能讨，故不可为恶，复不可与之亵渎。"

（三十四）《大象传》："雷在天上，大壮。君子以非礼弗履。"按：卦义来源于初爻爻辞"壮于趾，征凶，有孚"。卦义中的"履"为践义，和爻辞中脚趾的"趾"意义关联。爻辞"壮于趾，征凶"含不可出征义，故卦义"弗履"对应之。卦义中的"非礼"为添加部分，从而另辟新境。

（三十五）《大象传》："明出地上，晋。君子以自昭明德。"按：卦义来源于卦象"明出地上"。卦义中的"明"取卦象中的"明"字。高亨《周易大传今注》："孔颖达曰：'昭亦明也。'昭是动词。明德，光明之德。明是形容词。"②其说可采。

---

① 高亨：《周易大传今注》，齐鲁书社，1983 年版，第 293 页。

② 高亨：《周易大传今注》，齐鲁书社，1983 年版，第 317 页。

（三十六）《大象传》："明入地中，明夷。君子以莅众，用晦而明。"按：卦义来源于《彖传》中的"晦其明也，内难而能正其志，箕子以之"。卦义中的"用晦"对应《彖传》中的"晦其明也"。孔颖达《周易正义》解说"用晦而明"为："藏明于内，乃得明也。"明夷卦中的爻辞和《彖传》均引箕子故事。箕子劝谏纣王而纣王不听，便被发佯狂为奴，被纣王所囚。周武王灭商后，箕子获释。箕子这些前后经历之事，《大象传》卦义以"用晦而明"四字来概括。卦义中莅临众人义的"莅众"为添加部分。

（三十七）《大象传》："风自火出，家人。君子以言有物而行有恒。"按：卦义来源于上爻爻辞"有孚威如，终吉"。"有孚威如"，义即有诚信、威严。卦义"言有物"对应于"有孚"，而"行有恒"方能"威如"。

（三十八）《大象曰》："上火下泽，睽。君子以同而异。"按：卦义来源于《彖传》中的"二女同居，其志不同行"。《彖传》论及同和异之事，卦义"同而异"则义承之。

（三十九）《大象传》："山上有水，蹇。君子以反身修德。"按：卦义来源于二爻爻辞"王臣蹇蹇，匪躬之故"。《说文》："蹇，跛也。"《彖传》："蹇，难也。"爻辞中的"蹇蹇"为走路艰难义。"王臣蹇蹇，匪躬之故"，义为王臣艰难奔走，不是出于自身的原因。孔颖达《周易正义》解说"王臣蹇蹇"的原因是"志匡王室"。卦义义取二爻爻辞，是因为其中的"王臣"形象和"君子"相近。卦义中的"身"义同爻辞中的"躬"，"反身"即反求于己身，"反身"是在联想点"躬"的基础上翻出新意。卦义中的"修德"为申说部分。

（四十）《大象传》："雷雨作，解。君子以赦过宥罪。"按：卦义来源于解卦五爻爻辞"君子维有解，吉，有孚于小人"。该爻辞中有"君子"，故卦义取之。解卦四爻爻辞"解而拇，朋至斯孚"，义为松开你的大拇指（即原来手成握拳状，呈争斗景象①），朋友前来，于是诚信相待。五爻爻辞"君子维有解"中的"解"，义承四爻首句的"解而拇"。卦义取五爻爻辞"君子"松拳不争斗且对小人有诚信的语境，卦义中的"过""罪"为爻辞中的"小人"所有，"赦过宥罪"实为爻辞"有孚于小人"的具体措施。

（四十一）《大象传》："山下有泽，损。君子以惩忿窒欲。"按：卦义来源于卦名"损"。卦义中的"惩""窒"的词义和卦名"损"有关联，而"忿""欲"则为添加的内容。

（四十二）《大象传》："风雷，益。君子以见善则迁，有过则改。"按：卦义来源于四爻爻辞"中行告公，从，利用为依迁国"。该爻辞义为：在路中向公报告，公听从，如此对于依从而迁徙国都则有利②。卦义"见善则迁"的"善"对应于爻辞中"告公"的善事，"迁"对应于爻辞中的"从"。卦义后面的"有过则改"为申说部分。

（四十三）《大象传》："泽上于天，夬。君子以施禄及下，居德则忌。"按：卦义来源于卦辞中的"扬于王庭，孚号有厉"。《广雅·释诂》："扬，举也。"③"扬于王庭，孚号有厉"义为被举用于朝廷，诚信地呼叫有危险。卦义中的"禄"对应于卦辞中的"扬于王庭"，即被举用于朝廷后所得之禄，"居德"亦指"扬于王庭"之事，而"忌"则对应于卦辞中的"有厉"，因危险而有所禁忌。卦义"施禄及下"，为《大象传》经过添加成分后所改造成的语境。

（四十四）《大象传》："天下有风，姤。后以施命诰四方。"按：卦义来源于卦名姤。"姤"和"遘、媾"为同源字。《说文》"遘，遇也。""媾，重婚也。"《说文·新附》："姤，偶也。"即"姤"和婚姻中

---

① 参见徐山：《周易词义与结构分析》，中国书店，2007年版，第159页。

② 参见徐山：《周易词义与结构分析》，中国书店，2007年版，第164页。

③ （清）钱大昭撰，黄建中、李发舜点校：《广雅疏义》卷第二《释诂第一》，中华书局，2016年版，第97页。

的女性相关。卦义的主语为"后","后"的甲骨文为孕妇产子状。在原始母系社会里,"后"的地位至尊,故"后"有君主义。卦义主语为"后",一方面和卦名姤所含的女性义一致,另一方面从"后""姤"两者的形体来看,"后"为形声字"姤"的声符。卦义中的"施命诰四方"为添加部分,即"后"所能做之事。

(四十五)《大象传》:"泽上于地,萃。君子以除戎器,戒不虞。"按:卦义来源于卦名萃。《彖传》:"萃,聚也。"虞翻曰:"除,修;戎,兵。"[1]卦义中的"除戎器,戒不虞",义为修治兵器,以戒备意外之事。"除戎器,戒不虞"为聚众应做之事。

(四十六)《大象传》:"地中生木,升。君子以顺德,积小以高大。"按:卦义来源于卦名升。卦义中"积小以高大"呈现的是向上"升"的一种景象,"顺德"则为话题添加了前提。

(四十七)《大象传》:"泽无水,困。君子以致命遂志。"按:卦义来源于《彖传》中的"困而不失其所,'亨',其唯君子乎?"高亨《周易大传今注》:"致命犹授命也……致命、授命即舍弃生命之意。"[2]卦义"致命遂志"义承"困而不失其所",即在困危之境,不惜舍身而行志,《彖传》"不失其所"在《大象传》卦义中则进一步表现为不失其"志"。

(四十八)《大象传》:"木上有水,井。君子以劳民劝相。"按:卦义来源于三爻爻辞"井渫不食,为我心恻。可用汲,王明并受其福"。孔颖达《周易正义》解说"劳民劝相"为:"劳谓劳赉,相犹助也。""劳赉"为慰劳、赏赐义。卦义中的"王明并受其福",义即君王清明,人民共受其福,其中所含的王与民的关系为卦义中"劳民"的联想点。卦义中的"劝相"为申说部分。

(四十九)《大象传》:"泽中有火,革。君子以治历明时。"按:卦

---

① 张文智等整理:《周易集解》,巴蜀书社,2004年版,第146页。
② 高亨:《周易大传今注》,齐鲁书社,1983年版,第396页。

义来源于《彖传》中的"天地革而四时成"。卦义中的"治历"对应于《彖传》中的"天地革"，即天地变革，而人则需修治历法以适应之。卦义中的"明时"义承"四时成"而说之。

（五十）《大象传》："木上有火，鼎。君子以正位凝命。"按：王弼曰："'正位'者，明尊卑之序也。"虞翻曰："凝，成也。"① 卦义来源于《彖传》中的"圣人亨以享上帝"。《彖传》指出了鼎的重器作用，卦义"正位"义承《彖传》中的"享上帝"，即在祭享上帝时，祭祀者应正尊卑之位。卦义"凝命"仍从祭享上帝的语境申说，即通过祭祀，完成上帝之所命。

（五十一）《大象传》："洊雷，震。君子以恐惧修省。"按：卦义来源于卦辞中的"震来虩虩"。卦义中的"恐惧"对应于卦辞中的"震来虩虩"，王弼解说"震来虩虩"为："恐惧之貌也。"孔颖达《周易正义》解说"修省"为："今见天之怒，畏雷之威，弥自修身省察已过。"卦义"修省"则以卦辞"震来虩虩"语境申说之。

（五十二）《大象传》："兼山，艮。君子以思不出其位。"按：卦义来源于《彖传》中的"艮，止也。时止则止"。卦义中的"不出其位"义承《彖传》解说中的"止"，"不出其位"即止于其位之义。卦义中的"思"为添加部分。

（五十三）《大象传》："山上有木，渐。君子以居贤德善俗。"按：卦义来源于卦辞中的"女归吉"。孔颖达《周易正义》解说"女归"为："归，嫁也。女人生有外成之义，以夫为家，故谓嫁曰'归'也。"卦义中的"居"由卦辞"女归"的"家、居家"义联想而来，而"居贤德"亦以"女归"为基础而言之。卦义中的"俗"，为"女归"的婚嫁习俗义，而"善俗"即善其习俗义，则从正面价值立论。

（五十四）《大象传》："泽上有雷，归妹。君子以永终知敝。"按：

---

① 张文智等整理：《周易集解》，巴蜀书社，2004 年版，第 163 页。

卦义来源于《彖传》中的"归妹，人之终始也"。"归妹"即嫁出少女义。卦义中的"永终"，义取《彖传》"人之终始也"，而"知敝"为申说部分，义即知不永终之弊。

（五十五）《大象传》："雷电皆至，丰。君子以折狱致刑。"按：卦义来源于卦象"雷电皆至"。"折狱"，即断狱。孔颖达《周易正义》："雷电俱至，则威明备，足以为丰也。'君子以折狱致刑'者，君子法象天威，而用刑罚。"孔说得之。

（五十六）《大象传》："山上有火，旅。君子以明慎用刑而不留狱。"按：卦义来源于三爻爻辞中的"旅焚其次，丧其童仆"。卦义中的"用刑"的联想点为爻辞中的"焚""丧"之事，"明慎"的明察而慎（用刑）义为重建语境而添加，其后的"而不留狱"即不稽留狱讼义为申说部分。

（五十七）《大象传》："随风，巽。君子以申命行事。"按：卦义中的"申命"二字取之于《彖传》中的"重巽以申命"。"申命"即重申命令义，其后的"行事"为申说部分。

（五十八）《大象传》："丽泽，兑。君子以朋友讲习。"按：卦义来源于卦名兑。"兑"的甲骨文字形为仰天祈祷状。"兑"卦爻辞中的"兑"用作"谈说"义①。卦义中的"讲习"和"兑"的"谈说"义相关联。"朋友讲习"，义为朋友相聚，讲议研习，其中的"朋友"二字为添加部分。

（五十九）《大象传》："风行水上，涣。先王以享于帝，立庙。"按：卦义来源于卦辞中的"亨，王假有庙"。高亨《周易大传今注》："亨即享字，祭也。假，至也。"②卦义"享于帝"，用卦辞"亨"义，"立庙"的"庙"卦辞中亦有，只是"立"一字为添加，稍做改造。

---

① 参见徐山：《周易词义与结构分析》，中国书店，2007年版，第202页。
② 高亨：《周易大传今注》，齐鲁书社，1983年版，第466页。

（六十）《大象传》："泽上有水，节。君子以制数度，议德行。"按：卦义来源于《彖传》中的"节以制度"。卦义取《彖传》"制度"二字而中间添加"数"成"制数度"，"制度"为双音节名词，而"制数度"的"制"为动词。高亨《周易大传今注》："制，创立也。数度犹制度，因其有等级之数，故谓之数度。"① 卦义后面的"议德行"为申说部分。

（六十一）《大象传》："泽上有风，中孚。君子以议狱缓死。"按：卦义来源于卦名中孚。中孚即中心诚信义。有此"中孚"，方可"议狱"即审议狱讼，亦有"缓死"即宽缓死刑之义。

（六十二）《大象传》："山上有雷，小过。君子以行过乎恭，丧过乎哀，用过乎俭。"按：卦义来源于卦名小过。"小过"中的"过"为超越、过分义。卦义中的"过"取自卦名中的"过"。卦义中的"行过乎恭"即行过于恭，亦为行甚恭之义。"行过乎恭"从正面立意，君子行则恭之又恭。同理，"丧过乎哀，用过乎俭"，义即丧甚哀，用甚俭。

（六十三）《大象传》："水在火上，既济。君子以思患而豫防之。"按：高亨《周易大传今注》："豫读为预。预防，事先防止。"② 卦义来源于卦辞中的"初吉终乱"。孔颖达《周易正义》："但既济之道，初吉终乱，故君子思其后患而豫防之。"即卦义"思患而豫防之"义承卦辞"初吉终乱"而说之。

（六十四）《大象传》："火在水上，未济。君子以慎辨物居方。"按：卦义来源于卦象"火在水上"。孔颖达《周易正义》："火在水上，不成烹饪，未能济物，故曰'火在水上，未济'……用慎为德，辨别众物，各居其方，使皆得安其所。"针对"火在水上，未济"的情况，君子"慎辨物居方"义即谨慎地辨别众物，使之各居其所。

---

① 高亨：《周易大传今注》，齐鲁书社，1983 年版，第 473 页。
② 高亨：《周易大传今注》，齐鲁书社，1983 年版，第 491 页。

三、结　论

《大象传》卦义来源的分布情况。经过前面的分析，理清了《大象传》六十四条中的卦义来源，其分布情况分别为：爻辞 19 条，《彖传》17 条，卦辞 14 条，卦名 10 条，卦象 8 条，其中贲、坎、观、泰 4 卦卦义涉及两个不同话题，故有两个来源。《大象传》卦义的取材来源中以爻辞为最多，实因每卦的爻辞有六爻，内容多，可选择的面就广。

《大象传》卦义的主语情况。《大象传》六十四条中卦义的主语大多数是"君子"，共有 53 处，其余则为"先王、后、上、大人"等，而卦义主语不用"君子"而用其他者，是因为卦义主语后面的内容不适合用"君子"作主语表达，故改用其他有地位的人。乾卦在《周易》中位居首卦，强调了统摄性的重要作用。《大象传》乾卦卦义在面对《周易》卦形、卦名、卦辞、爻辞以及《彖传》五端来源时，直接采用乾卦三爻爻辞"君子终日乾乾"之义而不取诸爻辞中多见的"龙"形象作为话题，其主要原因是三爻爻辞的主语是"君子"①。同时应注意到由于《大象传》解说乾卦是作为首条出现的，其卦义来源的选择眼光落在"君子"话题上，这为《大象传》卦义的主语多为"君子"奠定了基石。《大象传》卦义直接采用含有"君子"的爻辞有乾、解等卦，而蹇卦二爻爻辞亦因其中的"王臣"形象和"君子"相近而采用，可见"君子"人格精神从《周易》到《大象传》一脉相承的关系。

《大象传》卦义对来源材料的加工处理方法。比较《大象传》每条卦义及其来源材料，卦义对来源材料的加工处理的方法颇多，主要有：

第一，直接取义，如《大象传》健（乾）卦卦义"君子以自强不

---

① 参见徐山：《〈周易〉爻辞的"君子"人格精神》，收于《探义寻根——徐山文字训诂萃编》，齐鲁书社，2016 年版，第 133~144 页。

息"，直接采用三爻爻辞"君子终日乾乾"的句义。

第二，择取其中的字，再加以扩展改造，如泰、观、节等卦。

第三，义承关系，如睽、困、鼎等卦。

第四，对事件（尤其是内容为负面价值的）提出对策，如蒙、否、咸等卦。

第五，在联想点的基础上，有两种扩展方式：前面添加如大壮、明夷、升等卦和后面申说如豫、遁、震等卦。在前面添加的成分，旨在确立新的话题语境，而在后面的申说部分，则是为了充实语意。

《大象传》卦义是君子的行动指南。 在《周易》中，卦名、卦辞、爻辞这几个部分均含有负面价值的内容，而《大象传》卦义对来源材料的取舍，可以看出《大象传》作者从正面立意的原则。如大过卦，卦义来源为上爻爻辞"过涉灭顶"，此境确实危难，然而应对之法则是"独立不惧，遁世无闷"。

最后值得指出的是，《大象传》卦义"德"字多见，诸如坤卦"君子以厚德载物"、蛊卦"君子以振民育德"、大畜卦"君子以多识前言往行，以畜其德"、晋卦"君子以自昭明德"、蹇卦"君子以反身修德"、升卦"君子以顺德，积小以高大"、渐卦"君子以居贤德善俗"，君子之德的内容具体，可实践性强。从这个意义上说，《大象传》卦义虽然还和《周易》某卦相连，但原始的占筮意味淡化了，借由《周易》经传材料而提炼概括出来的君子行动指南得到了完整的表述。

作者单位：苏州大学

《周易》"经纶"之异文*

——兼论汉学校勘擅改之弊

种　方

摘要："经纶"与"经论"，两个字的意符之别，使《周易》屯卦《象传》之"云雷屯，君子以经纶"这句话产生了完全不一样的两种意思。从现有的书籍和版本看来，作"经纶"比"经论"的根据更加充分。但恰好是立志恢复古学的惠栋，擅改"经纶"为"经论"，而使汉学真相蒙尘。惠氏的后学们又纷纷因袭，使改字之失积重难返。这个例子说明，古籍整理与研究中的不擅改之条例，如何频繁地强调都嫌不足。

关键词：经纶　经论　屯卦　《周易》　惠栋

一、经纶、经论的来历与含义

屯卦《象传》中的"云雷屯，君子以经纶"这一句，创造了重要的汉语词汇"经纶"。同时，《中庸》中也有这个词："唯天下至诚，为能经纶天下之大经，立天下之大本，知天地之化育。"① 其中"大经"之

＊　本文系国家社科基金后期资助项目"毛奇龄及清初以经解经派易学研究"（项目批准号：21FZXB016）之阶段性成果。

① 　（宋）朱熹：《中庸章句》，《四书章句集注》，中华书局，1983 年版，第 32 页。

"经"字有两种解释，一为经典、经书；二为常，类似于三纲五常之常，指亘古不变的社会规范。郑玄《礼记注》更倾向于前一种解释："至诚，性至诚，谓孔子也。大经，谓六艺，而指《春秋》也。大本，《孝经》也。"①

《经典释文》在《周易》《中庸》该词条下都有注文，出文"纶"均做"论"。在《周易》该条下注曰："音伦，郑如字，谓论选书礼乐，施政事，黄颖云：经论，匡济也。本亦作纶。"②"音论"说明陆德明虽然所见文本作"论"，但他对其意思还是按照"纶"来理解。而郑玄用"论"字，且读为去声之"论"，则按照"论"来理解。后面黄颖虽然用"论"字，但说作"匡济"解，即也作"纶"来解释。《释文》最后指出"论"亦有写作"纶"的情况，不能完全确定这是黄颖之语还是陆德明之语，后者的可能性更大一点，因为在《礼记》该条下，《释文》注曰"本又作纶，同，音伦"③。所以《周易》处，陆德明、郑玄、黄颖作"经论"，但陆德明和黄颖都按照"经纶"来理解。《中庸》之"经论"仍旧写作"论"，意思又被陆德明解读为"纶"。另外，这两个"本"字说明陆德明所见的两处原本虽然就都作"论"，但他认为"纶"才是本字，"论"是借字。郑玄曾经学习过京氏易，然后才从马融学习，他的这一独特异文，可能出自京房流传下来的《易传》文本。

"纶"与"论"声符相同，意符不同，这样的字在各自意思还未固定的时期，常有通用的情况。如《论语》之"论"就被读作平声，刘

---

① （汉）郑玄注，（唐）孔颖达疏：《礼记正义》，李学勤主编：《十三经注疏》（标点本），北京大学出版社，2007年版，第1705页。

② （唐）陆德明：《经典释文》，上海古籍出版社，1985年影印北京图书馆藏宋刻本，第77页。另外，宋本《释文》"音论"，通志堂本《释文》与卢文弨《经典释文考证》作"音伦"，从文意来看，"音伦"更加合理，与下文对《礼记》的解释一致，因此改作"音伦"。好在这一异文出在陆德明注音处，不影响对陆德明和郑玄用字的讨论。

③ （唐）陆德明：《经典释文》，上海古籍出版社，1985年影印北京图书馆藏宋刻本，第823页。

熙《释名·释典艺》说"论，伦也，有伦理也"①，是同伦理之"伦"。邢昺《论语集解序·疏》说："郑玄云'……论者，纶也，轮也，理也，次也，撰也'。以此书可以经纶世务，故曰纶也，圆转无穷，故曰轮也……"②郑玄用同经纶之"纶"以及轮转之"轮"来解释，并被邢昺接受。这里还可以证明，郑玄完全了解"论"与"纶"的不同意思，并且认为二者可通用，《论语》用"论"字而以"纶"作解，《周易》用"论"字而解作"论"。而如果郑玄所见《周易》是"纶"，他也完全可以直接用"论"来解释。因此郑玄在《周易》中用的"论"，很有可能是他见到的真正异文，而非以个人解读而改字，或因不知二字字义不同而混淆使用。

其实上溯至《说文解字》，这两个字意思就已经完全不同，涉及不同的理解，而到了今天，更是时移世易，不能因为他们曾经通用过，就忽视两千多年来的演化，任意使用。"纶"在《说文》中被解释为"青丝绶"，与丝织品有关，以经纶为治国，是其引申义。"论"被解释为"议也"，议论之意。因此分化出两种不同的解读，"君子以经纶"，意为君子治理国家；至于"经论"，姚士粦补《周易郑注》则解释为"论撰礼乐，施政事"③，即议论学习经文，并将学到的内容施于政事。

二、《正义》之异文与姚士粦对《周易郑注》的改造

但《周易正义》中对郑玄所用之字有不同的说法，在"君子以经

---

① （汉）刘熙撰，愚若点校：《释名》，中华书局，2016年版，第92页。

② （三国·魏）何晏注，（宋）邢昺疏：《论语注疏》，李学勤主编：《十三经注疏》（标点本），北京大学出版社，2000年版，第2页。

③ （汉）郑玄著，林忠军校点：《周易郑注》，《儒藏》精华编第1册，北京大学出版社，2009年版，第68页。

纶"下，疏曰"刘表、郑玄云以纶为沦"①，与《释文》说郑玄作"论"不同。这种不同并非某一本《释文》或《正义》的刊刻错误所致，上海古籍出版社影宋本、《四部丛刊》初编影印通志堂本《释文》，甚至《抱经堂丛书》所收的《经典释文考证》，都说郑玄作"论"字。而《四部丛刊》影印经注本之宋版抚本《周易》、中华再造善本影印宋单疏本《周易正义》、日本足利学校遗迹图书馆后援会影印的南宋初年刊八行本《周易注疏》、美国加州大学伯克利分校所藏的元刻明修十行本《周易兼义》、文物局所藏十行本《周易兼义》、永乐二年本、武英殿本和阮元刻本，涵盖了《周易注疏》的各种版本系统，其中六本孔疏均作"沦"，只有殿本最后的"沦"字作"论"，殿本作为孤证，又时代非常晚，作"论"应是校勘时从《释文》改后所致。因此可以先认定孔疏以郑玄本作"沦"，与《释文》的不一致，这应该并非版本问题造成的孔疏异文。明显是以《释文》的说法为根据，明人姚士粦补《周易郑注》时，也干脆直接就在经文中使用了"论"字，并称"《释文》：论，音伦，郑如字。《正义》云：郑玄云：以纶为论字。今文讹沦"②。即认为孔颖达也以"论"为本字，"沦"字实为后面传抄造成的讹误。这也并非毫无可能，因为各种宋单疏本、宋八行本、元十行本中，"沦"均写作㑩，不约而同地，三点水的下面两点连笔写成，很像是行书的言字旁。又或许是出于同样的原因，孔颖达见到的文本中"论"使用了简写的言字旁，因此错误地将其认作三点水。又或者孔颖达所见的文本已经是"论"误为"沦"之后的样子。

　　然而姚士粦之说毕竟只是猜测，并无实据，本不应该改字。但是接下来，惠栋整理《增补郑氏周易》时，引完《释文》之后，引用孔疏，

① （三国·魏）王弼、（晋）韩康伯注，（唐）孔颖达：《周易正义》卷二《屯》，（清）阮元校刻：《十三经注疏》，中华书局，1980年影印本，第19页。
② （汉）郑玄著，林忠军校点：《周易郑注》，《儒藏》精华编第一册，北京大学出版社，2009年版，第68页。

将原作"沦"的文本也改成了"论",说"《正义》曰:刘表、郑玄以纶为论字"①。惠栋这样处理,不知是因为他所见的《正义》版本恰好是殿本,还是受了《释文》与姚士粦补《郑注》的影响,干脆改字。而且惠栋并未说明自己改字的前因后果,仿佛孔疏本就作"论"字。

三、由惠栋到《周易集解纂疏》

不仅如此,在惠栋整理、校订和写作的所有书中,都将"君子以经纶"写作"君子以经论",甚至是《古文尚书考》的都是如此②,而他的易学著作中除《增补郑氏周易》之外,还有他校订的《雅雨堂丛书》本《周易集解》,与他写作的《周易述》,后面两种书则造成了比《增补郑氏周易》更加恶劣的影响。首先是作为通篇注释《周易》的《周易述》,不但改"纶"为"论",而且只就"经论"之义进行解释,一字不及"经纶",仿佛异文的情况并不存在③。当然,也有一种可能,惠栋所见的《正义》版本为殿本,那么可能他结合《正义》与《释文》,认为没有"经纶"之异文。但是下文将要说到的、惠栋对于《周易集解》的处理,恰好证明,他并非完全没有接触过"经论"作"经纶"的情况。

李道平《周易集解纂疏》中的对应位置,使用的是"论"字,这也与惠栋脱不开关系。首先考国家图书馆藏明嘉靖三十六年(1557)聚乐堂刊本、万历年间胡震亨《秘册汇函》本及四库本《周易集解》,《象传》原文均作"君子以经纶",且下文引用的荀爽、姚信,说"荀爽曰:屯难之代,万事失正。经者,常也。纶者,理也。君子以经纶,不失常

---

① (清)惠栋:《增补郑氏周易》,《景印文渊阁四库全书》第7册,台湾商务印书馆,1986年版,第7～150页。

② (清)惠栋:《古文尚书考》卷上,清乾隆宋廷弼刻本。

③ (清)惠栋撰,郑万耕点校:《周易述》,中华书局,2007年版,第188页。

道也。姚信曰：经，纬也。时在屯难，是天地经纶之日，故君子法之，须经纶艰难也"①，二人之说中，不仅所有"纶"字都未曾作"论"，而且他们所理解的意思，也是"经纶"而非"经论"。时间顺序上来说，最早改"纶"为"论"的《周易集解》版本，恰好就是惠栋所校的《雅雨堂丛书》本，该本之擅改经文，谷继明先生在他的《论李鼎祚〈周易集解〉的流传》一文中已经指出，并且举了一些"经论"之外的例子②。接着清嘉庆姑苏喜墨斋刻本以《雅雨堂丛书》本为底本，因此也以讹传讹而作"论"，而据谷继明先生考证，喜墨斋本正是《周易集解纂疏》编纂时使用的周氏枕经楼本③。所以李道平之改字，还是因袭了惠栋的擅改。

李道平虽然受到了他所见《周易集解》版本的误导，但他自称校对了毛氏《津逮秘书》本和胡震亨《秘册汇函》本④，这两本其实均与底本不同，用了"纶"字，但他在此处并未注明有"纶"字的异文，校勘不精之过难以推辞⑤。

至于惠栋，他在《雅雨堂丛书》本《周易集解》中的改字，几乎是难以理喻的。如果说从《释文》及所引郑玄注改动经文，尚且算是有所依据，那么干脆将《周易集解》所引的荀爽说、姚信说二处，也直接改"纶"为"论"，相当于是在用郑玄的观点改变荀、姚二人的观点，毫无版本根据，也实在不合理。

李道平《周易集解纂疏》因此继承了惠栋，将所有的"纶"字都改作"论"。而后人见了《周易集解纂疏》的情况，会自然而然地认为，李鼎祚的《周易集解》即全作"经论"。而《周易集解纂疏》将荀、姚

---

① （唐）李鼎祚：《周易集解》，《景印文渊阁四库全书》第 7 册，台湾商务印书馆，1986 年版，第 7~632 页。

② 详见谷继明：《论李鼎祚〈周易集解〉的流传》，《周易研究》，2012 年第 3 期，第 48 页。

③ 详见谷继明：《论李鼎祚〈周易集解〉的流传》，《周易研究》，2012 年第 3 期，第 49 页。

④ （清）李道平撰，潘雨廷点校：《周易集解纂疏》，中华书局，1994 年版，第 10 页。

⑤ 详见（清）李道平撰，潘雨廷点校：《周易集解纂疏》，中华书局，1994 年版，第 98~99 页。

说中的用字均改为“经论”，又会使人进一步误会，以为他们二人也和郑玄一样，认为应当做“经论”。惠栋考订的《周易集解》与李道平《周易集解纂疏》这二本书，其影响之大是不言而喻的，因此造成了广泛的误解。

如陈澧，在他的《汉儒通义》中，就引《周易集解》中的荀爽注，作“屯难之代，万事失正。经者，常也。论者，理也。君子以经论，不失常道也”①。又如王闿运在《周易说》中，经文作“论”，并同时引用了《周易集解》中的郑、荀、姚三家说，其中所有的“纶”都作“论”，接着引陆绩说才回归“纶”字，后面自己阐发的时候，同样也说“论，议也”，用“论”字，作“论”解②。

四、张惠言、段玉裁、王念孙亦因袭惠栋

“经论”的风波还并未到《周易集解纂疏》为止，紧接着张惠言的《周易虞氏义》又紧紧追随惠栋的脚步，也将屯卦《象传》写作了“君子以经论”，并注云“君子谓乾初，坎为经，震为讲论，万物宾昧，当论经法以正之，如雷雨之动物”③。这相当于是继荀爽、姚信之后，进一步将虞翻的用字和理解也毫无根据地同化了。

而实际上，《周易虞氏义》的这一条解释，根本就不是对虞翻《易》解的直接辑佚，虞翻的真正批注已不可见，张惠言根据他所理解之虞翻义，进行了自己的发挥。“君子谓乾初”来自虞翻大过卦《象传》之注④，

---

① （清）陈澧：《汉儒通义》，《续修四库全书》第 952 册，上海古籍出版社，2002 年版，第 424 页。

② （清）王闿运：《周易说》，《续修四库全书》第 40 册，上海古籍出版社，2002 年版，第 17 页。

③ （清）张惠言：《周易虞氏易》，《续修四库全书》第 26 册，上海古籍出版社，2002 年版，第 436 页。

④ （清）李道平撰，潘雨廷点校：《周易集解纂疏》，中华书局，1994 年版，第 291 页。

"坎为经"来自蒙卦象辞之注①，"震为讲论"来自乾《文言》中"君子学以聚之，问以辩之"一句的注②，张惠言将三说结合在一起，凑成了对"君子以经论"的解释。

然而问题在于，张惠言其实并没有根据可以确定虞翻在此处是作"经论"解还是作"经纶"解，那么在《周易虞氏义》这种书里，将经文用字作"经论"，并就讲论经书的意思来解释，具有相当强的误导性。

张惠言《周易虞氏义》既已如此，曾钊的《周易虞氏义笺》自然难免于继续因袭，但该书并未有更进一步的展开和借用，为免烦琐，这里不再进行引证。

与张惠言时代相近的段玉裁，同样因袭了惠栋的改动，在他嘉庆二十年成书的《说文解字注》中，论字小注引《周易》《中庸》中的"经纶"两句，用字均做"论"，并解释为"言之有伦有脊者"③。因为论以仑会意，而《说文》解释仑为"理也"，所以论兼有议论和理的意思，合起来就是有条理的议论④。

不但《说文解字注》如此，在段玉裁的其他书中，也是如此。如《诗经小学》，解释《大雅·灵台》"于论鼓钟"之处，也同时引了《周易》《中庸》作"论"，且说"汉以前论字皆读为伦"⑤，可以说是误上加误，因为《释文》中明明说郑玄读如字，则并非汉以前论均读伦。

甚至是王念孙《读书杂志》，也未能避免因袭，他在《荀子》中谈及"人论"还是"人伦"时，引荀爽解屯卦《象传》，说"屯《象传》君子以经论，荀爽曰：论者，理也"⑥。这应该是参考《周易集解纂疏》的结果。可见清代考据学，即使一向秉承着审慎的态度，以讹传讹之

---

① （清）李道平撰，潘雨廷点校：《周易集解纂疏》，中华书局，1994年版，第106页。

② （清）李道平撰，潘雨廷点校：《周易集解纂疏》，中华书局，1994年版，第62页。

③ （清）段玉裁：《说文解字注》，上海古籍出版社，1981年版，第92页。

④ （清）段玉裁：《说文解字注》，上海古籍出版社，1981年版，第91~92页。

⑤ （清）段玉裁：《诗经小学》卷三，清嘉庆二年（1797）武进臧氏拜经堂刻本。

⑥ （清）王念孙：《读书杂志·荀子第二》，清道光十二年（1832）刻本。

后，也很难摆脱惠栋改字造成的影响。

为了便于比较，下文将上面所讲到的书籍以及版本情况整理为下表。为了稍微节省空间，表中各本名称稍作简化，并合并了一些无异文的版本。另外需要说明的是，后出书所用的各家之说，均为对《释文》《集解》与《正义》三书的引文（《周易虞氏义》除外），表中不再注明：

	出文	郑玄	黄颖	刘表	荀爽	姚信	虞翻
《四部丛刊》影经注本《周易》	纶						
再造善本影宋单疏本《周易正义》	纶	沦		沦			
足利影印的南宋八行本《周易正义》	纶	沦		沦			
伯克利藏元印十行本《周易正义》	纶	沦		沦			
文物局藏十行本《周易正义》	纶	沦		沦			
永乐本《周易正义》	纶	沦		沦			
阮刻本《周易正义》	纶	沦		沦			
殿本《周易正义》	纶	论		论			
《经典释文》	论	论	论				
姚士粦补《周易郑注》	论	论					
惠栋《增补郑氏周易》	论	论		论			
惠栋《仲氏易》	论						
惠栋《古文尚书考》	论						
聚乐堂本《周易集解》	纶					纶	纶
《秘册汇函》本《周易集解》	纶					纶	纶
四库本《周易集解》	纶					纶	纶
惠栋校雅雨堂本《周易集解》	论					论	论
喜墨斋本（枕经楼本）《周易集解》	论					论	论
李道平《周易集解纂疏》	论					论	论
陈澧《汉儒通义》	论					论	
王闿运《周易说》	论					论	论
张惠言《周易虞氏义》	论						论
段玉裁《说文解字注》	论						

	出文	郑玄	黄颖	刘表	荀爽	姚信	虞翻
段玉裁《诗经小学》	论						
王念孙《读书杂志》	论				论		

在上表的说明下，我们可以更加直观地看到：从一开始《周易正义》出文用"纶"，郑玄、刘表注用"沦"，《经典释文》出文、郑玄、黄颖用"论"。而姚士粦、惠栋以《释文》改郑注；惠栋又改《周易集解》出文、荀爽、姚信注；《周易集解纂疏》等书因袭；张惠言又附会虞翻注为"论"。到最后一面倒，从经文原字，到郑玄、黄颖、刘表、荀爽、姚信、虞翻注全都变成"论"的整个过程。

五、经纶、经论之是非

总之，经过清代考据学者一代代的改字与转引，造成最终的结果是，似乎郑玄、荀爽、姚信、虞翻都认为屯卦《象传》为"云雷屯，君子以经论"。而实际上，梳理源流之后就可以发现，惠栋改"经纶"为"经论"，依据只有《经典释文》分别解释《周易》与《中庸》的两条古籍证据，且只说郑玄、黄颖两家作"论"，又有《正义》说郑玄作"沦"的反证，出校则可，但远远达不到可以改字的程度，更不用说不出校径改。或者单独改郑注亦可，一并改荀爽、姚信说之用字则毫无道理。但通过姚补《周易郑注》、惠栋对《周易集解》《周易述》等书以及张惠言对《周易虞氏义》的径改，加上其他人的袭用，而使"经论"的证据人为地增加了。擅改字所造成的危害，可见一斑。

诚然，"论"字和"纶"字，古代音义相通。但字义既然已经分化，作为后人，亦不可以此为由随意混用。另外，早在许慎、郑玄的时代，"君子以经纶"与"君子以经论"的意思就已经完全不同了。所以，为了保存古籍原貌以及更进一步准确理解古籍的意思，校勘时理应进行辨析，综合种种证据作出合理抉择。

在现代先进检索工具的帮助之下，可以发现在宋代还有一部字作"经论"且解作"经论"的《易》书，它其实是《释文》之外，"经论"的第二条证据，即宋人冯椅的《厚斋易学》。冯椅是朱熹的弟子，因此被只专注于汉学的乾嘉学者们完全忽略了，无一人注意到他并引为证据。他在解释"君子以经纶"时，别出心裁地用解丝来解释经纶，说"'云雷屯，君子以经论'，取象于结而未解。经论，治丝之事。经，引之；论，理之。所以解其结也。论，今转注作纶"①。冯椅取"纶"之意，作"论"之字。实际上，这一条《易》说立意过于独特，没有什么影响，后世甚至没有任何一部易学著作引用过，但它对本文要探讨的问题来说十分重要。鉴于冯椅作"经纶"解，却还选取"经论"作经文之字，他作为一个宋人，所见全是唐、宋古籍，其处理很可能有一些文本依据。但这也只能是猜测了，冯椅是在宋代曾经见过作"经论"的《周易》版本，还是只是根据《释文》而改了字，这一问题的答案已经不得而知了。

况且如果拥有《厚斋易学》与《释文》这两部书作"经论"的证据，相比与之相比多十倍、二十倍的"经论"之证，直接改字仍然不妥当。比较审慎的做法是，保留"经纶"，但注明出现"经论"的情况，即使是改作了"经论"，也应当说明"经纶"之异文的存在与选用"经论"的缘由。更不用说惠栋在只有郑玄注一条证据，且《周易集解》之底本肯定作"经纶"的情况下，直接改荀爽、姚信用字而不加以说明。张惠言之改字，属虞翻说已不存，而用郑玄的"经论"直接附会虞翻说，更加失之轻率。

---

① （宋）冯椅：《厚斋易学》，《景印文渊阁四库全书》第 16 册，台湾商务印书馆，1986 年版，第 16～631 页。

季磊在《〈周易·象传〉"君子以经论"校释》中，认为作"经纶"或"经论"都可以说得通，但因为汉人与乾嘉学者多作"论"，所以选择"论"为正字①。然而上文已经证明，作"论"其实只有《释文》和《厚斋易学》唯二根据，反而是作"纶"的根据更多，其中就包括许多汉代学者，因此得出的结论应该正好相反。

六、毛奇龄《仲氏易》不擅改

作为带有无意识之倾向性的汉学拥趸，看到汉人《易》解中出现了通行本的异文，惠栋等人的心情完全可以想见。可惜的是，他们的改字不仅不能突出汉学的重要性，反而使汉学的真相被歪曲了，造成南辕北辙的悖谬。反倒是一贯极端反宋学，被认为不够客观的毛奇龄，在处理"经纶"问题上的做法更加合理。他在文本中选择不作改动，保留"君子以经纶"的通行说法，并在小字中进行解释"郑玄本以经纶作经论，谓撰书、礼乐、政事，此系别解"②。这一句说明了异文的出处及其解释，并且说明可备参考的异文及其意思。当然，他的表达也过于简略，而且似乎并没有发现《正义》收录之郑玄注用字的不一致。可以说，他对经纶异文情况的了解，可能并不比惠栋多，但因为不径改，所以能避免造成更严重的恶果。

当然，毛奇龄不擅改，也是有主观原因的，主要是两点，其一是他本身对汉学并没有那么强烈的认同，其二，则是他对宋学的强烈反感，因此对宋学径改之弊了解很深，并且深恶痛绝，并从反宋学出发反对改经。《仲氏易》中曾不厌其烦地指出近二十处被吴澄改动的地方，连同其他宋人疑经之说一一驳斥，如鼎卦之卦辞"鼎元吉亨"，毛奇龄注

① 季磊：《〈周易·象传〉"君子以经论"校释》，《现代儒学》，2021年第2期，第191~192页。
② （清）毛奇龄《仲氏易》，《景印文渊阁四库全书》第41册，台湾商务印书馆，1986年，第41~221页。

云"程颐本以吉字作羡文,《本义》作衍文,皆无据。而元吴澄本明季本本,竟从而删之,何其妄也"①。不满之意,跃然纸上,因此他在解卦时,也不会犯自己所批判的错误。惠栋等汉易家,本应与毛奇龄立场相同,反对宋易家之擅改,却因佞汉而连自己都陷入了擅改的困境。

不擅改,这是古籍整理中的一条基本原则,清代考据学者们都有所提及。王念孙在《读书杂志》中记录自己考订《淮南子内篇》,总结其致误之由,说"推其致误之由,则传写讹脱者半,冯(凭)意妄改者亦半也"②。古籍致误,擅改可占其一半,可不慎与? 不擅改的原则看似简单,实际上真正能做到的少之又少。这是因为,擅改者往往都是著名学者,他们对自己的学术水平很有自信,而他们已知的证据也更支持擅改,却想不到,他所未见的反证又有多少。正如顾广圻说的"予性素好铅椠,从事稍久,始悟书籍之误,实出于校。据其所知,改所不知,通人类然,流俗无论矣"③。校勘第一人尚且如此谦虚,意识到人有以已知改不知的通病,因此提出"不校校之",甚至改室名为"思适斋",一般水平的古籍整理者,就更不应该以己意擅改古籍了。

作者单位 : 天津师范大学

---

① (清)毛奇龄:《仲氏易》,《景印文渊阁四库全书》第 41 册,台湾商务印书馆,1986 年版,第 41~382 页。
② (清)王念孙:《读书杂志·淮南内篇第二十二》,清道光十二年(1832)刻本。
③ (清)顾广圻:《书〈文苑英华辨证〉后》,《思适斋集》卷十五题跋,清道光二十九年(1849)徐渭仁刻本。

《噬嗑》卦义理诠释：生成源起、治狱原则与无讼指向

王逸轩

摘要：《噬嗑》卦因《观》卦祭祀典礼聚合而起，但所聚之众相互间不得比亲，又不得上位中正之人的引导，所以上下拥阻，需噬而嗑再而亨。《噬嗑》治狱的时机在于过错之初，强调小惩大戒，而不可待其已然积恶难返再用刑。《噬嗑》卦强调治狱之人自身要怀中正之道，以威厉刚直为用，以仁德为本。《噬嗑》卦最终指向《论语》中所描述的"必也使无讼乎"的和合状态。然而到达和合共生的无讼社会，其进路不单是确切繁密的法度或强制不容的威刑，而需辅之以礼仪文明，通过教化使百姓诚心归服。

关键词：《噬嗑》卦　治狱　无讼

"噬，啮也；嗑，合也。"① 《噬嗑》卦的历程在于"噬"，指向"嗑"，表示因强梗阻隔而由"噬"向"嗑"的过程。现代学者对《噬嗑》卦的研究多从文字训诂和文献考证开始，到阐述其中法度、治狱思想，至近来将《噬嗑》卦中所蕴含的治理思想抽离为一个模型，使其和现代司法

---

① （三国·魏）王弼、（晋）韩康伯注，（唐）孔颖达疏：《周易正义》卷三《噬嗑》，（清）阮元校刻：《十三经注疏》，中华书局，1980年影印本，第25页。

实践过程相结合，或是抽象出具有中国情境特色的管理模型为现代管理学做注解。

此中诠释多依据文字考证对"噬嗑"之意重新做解，并着重卦爻辞的解析和阐发，对《噬嗑》卦本身的生成源起、治狱指向以及以《噬嗑》卦、《讼》卦为主的刑狱强治的有限性都少有涉及。因此，依据传世通行本，在不改变"噬嗑"二字通意的基础上，对《噬嗑》卦进行生成源起上的逻辑分析，推阐治狱用刑的内在原则，表明"强制齐同"之后的治狱指向将是本文的论述重点。

一、《噬嗑》卦的生成源起

《噬嗑·象》曰："颐中有物，曰噬嗑。"颐象为"口"，口中有物横挡，唯有啮咬之后，上下方能合拢。《周易正义》曰："若义幽隐者，先出卦名，后更以卦名结之，若其义显露，则不先出卦名，其事可知。"[1]孔颖达认为《噬嗑》卦象具体清晰，即口中有物阻隔，需噬而合，不需要再费笔墨解释卦名由来，但上述引证并未直接回答《噬嗑》卦中九四爻何以引申为阻隔，上下阳爻何以要做噬咬之齿，延伸而言即众人相聚何以便有阻碍不通而起争讼的现象。完整理解这个问题需要从《序卦传》"可观而后有所合"[2]、卦变"柔得中而上行"[3]以及借助《讼》《萃》二卦这三个方面入手。

① （三国·魏）王弼、（晋）韩康伯注，（唐）孔颖达疏：《周易正义》卷三《噬嗑》，（清）阮元校刻：《十三经注疏》，中华书局，1980年影印本，第25页。
② （三国·魏）王弼、（晋）韩康伯注，（唐）孔颖达疏：《周易正义》卷九《序卦传》，（清）阮元校刻：《十三经注疏》，中华书局，1980年影印本，第84页。
③ （三国·魏）王弼、（晋）韩康伯注，（唐）孔颖达疏：《周易正义》卷三《噬嗑》，（清）阮元校刻：《十三经注疏》，中华书局，1980年影印本，第25页。

（一）"可观而后有所合"——《噬嗑》卦次于《观》卦

《序卦传》曰："可观而后有所合，故受之以噬嗑。"《周易正义》注云："可观则异，方合会也。"① 有"可观"之事则有不同的人与物在同一时间聚合在一处。程颐在其《易传》中进一步阐发："既有可观，然后有来合之者也，噬嗑所以次观也。"② 先有"可观"之事，再有从四面而来相聚合的人。因此理解《噬嗑》卦生成源起的关键便首先指向"可观"。

"可观"之事为盛大的祭祀典礼。《观》卦曰："盥而不荐，有孚颙若。"③ "盥"字《说文解字》曰："澡手也。"④ 在行祭祀典礼之前，需先净手以表清洁尊重，是祭祀典礼的一部分。"子曰：禘自既灌而往者，吾不欲观之矣。"⑤ 杨伯峻注"禘"为禘礼是只有天子才能举行的极为隆重的大祭之礼⑥《周易正义》注云："王道之可观，莫盛乎宗庙。宗庙之可观者，莫盛于盥也。"⑦ 在王道政治之中，最为可观的是宗庙祭祀典礼。而在祭祀之中，"盥"礼最为盛大。"可观"之事即指如"盥"一般盛大的祭祀典礼。

观礼的主体是居下位的四方百姓。"有孚颙若。"孚意为"信"；颙意为"敬"。孔疏曰："但下观此盛礼，莫不皆化，悉有孚信而颙然，故

① （三国·魏）王弼、（晋）韩康伯注，（唐）孔颖达疏：《周易正义》卷九《序卦传》，（清）阮元校刻：《十三经注疏》，中华书局，1982年版，第84页。

② （宋）程颐撰，王孝鱼点校：《周易程氏传》，中华书局，2016年版，第91页。

③ （三国·魏）王弼、（晋）韩康伯注，（唐）孔颖达疏：《周易正义》卷三《观》，（清）阮元校刻：《十三经注疏》，中华书局，1980年影印本，第24页。

④ （汉）许慎撰，（清）段玉裁注：《说文解字注》五篇上《皿部》，上海古籍出版社，1981年版，第213页。

⑤ （魏）何晏注，（宋）邢昺疏：《论语注疏》卷三《八佾》，（清）阮元校刻：《十三经注疏》，中华书局，1980年影印本，第10页。

⑥ 杨伯峻译注：《论语译注》，中华书局，2017年版，第36页。

⑦ （三国·魏）王弼、（晋）韩康伯注，（唐）孔颖达疏：《周易正义》卷三《观》，（清）阮元校刻：《十三经注疏》，中华书局，1980年影印本，第24页。

云'有孚颙若'。"进而疏曰："此是下之效上，因'观'而皆化之矣。"①
身居下位的百姓从天下四方集结于此，观看盛大的祭祀典礼，皆被其感
化而心生诚信肃敬之情。程颐曰："二阳在上，四阴在下，阳刚居尊，
为群下所观，仰观之义也。"②《观》卦由《巽》卦和《坤》卦上下相叠
而成，六爻之中，阳爻居五位尊位和六位上位，为大者、尊者；四个阴
爻皆居阳爻之下，是小者、卑者。因此《观》卦之中，观礼的主体则是
从不同地域汇集而来的居下位的百姓。

《观·象》曰："风行地上，观。先王以省方观民设教。"③风行地上，
足以普及万物。"省方"是先王观察天下各地的民俗民情，此是居上位
的君王俯观其民；"设教"则是"为民观也"④。天子施行民政教化，举
行祭祀典礼，引得各方百姓相聚而观。而来自不同地域，有着不同风俗
习惯的民众聚合一起，必然就生起阻隔。由《观》卦可使民众心生诚敬
肃穆之情，可使君王体贴民情而施政设教。汇聚而来的不同民众如何重
新由阻隔走向和合，便有《噬嗑》卦的生成。

（二）"柔得中而上行"——《噬嗑》卦自《否》卦变来

《噬嗑·彖》曰："柔得中而上行，虽不当位，利用狱也。"⑤《噬嗑》
卦由《离》卦和《震》卦组成，其中阴爻者分别居二、三和五位，"柔
得中"指的是柔爻居中位，由此排除六三。又言"虽不当位"，一卦之
中一、三、五为刚位，二、四、六为柔位，阳爻居刚位、阴爻居柔位则

---

① （三国·魏）王弼、（晋）韩康伯注，（唐）孔颖达疏：《周易正义》卷三《观》，（清）阮元
校刻：《十三经注疏》，中华书局，1980 年影印本，第 24 页。

② （宋）程颐撰，王孝鱼点校：《周易程氏传》，中华书局，2016 年版，第 87 页。

③ （三国·魏）王弼、（晋）韩康伯注，（唐）孔颖达疏：《周易正义》卷三《观》，（清）阮元
校刻：《十三经注疏》，中华书局，1980 年影印本，第 24 页。

④ （宋）程颐撰，王孝鱼点校：《周易程氏传》，中华书局，2016 年版，第 88 页。

⑤ （三国·魏）王弼、（晋）韩康伯注，（唐）孔颖达疏：《周易正义》卷三《噬嗑》，（清）阮
元校刻：《十三经注疏》，中华书局，1980 年影印本，第 25 页。

称其当位，由此排除六二。所以此句《象》辞是在描述居于上卦之中的六五。而六五由何位上升，除朱熹认为《噬嗑》卦由《益》卦变来，六五由《巽》卦六四上行而来①，其余多从汉代虞翻的判断，即"否五之坤初，坤初之五，刚柔交，故亨也"②。虞翻认为《噬嗑》卦由《否》卦变来，六五由《否》中《坤》卦初六上行而来。

《否》卦之《噬嗑》卦，强调的是由上下相隔到上下交错的亨通。《否·象》曰："则是天地不交，而万物不通也；上下不交而天下无邦也。"③天地隔绝而上下不得交通，自然万物就不得生养；君主百姓上下隔绝，君不知民情，民不知君意，天下百姓就难以聚合成为邦国。《否》卦由《乾》卦和《坤》卦组成，《乾》卦九五阳爻和《坤》卦初六阴爻易位，在下的柔爻上升，在上的刚爻下降，上下易位而刚柔交错得其通达。《噬嗑》卦虽不见《泰》卦"天地交而万物通"④的亨达之象，而有九四作上下之阻隔，但比之《否》卦的"天地不交"的闭塞之象，已过渡到"刚柔分动而明，雷电合而章"⑤的刚柔交错、互相感通之象。百姓君主从各不相知相聚，过渡到百姓听闻君主之意从四方而来，共建邦国而合。

（三）"有生则有资，有资则争兴"——《噬嗑》卦起于争兴

由《序卦传》可知《噬嗑》卦的生成在于先有"可观"之礼，后有不同的人物、事件相聚合。由《象传》可知《噬嗑》卦的"刚柔分

---

① （宋）朱熹撰，廖名春点校：《周易本义》，中华书局，2023 年版，第 101 页。

② （唐）李鼎祚撰，王丰先点校：《周易集解》，中华书局，2022 年版，第 144 页。

③ （三国·魏）王弼、（晋）韩康伯注，（唐）孔颖达疏：《周易正义》卷二《否》，（清）阮元校刻：《十三经注疏》，中华书局，1980 年影印本，第 17 页。

④ （三国·魏）王弼、（晋）韩康伯注，（唐）孔颖达疏：《周易正义》卷二《泰》，（清）阮元校刻：《十三经注疏》，中华书局，1980 年影印本，第 16 页。

⑤ （三国·魏）王弼、（晋）韩康伯注，（唐）孔颖达疏：《周易正义》卷三《噬嗑》，（清）阮元校刻：《十三经注疏》，中华书局，1980 年影印本，第 25 页。

动而明"源起于《否》卦"刚柔相隔"的闭塞。《噬嗑》卦曰："噬嗑,亨。"① 由"噬嗑"而亨。"嗑"解为"合",细致而言是由噬而合再而亨。何以需要"噬"? 换言之,各异不同的人物、事件相聚何以生出阻隔?

人物相聚易生阻隔,其根本原因在于生命不断繁衍的需要和有限生存资料之间的矛盾。《序卦传》曰："饮食必有讼。"《周易正义》注云："夫有生则有资,有资则争兴也。"② 在生存资源和人口增长的矛盾下,必然就会产生争讼之事。争讼之事起,百姓之间将生出嫌隙和阻隔。《序卦传》曰："讼必有众起。"③ 有争讼必然就涉及多方利益的纠葛,涵盖众多人物的联系。众人起而争讼,各依其利益和位置而相互靠近聚合,如《系辞上传》所言："物以群分。"④ 但"众起而不比,则争无由息,必相亲比,而后得宁也"⑤。众人因阻隔纠纷争斗不得停息。若能释其嫌隙而相互靠近比亲,不待战争和刑狱,便能重新获得安宁。

《噬嗑》卦由"可观"之礼,众人聚合而生。但从四方而来的百姓,其地域、风俗、民情和利益需求各不相同,难以相互比亲,争讼阻隔也难以因比亲而消解。因此《噬嗑》卦曰"利用狱",即需要用强制的刑狱手段使民众重新聚合并解决阻隔其中的争讼。

众人相聚且不得比亲的情况之下,多会引起阻隔争端,在逻辑上便指向了由刑狱解决阻隔的《噬嗑》卦。而同样因观礼聚合的《萃》卦却能避免争讼与刑狱,其原因在于以正相聚。《萃》卦辞曰："萃亨。王

---

① (三国·魏)王弼、(晋)韩康伯注,(唐)孔颖达疏:《周易正义》卷三《噬嗑》,(清)阮元校刻:《十三经注疏》,中华书局,1980年影印本,第25页。

② (三国·魏)王弼、(晋)韩康伯注,(唐)孔颖达疏:《周易正义》卷九《序卦传》,(清)阮元校刻:《十三经注疏》,中华书局,1980年影印本,第83页。

③ (三国·魏)王弼、(晋)韩康伯注,(唐)孔颖达疏:《周易正义》卷九《序卦传》,(清)阮元校刻:《十三经注疏》,中华书局,1980年影印本,第83页。

④ (三国·魏)王弼、(晋)韩康伯注,(唐)孔颖达疏:《周易正义》卷七《系辞上传》,(清)阮元校刻:《十三经注疏》,中华书局,1980年影印本,第64页。

⑤ (三国·魏)王弼、(晋)韩康伯注,(唐)孔颖达疏:《周易正义》卷九《序卦传》,(清)阮元校刻:《十三经注疏》,中华书局,1980年影印本,第83页。

假有庙。利见大人，亨，利贞。用大牲，吉。利有攸往。"① "萃"即萃
聚之意。《周易正义》曰："拥隔不通，无由得聚，聚之为事，其道比
通。"② 《萃》卦显示，居九五之中正之位的大人，自身保有良德善性，
向下能感化民众，以此正道相聚则能免于祸端。道路拥阻不通，人不得
其行；君臣百姓上下心意阻隔不通，众人不得其合。行不得路，心不得
合，便无法聚合。而《萃》卦得聚，则是有大德之人在上，弘扬其正道
于天下，上下相通，又"用大牲"而得神明降福，所以亨通有利。

　　《萃·彖》曰："利见大人亨。聚以正也。用大牲吉。利有攸往。顺
天命也。"③ 众人相聚，假使不得中正良德之人的引导，定从上述《讼》
卦而起争夺。《萃》卦初六爻辞曰："有孚不终，乃乱乃萃。"④ 初六处全
卦之下，不能死守善道，只向上结交与其有应的九四，痴迷于与六三的
争斗，萃聚不得其道而大乱。《周易正义》疏曰："既心怀嫌疑，则情意
迷乱，奔驰而行，萃不以礼，故曰'乃乱乃萃'。"⑤ 不依据礼节中道相
聚，便会生出争乱。初爻作为反证，更阐述《萃》卦能以正相聚，上下
相通，而免于刑狱得人神共福。

　　《噬嗑》卦由众多相异不同人物聚合而起，因相聚而来的民众其民
情、需求不同难得比亲，且《噬嗑》卦六五阴爻处尊位不得上位者中
正之道和感化众人之祭礼，所以上下拥阻，需用刑狱强制由噬而合再
而亨。

---

①　（三国·魏）王弼、（晋）韩康伯注，（唐）孔颖达疏：《周易正义》卷五《萃》，（清）阮元
　　校刻：《十三经注疏》，中华书局，1980 年影印本，第 46 页。

②　（三国·魏）王弼、（晋）韩康伯注，（唐）孔颖达疏：《周易正义》卷五《萃》，（清）阮元
　　校刻：《十三经注疏》，中华书局，1980 年影印本，第 46 页。

③　（三国·魏）王弼、（晋）韩康伯注，（唐）孔颖达疏：《周易正义》卷五《萃》，（清）阮元
　　校刻：《十三经注疏》，中华书局，1980 年影印本，第 46 页。

④　（三国·魏）王弼、（晋）韩康伯注，（唐）孔颖达疏：《周易正义》卷五《萃》，（清）阮元
　　校刻：《十三经注疏》，中华书局，1980 年影印本，第 46 页。

⑤　（三国·魏）王弼、（晋）韩康伯注，（唐）孔颖达疏：《周易正义》卷五《萃》，（清）阮元
　　校刻：《十三经注疏》，中华书局，1980 年影印本，第 46 页。

二、《噬嗑》卦的治狱原则

朱熹曰："初上无位，为受刑之象。中四爻为用刑之象。"① 初九和上九为受刑之人；六二、六三、九四和六五都为用刑之人。九四作为《噬嗑》卦象中的强梗，既代表需要革除的阻隔，又是刚直的用刑之人。

（一）"小惩大戒"成"小人之福"

治狱的时机在于小惩大诫。治狱之事要用于过错之初，不可待其已然积恶难返之时再用刑狱。刑狱的目的不仅在于惩治恶人，更在于以惩为诫，规训人心中的恶意。若待到罪大不可解的境地，刑狱对受刑之人已失去了规劝效用，仅仅沦为对罪恶的确证。

《噬嗑》卦初六爻辞曰："屦校灭趾，无咎。"《周易正义》曰："过轻戮薄，故'屦校灭趾'，桎其行也。足惩而已，故不为重也。"② 初六处在《噬嗑》卦之下，为受刑之人，过错轻薄，未成大害，只需要用木械锁住其脚，以使其不得复行恶事为止。《噬嗑·象》曰："'屦校灭趾'不行也。"③ 在过错之初，轻微的惩戒就可以止住心中恶意，使其归于正道。《系辞下传》曰："小人不耻不仁，不畏不义，不见利不劝，不威不惩。小惩而大诫，此小人之福也。"④ 小人不知羞耻而难以践行仁道，不知畏惧而难以心存正义，行为只是追逐利益而不听规劝，威严用刑才使其心存戒慎。轻微的惩罚足以产生巨大的警诫，这是小人的福气。

---

① （宋）朱熹撰，廖名春点校：《周易本义》，中华书局，2023 年版，第 102 页。

② （三国·魏）王弼、（晋）韩康伯注，（唐）孔颖达疏：《周易正义》卷三《噬嗑》，（清）阮元校刻：《十三经注疏》，中华书局，1980 年影印本，第 25 页。

③ （三国·魏）王弼、（晋）韩康伯注，（唐）孔颖达疏：《周易正义》卷三《噬嗑》，（清）阮元校刻：《十三经注疏》，中华书局，1980 年影印本，第 25 页。

④ （三国·魏）王弼、（晋）韩康伯注，（唐）孔颖达疏：《周易正义》卷八《系辞下传》，（清）阮元校刻：《十三经注疏》，中华书局，1980 年影印本，第 76 页。

《噬嗑》卦上九爻辞曰："何校灭耳，凶。"① 上九处《噬嗑》卦之极，越六五之尊而无位，亦是受刑者，其罪大恶极，以至积重难返。《周易正义》曰："及首非诫，灭耳非惩，凶莫甚焉。"② 枷锁钳住了脖颈，遮没了耳朵，迎来诛杀，惩罚不再是为了使其心归正，罪恶深重到了不可归复的凶险地步。《系辞下传》曰："恶不积，不足以灭身。小人以小善为无益而弗为也，以小恶为无伤而弗去也。故恶积而不可掩，罪大而不可解。"③ 小人自以为微小的恶行无足轻重，而放纵其行不能即时省察克除，以至于小恶不断累积，到了不可再回头的境地。恶行不能摒除而放任其累积，罪恶扩大而终不可解脱，定招致"灭耳"之极刑。

治狱惩治的时机在于过错之初和过错之微，其目的在于使罪行不复累积。"小惩大戒，故罪过止息不行也。"④ 过错之初，惩治罪恶有最大的戒慎效果，可使罪过停止，人心归正。"罪已及首，性命将尽，非复可戒。"⑤ 待罪行极恶到性命将尽，已然不可改过之境地，治狱也失去了效用。

（二）"惟威与明"行"中正之道"

六二、六三、九四和六五四爻，在《噬嗑》之象中为用刑者，依爻位的不同，其在治狱中的地位也有所区别。六二、六三居下卦为治狱之吏；九四居大臣之位，为治狱之卿；六五居君位，为治狱之主。

---

① （三国·魏）王弼、（晋）韩康伯注，（唐）孔颖达疏：《周易正义》卷三《噬嗑》，（清）阮元校刻：《十三经注疏》，中华书局，1980 年影印本，第 25 页。

② （三国·魏）王弼、（晋）韩康伯注，（唐）孔颖达疏：《周易正义》卷三《噬嗑》，（清）阮元校刻：《十三经注疏》，中华书局，1980 年影印本，第 25 页。

③ （三国·魏）王弼、（晋）韩康伯注，（唐）孔颖达疏：《周易正义》卷八《系辞下传》，（清）阮元校刻：《十三经注疏》，中华书局，1980 年影印本，第 76 页。

④ （三国·魏）王弼、（晋）韩康伯注，（唐）孔颖达疏：《周易正义》卷三《噬嗑》，（清）阮元校刻：《十三经注疏》，中华书局，1980 年影印本，第 25 页。

⑤ （三国·魏）王弼、（晋）韩康伯注，（唐）孔颖达疏：《周易正义》卷三《噬嗑》，（清）阮元校刻：《十三经注疏》，中华书局，1980 年影印本，第 25 页。

其一，六二以中正之道治狱，一是用刑如"噬肤"之易，二是虽乘刚但无咎。

六二爻辞曰："噬肤灭鼻，无咎。"①"肤"字，这里指代易于噬咬的柔脆之物②。六二柔爻居阴位，又位于下卦之中，既中且正，治理受刑之人如同噬咬柔脆之物一般容易。然六二居初九之上，阴爻居阳爻之上，为乘刚之象。《周易正义》云："乘刚而刑，未尽顺道，噬过其分，故至灭鼻，言用刑太深也。"③此是指六二未完全因循柔顺之道以至用刑过深。过深本不及中道，然六二用刑者阴柔，而初九受刑者刚强，不过其深，难归其正。清儒李道平在《周易集解纂疏》中云："比喻六二柔中，治狱平易之象。但初九刚疆，必须严厉，惟施以灭鼻致刑，乃无咎也。"④初九阳爻刚强，唯有用刑严厉才能使其归正，所以虽乘刚"灭鼻"但能无咎。程颐云："二居中得正，是用刑得其中正也。用刑得其中正，则罪恶者易服。"⑤六二柔爻居阴位治狱，受刑的初九刚硬顽强，用刑需深，不可全尽柔顺之理，而应以中正之道使受刑者归正心服。

其二，六二、六三阴爻居下卦，皆为治狱小吏，区别在于治狱之时是否得中正之道，六二得其中正之道治狱如"噬肤"之易，六三不得中正之道治狱则如"噬腊"之难而反受其毒。

六三爻辞曰："噬腊肉，遇毒，小吝无咎。"⑥"腊"指代坚硬干瘪之

---

① （三国·魏）王弼、（晋）韩康伯注，（唐）孔颖达疏：《周易正义》卷三《噬嗑》，（清）阮元校刻：《十三经注疏》，中华书局，1980年影印本，第25页。

② （三国·魏）王弼、（晋）韩康伯注，（唐）孔颖达疏：《周易正义》卷三《噬嗑》，（清）阮元校刻：《十三经注疏》，中华书局，1980年影印本，第25页。

③ （三国·魏）王弼、（晋）韩康伯注，（唐）孔颖达疏：《周易正义》卷三《噬嗑》，（清）阮元校刻：《十三经注疏》，中华书局，1980年影印本，第25页。

④ （唐）李鼎祚撰，王丰先点校：《周易集解》，中华书局，2022年版，第241页。

⑤ （宋）程颐撰，王孝鱼点校：《周易程氏传》，中华书局，2016年版，第93页。

⑥ （三国·魏）王弼、（晋）韩康伯注，（唐）孔颖达疏：《周易正义》卷三《噬嗑》，（清）阮元校刻：《十三经注疏》，中华书局，1982年版，第25页。

肉，"毒"指代苦恶之物①。六三治狱过程艰难且反受其害。《周易正义》曰："三处下体之上，失政刑人，刑人不服。"②六三阴爻居刚位，所居不得其正，以不正之位用刑于人，受刑人亦不会信服而心生怨恨。此即《论语·子路》所说："其身不正，虽令不从。"③《噬嗑·象》曰："遇毒，位不当也。"④六三以阴履阳，居位不当，用刑不能依循中道，所以受刑人心生怨恨而反过来毒害用刑之人。六二虽用刑过深，但仍履行中正之道，治狱容易有效；六三同为阴爻，居下卦之极，又过其中道，如治狱之中因自身柔弱无能而偏斜一方，受刑者定然心不服，难归正。

其三，九四就全卦而言，为"颐中之物"，是阻隔上下交通的强梗之物。比之各爻来看，九四以刚直之性是全卦最有能力克除强梗者。

九四爻辞曰："噬乾胏，得金矢，利艰贞吉。"⑤九四同六三，亦不当位，以阳爻居阴位而不正。四爻本为柔顺之德，九四阳爻刚强背离爻德，以此刚直治狱用刑，受刑者亦不服，如噬咬干硬的骨头一般艰难。孔疏曰："金，刚也，矢，直也。虽刑不能服物，而能得其刚直也。"⑥九四以刚直之德履阴柔之位，治狱虽艰难，但能保其刚直。九四比之六三而言，六三以阴爻居阳位，噬咬干肉而反受其毒，是过于柔也；九四以阳爻居阴位，噬咬更坚硬的干骨头，却能保守自身德性而以吉告终。宋人王宗传曰："然三之于腊肉则遇毒，而四之于干胏则无是

① （三国·魏）王弼、（晋）韩康伯注，（唐）孔颖达疏：《周易正义》卷三《噬嗑》，（清）阮元校刻：《十三经注疏》，中华书局，1980年影印本，第25页。

② （三国·魏）王弼、（晋）韩康伯注，（唐）孔颖达疏：《周易正义》卷三《噬嗑》，（清）阮元校刻：《十三经注疏》，中华书局，1980年影印本，第25页。

③ （三国·魏）何晏注，（宋）邢昺疏：《论语注疏》卷十三《子路》，（清）阮元校刻：《十三经注疏》，中华书局，1980年影印本，第51页。

④ （三国·魏）王弼、（晋）韩康伯注，（唐）孔颖达疏：《周易正义》卷三《噬嗑》，（清）阮元校刻：《十三经注疏》，中华书局，1980年影印本，第25页。

⑤ （三国·魏）王弼、（晋）韩康伯注，（唐）孔颖达疏：《周易正义》卷三《噬嗑》，（清）阮元校刻：《十三经注疏》，中华书局，1980年影印本，第25页。

⑥ （三国·魏）王弼、（晋）韩康伯注，（唐）孔颖达疏：《周易正义》卷三《噬嗑》，（清）阮元校刻：《十三经注疏》，中华书局，1980年影印本，第25页。

患者，刚柔之才易也。"① 行艰难之事贵在正固坚持，六三性柔而不得正固，九四德性刚直且坚守正固，终能克除艰难之事而得吉。

治狱之事在于刚柔并济，六二既中且正却用刑过深，六三以阴履阳是过于柔顺，九四为刚直履柔位，亦不得正而难服人。治狱之艰难可见，然九四得吉，只因九四能保守自身刚直之德性，坚贞不已最终克除强梗。宋人丘富国曰："主刚而言，以威为治狱之用。"② 以刚治狱，是用威严的刚直之道使奸邪之行无所遁逃。

其四，刚直是治狱的手段而仁德是治狱之根本，六五以柔治狱，是心怀惕厉哀矜而体恤下位之人。

六五爻辞曰："噬干肉，得黄金，贞厉无咎。"③ 六三、九四和六五所噬咬的都是干肉，比起六二的"噬肤"之易都难以使受刑者归服。王弼注云："以阴处阳，以柔处刚，以噬于物，物亦不服。"④ 六五居上卦中位，但阴爻处刚位，虽中而不正，以此治狱于人，人亦难服。六三、六五都是以阴处阳，比之六三的过分柔顺，六五居中，又处九四之上，得九四刚直之辅佐，所以《噬嗑·象》曰："'贞厉无咎'，得当也。"⑤ 自身所处虽不正，但刑戮得当，所以历经"贞厉"而能"无咎"。宋人丘富国曰："主柔而言，以仁为治狱之本。主刚而言，以威为治狱之用。仁以寓其哀矜，威以惩其奸匿。"⑥ "贞厉"者先"贞"而后"厉"，六五居尊位，治狱用刑没有不符合中道的，自身贞正，但仍将危厉警惕怀于其心，这是六五在治狱之后，以仁德之情体恤百姓。

---

① （宋）王宗传撰，张天杰点校：《童溪易传》，上海古籍出版社，2023 年版，第 173 页。

② （清）李光地撰，杨军点校：《周易折中》，中华书局，2022 年版，第 215 页。

③ （三国·魏）王弼、（晋）韩康伯注，（唐）孔颖达疏：《周易正义》卷三《噬嗑》，（清）阮元校刻：《十三经注疏》，中华书局，1982 年版，第 25 页。

④ （三国·魏）王弼、（晋）韩康伯注，（唐）孔颖达疏：《周易正义》卷三《噬嗑》，（清）阮元校刻：《十三经注疏》，中华书局，1980 年影印本，第 25 页。

⑤ （三国·魏）王弼、（晋）韩康伯注，（唐）孔颖达疏：《周易正义》卷三《噬嗑》，（清）阮元校刻：《十三经注疏》，中华书局，1980 年影印本，第 25 页。

⑥ （清）李光地撰，杨军点校：《周易折中》，中华书局，2022 年版，第 215 页。

治狱之原则在于用刑之人自身要怀中正之道，治狱之用宜威厉刚直，治狱之体在于仁德。六二虽以柔治狱且用刑过分，但所处之位既中且正，所用之道中正无有偏斜，易使人心服身正。六三、九四阴阳错位，六三以阴处阳，过分柔顺而反受其毒；九四以阳处阴，先"艰"而后能"贞"，以刚直之道艰难治狱而后能得正固之德以吉终结。六五，得其尊位，又得九四刚直之辅佐，有治狱之用，且保有治狱之仁德，以此德行能力治狱无有不服。

三、《噬嗑》卦的无讼指向

以法令刑狱为治理手段，来通向和合社会，是已然用单一的价值标准将受刑之人作为威权实施的受体，沦为法度治狱的环节与用刑一方相对的敌人。而未将其看作阻隔不通的两方，视其可待归服正道的同类。因此《噬嗑》卦六爻最终多以无咎作结，以革除阻塞来看，治狱效果显著；以上下相通来看，受刑者往往难以诚心归服，只服于一时的威刑之下。

现实中异类相聚，必然争讼的客观情状不容置否，但也要清楚以治狱革除强梗的作用是有限的，是不得已之下的强制措施，是为道德教化作的铺垫。单单依靠法度刑狱只能获得如孔子所说的"道之以政，齐之以刑，民免而无耻"①的初级治理状态。

（一）"必也使无讼乎"——《噬嗑》卦的最终指向

"嗑者合也。"②《噬嗑》卦的指向在于"合"，程颐解释道："凡天下至于一国一家，至于万事，所以有不和合者，皆由有间也，无间则

---

① （三国·魏）何晏注，（宋）邢昺疏：《论语注疏》卷二《为政》，（清）阮元校刻：《十三经注疏》，中华书局，1980年影印本，第5页。

② （宋）程颐撰，王孝鱼点校：《周易程氏传》，中华书局，2016年版，第91页。

合矣。以至天地之生、万物之成，皆合而后能遂，凡未合者，皆有间也。"① 天下人物、事件不计其数，人物相合、事件顺遂的往往居少数，究其原因在于人与人之间，人与物之间有所阻隔。唯有历经以"噬"为象的克除功夫之后，方能指向一个无有间隔、和合共生的社会。

"夫若此者，非律之所使也，非威刑之所强也，此乃教化之所致。"② 到达和合共生的无讼社会，其进路不仅是确切繁密的法律或者强制不容的威刑，更是以礼仪道德进行教化，使百姓诚心归服。如《讼》卦上九所言："或锡之鞶带，终朝三褫之。"③《讼》卦上九处九五"元吉"之上，争讼取得胜利并获鞶带，但一日之内被掠夺了多次。孔疏曰："以其因讼得胜，受此锡服，非德而受，亦不足可敬，故终朝之内，三被褫脱也。"④ 上九得胜承受恩赐是因为诉讼，并非依靠自身的德性。因利益冲突而兴起的争讼，在胜负之后，并未导向和合共存的局面，甚至引发了新的祸端。同样，在《噬嗑》卦中因治狱用刑而克除阻碍之后的案件，也难以在纠葛双方之间达成和合，胜利一方或治狱的长官也并未因此而受到尊敬，甚至反受其毒，如六三之"噬腊肉，遇毒"。失败一方或是受刑一方甚至会心生怨念，而产生新的阻隔。所以《序卦传》曰："物不可以苟合而已，故受之以贲。贲者，饰也。"⑤ 天下万物不可只是停于治狱用刑所到达的苟合之态。而是要止于文明。子曰："道之以德，齐之以礼，有耻且格。"⑥ 唯有更进一步，以文明教化，使民众有耻且格，

---

① （宋）程颐撰，王孝鱼点校：《周易程氏传》，中华书局，2016 年版，第 91 页。
② 程树德撰，程俊英、蒋见元点校：《论语集释》，中华书局，2022 年版，第 992~993 页。
③ （三国·魏）王弼、（晋）韩康伯注，（唐）孔颖达疏：《周易正义》卷二《讼》，（清）阮元校刻：《十三经注疏》，中华书局，1980 年影印本，第 13 页。
④ （三国·魏）王弼、（晋）韩康伯注，（唐）孔颖达疏：《周易正义》卷二《讼》，（清）阮元校刻：《十三经注疏》，中华书局，1980 年影印本，第 13 页。
⑤ （三国·魏）王弼、（晋）韩康伯注，（唐）孔颖达疏：《周易正义》卷九《序卦传》，（清）阮元校刻：《十三经注疏》，中华书局，1980 年影印本，第 84 页。
⑥ （三国·魏）何晏注，（宋）邢昺疏：《论语注疏》卷二《为政》，（清）阮元校刻：《十三经注疏》，中华书局，1980 年影印本，第 5 页。

以求达到"近者悦，远者来"①的和合状态。

（二）"夫物之不齐，物之情也"——《噬嗑》卦强制的有限性

万物之间有其特征和位置上的差异是万物本然所有的实情，不可强行抹灭其异以求同一。"同与异是反对的，和则包涵异，合众异以成和。"②

《噬嗑》卦强调以法度、刑狱去革除阻隔人们之间的强梗，使人相互交通，相互聚合。然而，法度、刑狱作为一种强制性的治理实践，其治理标准是确定且单一的，其指向也并非和合共生，而是革除阻碍，即革除威胁人们相互交通的人或事，最终着眼于总体之上的表面齐同。在《噬嗑》卦的语境中，被革除的强梗难以真正心悦诚服，甚至会作为一种潜在的阻碍继续存在，法度、刑狱的局限由此显现，这说明《噬嗑》卦不仅意在说明法度、刑狱的效力，还有更深层次的义理。

程颐在其《易传》中说："噬嗑者，治天下之大用也。去天下之间，在任刑罚，故卦取用刑为义。"③去除天下万物之间的间隔在于任用刑罚，这固然为真，然以刑罚作为导向万物和合的唯一进路则值得怀疑。如孟子批评许子言："子比而同之，是乱天下也。巨屦小屦同贾，人岂为之哉？从许子之道，相率而为伪者也，恶能治国家？"④以齐一相同的标准去规范世间人物，众人只会虚伪其容，行表面的齐一，以此道路去治理国家，是造乱于天下也。又如王夫之评秦朝骤亡曰："法愈密，吏权愈重；死刑愈繁，贿赂愈章；涂饰以免罪罟，而天子之权，倒持于掾

---

① （三国·魏）何晏注，（宋）邢昺疏：《论语注疏》卷十三《子路》，（清）阮元校刻：《十三经注疏》，中华书局，1980年影印本，第51页。

② 冯友兰：《三松堂全集》第五卷，河南人民出版社，2001年版，第72页。

③ （宋）程颐撰，王孝鱼点校：《周易程氏传》，中华书局，2016年版，第91页。

④ （清）焦循撰，沈文倬点校：《孟子正义》卷十一《滕文公章句上·四章》，中华书局，1987年版，第399页。

史。南阳诸刘屡杀人而王莽不能问，皆法密吏重有以蔽之也。"① 法度刑罚愈缜密烦琐，执法用刑之权愈显盛，极刑愈频繁，贿赂的行径就更加显著。人们相互隐饰其行，虚伪其容，以求免于刑罚灾祸。这是法密吏重的弊端。

所以《噬嗑》卦强调治狱的目的在于小惩大戒，在对罪行进行合理惩戒的基础上，将惩戒作为规劝人心的手段，使人心归正，使向善之心彰显。若法度过严，刑罚过重，如《噬嗑》卦上九所处之境地，治狱刑罚便丧失其效用，人心不会再归服，刑罚便沦为单纯的治理工具，失去了引导社会道德风气的功用。

（三）"道之以政" 到 "道之以德" ——《噬嗑》卦之于《贲》卦

《噬嗑》卦是一种时遇之中的情境描述和德性劝诫，不可执一时的情状为全时的典要。《噬嗑》卦辞曰："亨。利用狱。"② 处《噬嗑》卦之时，利于辨别事情真实的情状和原委，以刑罚革除阻隔其间的强梗，使上下交通聚合，为进一步的和合共生提供基础。

《贲·彖》曰："文明以止，人文也。观乎'天文'，以察时变；观乎'人文'，以化成天下。"③ 天文指的是日月星辰的排列运转，泛指运行自然间的天理；人文则指代"人理之伦序"。"观乎人文"即观人世间的人伦道德，民俗风情，以"化成天下"即以人之本然所有的伦理道德来教化天下。所谓"止物不以威武而以文明"④，是不再借用刚直的威武之刑，而以文明感化于人，使人、物顺其本然之性，从而合于天道自

---

① （清）王夫之撰，舒士彦点校：《读通鉴论》卷一，中华书局，1975 年版，第 16 页。

② （三国·魏）王弼、（晋）韩康伯注，（唐）孔颖达疏：《周易正义》卷三《噬嗑》，（清）阮元校刻：《十三经注疏》，中华书局，1980 年影印本，第 25 页。

③ （三国·魏）王弼、（晋）韩康伯注，（唐）孔颖达疏：《周易正义》卷三《贲》，（清）阮元校刻：《十三经注疏》，中华书局，1980 年影印本，第 25 页。

④ （三国·魏）王弼、（晋）韩康伯注，（唐）孔颖达疏：《周易正义》卷三《贲》，（清）阮元校刻：《十三经注疏》，中华书局，1980 年影印本，第 25 页。

然。《贲·象》曰："君子以明庶政，无敢折狱。"①"折狱"，在于辨事实之情状；"无敢"一则在于万物有文明的蔽饰，难以辨其真伪；再则强调君主应当谨慎用刑。

梁寅曰："朝廷文之以仪制而亨焉，宾主文之以礼貌而亨焉，家人文之以伦序而亨焉，官府文之以教令而亨焉，推之事物，凡有质者无不待于文也，文则无不亨也。"②治理天下，不但要有强制的法度刑罚，也要有相应的礼仪制度。"凡有质者无不待于文也。"以治理而言，百姓之间由各怀异心到革除间隙以相聚合，是由"噬嗑"而来的实质，再加之以礼仪文明的教化，则百姓之合便能从同一之"合"转向合异之"和"。人世间的和合图景由以政令刑罚的强力营造转换到人心向善之情的自然发显，便是《噬嗑》卦的最终指向。

四、结　语

《噬嗑》卦次于《观》卦，起于因祭祀典礼的民众相聚。自《否》卦而来，表明《噬嗑》卦由阴阳相隔而上下不通到阴阳交错而上下亨通之象的转化。以《讼》卦和《萃》卦比较而言，《噬嗑》卦中刑狱发生的原因有其必然性，在于民众需求和生存资料的不平衡，民众内部矛盾需要刑狱的强制手段进行控制。《噬嗑》卦治狱用刑的目的在于使罪行不复累积，所以强调要用刑于过错之初，革除阻塞，成就小惩大诫的最大效果。

《噬嗑》卦也阐发了治狱刑罚的局限性，受刑者只服于一时的法度权威之下，往往难以诚心归服，所以仍需道德礼仪的日常教化，使百姓诚心归服，以求达到《论语》中所描述的"必也使无讼乎"的和合状态。

作者单位：浙江省委党校

---

① （三国·魏）王弼、（晋）韩康伯注，（唐）孔颖达疏：《周易正义》卷三《贲》，（清）阮元校刻：《十三经注疏》，中华书局，1980年影印本，第25页。

② （清）李光地撰，杨军点校：《周易折中》，中华书局，2022年版，第218页。

《周易·系辞传》辩证法
思想及其当代启示*

李 龙

摘要：《周易·系辞传》作为中国古代经典著作《易传》的有机构成，其中的"变通"思想、"阴阳"思想、"正反"思想所对应的正是马克思主义辩证法思想中的三大规律，二者之间的联系为坚持党的自我革命、马克思主义与中华优秀传统文化相结合、文化自信自强提供了新的思路和解决方案。

关键词：《周易》《系辞传》 辩证法

《周易》和马克思主义辩证法都是人类思想发展的杰出代表，二者都具有深远的理论和实践意义。《周易》中的辩证法思想主要是通过阴阳理论来体现的。阴阳理论是《周易》的核心思想之一，它指出一切事物的存在都是由阴阳两种相反性质的符号所构成。同时，阴阳是相对而言的，同一个事物，相对条件不同，属阴属阳也不同，具体都是由特定条件来决定的。《周易》中的辩证法思想还包括阴阳两仪的辩证关系，即认为阴阳是构成一切事物的基本元素，它们之间相互作用、相互依

---

* 本文系教育部哲学社会科学研究后期资助重大项目"以域外汉籍和出土文献为基础的《周易》新解"（项目批准号：22JHQ017）之阶段性成果。

存、相互对立、相互转化，以此推动着事物的变化和发展，这种辩证关系不仅存在于事物的内部，也贯穿于整个宇宙的演化过程。

《周易》中的辩证法思想还体现在《易》卦尤其是"八卦"哲学等方面。而马克思主义辩证法则是通过质量互变规律、对立统一规律、否定之否定规律来阐释客观的本质的，与《周易》中的"变通"思想、"阴阳"思想、"正反"思想中的辩证法有异曲同工之妙。在推动马克思主义基本原理与中华优秀传统文化相结合的背景下，深入分析《周易·系辞传》中的辩证法思想成为推进马克思主义中国化的内在要求①。

一、《周易·系辞传》中的辩证法思想

（一）"变通"思想中的质量互变规律

马克思主义辩证法中的质量互变规律中最重要的不只是"质""量"这两个概念，更重要的是要认识到"度"的存在。"度"是事物本身保持其质的数量界限，只有掌握好度的概念才能认识到事物发展过程是连续性和阶段性的统一。在《系辞上传》中，作者提出了"化而裁之谓之变，推而行之谓之通"②的观点。金景芳先生认为："'化而裁之谓之变'，化是自然而化，渐次慢慢地化，亦即今日所谓的量变。裁是人为，当自然渐次进行的量变达到一定程度时，加之以人为的裁定，使之完成质变，旧质变为新质。旧质变为新质的质变就是这里所说的变。"③这就是说，"化"就是事物量的变化，是事物在不改变自身性质的前提下，在一定范围内发生的不显著的变化，包括数量的增减和组成要素排列顺序的变化等。"变"就是质变，事物的性质发生根本性的变化，是量变的

---

① 汤博：《〈周易·系辞传〉中的辩证法思想与唯物辩证法思想比较刍议》，载张涛主编：《中华易学》第九卷，文物出版社，2022 年版，第 164～175 页。

② 金景芳：《〈周易·系辞传〉新编详解》，辽海出版社，1998 年版，第 137 页。

③ 金景芳、吕绍纲：《周易全解》，吉林大学出版社，2013 年版，第 435 页。

结果。进一步分析"化而裁之谓之变"这句话会发现，"变"（质变）有两个因素构成，除了"化"（量变）之外，还有"裁"。这意味着，"化"和"变"之间就有了所谓的"度"，只有超过一定的"度"才能进行变"化"。金景芳先生认为，"裁"意为"人为的裁定"，就是说在量变向质变转变的过程中，还需要人的因素，否则量变无法完成向质变的转化。应该说，金景芳先生的观点值得商榷。质量互变规律是关于一切事物变化发展的规律，这既是自然界的事物也是人类社会事物变化发展的规律，但自然界事物的变化发展是自发的，是没有人的外力干预的。如果按照金景芳先生的观点理解，即量变向质变转化需要人的裁定，那么对于自然界事物特别是在人类活动尚未涉及的自在自然领域内事物的变化发展就有了新的解释："化而裁之谓之变"的解释针对的是人类社会事物的变化发展，而不包括自然在内的一切事物的运动变化发展。为了使"化而裁之谓之变"所表达的含义更具有普遍性，可以将金景芳先生对"裁"的解释进行细微的修改，即去掉"人为的"，仅留下"裁定"，也就是将"裁"解释为裁定、规定，而执行"裁"（裁定）的就是"化"（量变）。"裁"并非独立于"化"的，它实际上就是"化"的功能。这正好体现了"质变必须由量变来规定其性质和方向"①的观点。因此，"化而裁之谓之变"就有一种新的阐释，即事物的发展通过量变实现，量变也规定了其质变的性质与方向，新质是什么取决于量变是如何进行的。

质量互变规律之所以称为互变规律，是因为其不仅包括量变向质变的转化，也包括质变向量变的转化。如果说"化而裁之谓之变"体现的是量变向质变的转化，那么"推而行之谓之通"体现的则是质变向量变的转化。金景芳先生对"推而行之谓之通"的解释是"'推'字是推移

---

① 李秀林、王于、李淮春主编：《辩证唯物主义和历史唯物主义原理》（修订本），中国人民大学出版社，2012年版，第175页。

的意思，'通'字是无凝滞，运用无穷的意思。事物发生质变之后，继续发展变化，就是通"①。这就是说，经过质变后产生的新事物继续向前推行，不断运动变化，获得发展，这就是新一轮量变的开始。事物的发展总是从量变开始，当量变达到一定程度时就会发生质变；质变又会引起新的量变，事物的发展就是这种由量变到质变、再从质变到新的量变的过程。由此可知，"变""通"的思想并不只是停留在表面意思，而是在有"量"的限制下进行的运动，与质量互变定律中"度"的含义是同符合契的。

（二）"阴阳"思想中的对立统一规律

马克思主义辩证法的对立统一规律也被称为矛盾定律。矛盾是反映事物内部或事物之间对立和统一及其关系的哲学范畴，是既对立又统一的。在《系辞上传》中，作者提出了"一阴一阳之谓道"的观点，认为一阴一阳的矛盾变化就是"道"，就是事物运动变化发展的规律。这体现了对立统一规律中关于事物运动变化发展的根本动力在于矛盾的观点。根据金景芳先生的观点，阴阳是同一事物的矛盾双方，一阴一阳才表示事物运动变化发展的规律，"阴转为阳，阳转为阴；阴又转为阳，阳又转为阴。阴阳交迭着运动，事物才向前发展"②。《系辞下传》写道："子曰：'危者，安其位者也；亡者，保其存者也；乱者，有其治者也。是故君子安而不忘危，存而不忘亡，治而不忘乱。是以身安而国家可保也。'"③ 这句话充分体现了以唯物辩证法的基本立场看待一切事物，即"辩证法在对现存事物的肯定的理解中，同时包含对现存事物的否定的理解，即对现存事物的必然灭亡的理解"④。

---

① 金景芳、吕绍纲：《周易全解》，吉林大学出版社，2013 年版，第 435 页。
② 金景芳、吕绍纲：《周易全解》，吉林大学出版社，2013 年版，第 409 页。
③ 金景芳：《〈周易·系辞传〉新编详解》，辽海出版社，1998 年版，第 159 页。
④ 《马克思恩格斯选集》第二卷，人民出版社，2012 年版，第 94 页。

"安""存""治"并非长久不变，会转化成"危""亡""乱"，这种转化体现了矛盾的同一性。矛盾的同一性有两层含义，第一，矛盾着的双方在一定条件下各以其对立面为自己存在的前提，双方共处于一个统一体中。安与危、存与亡、治与乱这些对立范畴中的某一方无法独自存在，必须与其对立面组成彼此对应的范畴才具有意义。没有"危"的存在，"安"就不会有意义。同理，存与亡、治与乱也是如此。第二，矛盾着的双方在一定条件下向其对立面转化。"危者"曾经"安其位"，"亡者"曾经"保其存"，"乱者"曾经"有其治"，但是它们现在的情况却是过去状况的对立面，这是因为在某种条件下它们各自向自己的对立面进行转化。这种转化的内在原因是矛盾着的双方本就具有内在的有机的联系，向对立面转化的可能性一直存在，只不过当具备特定的外在条件时，这种可能性才变成了现实。正如余敦康先生所言："孔子首先站在哲学的高度，阐明了安与危、存与亡、治与乱相互之间依存转化的辩证关系，为了长治久安，必须以忧患之心思忧患之故，'安而不忘危，存而不忘亡，治而不忘乱'，对现实处境保持清醒理性的认识，致力于调整，防止向反面转化。"[1] 孔子的观点有一定的合理性，唯物辩证法不仅是自然界事物发展的规律，也是人类社会发展和人类思维的规律，其在人类社会中发生作用是无法脱离人这个关键因素的。

《系辞上传》说："《易》与天地准，故能弥纶天地之道。"[2] "《易》与天地准"，就是说《易》是依照天地写的，天地是原型，《易》是摹写本，"故能弥纶天地之道"。"道"是规律，"天地之道"是自然规律，"弥纶"可以译为完全反映。"故能弥纶天地之道"，就是说它能完全反映自然规律。为什么能完全反映自然规律呢？是因为天地包括两方面：一方面是对立，另一方面是统一。而《系辞下传》说："子曰：'乾坤，其

---

① 余敦康：《周易现代解读》，中华书局，2016 年版，第 359 页。
② 金景芳：《〈周易·系辞传〉新编详解》，辽海出版社，1998 年版，第 67 页。

《易》之门邪?'乾，阳物也。坤，阴物也。阴阳合德，而刚柔有体，以体天地之撰，以通神明之德。"① "乾，阳物也。坤，阴物也"②，这说明乾坤是对立的；"阴阳合德"，是说乾坤是统一的。由此可见，对立统一规律在《系辞传》中体现得淋漓尽致。

（三）"正反"思想中的否定之否定规律

马克思主义辩证法中的否定之否定规律揭示的是事物发展的基本方向和道路，指出事物的发展是由于内部矛盾的作用，经过三个阶段后的两次否定，在新的基础上达到对自身的肯定，《系辞传》中的反象理论亦是如此。所谓反象理论，就是指当我们的眼睛去看事物时，实际上是看到的倒立的像，我们的神经中枢将倒立的像再正过来反映到我们的精神世界中。"反象"本质上就是否定之否定，可以先取反象的象，然后取反象的义。在《系辞传》中就有反象的例子，如《系辞下传》说："若夫杂物撰德，辨是与非，则非其中爻不备。"③ 这句话的原意是：至于阴阳杂陈，撰述阴阳的德性，辨别是非，不是初爻和上爻二者所能概括的，必须加上中间的二、三、四、五等爻，互相审度观察，它的含义才能完备而无遗。此句话中，何为"杂物"？就是阴阳相杂之物。任何事物都是阴阳对立统一、和合而成的；阴阳二气相杂，又构成了不同的事物，事物发展的不同阶段、不同状态以及彼此之间的交互关系。《易经》卜卦，问出行、问疾病、问财帛等等，也都是"杂物"，命主与用神之间不同的生克关系、气运旺衰，构成了不同的吉凶因果关系。

否定之否定规律认为，事物的发展并不是一气呵成的，而是经历了两次自我否定，循环往复的发展过程。"肯定—否定—肯定"是事物在

---

① 金景芳：《〈周易·系辞传〉新编详解》，辽海出版社，1998 年版，第 171 页。

② 金景芳：《〈周易·系辞传〉新编详解》，辽海出版社，1998 年版，第 171 页。

③ 金景芳：《〈周易·系辞传〉新编详解》，辽海出版社，1998 年版，第 188 页。

发展过程中所经历的必要阶段，是事物自身的矛盾在其各个方面向反方面转化的过程，是矛盾促进事物发展的必然规律。《系辞上传》说："日新之谓盛德，生生之谓易。"① 这是认为每日产生新的事物是大自然的最高尚品德。不断有所更新，这才是所谓的变易。《系辞下传》还认为，事物的存在和发展，只有不断变易，方有出路，所谓"穷则变，变则通，通则久"；而且爻象和事物的变化总是经历从渐变到突变的过程，所谓"化而裁之谓之变"。事物在不断的自我否定中产生新的发展，在不断的变化中进行自我革命。

否定之否定规律在《周易·系辞传》中表现得更为明显得应当属于阴阳流转。所谓阴阳流转，是指阴阳两个相反的方面不断更迭交替，从而引发事物的变化发展。比如《系辞下传》说："刚柔相推，变在其中矣。"② 《系辞上传》又说："一阖一辟谓之变，往来不穷谓之通。"③ 在《易传》看来，性质相反的两个方面或两种东西，总是处于相互推移的过程④。汉代易学家称这种变易形式为阴阳消息，朱熹则称其为阴阳流转。后来的易学家将此解释为"物极则反"或"物极必反"。物极必反的观点具有重要的实践指导意义。它一方面告诉人们办事情要掌握一定分寸，不要过头，以免引起相反的结果；另一方面告诉人们在顺利的时候需要保持清醒的头脑，创造条件保持优势，防止向相反的方面转化。遵照这一思路，《系辞下传》提出"安而不忘危，存而不忘亡，治而不忘乱"⑤ 的警句，对后世很有启迪作用。这与马克思主义辩证法中的否定之否定规律也不谋而合。《系辞传》中没有直接涉及否定之否定的概念，但是它所阐述的阴阳对立统一、相互转化的思想，以及事物发展变化、

---

① 金景芳：《〈周易·系辞传〉新编详解》，辽海出版社，1998 年版，第 67 页。
② 金景芳：《〈周易·系辞传〉新编详解》，辽海出版社，1998 年版，第 147 页。
③ 金景芳：《〈周易·系辞传〉新编详解》，辽海出版社，1998 年版，第 119 页。
④ 金景芳：《〈周易·系辞传〉新编详解》，辽海出版社，1998 年版，第 126 页。
⑤ 金景芳：《〈周易·系辞传〉新编详解》，辽海出版社，1998 年版，第 160 页。

周而复始的观念，却和否定之否定的哲学思想有一定的相似之处。如果需要以《系辞传》的口吻来阐述否定之否定的思想，可以这样理解：阴阳互为否定，阳生阴，阴生阳，相互转化，此乃天地之道。然阴阳之中，又有阴阳，阳中生阴，阴中生阳，此乃万物之理。故曰：阴阳互为否定之否定，乃万物生成之本。这段话以《系辞传》的口吻阐述了阴阳相互转化、相互否定的思想，同时也引入了否定之否定的概念，强调了阴阳互为否定之否定是万物生成的根本。

二、《周易·系辞传》中辩证法思想的当代启示

（一）"变通"思想与坚持党的自我革命

历史深刻昭示我们，必须不断进行自我革命，同一切影响党的先进性、弱化党的纯洁性的问题作坚决斗争，实现自我净化、自我完善、自我革新、自我提高。这是我们党必须回答好、解决好的根本性问题。《系辞上传》很重视"成其变化"的观念："圣人有以见天下之动，而观其会通，以行其典礼，系辞焉以断其吉凶，是故谓之爻。言天下之至赜而不可恶也。言天下之至动而不可乱也。拟之而后言，议之而后动，拟议以成其变化。"[①] 在对于"圣人有以见天下之动"的解释中，金景芳先生认为，所谓"圣人有以见天下之动"，这个动也是指变化，而且不单单指卦象的变化，还指世间万物的变化。《系辞上传》中提到"象者言乎象者也，爻者言乎变者也"[②]，其中便蕴含着卦象中的静动之分。而实际上"会"的意思也就是马克思主义辩证法中所提到的质变；"通"就是马克思主义辩证法中所提到的量变。《系辞下传》中讲"穷则变，变则通"，再结合上文中卦象动静的变化，实质上就是在向我们提示现代

---

① 金景芳：《〈周易·系辞传〉新编详解》，辽海出版社，1998年版，第137页。
② 金景芳：《〈周易·系辞传〉新编详解》，辽海出版社，1998年版，第62页。

社会中改革的重要意义。《系辞传》的作用之一，就是开通人们的心思，去理解世界的变化，消除心中的疑惑。一开一合就是"变"，往来不断就是"通"。对立面的交互替代就是"变"，进程的反复连接就是"通"。"变"与矛盾对立及其转化有关，"通"则联系着不断的流行过程。所以，"变通"无论是在古代社会还是现代社会都是一样重要的方法，换作今时今日来讲，就是改革永远在路上。我党所寻求的改革之道中，最重要的就是党的理论创新。党的理论创新是党的生命线，只有不断与时俱进、与实践相结合，才能保持党的理论的鲜活性和时代性。

党的自我革命是党的重要保障，是党的事业发展的必然要求，也是党员干部的共同责任，只有通过自我革命，党才能始终保持旺盛的生命力和战斗力，不断为实现中华民族伟大复兴的中国梦而努力奋斗。在这之前几千年的中华优秀传统文化中，《系辞传》就向我们提前指明了改革的必要性，我们要坚持不断创新的同时，也要学会回头看看我们所坚守的历史文化，只有不断革故鼎新才能完成党的自我革命。

（二）"阴阳"思想和推动中华优秀传统文化创造性转化、创新性发展

《系辞上传》中"一阴一阳之谓道"的观点，认为一阴一阳的矛盾变化就是"道"，而这与新时代推动中华优秀传统文化创造性转化与创新性发展亦有许多共同之处，想要在新时代下对中华优秀传统文化进行创新，就必须坚持马克思主义与中华优秀传统文化相结合的实践路径。二者虽然在时代背景上有所不同，但是仍有许多共同之处，将二者结合起来才能更好地在新时代理解马克思主义，进而对中华优秀传统文化做出创造性转化、创新性发展。

第一，"阴阳"思想为中华优秀传统文化的创造性转化和创新性发展提供了理论基础。《系辞上传》中提出"一阴一阳之谓道"的观点，体现了事物运动变化的基本规律，这与马克思主义思想中事物运动变化

发展的根本动力在于矛盾的观点相一致。阴阳思想在《系辞传》中得到了深入的阐述和应用，通过对阴阳的研究与探索，揭示了阴阳之间的相互关系以及它们在人类社会和自然界中的作用。这种深入的思考和分析，不仅使人们对世界的认知更加深入，也为中华优秀传统文化的创造性转化提供了新的思路和方法。"阴阳"思想教会我们以发展的视角审视中华优秀传统文化，理解新时代对于中华优秀传统文化创新的重要性。

第二，"阴阳"思想为中华优秀传统文化的创造性转化和创新性发展提供了实践路径。"阴阳"思想的推动作用不仅体现在理论层面，更体现在实践层面，中华优秀传统文化的创造性转化和创新性发展也需要通过实践来完成。《系辞上传》说："《易》与天地准，故能弥纶天地之道。""阴阳"思想强调的平衡、和谐、变化等概念，为人们在实践中探索新的发展路径提供了重要的指导。通过运用"阴阳"思想，人们可以更好地把握事物的本质和规律，从而实现对传统文化的创造性转化和创新性发展。

第三，"阴阳"思想与中华优秀传统文化的创造性转化和创新性发展是相互促进的。"阴阳"思想为中华优秀传统文化的创造性转化提供了理论基础和思想资源，而中华优秀传统文化的创造性转化和创新性发展又进一步丰富和发展了"阴阳"思想的内涵和外延。二者相互促进、相互渗透，共同推动了中华优秀传统文化的不断发展和繁荣。

（三）"正反"思想与坚定文化自信自强

《系辞传》作为中国古代文化宝库中的一颗明珠，是中华民族智慧的结晶，也是我国古代先贤们对宇宙运行规律的独到总结。通过研读《系辞传》，我们不仅可以深入了解中国古代哲学思想的精髓，更可以从中汲取文化自信和自强的力量。

首先，《系辞传》揭示了宇宙万物间的相互关系和变化规律。在现代社会中，我们常常面临各种复杂的问题和挑战，而《系辞传》中"正反"思想所强调的变通和适应力，对于我们解决问题、把握机遇至关重要。《系辞下传》中"安而不忘危，存而不忘亡，治而不忘乱"对处于顺境和逆境的情况都做了分析，而这对中华文化的发展传承也有借鉴意义。中华文化流传五千年之久，但其中由于种种原因也有过发展速度缓慢、发展方式不够多样等问题。其实代入"正反"思想就比较好理解，有时"慢"也是一种"快"，最重要的是传承不能断，不能急功近利，而是要结合中国自身发展实际，一步一个脚印，坚定文化自信自强，要对自身文化做到真正笃信才能做到真正坚定。其次，《系辞传》中的"正反"思想也融入了中国古代文化中的伦理道德观念，强调了道德修养与人际关系的重要性。如《系辞下传》中所讲"德薄而位尊，知小而谋大，力小而任重，鲜不及矣""小人不耻不仁，不畏不义，不见利不劝，不威不惩"等等，这些道德准则不仅指导着个体的行为，更构建了和谐社会的基石。在当今社会，我们正面临着人际关系紧张、道德观念淡化的问题，而《系辞传》中的伦理道德观念对于我们重塑社会关系、提升道德素养具有重要的借鉴意义。再次，《系辞传》还包含了丰富的人生智慧和处世哲学。无论是对于个人修身养性的指引，还是对于宏观世界格局的认知，都能在其中找到启示。正如《系辞下传》所言"若夫杂物撰德，辨是与非，则非其中爻不备"①，事物有刚有柔，阴阳相杂，其德也各不相同，要分辨他们的是非，要全面地看问题，不能只是片面分析，而应认真具体地分析其中的过程。《系辞上传》说："是故君子所居而安者，《易》之序也；所乐而玩者，爻之辞也。是故君子居则观其象而玩其辞，动则观其变而玩其占，是以自天祐之，吉无不利。"② 这段内容是讲了君子探索研究并使用《易

---

① 金景芳：《〈周易·系辞传〉新编详解》，辽海出版社，1998年版，第188页。
② 金景芳：《〈周易·系辞传〉新编详解》，辽海出版社，1998年版，第55页。

经》，可以达到避凶趋吉的作用。而《易经》是对世间万物规律的描述，所以运用世间万物规律可以有效解决实际问题。马克思主义者也强调"实践是检验真理的唯一标准"①。将两者结合起来，我们可以通过实践来验证和完善理论，并将理论转化为行动，推动社会的进步和发展。

《系辞传》蕴含着中国古代文化的精华，同时也是我们推进文化自信和自强的重要依托。通过深入研读《系辞传》，我们能够领略到中国古代智慧的博大精深，也能够在当代社会中找到应对挑战与发展的智慧之道。《周易》提倡"保合太和"，太和就是永久和谐。这表明和谐的确是中华文明的核心价值之一。孔子延续了西周文化对乐的重视，也主张乐的功能在于"和"，认为乐所体现的和谐精神可促进礼的实践和补充礼的作用②，从中便能体会到中国文化的传承和发展。我们应当重视《系辞传》的学习，将其蕴含的文化自信和自强精神融入我们的日常生活中，为中华民族的繁荣与发展贡献自己的力量。

三、结　语

《系辞传》的思想对现在的我们来说并不是虚无缥缈的，而是与我们的日常生活息息相关。读者学习《系辞传》，需要进行深入反思后才能获得各自所需要的养分，这就是对知识转化吸收的过程。当整个过程完成后，必须再经过感悟，才可能形成自己的东西。有了这样一个推陈出新的结果，才可称之为"出成果"，或者称之为"创新"。通过对《系辞传》中的辩证法进行解析，我们可以看到马克思主义辩证法与《系辞传》辩证法概念和思维方式存在的相似和差异：《系辞传》强调事物的

---

① 胡福明：《实践是检验真理的唯一标准》，《光明日报》，1978 年 5 月 11 日。
② 陈来：《中华文明的文明观和文明态度》，《理论导报》，2020 年第 1 期，第 58～59 页。

相互依存和变化规律，马克思辩证法强调事物的矛盾和斗争，要将其二者结合起来思考，通过对我们自身文化的学习，进一步推动理论创新，为"第二个结合"提供新实证，在坚定文化自信的道路上迈出更为坚定和坚实的步伐。

作者单位：昆明理工大学

述而不作？作而托圣？

——《易传》"子曰"经学诠释文化传统析论*

赖贵三

摘要：通行本与帛书本《易传》中皆有关于孔子言论的记录，爬梳探讨《易传》与《论语》文义上的相应关系，有助于廓清孔子思想的形态向度，会通《易传》与《论语》中儒家思想的理路，甄别孔子《易》教的可能义涵，进一步分析统观孔子天道、人事与心性的思想全貌，再次确立《易传》在儒家哲学思想发展上的根本价值定位。同时，藉由天人合德的思想研探，进一步提供现代社会价值重建与转化的参考。

关键词：《帛书易传》 《论语》 《易》教 天人合德

一、孔子与《周易》关系的历史说明

"《易》教"一词出于《礼记·经解》："孔子曰：入其国，其教可知也。其为人也……絜静、精微，《易》教也……《易》之失贼……絜静、精微而不贼，则深于《易》者也……"[1] 此篇为经学论文，旨在分别论

---

* 本文系国家社科基金重大项目"语录类文献整理与儒家话语体系建构及传承的研究"（项目批准号：20&ZD265）之阶段性成果。

[1] （清）孙希旦撰，沈啸寰、王星贤点校：《礼记集解》卷四十八《经解第二十六》，中华书局，1989年版，第1254~1255页。

述六经的教学目的。而清儒章学诚（字实斋，1738～1801）《文史通义》发为议论，作"《易》教"上中下三篇，阐明《易》为周王政典，理事不离，道器合一。本文期望能透过统整诠释的功夫，表彰孔子对于《周易》教育与道德上的文化思想与关怀，作为今日现代人立身处世，乐天知命，与天地参的标杆准则。故先以孔子与《周易》关系的历史说明为导言，作为立论的依据，也是教程进路的指南。

司马迁（字子长，公元前145～公元前86）《史记·孔子世家》说："孔子晚而喜《易》，序《彖》《系》《象》《说卦》《文言》；读《易》，韦编三绝，曰：'假我数年，若是，我于《易》则彬彬矣。'"① 太史公认为《易传》为孔子所作；直到北宋欧阳修（字永叔，1007～1072）《易童子问》开始怀疑非孔子所作。孔子与《周易》的关系，肯定、否定与质疑的观点，从此见仁见智，无法得一定论。然而，透过以下三个步骤的历史考察，可以适度还原可能的历史真相，也提供学者思考问题的向度：

（一）孔子是否有学习《周易》的可能？

（二）孔子是否有教传《周易》的可能？

（三）孔子是否有赞述《周易》的可能？

按照此一历程设计，取证于记录孔子言行的第一手资料《论语》，虽然《论语》中谈及《周易》的资料非常少，且仍有争议；如《论语·述而》所载：

子曰："加我数年，五十以学《易》，可以无大过矣。"②

争议之处，一在于"易"字，唐初陆德明（元朗，550～630）《经

---

① （汉）司马迁撰，（南朝·宋）裴骃集解，（唐）司马贞索隐，（唐）张守节正义，中华书局编辑部点校：《史记》卷四十七《孔子世家第十七》，中华书局，1982年版，第1937页。
② （清）刘宝楠撰，高流水点校：《论语正义》卷八《述而》，中华书局，1990年版，第267页。

典释文》所引《论语》的《鲁论》古本中，"易"字作"亦"，则此句读、句义与《周易》无涉。又一在于南宋朱熹（元晦，晦庵，1130~1200）《论语集注》考证孔子说此语的时间问题，云：

> 刘聘君见元城刘忠定公，自言尝读他论。"加"作"假"，"五十"作"卒"，盖加、假声相近而误读，卒与五十字相似而误分也。愚按：此章之言，《史记》作为"假我数年，若是，我于《易》则彬彬矣"。加正作假，而无五十字。盖是时孔子年已几七十矣，五十字误，无疑也①。

依司马迁《史记·孔子世家》将孔子此语安排在其暮年返鲁之后，此问题便可迎刃而解了，故朱子结语曰：

> 学《易》，则明乎吉凶消长之理，进退存亡之道，故可以无大过。盖圣人深见《易》道之无穷，而言此以教人，使知其不可不学，而又不可以易而学也②。

而另一段与《易》有关的记载，出于《论语·子路》之言，文曰：

> 子曰："南人有言曰：'人而无恒，不可以作巫医。'善夫！""不恒其德，或承之羞。"子曰："不占而已矣。"③

---

① （宋）朱熹：《四书章句集注·论语集注》卷四《述而》，中华书局，1983年版，第97页。
② （宋）朱熹撰：《四书章句集注·论语集注》卷四《述而》，中华书局，1983年版，第97页。
③ （清）刘宝楠撰，高流水点校：《论语正义》卷十六《子路》，中华书局，1990年版，第543页。

"不恒其德，或承之羞"一语，出于《周易·恒·九三》爻辞，而"不占而已矣"一语，参证下文所引《帛书易传·要》的内容，可以确证孔子曾学习过《周易》，藉此亦可考察解释孔子的《易》学观。又《春秋左氏·昭公·二年传》曰：

> 晋侯使韩宣子来聘……观书于大史氏，见《易象》与《鲁春秋》，曰："周礼尽在鲁矣。吾乃今知周公之德与周之所以王也。"①

此所谓"《易象》"，必是《周易》无疑；因为从《左传》《国语》的记载看，周、晋等时人以《周易》占筮论事，可见当时《周易》已甚为流行，为人所熟悉。而上述卜筮活动与解说的记载，绝大部分出现于孔子"吾十有五而志于学"②之前；且孔子生长的鲁国，又正好保有比较完整的周文化遗产——《易象》与《春秋》，因此可以间接证知孔子确有学习《周易》的可能性。

孔子一生向往郁郁周文，为了继承发扬周文传统，孔子除努力学习践行外，又孜孜不倦的教育学生，而为了教学相长所需，编集整理周文典籍遗产——《易象》与《春秋》等各种故国文献，当作教学传授的教科书，应该是十分顺理成章的事。而透过《论语》中记载的资料考察，可证明孔子确实以《诗》《书》《礼》《乐》为教本，虽未曾明言论及《春秋》与《周易》，然《春秋》为孔子所删述几已成学者定论，故以其为教材当无疑。至于以《周易》为教本一事，证诸前揭《论语》有关的记载，以及《帛书易传》大篇幅记载孔子与弟子讨论卦爻辞义的问答内容来看，孔子以《周易》为教本的可能性应当可以贞定确立。

---

① （晋）杜预集解，李梦生整理：《春秋左传集解·昭公二年》，凤凰出版社，2015年版，第591页。

② （清）刘宝楠撰，高流水点校：《论语正义》卷二《为政》，中华书局，1990年版，第43页。

孔子既然以《周易》为教本，对于学生加以解说发挥，这是必然的道理。而关于孔子对于《周易》的阐发，除了继承与吸收前人的成果外，也应有自己的创造；当其时，孔子为了教学传授需要，肯定编集了《周易》教本，而在孔子过世之后，门人弟子为了发扬师说，并求彻底了解以及增加学习效果；于是，汇编各人的上课笔记，一本原始的《易传》就此诞生了。综观历史进程，孔子编集过《周易》，也应解说过《周易》；但是《易传》的撰述成书，应等同于《论语》，都是完成于孔子以后的门人弟子与儒家后学之手。关于《易传》（汉人称之为"十翼"）的成书时间，戴师琏璋（1932~2022）《易传之形成及其思想》以及朱伯崑（1923~2007）《易学哲学史》二书，基本上认定《易传》成于先秦，为战国时期的著述，西汉以前已经写成。

1973 年底，湖南长沙马王堆三号汉墓中，出土了六篇《帛书易传》：《二参子》《系辞》《衷（易之义）》《要》《缪和》《昭力》，共一万六千余字。其中，第四篇《要》有一节文字，详细记载了孔子"老而好《易》"，而与弟子子赣（贡，端木赐，公元前 520~公元前 446）辩论的情况，为研究孔子《易》学观点极其重要的文献。释文曰：

> 夫子老而好《易》，居则在席，行则在囊。子赣曰："夫子它日教此弟子曰：'德行亡者，神灵之趋；知谋远者，卜筮之繁。'赐以此为然矣！以此言取之，赐缗行之为也。夫子何以老而好之乎？"夫子曰："君子言以矩方也。前羊而至者，弗羊而巧也。察亓要者，不诡亓德。《尚书》多于矣，《周易》未失也，且又古之遗言焉。予非安亓用也。"……"赐闻诸夫子曰：'孙正而行义，则人不惑矣！'夫子今不安亓用而乐亓辞，则是用倚于人也，而可乎？"子曰："校哉，赐！吾告女，《易》之道……夫《易》刚者使知瞿，柔者使知刚，愚人为而不忘，亻斩人为而去诈。文王仁，不得亓志，以成亓虑。纣乃无道，文王作，讳而辟咎，然后《易》始兴也。予乐

亓知……"子赣曰："夫子亦信亓筮乎？"子曰："吾百占而七十当，唯周梁山之占也，亦必从亓多者而已矣。"子曰："《易》，我后亓祝卜矣！我观亓德义耳也。幽赞而达乎数，明数而达乎德，又仁〔守〕者而义行之耳。赞而不达于数，则亓为之巫；数而不达于德，则亓为之史。史巫之筮，乡之而未也，好之而非也。后世之士疑丘者，或以《易》乎？吾求亓德而已，吾与史巫同涂而殊归者也。君子德行焉求福，故祭祀而寡也；仁义焉求吉，故卜筮而希也。祝巫卜筮亓后乎？"[1]

由此可见，孔子的《易》学观，由早期的卜筮政教，转变成德义哲学。君子既要守道，又必须沟通天人；既要修德，还得明数，此虽与子思、孟子的心性之学以及荀子的天人之分有明显的不同，但对于精于六艺之学的孔子来说，是完全可能的思想表现。

二、《周易·乾·文言传》"子曰"
诠释及其现代意义

通行本《易传》原典中，明确标识"子曰"的篇章，分见于《文言传》《系辞传》；而《帛书易传》原典中，明确标识"子曰""孔子曰""夫子曰""先生曰"的篇章，则分见于《二参（三）子》《系辞》《易之义（衷）》《要》《缪和》与《昭力》。本文分别综理以上十分可靠的孔子《易》教资料，观察孔子弟子及其后学，明确传录孔子的《易》教思想，见微知著，探赜索隐，而辨章考镜，原始要终，以作为考察孔子与儒家哲学的第一手文本。

---

[1] 廖名春：《帛书〈要〉释文》，《帛书〈易传〉初探》，中国台湾文史哲出版社，1998年版，第279~280页。

通行本《周易》将《乾·文言传》《坤·文言传》系属于卦爻辞之后，作为诠释"经天纬地"的三才道德论述，深富儒家的义理思想建构。笔者曾于 2001 年 9 月 28 日孔子圣诞时，在台北孔庙明伦堂举办的"孔学与二十一世纪国际学术研讨会"中，发表《〈周易·文言传〉儒家思想析论》一文，结论以为：

> 综观《周易·文言传》涵蕴儒家出处进退之节、进德修业之教、诚敬体仁之学、弥纶天地之道，仁义礼智，贞下启元，终始一贯，于儒家内圣外王的独善与兼善道德体系，有着圆融合和的诠释与充尽的践履，可以说是道德生命与仁智慧命的体用一如，是中国传统文化的菁华，也是型塑 21 世纪人生价值与人性光辉的时代典范，值得细细品味，切实奉行[①]。

而《周易·文言传》中，仅有《乾·文言传》于六爻爻辞进行"子曰"的阐扬，凡六见。以下条列申说，讨论要义，庶明孔子《易》教的端倪。

（一）《乾·初九·文言传》"子曰"释义

> 初九曰"潜龙勿用"，何谓也？
> 子曰："龙德而隐者也。不易乎世，不成乎名，遁世无闷，不见是而无闷，乐则行之，忧则违之，确乎其不可拔，潜龙也。"[②]

---

① 赖贵三：《〈周易·文言传〉儒家思想析论》，《易学思想与时代易学论文集》，台湾文津出版社，2007 年版，第 51 页。

② （三国·魏）王弼、（晋）韩康伯注，（唐）孔颖达等正义：《周易正义》卷第一《乾》，（清）阮元校刻：《十三经注疏》，中华书局，2009 年影印本，第 26 页。

《乾》卦卦辞"元亨利贞"，《文言传》以为："元者，善之长也；亨者，嘉之会也；利者，义之和也；贞者，事之干也。君子体仁足以长人，嘉会足以合礼，利物足以合义，贞固足以干事。"①归纳其要旨，就是"仁义礼智"四德，君子修养履行此四德，便能体现儒家天人一贯的生命哲学。四德本于乾元天道，而君子内化为道德本心，外显为道德作为，体用一如，终始一贯，内圣外王，独善而兼善，此同于《大学》"大学之道，在明明德，在亲民，在止于至善"②的纲领进路。《文言传》四德之教，絜静精微，清明条达，可谓切中儒学的肯綮与深契道德的真谛。

然卦德的全体大用，示现于六爻的时位变化。而六爻历时性提升的过程，有一定的位序时德，两两相耦，成为天地人三才一体共参的义理建构。故《乾》卦六爻以"龙"变动不居、健行不息的形象，表征天道人德的"潜、见、惕、虑、飞、亢"六种情态与位势，如何因势利导，随时转化，便成为君子面对人生与体践道德的必然课题。"乾"表诠"行健"之义，"卦"表诠"象意"之旨，"初"表诠"终始"之端，"九"表诠"阳刚"之德，"爻"表诠"时变"之理；而"吉凶悔吝厉孚无咎"占断之辞，则在说明《周易》为"求仁改过之书"，故一言以蔽之曰："元亨利贞。"《易传》思想如实体现了这四德的蕴涵。

① （三国·魏）王弼、（晋）韩康伯注，（唐）孔颖达等正义：《周易正义》卷第一《乾》，（清）阮元校刻：《十三经注疏》，中华书局，2009年影印本，第25页。案：《左传·襄公·九年》载："穆姜薨于东宫。始，往而筮之，遇《艮》之八䷳。史曰：'是谓《艮》之《随》䷐，《随》其出也，君必速出。'姜曰：'亡。是于《周易》，曰：《随》，元亨利贞，无咎。'元，体之长也，亨，嘉之会也，利，义之和也，贞，事之干也。体仁足以长人，嘉德足以合礼，利物足以和义，贞固足以干事。然，故不可诬也，是以虽《随》无咎。今我妇人而与于乱，固在下位，而有不仁，不可谓元；不靖国家，不可谓亨；作而害身，不可谓利；弃位而姣，不可谓贞。有四德者，《随》而无咎，我皆无之，岂《随》也哉？我则取恶，能无咎乎？必死于此，弗得出矣。'"参见（晋）杜预集解，李梦生整理：《春秋左传集解·襄公九年》，凤凰出版社，2015年版，第427～428页。《文言传》"四德"之说，当袭引于此。鲁襄公九年，时为公元前564年，早于孔子诞生之公元前551年。
② （宋）朱熹：《四书章句集注·大学章句》，中华书局，1983年版，第3页。

《乾·初九》爻辞"潜龙勿用"，孔子以"龙德而隐者"释"潜龙"，具有深刻的意义。"隐"必须与"德"相结合，无德不配称隐，隐居仍须修德。君子具圣德，而处位卑下，故须韬光养晦，乘时而出；必刚健其德，则辉光日新。而如何隐居修德呢？孔子教示四种顺应时成、"乐则行之，忧则违之"的道理——不易乎世、不成乎名、遁世无闷、不见是而无闷。

君子出处进退之间，必须坚定不移，乐行忧违，皆有其道可资依循。孔子教示："乐"于潜居勤学，则必须甘于寂寞，确实履"行"理想，无所忿闷；"忧"于世俗转移疾速，虚名浮声，华而不实，即使不被肯定，也要坦然面对，不随俗浮沉，浪得虚名。安素乐道，一则积极实践人生志趣，再者消极避免人世虚华，孔子的道德修养境界，提供处事应世的坚定毅力与信念。而《论语·述而篇》说："德之不修，学之不讲，闻义不能徙，不善不能改，是吾忧也。"[1] 圣人所忧者不是世俗外在的得失，而是自身内在道德学养的充实与否，这也是《周易》"忧患意识"的思想体现，为人生学习求道的方向与理想，提供很好的指引与开导，深具意义。

（二）《乾·九二·文言传》"子曰"释义

九二曰"见龙在田，利见大人"，何谓也？

子曰："龙德而正中者也。庸言之信，庸行之谨，闲邪存其诚，善世而不伐，德博而化。《易》曰'见龙在田，利见大人'，君德也。"[2]

---

[1] （清）刘宝楠撰，高流水点校：《论语正义》卷八《述而》，中华书局，1990 年版，第 254 页。

[2] （三国·魏）王弼、（晋）韩康伯注，（唐）孔颖达等正义：《周易正义》卷第一《乾》，（清）阮元校刻：《十三经注疏》，中华书局，2009 年影印本，第 26 页。

《乾·九二》爻位、爻时与爻德，由《乾·初九》爻的"潜龙隐德"跃升而来，是更进一步的发展，居于全卦"地"位之上，又居于下卦的中位，故孔子以"龙德而正中者"誉之，才学兼备，德智两全，已然为彬彬的君子了。而处于九二的君子，应该如何达己达人呢？孔子也提出四种修养，作为君子通达世务的指南：1. 庸言之信，庸行之谨——知行合一的中正常道。2. 闲邪存其诚——诚信修己的闲邪功夫。3. 善世而不伐——严谨治人的仁智效用。4. 德博而化——充实光辉的道德气象。

孔子对于《乾·九二》爻辞的论述，在于肯定品德修养的目的，不仅在于道德人格的自我完善，更在于保证自我能对社会国家作出最大的贡献。因此九二成德的君子，应秉持其中正诚信之道，广博善世而感化群众，风行草偃，上行下效，而达到《中庸》所谓"尽性""尽人之性""尽物之性"以至"参赞天地化育"的崇高理想。《孟子·尽心》篇说："可欲之谓善，有诸己之谓信，充实之谓美，充实而有光辉之谓大，大而化之之谓圣，圣而不可知之之谓神。"① 这一段文字可与《乾·九二》爻辞孔子的赞语相观而善，正是儒家修己治人、内圣外王的一贯之道。

(三)《乾·九三·文言传》"子曰"释义

九三曰"君子终日乾乾，夕惕若，厉，无咎"，何谓也？

子曰："君子进德修业。忠信，所以进德也；修辞立其诚，所以居业也。知至至之，可与几也；知终终之，可与存义也。是故居上位而不骄，在下位而不忧。故乾乾因其时而惕，虽危无咎矣！"②

---

① （汉）赵岐注，（宋）孙奭疏：《孟子注疏》卷第十四《尽心》，（清）阮元校刻：《十三经注疏》，中华书局，2009 年影印本，第 6040 页。

② （三国·魏）王弼、（晋）韩康伯注，（唐）孔颖达等正义：《周易正义》卷第一《乾》，（清）阮元校刻：《十三经注疏》，中华书局，2009 年影印本，第 27 页。

德、智、几、命，是孔子生命学问的进程。表现在《乾·九三》的论述上，孔子以为人的品德修养达到了崇高的理想境界，对于人生、社会及其命运，必然会产生深刻的洞察鉴识，如《艮·象传》云："时止则止，时行则行，动静不失其时，其道光明。"① 故成德的君子必须"学而时习""朝乾夕惕"，时时省察，处处检点，才能逢凶化吉，居危而安。孔子以"进德"（明德修己的功夫）、"修业"（亲民治人的功夫），权衡君子仕进或隐退的两橛。而其基本入手进路，孔子申说要义如下：1. 忠信，所以进德也。2. 修辞立其诚，所以居业也。3. 知至至之，可与几也。4. 知终终之，可与存义也。

总之，《乾·九三》的君子居于下卦卦体的上位，相对处于上卦卦体的下位，因时进退，惕惧敬慎，忧深思远，夙夜匪懈，故能依据他所处的具体主客观条件去处理上下的境遇，行健不息的修养品德与功业，时刻提高警惕，虽处境危险也不至于犯错得咎，而失去进取的良机。所以孔子以"居上位而不骄，在下位而不忧。故乾乾因其时而惕，虽危无咎矣"作结，可谓契合时中之教与寡过之效，用意笃实；而君子之道终始其学，切实可行，诚不诬也。

（四）《乾·九四·文言传》"子曰"释义

九四曰"或跃在渊，无咎"，何谓也？

子曰："上下无常，非为邪也；进退无恒，非离群也。君子进德修业，欲及时也，故无咎。"②

---

① （三国·魏）王弼、（晋）韩康伯注，（唐）孔颖达等正义：《周易正义》卷第五《艮》，（清）阮元校刻：《十三经注疏》，中华书局，2009 年影印本，第 129 页。

② （三国·魏）王弼、（晋）韩康伯注，（唐）孔颖达等正义：《周易正义》卷第一《乾》，（清）阮元校刻：《十三经注疏》，中华书局，2009 年影印本，第 27 页。

《乾·九四》爻位已离下体而入上体，处于上下之交，也是危疑之地。君子处此情势环境，必须体察进退出处的无常道理，而贞固自守，黾勉修养，不作徒劳无功、不切实际的邪枉之事，以免退进失据。九四的君子上达而居九五尊位，或退守本位不动，时移势异，这都不是恒久而一成不变的情况，因此不需要脱离志同道合的群众朋友，守成进取，终有体现人生理想的机会。

进德业都为上进、下退的准备，当条件时机成熟，就必须立即采取积极的行动，才能避免过咎，不至于后悔莫及。因此九四的君子，既已跨越下体，跃升到上体的初阶，虽处于重刚险境，然而"藏器于身，待时而动"①，此时进退有据，只要通权达变，及时自试，自主完成进德修业的工夫，审时度势，防危虑险，也就能安然无咎，自得其乐了。

（五）《乾·九五·文言传》"子曰"释义

> 九五曰"飞龙在天，利见大人"，何谓也？
>
> 子曰："同声相应，同气相求。水流湿，火就燥；云从龙，风从虎；圣人作而万物睹。本乎天者亲上，本乎地者亲下，则各从其类也。"②

《乾·九五》的大人刚健中正，才德时位具备，不但能成己成物，还能经济天下，万民顺服。《文言传》中，孔子以自然界的现象，表彰大人与民众的相应相求、声气互通而结成一体，而达到大人为民拥戴与自然界声气感应之间的统一联系。故这段文字强调"相应""相求"与

---

① （三国·魏）王弼、（晋）韩康伯注，（唐）孔颖达等正义：《周易正义》卷第八《系辞下》，（清）阮元校刻：《十三经注疏》，中华书局，2009 年影印本，第 183 页。

② （三国·魏）王弼、（晋）韩康伯注，（唐）孔颖达等正义：《周易正义》卷第一《乾》，（清）阮元校刻：《十三经注疏》，中华书局，2009 年影印本，第 28 页。

"亲上""亲下"，而归结到"各从其类"，实质上圣人与万物之间，具有互相感应的同一性，也是表现中正在上的五爻，应化中正在下的二爻，以发明两爻"利见大人"的相应义理。

（六）《乾·上九·文言传》"子曰"释义

上九曰"亢龙有悔"，何谓也？

子曰："贵而无位，高而无民，贤人在下位而无辅，是以动而有悔也。"①

"亢"是"极"与"穷高"的意思。行健用刚之道，贵在随时，当潜则潜，当见则见，当惕则惕，当跃则跃，当飞则飞，当亢则亢；然而，健而不至于高，高而不至于过，过而不至于亢，出处进退，缓急随时，"不为天下先"②，故虽忧悔愤懑于一时，终必转化为"利有攸往""吉无不利"的阶段了。

"吉凶悔吝厉孚无咎"皆生于动，处亢极之时，宜静退，不宜动进，动之而后有悔。《乾》阳上九位居极顶，以人事言，如"有位无权"的太上皇或逊位元首，"贵而无位，高而无民"，虽有九三的贤人呼应于下位，而无以辅弼襄赞，终致徒劳无功。是以必须变通，阴阳对转，《乾》《坤》易位，方能重启生机与希望，而往复循环，终归天理自然，贞下起元，再开新局。

---

① （三国·魏）王弼、（晋）韩康伯注，（唐）孔颖达等正义：《周易正义》卷第一《乾》，（清）阮元校刻：《十三经注疏》，中华书局，2009 年影印本，第 28 页。

② （三国·魏）王弼注，楼宇烈校释：《老子道德经注校释》下篇《第六十七章》，中华书局，2008 年版，第 170 页。

三、《周易·系辞传上》"子曰"
诠释及其现代意义

《周易·系辞传上》中出现"子曰"文字，总共十四处。传统上认为《易传》都是孔子所撰述，而朱子《周易本义》说："十翼皆夫子所作，不应自著'子曰'字，疑皆后人所加也。"①已然开启疑端，经过近世以来学者的多方考证，一般已认定十翼并非孔子自作，而是其弟子及后学者所追述而记录成书；但其中确有孔子的思想，一如《论语》《大学》与《中庸》，却是不容置疑的事实。本文即本此观点加以爬梳诠解，并阐发其中可能的现代意义。

（一）《周易·系辞传上·第七章》

> 子曰："《易》，其至矣乎！夫《易》，圣人所以崇德而广业也。知崇礼卑，崇效天，卑法地。天地设位，而《易》行乎其中矣。成性存存，道义之门。"②

《周易》之道至高无上，弥纶天地，统摄纲纪，故孔子以为凡是有才德、有势位的"圣人"，都可以用来尊崇充实德行、广大开辟事业。"崇德广业"可说是《周易》哲学的要义所在，惟有以德为本，知行合一，业乃能广；二者始终相关，体用兼赅，充分表现出孔子诠释《易》学的中心思想。此与《中庸》所谓的"致广大而尽精微，极高明而道中

---

① （宋）朱熹撰，廖名春点校：《周易本义》卷之三《系辞上传》，中华书局，2009 年版，第 230 页。

② （三国·魏）王弼、（晋）韩康伯注，（唐）孔颖达等正义：《周易正义》卷第七《系辞上》，（清）阮元校刻：《十三经注疏》，中华书局，2009 年影印本，第 163 页。

庸"①，义理可以相通。

以天为效，自然知识高明，而德性必然充实；以地为法，执礼自然卑顺，业绩也必然广大。天地各安其位、各定其德，《易》道变化的常理也就自然流行于其中。圣人以天地生生之德为本性，存养不息，道义之门，自然出入顺当了。

此处"崇"字的现代意义，不仅强调在于"自我充实""向上提升"，更是"知性"与"道德"的一体结合。而"礼"字的现代意义，具有"体用""合理""践履"三层义涵，实践是人生中的必然归趋，但不能离开"当然之理"与"合宜之事"，否则失了本体，如何致用？德业一体，知行合一，这是孔子思想中千古不移的理念，也是体现现代意义与价值的"恒久至道"与"不刊鸿教"。

（二）《周易·系辞传上·第八章》

"鹤鸣在阴，其子和之。我有好爵，吾与尔靡之。"

子曰："君子居其室，出其言善，则千里之外应之，况其迩者乎？居其室，出其言不善，则千里之外违之，况其迩者乎？言出乎身，加乎民；行发乎迩，见乎远。言行，君子之枢机。枢机之发，荣辱之主也。言行，君子之所以动天地也，可不慎乎？"②

这里先引述《中孚·九二》爻辞，辞义为：母鹤在树荫处唱鸣，其子受感应而引声唱和。我有好酒，愿与朋友一同分享。而孔子转化诠释以为：君子的一言一行，或远而近，或近而远，小则主荣辱，大则动天

---

① （宋）朱熹：《四书章句集注·中庸章句》，中华书局，1983 年版，第 35 页。

② （三国·魏）王弼、（晋）韩康伯注，（唐）孔颖达等正义：《周易正义》卷第七《系辞上》，（清）阮元校刻：《十三经注疏》，中华书局，2009 年影印本，第 164 页。

地，能不慎重其事吗？明确表征"同声相应，同气相求"①的道理，而验证人的一言一行，影响十分深远，故君子必须深刻体认言行的重要，二者都是君子立身处世的枢机。这与前章讲崇德广业"知行合一"的道理是全然一致的。

衡观《论语》中，孔子三复斯言强调"言行合一"的必要与必然，如《颜渊》"非礼勿言"②，《子路》"言之必可行也，君子于其言，无所苟而已矣"③"一言兴邦，一言丧邦""言必信，行必果"④，《宪问》"君子耻其言而过其行"⑤，《卫灵公》"言忠信，行笃敬……"⑥，与此章义理同归一致。而现代社会人际关系复杂多变，利益纠葛纷至沓来，志同道合的朋友愈来愈少，如何拿捏言行的分寸，和谐人际群体的互动，成为生活与职场中甚为重要的课题。孔子的这一番剀切的教示，可以作为我们自我修养、待人治事与人际互动的指导标杆与原则。

（三）《周易·系辞传上·第八章》

"同人，先号咷而后笑。"

子曰："君子之道，或出或处，或默或语。二人同心，其利断

---

① （三国·魏）王弼、（晋）韩康伯注，（唐）孔颖达等正义：《周易正义》卷第一《乾》，（清）阮元校刻：《十三经注疏》，中华书局，2009年影印本，第28页。

② （清）刘宝楠撰，高流水点校：《论语正义》卷十五《颜渊》，中华书局，1990年版，第484页。

③ （清）刘宝楠撰，高流水点校：《论语正义》卷十六《子路》，中华书局，1990年版，第522页。

④ （清）刘宝楠撰，高流水点校：《论语正义》卷十六《子路》，中华书局，1990年版，第538页。

⑤ （清）刘宝楠撰，高流水点校：《论语正义》卷十七《宪问》，中华书局，1990年版，第588页。

⑥ （清）刘宝楠撰，高流水点校：《论语正义》卷十八《卫灵公》，中华书局，1990年版，第616页。

金。同心之言，其臭如兰。"①

再次，孔子引述《同人·九五》爻辞，而《同人》卦义在于与人同心同行为贵，此爻辞义为：自己推诚心以相交于人，开始未得同心同行，不免号咷大哭；而后相知同心同行，推心置腹，便破涕为笑了。可知，言为心的表征，两人相交，言语相契，贵在同心，故孔子发为议论说：君子立身行事，无论出仕任职，隐退居家；或保持沉默，发表议论，必须诚意待人，与人同心。同心的力量与言语，作用无穷，感应深远，一切困难都可以迎刃而解，一切喜乐也可以同露共享了。

换言之，出处之道，就是君子"行"的依归；默语之道，也就是君子"言"的原则，人与人相交，无论言行如何，只要同心同德，声气相投，也就可以同舟共济、甘苦与共、悲喜相濡，这与前章思想同出一脉，可以相观而善。身为现当代的中华子民，可以汲取这一传统的慧识，在人生的旅途上，寻觅知音，诚心奉献，彼此分享，共同创造快乐和谐的理想社会，迈向生命深刻的道德实践之路。

（四）《周易·系辞传上·第八章》

"初六：藉用白茅，无咎。"

子曰："苟错诸地而可矣，藉之用茅，何咎之有？慎之至也。夫茅之为物薄，而用可重也。慎斯术也以往，其无所失矣。"②

这里引述《大过·初六》爻辞，辞义为：用白茅衬垫祭品，保持洁

---

① （三国·魏）王弼、（晋）韩康伯注，（唐）孔颖达等正义：《周易正义》卷第七《系辞上》，（清）阮元校刻：《十三经注疏》，中华书局，2009年影印本，第164页。

② （三国·魏）王弼、（晋）韩康伯注，（唐）孔颖达等正义：《周易正义》卷第七《系辞上》，（清）阮元校刻：《十三经注疏》，中华书局，2009年影印本，第164页。

净，也就无过错了。《大过》卦象本有"栋桡"之义，内在刚愎固执，外在柔弱失重，必有断裂之过，故孔子借用之以说明对祭祀的慎重其事：即使一个可以放在地上的祭品，而用洁白的茅草垫底，虽然白茅很微薄，却因慎重其事的态度，而显示出贵重意义。遵循这种处世行事之道，戒慎恐惧，临事以敬，而引申为做任何事情，用心必须谨慎，不可掉以轻心，也就万无一失，无所过咎。

现代新人类常常认为：不重要的话，可以随便说；不重要的事，可以任意做，哪里知道其影响有多大，后果又将如何，"只要我喜欢，有什么不可以"的随性态度，造成多少的遗憾与悲剧呢？刘备（字玄德，161～223）告诫后主的话："勿以善小而不为，勿以恶小而为之。"[1] 可为注解，因此任何事必须敬谨负责，才能圆满成功。

（五）《周易·系辞传上·第八章》

> "劳谦，君子有终，吉。"
>
> 子曰："劳而不伐，有功而不德，厚之至也。语以其功下人者也。德言盛，礼言恭，谦也者，致恭以存其位者也。"[2]

此引《谦·九三》爻辞，说明：君子虽然劳苦功高，仍然谦逊有礼，善始善终，必能得吉。孔子议论说：有劳苦而不夸耀，有功德而不自居，可谓忠厚之至。劳谦之意也就是有功劳而能甘居人下，如此德性盛大，又能执礼恭谨，便能保持势位的善始善终，而成位乎其中。

孔子强调君子之人，言行上须谦恭有礼，而能劳而不骄，功德不

① （三国·蜀）诸葛亮著，段熙仲、闻旭初编校：《诸葛亮集》附录卷一《遗诏》，中华书局，1960年版，第106页。

② （三国·魏）王弼、（晋）韩康伯注，（唐）孔颖达等正义：《周易正义》卷第七《系辞上》，（清）阮元校刻：《十三经注疏》，中华书局，2009年影印本，第164～165页。

居，才是真正的"劳谦"之道，此与《老子·第二章》所说："是以圣人处无为之事，行不言之教，万物作焉而不辞，生而不有，为而不恃，功成而弗居，夫惟弗居，是以不去。"① 可谓同揆一致。"谦受益，满招损"本是古训，现代社会争夺名利无所不用其极，而其结果导致道德沦丧，价值紊乱，人心失序，真是文明时代的一大讽刺与危机。重新省思圣人的智慧睿识，以此安身立命，应物处世，便能无忧无虑了。

（六）《周易·系辞传上·第八章》

"亢龙有悔。"

子曰："贵而无位，高而无民，贤人在下位而无辅，是以动而有悔也。"②

此引《乾·上九》爻辞，说明人们的行为不可自高自大，若无谦谦君子的修养，则必然有悔。孔子的这几句解义之言，同见于《乾·文言传》，但在此章中则强调君子之人必须谦牧自养，不可骄亢自傲，否则势位难保，而动辄得咎了。王守仁（字伯安，1472~1529）《传习录》中有一段鞭辟入里的话，可与此义相得益彰，说道：

> 人生大病，只是一傲字。为子而傲，必不孝；为臣而傲，必不忠；为父而傲，必不慈；为友而傲，必不信。故象与丹朱俱不肖，亦只一个傲字，便结果了此生。诸君常要体此，人生本是天然之理。精精明明，无纤介染着，只是一无我而已；胸中切不可有，有

---

① （三国·魏）王弼注，楼宇烈校释：《老子道德经注校释》上篇《第二章》，中华书局，2008年版，第6~7页。

② （三国·魏）王弼、（晋）韩康伯注，（唐）孔颖达等正义：《周易正义》卷第七《系辞上》，（清）阮元校刻：《十三经注疏》，中华书局，2009年影印本，第165页。

即傲也。古先圣人许多好处，也只是无我而已，无我自能谦。谦者，众善之基；傲者，众恶之魁①。

以上两则，孔子以谦道示人，千古之后，犹有知言圣人以为教训；当今之世，怎能不静思观省，从守奉行呢？

（七）《周易·系辞传上·第八章》

"不出户庭，无咎。"

子曰："乱之所生也，则言语以为阶。君不密则失臣，臣不密则失身，几事不密则害成。是以君子慎密而不出也。"②

此引《节·初九》爻辞，节制有道，则不出门户庭院，即可无过错。孔子特加引用，而发挥"慎密"之义，强调"言语"的重要及其影响，与《坤·六四》爻辞所谓："括囊，无咎，无誉。"③义理相当。祸从口出，谨言慎行，为人长上或部属，如能慎重保密，不随意言语，方是保身成功之道。放眼古今中外，这般道理应该是普遍通行的，可以作为奉行不渝的圭臬。

（八）《周易·系辞传上·第八章》

子曰："作《易》者，其知盗乎？《易》曰：'负且乘，致寇

---

① （明）王守仁撰，王晓昕译注：《传习录译注·下·三三九》，中华书局，2018 年版，第 520 页。

② （三国·魏）王弼、（晋）韩康伯注，（唐）孔颖达等正义：《周易正义》卷第七《系辞上》，（清）阮元校刻：《十三经注疏》，中华书局，2009 年影印本，第 165 页。

③ （三国·魏）王弼、（晋）韩康伯注，（唐）孔颖达等正义：《周易正义》卷第一《坤》，（清）阮元校刻：《十三经注疏》，中华书局，2009 年影印本，第 32 页。

至。'负也者，小人之事也。乘也者，君子之器也。小人而乘君子之器，盗思夺之矣。上慢下暴，盗思伐之矣。慢藏诲盗，冶容诲淫。《易》曰：'负且乘，致寇至。'盗之招也。"①

孔子认为作《易》者深通祸乱之源，于是引用《解·六三》爻辞"负且乘，致寇至"②，而解读导致自招盗贼之义说：以背载物，是升斗小民谋生之事；车骑，是君子公务的名器。现在小人不务正业，而乘君子的车骑以夸耀于人，盗贼就想来抢劫他。国家也是如此，上位者惰慢职守，下民暴乱不安，就会引起争夺的祸害。人有财物轻慢收藏，等于引诱盗贼劫掠；女子奇装异服打扮妖冶，便会引人起淫心。这说明本身不够慎密，是招盗致乱的主因。

就像多年前，一些地方经常发生光怪陆离的事件，如果处理不当，后果堪虞，不仅人身遭殃，社会也就扰攘不安。如今人心浮动、道德失序的情况时有发生，也就难怪社会事件层出不穷了。孔子的这番真知灼见，以当今的社会情势来看，可谓一针见血，值得细加观照，拟议慎行。

（九）《周易·系辞传上·第九章》

子曰："知变化之道者，其知神之所为乎！"③

这是孔子赞叹《周易》生生变化，神妙不测之词，拜读孔子有关

---

① （三国·魏）王弼、（晋）韩康伯注，（唐）孔颖达等正义：《周易正义》卷第七《系辞上》，（清）阮元校刻：《十三经注疏》，中华书局，2009年影印本，第165页。

② （三国·魏）王弼、（晋）韩康伯注，（唐）孔颖达等正义：《周易正义》卷第四《解》，（清）阮元校刻：《十三经注疏》，中华书局，2009年影印本，第107页。

③ （三国·魏）王弼、（晋）韩康伯注，（唐）孔颖达等正义：《周易正义》卷第七《系辞上》，（清）阮元校刻：《十三经注疏》，中华书局，2009年影印本，第167页。

圣训之后，可以更进一步理解《易传》所谓"知几，其神乎"①的深刻义涵。

（十）《周易·系辞传上·第十章》

《易》有圣人之道四焉：以言者尚其辞，以动者尚其变，以制器者尚其象，以卜筮者尚其占……子曰"《易》有圣人之道四焉"者，此之谓也②。

圣人作《易》之道有四：辞、变、象、占。说理论事，以卦爻辞义为主；指导行动，以爻位变化为主；制作器物，以卦象取法为主；进行卜筮，以揲蓍占卦为主。《周易》一书，圣人所以极深研几，通天下之志，成天下之务，可谓妙用无穷。孔子开示研《易》的四种途径，如能善读善用，便能开物成务，应世无方，无入而不自得了。

（十一）《周易·系辞传上·第十一章》

子曰："夫《易》何为者也？夫《易》，开物成务，冒天下之道，如斯而已者也。"③

孔子说《周易》的作用，在于开发万物以创造未来，以揭示事物内在的道德；经营庶务以助成教化，藉之以判断事体；极数研几以涵盖天

---

① （三国·魏）王弼、（晋）韩康伯注，（唐）孔颖达等正义：《周易正义》卷第八《系辞下》，（清）阮元校刻：《十三经注疏》，中华书局，2009年影印本，第184页。

② （三国·魏）王弼、（晋）韩康伯注，（唐）孔颖达等正义：《周易正义》卷第七《系辞上》，（清）阮元校刻：《十三经注疏》，中华书局，2009年影印本，第167~168页。

③ （三国·魏）王弼、（晋）韩康伯注，（唐）孔颖达等正义：《周易正义》卷第七《系辞上》，（清）阮元校刻：《十三经注疏》，中华书局，2009年影印本，第168页。

下之道，概括天地间的规律，如此而已。这也是赞叹《周易》一书"神以知来""知以藏往"的性能与功用，圣人体察《易》理如此深微，可以作为追慕蕲向的准则。

（十二）《周易·系辞传上·第十二章》

《易》曰："自天祐之，吉无不利。"子曰："祐者，助也。天之所助者，顺也；人之所助者，信也。履信思乎顺，又以尚贤也，是以'自天祐之，吉无不利'也。"①

此引《大有·上九》爻辞说：如能得天的庇祐，就会吉无不利了。所以孔子加以申论说：思想能顺乎天，就能得天助；对人诚实守信用，尚贤崇德，就能得人助，如此得天人之助，便会得天的庇祐，吉无不利。人必须效法天道，顺乎自然，依时而行，遏恶扬善，才能合天道而得天助；而人之所助，在讲诚信，自助人助，也就顺当自如。这与前章所言"天人合德"的理念一致，充分表现孔子《易》理哲学的人生洞见，可以作为现代社会寻求互信、互助与互利的价值指标。

（十三）《周易·系辞传上·第十二章》

子曰："书不尽言，言不尽意。然则圣人之意，其不可见乎?"②

---

① （三国·魏）王弼、（晋）韩康伯注，（唐）孔颖达等正义：《周易正义》卷第七《系辞上》，（清）阮元校刻：《十三经注疏》，中华书局，2009 年影印本，第 170 页。

② （三国·魏）王弼、（晋）韩康伯注，（唐）孔颖达等正义：《周易正义》卷第七《系辞上》，（清）阮元校刻：《十三经注疏》，中华书局，2009 年影印本，第 170 页。

这是孔子设问的话，可视为孔子对于《周易》"语言哲学"的形上表述，与下条同理一贯，可以并观，于此不作述论。

（十四）《周易·系辞传上·第十二章》

> 子曰："圣人立象以尽意，设卦以尽情伪，系辞焉以尽其言，变而通之以尽利，鼓之舞之以尽神。"①

语言文字既然不能完全表达人的思想，所以圣人画卦立象，就是要表达文字语言难尽之意；设卦定位，就是要范围宇宙人生的一切情态与作为。再于卦下加上文字说明，有了这种具体形式和完整的文字说明，就可以反映变通不穷之理，以尽万物厚生之利；从而使百姓去疑惑鼓舞推动于事业，以尽天道生生之妙。

《周易》六十四卦的设立，本为了归纳宇宙人生的变化，以反映人生所认识的虚虚实实；而圣人系辞其上，乃代表天道的必然，以及人道的应然，以充分表达其中的微言大义，而臻至于《周易》的全体大用，使人生由变通知万物的功能而广生，因鼓舞知吉凶趋避之道而大生，这是《周易》最高的目标与最后的成就。而应用于人生的各行各业，圆融贯通；转化为道德的体践贞定，清明条达。

四、《周易·系辞传下》"子曰" 诠释及其现代意义

南宋朱熹《周易本义》分《周易·系辞传》上下各十二章，而《系

---

① （三国·魏）王弼、（晋）韩康伯注，（唐）孔颖达等正义：《周易正义》卷第七《系辞上》，（清）阮元校刻：《十三经注疏》，中华书局，2009年影印本，第171页。

辞传下》托引孔子之说，以阐释《周易》卦爻辞的义理，分见于第五章共十条、第六章仅一条，总计十一条；其中第九条虽未明见"子曰"一语，然以前后文参照，当是同条一贯，故独立一条为说。以下各条思想义理，对于当今人们修身处世、治国利民，裨益颇多，特条达分说，以证明孔子儒家思想在内圣与外王事业上的真知灼见，可以作为二十一世纪的现当代中华子民安身立命、进德修业的指标与蕲向。

（一）《周易·系辞传下·第五章》

《易》曰："憧憧往来，朋从尔思。"

子曰："天下何思何虑？天下同归而殊途，一致而百虑。天下何思何虑？日往则月来，月往则日来，日月相推而明生焉。寒往则暑来，暑往则寒来，寒暑相推而岁成焉。往者，屈也；来者，信也；屈信相感而利生焉。尺蠖之屈，以求信也；龙蛇之蛰，以存身也；精义入神，以致用也；利用安身，以崇德也。过此以往，未之或知也。穷神知化，德之盛也。"①

此是《易传》引孔子语阐释《咸·九四》爻辞之义，谓九四与初六往来相互感应，所思所虑相同。孔子借此爻辞发挥其义说：天下万物沿着不同的道路，走到共同的目标。事实上，天下人的趋向虽然一致，而其想法却是多样而多元的；因此，天下万事何须挂念，又何必忧虑？圣人从咸卦自然感应与运动的规律上，领悟万物静定而无为，保和元气以养育其生命的深义；故借由动物屈伸交相感应上，比喻人们崇德修业宜潜心入神，而后才能发挥致用，利益常生。而学者研究精

---

① （三国·魏）王弼、（晋）韩康伯注，（唐）孔颖达等正义：《周易正义》卷第八《系辞下》，（清）阮元校刻：《十三经注疏》，中华书局，2009 年影印本，第 182 页。

密的理论，达到出神入化的境界，实是为了致用；如能善加运用理论
原则，安静心志，便可提高品德；而穷究事物的神妙，认识事物的变
化，就是品德达到高峰的极致表现。圣人总结"憧憧往来"之意，说
明感应之理穷深无方，唯有道德至盛，则自然领悟此中妙理。懂得变
化至理，则能应付未来事物，这就是"穷神"；能顺应事物屈伸变化至
理，不以私虑改变它，这就是"知化"。"穷神知化，德之盛也"此一命
题，充分体现了儒家传统的智慧与道德合一的特点。而此种观点，对于
现当代的中华子民来说，不仅具有经世济民的实效，也深具成德广业的
作为。

（二）《周易·系辞传下·第五章》

《易》曰："困于石，据于蒺藜，入于其宫，不见其妻，凶。"
子曰："非所困而困焉，名必辱；非所据而据焉，身必危。既
辱且危，死期将至，妻其可得见邪？"[1]

此是《易传》引孔子语阐释《困·六三》爻辞之义，从"困""据"
非其处，阐述"凶"之所由来，亦即人困穷于不妥当的处所，其名必
受损辱；而凭据于不适宜的地方，其身必遭危险。故初唐孔颖达（字冲
远，574~648）《周易正义》卷八，疏曰："谓九二也，若六三能卑下
九二，则九三不为其害，是非所据也；今六三强往陵之，是非所据而
据焉，身必危者，下向安身之处，故以身言之，云身必危也。"[2] 既受耻
辱，又遭危险，灭亡的日期即将来临。当今政坛、学界人士多遭不伦不

---

① （三国·魏）王弼、（晋）韩康伯注，（唐）孔颖达等正义：《周易正义》卷第八《系辞下》，
（清）阮元校刻：《十三经注疏》，中华书局，2009 年影印本，第 183 页。
② （三国·魏）王弼、（晋）韩康伯注，（唐）孔颖达等正义：《周易正义》卷第八《系辞下》，
（清）阮元校刻：《十三经注疏》，中华书局，2009 年影印本，第 183 页。

幸的劫遇，虽然还不至于自我毁灭的地步，但一时的迷糊失措，导致身困名辱，圣人慧识不正是一面全身保真的鉴照吗？值得深思体会，奉行不渝。

（三）《周易·系辞传下·第五章》

《易》曰："公用射隼于高墉之上，获之，无不利。"

子曰："隼者，禽也；弓矢者，器也；射之者，人也。君子藏器于身，待时而动，何不利之有？动而不括，是以出而有获，语成器而动者也。"[1]

此是《易传》引孔子语阐释《解·上六》爻辞之义。隼是飞禽，弓矢是器具，射箭的公侯是人，是以君子藏弓箭于身，等候时机而动，有何不利？此义引申为君子学得成器以后才能有用。括，闭也，塞也；程颐（字正叔，1033～1107）《伊川易传》，卷三曰："括，结，谓阻碍，圣人于此发明藏器待时之义。"[2]君子有所行动而无阻碍，外出必有收获；说明"藏器""待时"，则动必畅通无阻，引申为君子怀才德于身，行动方能成功。故人应先具备现成的器用，然后再行动，亦即为学而成器，方能成功。这种道理人人都懂，但是如何"藏器"修养，如何"待时而动"，必须审时度势，按部就班，循序以进，才能克竟其事，这是千古不易的成功之道。

---

[1] （三国·魏）王弼、（晋）韩康伯注，（唐）孔颖达等正义：《周易正义》卷第八《系辞下》，（清）阮元校刻：《十三经注疏》，中华书局，2009 年影印本，第 183 页。

[2] （宋）程颐撰，王孝鱼点校：《周易程氏传》卷第三《周易下经上·解》，中华书局，2011 年版，第 230～231 页。

（四）《周易·系辞传下·第五章》

子曰："小人不耻不仁，不畏不义，不见利不劝，不威不惩，小惩而大诚，此小人之福也。《易》曰：'屦校灭趾，无咎。'此之谓也。善不积，不足以成名；恶不积，不足以灭身。小人以小善为无益，而弗为也；以小恶为无伤，而弗去也，故恶积而不可掩，罪大而不可解。《易》曰：'何校灭耳，凶。'"①

此是《易传》引孔子语阐释《噬嗑·初九》爻辞之义，以说明爻辞"无咎"的道理。小人的特征，为不知羞耻，不明仁德，不畏正理，不见利益不努力以赴，不受到威胁惩罚就不能戒惕，因此给小人一点小的惩罚，就是告诫他不要犯大的错误。不积善，则不足以成美名，表现出古人对修身之道的认识；而恶行不积累，不足以灭亡其身，说明小人积小恶成大罪，是凶险的必然道理。而小人将小善看成无所获益的事，而不屑于施行；又将小恶看成无伤大体的事，而不愿意除去；因此小人不积小善，不改小恶，以致恶行积累而无法掩盖，罪行发展极大而难以解救。故北宋司马光（字君实，1019～1086）《温公易说》卷六，云："积恶贯盈，不得不诛，或先告以祸败，终不能听，故曰灭耳凶。"②古人识鉴真切笃实，唯知易行难，不可轻忽。

（五）《周易·系辞传下·第五章》

子曰："危者，安其位者也；亡者，保其存者也；乱者，有其

---

① （三国·魏）王弼、（晋）韩康伯注，（唐）孔颖达等正义：《周易正义》卷第八《系辞下》，（清）阮元校刻：《十三经注疏》，中华书局，2009年影印本，第183页。
② （宋）司马光：《温公易说》，《景印文渊阁四库全书》第8册，台湾商务印书馆，1986年版，第648页。

治者也。是故君子安而不忘危，存而不忘亡，治而不忘乱。是以身安而国家可保也。《易》曰："其亡其亡，系于苞桑。"[1]

此是《易传》引孔子语阐释《否·九五》爻辞之义，从"安不忘危"的角度诠释爻义，说明安危是相互转化的。今日危境乃昔日逸乐安居其位所致，而今日灭亡乃由于昔日曾经以为可以永保生存，而没有忧惧所导致的结果；今日败乱乃昔日自恃万事整治所招致的后果。因此，君子安居而不忘倾危，生存而不忘灭亡，才能保持长治久安。"存而不忘亡"反映了矛盾转化、居安思危的辩证政治哲学；而君子虽处治世，但不忘国家混乱之事，"治而不忘乱"反映了矛盾转化、防微杜渐的政治哲学思想。对于当今的政治人物，三复斯言，应该有所警悟吧！

（六）《周易·系辞传下·第五章》

子曰："德薄而位尊，知小而谋大，力小而任重，鲜不及矣。《易》曰：'鼎折足，覆公餗，其形渥，凶。'言不胜其任也。"[2]

此是《易传》引孔子语阐释《鼎·九四》爻辞之义，认为才德浅薄者而居尊位，是不胜其任，故南宋王宗传（景孟，？～？）《童溪易传》，卷二十九曰："不自知其德之薄、智之小、力之少，而任至重之寄，宜其不免于倾覆之凶也。"[3]智能狭小而谋划大事，是力不胜任；而力量微弱而担负重任，很少有不遭祸的，故元代董真卿（季真，？～？）《周易

---

[1] （三国·魏）王弼、（晋）韩康伯注，（唐）孔颖达等正义：《周易正义》卷第八《系辞下》，（清）阮元校刻：《十三经注疏》，中华书局，2009年影印本，第183页。

[2] （三国·魏）王弼、（晋）韩康伯注，（唐）孔颖达等正义：《周易正义》卷第八《系辞下》，（清）阮元校刻：《十三经注疏》，中华书局，2009年影印本，第183页。

[3] （宋）王宗传：《童溪易传》，《景印文渊阁四库全书》第17册，台湾商务印书馆，1986年版，第363页。

会通》，卷十三引朱震（字子发，1072～1138）说："位欲当德，谋欲量知，任欲称力，三者各得其实，则利用而安身。小人志在于得而已，以人之国侥幸万一，鲜不及祸。自古一败涂地，杀身不足以塞其责者，本于不知义而已。"[①] 又引钱氏说："古之人君，必量力度德而后授之官；古之人臣，亦必量为度德而后居其任，虽百工胥史且犹不苟，况三公乎？为君不明于所择，为臣不审于自择，以至亡身，危主误国，乱天下皆由不胜任之故，可不戒哉！"[②] 台湾当前政治更替的现象，政坛易人的场景，颇符应此爻所释的义理，抚今思昔，历史循环，主政者与为治者，岂可不慎其作为？

（七）《周易·系辞传下·第五章》

子曰："知几其神乎！君子上交不谄，下交不渎，其知几乎？几者，动之微，吉之先见者也。君子见几而作，不俟终日。《易》曰：'介于石，不终日，贞吉。'介如石焉，宁用终日？断可识矣。君子知微知彰，知柔知刚，万夫之望。"[③]

此是《易传》引孔子语阐释《豫·六二》爻辞之义，预知事物的微妙征兆，合乎其规律。君子与上交往不谄媚，才算预知了事物道理，这也是认识事物应有的正确方法；而君子与下交往不轻慢，才是懂得事理；换句话说，只有知几穷理，才能避免认识错误。故初唐孔颖达《周易正义》卷八，疏云："上谓道也，下谓器也，若圣人知几穷理，冥于

---

① （元）董真卿：《周易会通》，《景印文渊阁四库全书》第26册，台湾商务印书馆，1986年版，第539页。

② （元）董真卿：《周易会通》，《景印文渊阁四库全书》第26册，台湾商务印书馆，1986年版，第539页。

③ （三国·魏）王弼、（晋）韩康伯注，（唐）孔颖达等正义：《周易正义》卷第八《系辞下》，（清）阮元校刻：《十三经注疏》，中华书局，2009年影印本，第184页。

道绝于器，故能上交不谄，下交不渎。若于道不冥而有求焉，未能离于谄也；于器不绝而有交焉，未能免于渎也，能谓无渎知几穷理者乎？"①因此，几是事物变动的微小征兆，吉凶的结局先有所隐约的显现；几是离无入有，在有无之际，故云动之微也。君子发现几微的事物道理，就应立即行动，绝不等到明天，断然迅速，当下悟知；因既有耿介如石的品德，岂能等候一天终竟才领悟道理？当时就应断然明知，才不至于失之交臂。故君子知晓隐微的前征，就能知晓昭著的结局；知晓阴柔的功益，也就知晓阳刚的效用。那么，君子也就成为万人所景仰瞻望的人物了。故《周易正义》卷八，疏复云："知几之人，既知其始，又知其末，是合于神道，故为万夫所瞻望也。"②《周易》知几神化的道理，是预测与验证的不二法门，唯有保持自觉主动，才能奏效成功。

（八）《周易·系辞传下·第五章》

　　子曰："颜氏之子，其殆庶几乎！有不善，未尝不知；知之，未尝复行也。《易》曰：'不远复，无祗悔，元吉。'"③

　　此是《易传》引孔子语阐释《复·初九》爻辞之义，指颜回（子渊，公元前 521～公元前 481）道德接近完美，因为他能自知不善的萌兆，一知不善便不重犯，自知则明，此与孔子赞叹颜回不迁怒、不贰过，克己复礼，天下归仁焉，回也其庶几乎同义。改过迁善本是人事之常，如能确实践履，那么做人与行事上也就没有什么遗憾与悔恨，自然吉利了。

---

① （三国·魏）王弼、（晋）韩康伯注，（唐）孔颖达等正义：《周易正义》卷第八《系辞下》，（清）阮元校刻：《十三经注疏》，中华书局，2009 年影印本，第 184 页。
② （三国·魏）王弼、（晋）韩康伯注，（唐）孔颖达等正义：《周易正义》卷第八《系辞下》，（清）阮元校刻：《十三经注疏》，中华书局，2009 年影印本，第 184 页。
③ （三国·魏）王弼、（晋）韩康伯注，（唐）孔颖达等正义：《周易正义》卷第八《系辞下》，（清）阮元校刻：《十三经注疏》，中华书局，2009 年影印本，第 184 页。

（九）《周易·系辞传下·第五章》

> 天地纲缊，万物化醇。男女构精，万物化生。《易》曰："三人行，则损一人；一人行，则得其友。"言致一也①。

此是《易传》引孔子语阐释《损·六三》爻辞之义，天地之气阴阳交感，缠绵交密，专一不二，故万物因天地二气交密而化育醇厚。而男女阴阳交合其精，则万物化育孕生，说明阴阳相求必须专心致一。由《损》卦以论生生之义，饶富哲理，"损之又损"，终回归圆满，圣人以创生之道诠释此义，可谓意味深长。

（十）《周易·系辞传下·第五章》

> 子曰："君子安其身而后动，易其心而后语，定其交而后求。君子修此三者，故全也。危以动，则民不与也；惧以语，则民不应也；无交而求，则民不与也；莫之与，则伤之者至矣。《易》曰：'莫益之，或击之，立心勿恒，凶。'"②

此是《易传》引孔子语阐释《益·上九》爻辞之义，君子应安定其自身，而后有所行动，以不得民心则无益有害，说明君子有安身后动的美德，于人、于己两全其美。而君子心平气和，而后言语，才能无偏而应；确定了可交的人，然后求助于他，则所求没有不能实现的，说明具备定交而求的德性，则双方有益。然而，冒着风险行动，百姓则不予赞

---

① （三国·魏）王弼、（晋）韩康伯注，（唐）孔颖达等正义：《周易正义》卷第八《系辞下》，（清）阮元校刻：《十三经注疏》，中华书局，2009 年影印本，第 184 页。
② （三国·魏）王弼、（晋）韩康伯注，（唐）孔颖达等正义：《周易正义》卷第八《系辞下》，（清）阮元校刻：《十三经注疏》，中华书局，2009 年影印本，第 184～185 页。

助，不得民心就得不到益处；而怀着恐惧心理讲话，百姓就不予响应，说明心地不正内心恐惧，不宜发表言论。没有交谊而求助于人，百姓就不愿意予以帮助，说明平时不得民心，人民就不会支持；无人援助，损伤他的人就会来，说明得不到人民支持，则灾难就会降临。得道者昌，失道者亡；得民心者长，失民心者速，此是亘古不易之理，于此爻再一次证成。

（十一）《周易·系辞传下·第六章》

子曰："《乾》《坤》，其《易》之门邪？《乾》，阳物也；《坤》，阴物也。阴阳合德而刚柔有体，以体天地之撰，以通神明之德。其称名也，杂而不越。于稽其类，其衰世之意邪？夫《易》，彰往而察来，而微显阐幽，开而当名，辨物正言，断辞则备矣。其称名也小，其取类也大，其旨远，其辞文，其言曲而中，其事肆而隐，因贰以济民行，以明失得之报。"[1]

此是《易传》作者为了说明《乾》《坤》两卦在《易》学中的重要作用，引孔子语阐释《乾》《坤》为《易》之门户。《乾》《坤》的矛盾运动为《易》变化之源，《乾》阳《坤》阴，阴阳形而下，《乾》《坤》形而上，阴阳德性相配合而阳刚阴柔都表现在具体事物上，以《乾》《坤》概括天地间事物的总量，并贯通事物神奇变化的属性；而《周易》卦爻辞称述的物名尽管繁杂，却不踰越卦爻道理及卦象次序，故稽考卦爻辞的内容，作者有衰世忧危的意味，因此彰明往昔的事物变故之理，用以察辨未来事态的演变，即从六十四卦的变化规律，可以明白过去预

---

[1] （三国·魏）王弼、（晋）韩康伯注，（唐）孔颖达等正义：《周易正义》卷第八《系辞下》，（清）阮元校刻：《十三经注疏》，中华书局，2009 年影印本，第 185 页。

测未来，而《周易》能显示初微的征兆以阐明幽深的道理。

因此，开释卦爻，撰系文辞，使六十四卦三百八十四爻名物适当；而《乾》《坤》首开六十四卦之名，其物象恰当，人心因而开明，故能因实正名，因事辨物，从而能辨别出它所代表的事物。故言辞明正，而义理完备；卦爻辞取小事物以类比大事，而旨意深远言辞文雅，语言曲折但能切中事理。《周易》所言之事虽然明白显露，但其中隐藏着深奥的哲理；百姓做事有疑惑，《周易》以卦辞"阴阳"两面、"吉凶"二理，以济助人民百姓的行动，故设卦系辞说明人们行事的得失报应。《周易》经天纬地，经世济民，开物成务，可谓方智而圆神！

五、《帛书易传》各篇大要综理简释

1973 年 12 月湖南长沙马王堆三号墓出土了《帛书易经》与《帛书易传》，据断定该墓下葬的年代是西汉孝文帝前元十二年（公元前168）；出土《帛书易传》的第一篇顶端涂有墨丁标志，以"二参子问曰"开头，无篇题，未记字数，文史考古学者按照先秦古书定名的惯例，定其篇题为《二参子（问）》①，共 36 行，每行约 72 字，总计 2600余字。全文以圆点分为 32 节，有关"孔子曰"的记录文字，经笔者依序整理共 36 条。

《帛书易传·二参子》所引《易》以今本卦序为准，与《帛书易经》的卦序并不相同；其解《易》与《象传》《大象传》《文言传》《系辞传》较为接近，尤近于《文言传》《系辞传》中的"子曰"，当是孔子弟子及其后学保留下来的孔子说《易》的遗教。据廖名春（1956～）教授《帛书易传初探》研究分析：《二三子》解《易》有一明显的特色，就是只谈"德义"，罕言卦象、爻位与筮数。这一点，不但迥异于《左传》《国

① 一般省作《二参子》或《二三子》。

语》的《易》说，同今本《易传》诸篇也颇有不同。总的说来，其说同《彖传》《大象传》《文言传》与《系辞传》较为接近，尤近于《文言传》与《系辞传》中的"子曰"。其中有一半的篇幅是论《乾》《坤》两卦，另一半则论及《蹇》《鼎》《晋》等十六卦。这种重视《乾》《坤》两卦的思想，与今本《易传》《文言传》与《系辞传》一致。而从思想内容看来，《二三子》全篇中充满了"敬天保民""选贤任能"与"进德修身"的思想，这与孔子的基本思想非常接近；而"二三子"之称习见于《论语》等书，通常是指孔子的弟子，可知此篇当是孔子弟子保存记录的孔子《易》说的遗教①。

此外，《二三子》篇中论《丰》卦卦辞提到"黄帝四辅，尧立三卿"之语，明显受到战国黄老思想的影响；又多次提到"精白"此一概念，廖名春根据陈鼓应（1935～）教授的提示，从《帛书黄帝四经》中找出例证，以为很可能源于道家的黄老之言，而被孔子后学掺入孔子《易》说中。廖名春的研究分析，充分提供了学者入门启钥的要领，具有参考鉴照的学术价值。

帛书本《二三子》其后《系辞》《易之义（衷）》《要》《缪和》与《昭力》五篇，同写在一幅宽约48厘米的黄帛上，多有墨丁为分篇的标志；各篇文中且多以圆点隔开为若干章节或段落，文末或书标题并记字数，或缺行断章，或未书篇题及字数，经由学者的不断考核，已有明确的释文及研究成果。

帛书本《系辞》是《帛书易传》的第二篇，无篇题，未记字数，共47行，约3000字。今通行本《系辞上传》的第一章至第七章（以下均依朱子《周易本义》所分章节），帛书本《系辞》基本上完整，而其前六章的内容有一定的独立性。今通行本《系辞传》的大部分内容，都散

---

① 详参廖名春：《帛书〈二三子问〉简说》，《帛书〈易传〉初探》，中国台湾文史哲出版社，1998年版，第2、5～7页。

见于帛书本《系辞》《易之义（衷)》与《要》三篇之中。今通行本《系辞传上》只有"大衍之数"章不见于帛书，而今通行本《系辞传下·第五章》自"子曰：危者安其位者也"至第十一章，除少数几句文字外，基本上不见于帛书《系辞》，而分见于《易之义（衷)》《要》二篇之中。与今通行本比较，帛书本字数显然比今通行本少许多，而且今通行本中的一些章节、段落、字句都不见于帛书本；其中又有许多的异文，存在着假借字、古今字等书写上，以及思想意义不同的问题，仍值得再深入探讨、比较分析。

廖名春《帛书易传初探》第二编"帛书《系辞》论辩"的第一篇：《论帛书〈系辞〉与今本〈系辞〉的关系》①，其研究获得三点的成果结论说："从语意的不同论帛书《系辞》是对今本《系辞》的改造""从内容的详略论帛书《系辞》是对今本《系辞》的节录"以及"从《易之义》《要》的记载论今本《系辞》早于帛书《系辞》"，论述翔实，可谓"持之有故"而"言之成理"，具有一定的鉴证指标作用。而依朱子《周易本义》所分章节，则今通行本《系辞传下·第五章》的后半部分，大多不见于帛书《系辞》篇，而收录于帛书《要》篇中，正是该篇作者摘录了一些孔子关于《易》学的重要观点和论述；而今通行本《系辞传》的一些段落章节，也散见于同写在一幅帛上的《易之义（衷)》《要》两篇帛书中。《易之义（衷)》载有今通行本《说卦传》前三章的内容，而其最后一部分"子曰""《易》曰"的文字，却都是今通行本《系辞传》所未见，兹迻录其文如下：

子曰：知者观亓缘辞而说过半矣。《易》曰：二与四同〔功而异位，其善不同，二〕多誉，四多瞿，近也。近也者，嗛之胃也。

---

① 详参廖名春：《论帛书〈系辞〉与今本〈系辞〉的关系》,《帛书〈易传〉初探》, 中国台湾文史哲出版社，1998年版，第31～43页。

《易》曰：柔之为道也，不利远〔者，其〕要无〔咎，用〕柔若〔中〕也。《易》曰：三与五同功异立，亓过〔不同，三〕多凶，五多功，〔贵贱〕之……①

其次，《易之义（衷）》为《帛书易传》的第三篇，不计残缺空行，共45行，每行70余字，帛书各篇略同，总共约3100字，以"子曰"的形式解《易》，依廖名春《帛书易传初探》的考释，其内容大致可分为五部分：

一、阐述阴阳和谐相济，是《易》的精义。（第一至第二行）

二、历陈各卦之义，其解释多从卦名入手。（第三至第十行）

三、同今本《说卦传》前三章的内容。（第十三至第十五行）

四、阐述《乾》《坤》之德和《乾》《坤》之详说。（第十六至第三十四行）

五、摘引今本《系辞下传》的第六、七、八、九章。（第三十四至四十五行）

而由其思想义涵中加以考察，廖教授认定此篇无疑属于儒家《易》说，笔者亦认同其说，可证孔子及其后学弟子确实传承《易》教、《易》义与《易》说。

再者，《要》为《帛书易传》的第四篇，该篇末书有篇题，并记字数"千六百四十八"；全文共24行，其中篇前有8行残缺，而篇文中以圆点隔开分为若干章节，依廖名春《帛书易传初探》的考释，其内容大致可分为三段：

一、为今本《系辞下传》第五章的后半部分。（第八行残缺部分至第十二行）

---

① 廖名春：《帛书〈衷〉释文》，《帛书〈易传〉初探》，中国台湾文史哲出版社，1998年版，第277页。

二、记载孔子晚年好《易》，并与子贡论《周易》之事。（第十二至第十八行）

三、记载孔子与其门弟子"二三子"讲论《周易》《损》《益》二卦之义。（第十八至第二十四行）

《要》篇的篇名及其体裁形式，与此篇作者的《易》学思想关系密切。《要》篇作者认为：学《易》的目的不在于占筮求福，而在于观其旨趣大"要"；即在于德义的讲求，蓍卦之德的讲习，与六爻之义的讲究，此就是《周易》神、智与变易哲学思辨的核心课题。可知，学习《周易》而能得其德义之"要"，正是孔子的遗教；尤其后两部分可以充分说明孔子与《周易》与《易传》的关系，最具学术价值，故李学勤（1933~2019）教授《从帛书易传看孔子与易》曾指出：《要》篇所记孔子、子贡之间所发生的对话，恰合于孔子晚年与子贡的师生情事①。而孔子传《易》与弟子述《易》的史实，即可由此证成。

而《缪和》《昭力》为《帛书易传》的第五、第六篇，也是最后压轴的孔门晚期《易》教的代表作。《缪和》70 行，约 5000 字，紧接着《要》篇，另起一行，顶端涂有墨丁标志；《缪和》篇以"缪和问于先生曰"开头，以"观国之光，明达矣"作结，最后空一字格，书篇题"缪和"二字，未记字数。《昭力》尾题字数"六千"，实 14 行左右，约 1000 字，此"六千"数，于豪亮（1917~1982）《帛书〈周易〉》说：《昭力》尾题所记字数"六千"，当为《缪和》《昭力》的总字数②。《缪和》篇依廖名春《帛书易传初探》的考释，可分为两部分，约 24 段：

一、记缪和、吕昌、吴孟、庄但、张射、李羊向先生问《易》，先生作答之事。（第一至第十二段）

---

① 详参李学勤：《从帛书易传看孔子与易》，《中原文物》，1989 年第 2 期。

② 详参于豪亮：《帛书周易》，《文物》，1984 年第 3 期。

二、直接以"子曰"记载一些《易》说与历史事件，属于引史证
《易》之类。（第十二至第二十四段）

《缪和》以历史故事证《易》，可以说开启了"史事《易》"学派的
先河。而《昭力》紧接着《缪和》，也另起一行，但顶端没有涂上墨丁
标志，以"昭力问曰"开头，以"良月几望，处女之义也"作结，后空
一字格，书篇题"昭力"二字；最后又空一字格，记字数"六千"。《昭
力》体裁与《缪和》第一部分相同，记载昭力向"先生"问《易》，"先
生"为之解，论及《易》有卿大夫之义"《易》有国君之义""君卿之
事"等，而此"先生"究系何人，廖教授认为是儒家后学说《易》的
"讲师"，笔者基本上亦认同其说，而其说的根源当与孔门《易》教有直
接继承的关系。

《缪和》与《昭力》虽然各自名篇，而其内容实为一体，犹如一篇
文章的上下。而《昭力》与帛书各篇比较不同的地方，在于《昭力》解
《易》综合性强，能糅合数卦数爻之义，阐发其间的共同意义，而非具
体的就一卦一爻之义进行讨论。由此可以间接证明《帛书易传》成篇，
有时间上的先后次第。

《缪和》解《易》不言数，且只有一处分析了《明夷》卦的上下卦
之象，其余都是直接阐发卦爻辞的德义；《昭力》则全是谈卦爻辞的政
治思想，此种重德义与政治思想的倾向，与帛书《二参子问》《系辞》
《易之义（衷）》《要》的内容体系是完全一致的。而其间的不同，主要
在于《二参子问》至《要》各篇多是直接记载孔子师生论《易》的言
行；相较而论，《缪和》与《昭力》则很少提到孔子，而以"问于先生"
的形态出之，且思想具有较强的综合性，具有战国末期学术的特点①。

---

① 详参廖名春：《帛书〈缪和〉〈昭力〉简说》，《帛书〈易传〉初探》，中国台湾文史哲出版
社，1998年版，第23页以下之研究说明。

六、《帛书易传·二参子问》"孔子曰"条理简释

《帛书易传·二参子》所引《易》以今本卦序为准，与《帛书易经》的卦序并不相同；其解《易》与《彖传》《大象传》《文言传》《系辞传》较为接近，尤近于《文言传》《系辞传》中的"子曰"，当是孔子弟子及其后学保留下来的孔子说《易》的遗教。有关《帛书易传》文本及其缺字（以□表之）、补字（以〔……〕表之），皆以廖名春《帛书〈易传〉初探》一书为依据；并参考赵建伟《出土简帛〈周易〉疏证》，两者相异或可相互证补者，皆标以……明之。其中多当时通行俗用文字，计算机中有此字形者，尽量保持其原貌；如无此字形，为免造字麻烦并便辨识，皆以通假字代之，又限于篇幅，仅能简单陈述，粗疏谫陋之处，敬请鉴察包涵。

（一）《帛书易传·二参子问》"孔子曰"之一

二参子问曰："《易》屡称于龙，龙之德何如？"

孔子曰："龙大矣。龙形迁，假宾于帝，倪神圣之德也。高尚行虖星辰日月而不眺，能阳也；下纶穷深潚而不沫，能阴也。上则风雨奉之，下纶则有天□□□。穷乎深潚则鱼蛟先后之，水流之物莫不隋从。陵处则雷神养之，风雨辟乡，鸟守弗干。"曰："龙大矣。龙既能云变，有能蛇变，有能鱼变。飞鸟昆虫，唯所欲化，而不失本形，神能之至也。□□□□□□□□□□□焉，有弗能察也。知者不能察其变，辩者不能察亓义（美），至者不能赢亓文，□者〔不〕能察□也。成非焉，化昆虫，神贵之容也，天下之贵物也。"曰："龙大矣。龙之刚德也，日和□□□易□和，爵之曰君子；戒事敬和，精白柔和，而不讳贤，爵之曰夫子。或大或

小，亓方一也。至用也，而名之曰君子。兼，'黄常'近之矣；尊威精白坚强，行之不可挠也，'不习'近之矣。"①

此节文字较长，藉二三子问以见孔子论述《易》"龙之德"的阴阳变化、上天下地，以配《乾》《坤》君子"神圣之德""神能之至"与"神贵之容"。此与今本《周易·文言传》诠解《乾》卦初九、九二两爻，开宗明义即引"子曰：龙德而隐者也""子曰：龙德而正中者也"，义理如出一辙，可见《二三子》与《文言传》"龙德"说，两者关系密切，有传承上的一致渊源。

（二）《帛书易传·二参子问》"孔子曰"之二

《易》曰："寝龙勿用。"

孔子曰："龙寝矣而不阳，时至矣而不出，可胃寝矣。大人安失矣而不朝，识厌在廷，亦犹龙之寝也。亓行灭而不可用也，故曰'寝龙勿用'。"②

此引孔子语"大人安失（佚）而不朝""亓（其）行灭而不可用也"，以释《乾·初九》爻辞"潜龙勿用"。与《文言传》所谓"潜之为言也，隐而未见，行而未成，是以君子弗用也"③，显然义理一致。

---

① 廖名春：《帛书〈二参子〉释文》，《帛书〈易传〉初探》，中国台湾文史哲出版社，1998年版，第259~260页。

② 廖名春：《帛书〈二参子〉释文》，《帛书〈易传〉初探》，中国台湾文史哲出版社，1998年版，第260页。

③ （三国·魏）王弼、（晋）韩康伯注，（唐）孔颖达等正义：《周易正义》卷第一《乾》，（清）阮元校刻：《十三经注疏》，中华书局，2009年影印本，第30页。

（三）《帛书易传·二参子问》"孔子曰"之三

《易》曰："抗龙有悔。"

孔子曰："此言为上而骄下，骄下而不伯（殆）者，未之有也。圣人之立正（政）也，若遁（循）木，俞高俞畏下，故曰'抗龙有悔'。"①

此引孔子语释《乾·上九》爻辞："亢龙有悔。"② 此与《文言传》所谓"贵而无位，高而无民，贤人在下位而无辅，是以动而有悔也"③ 等文义思想，理出一脉。

（四）《帛书易传·二参子问》"孔子曰"之四

《易》曰："龙战于野，亓血玄黄。"

孔子曰："此言大人之广德而施教于民也。夫文之孝，采物毕存者，亓唯龙乎？德义广大，法物备具者，亓唯圣人乎？'龙战于野'者，言大人之广德而下接民也；'亓血玄黄'者，见文也。圣人出法教以道民，亦犹龙之文也，可胃'玄黄'矣，故曰'龙'，见龙而称莫大焉。"④

---

① 廖名春：《帛书〈二参子〉释文》，《帛书〈易传〉初探》，中国台湾文史哲出版社，1998年版，第260页。

② （三国·魏）王弼、（晋）韩康伯注，（唐）孔颖达等正义：《周易正义》卷第一《乾》，（清）阮元校刻：《十三经注疏》，中华书局，2009年影印本，第23页。

③ （三国·魏）王弼、（晋）韩康伯注，（唐）孔颖达等正义：《周易正义》卷第一《乾》，（清）阮元校刻：《十三经注疏》，中华书局，2009年影印本，第28页。

④ 廖名春：《帛书〈二参子〉释文》，《帛书〈易传〉初探》，中国台湾文史哲出版社，1998年版，第260页。

此引孔子语释《坤·上六》爻辞："龙战于野，其血玄黄。"① 此以龙喻圣人，以野喻人民，阐释圣人、大人与百姓人民的交通接触，"大人之广德而施教于民""圣人出法教以道（导）民"，此即"文明"的表征，故廖名春教授以为："这一说解，较之诸家之说更具有德治主义与民本思想，合乎儒门说《易》的传统。"② 此可谓深中肯綮。

（五）《帛书易传·二参子问》"孔子曰"之五

　　《易》曰："王臣蹇蹇，非今之故。"

　　孔子曰："'王臣蹇蹇'者，言亓难也。夫唯知亓难也，故重言之，以戒今也。君子知难而备〔之〕，则不难矣；见几而务之，〔则〕有功矣。故备难〔者〕易，务几者成。存亓人，不言吉凶焉。'非今之故'者，非言独今也，古以状也。"③

此引孔子语释《蹇·六二》爻辞："王臣蹇蹇，匪躬之故。"④ 论述难与不难的辩证关系，与《蹇·象传》"《蹇》之时用大矣哉"⑤ 思想有一致的内在联系性。

---

① （三国·魏）王弼、（晋）韩康伯注，（唐）孔颖达等正义：《周易正义》卷第一《坤》，（清）阮元校刻：《十三经注疏》，中华书局，2009 年影印本，第 33 页。

② 廖名春：《帛书〈二三子问〉简说》，《帛书〈易传〉初探》，中国台湾文史哲出版社，1998 年版，第 3 页。

③ 廖名春：《帛书〈二参子〉释文》，《帛书〈易传〉初探》，中国台湾文史哲出版社，1998 年版，第 260 页。

④ （三国·魏）王弼、（晋）韩康伯注，（唐）孔颖达等正义：《周易正义》卷第四《蹇》，（清）阮元校刻：《十三经注疏》，中华书局，2009 年影印本，第 105 页。

⑤ （三国·魏）王弼、（晋）韩康伯注，（唐）孔颖达等正义：《周易正义》卷第四《蹇》，（清）阮元校刻：《十三经注疏》，中华书局，2009 年影印本，第 105 页。

（六）《帛书易传·二参子问》"孔子曰"之六

《易》曰："鼎折足，复公莡，亓刑屋，凶。"

孔子曰："此言下不胜任也。非亓任也而任之，能毋折虖？下不用则城不守，师不战，内乱□上，胃折足；路亓国，〔芜亓〕地，五种不收，胃复公铼；口养不至，饥饿不得食，胃刑屋。"二参子问曰："人君至于饥乎？"孔子曰："昔者晋厉公路亓国，芜亓地，出田七月不归，民反诸云梦，无车而独行，□□□□□公〔不胜〕亓饥也。□□□□□饥不得食亓月，此'亓刑屋'也。故曰德义无小，失宗无大，此之胃也。"①

此引孔子语释《鼎·九四》爻辞："鼎折足，覆公铼，其形渥，凶。"②与前篇《系辞传下·第五章》所引"言不胜其任也"③之说可以参同较异。廖名春教授分析以为："《系辞》主要是就德与知、力与位、谋与任的关系而言，是讲用人得当的问题。而《二三子问》则是讲君民关系问题……为此它举了'晋厉王（实为楚灵王）……'的历史事实加以证明。这种解释，贴合爻辞之义，具有鲜明的民本主义思想。"④可谓知言的论。

① 廖名春：《帛书〈二参子〉释文》，《帛书〈易传〉初探》，中国台湾文史哲出版社，1998年版，第260页。
② （三国·魏）王弼、（晋）韩康伯注，（唐）孔颖达等正义：《周易正义》卷第五《鼎》，（清）阮元校刻：《十三经注疏》，中华书局，2009年影印本，第126页。
③ （三国·魏）王弼、（晋）韩康伯注，（唐）孔颖达等正义：《周易正义》卷第八《系辞下》，（清）阮元校刻：《十三经注疏》，中华书局，2009年影印本，第183页。
④ 廖名春：《帛书〈二三子问〉简说》，《帛书〈易传〉初探》，中国台湾文史哲出版社，1998年版，第3~4页。

（七）《帛书易传·二参子问》"孔子曰"之七

《易》曰："鼎王璧，〔大〕吉，无不利。"

孔子曰："鼎大矣！鼎之迁也，不自往，必人举之，大人之贞也。鼎之举也，不以亓止，以□□□□□□□□□□□□□□贤以举忌也。明君立正，贤辅程之，将何为不利？故曰'大吉'。"①

此引孔子语释《鼎·上九》爻辞："鼎玉铉，大吉，无不利。"② 可与上条连属并观。

（八）《帛书易传·二参子问》"孔子曰"之八

《易》曰："康侯用锡马番庶，昼日三接。"

孔子曰："此言圣王之安世者也。圣王之正，牛参弗服，马恒弗驾，不忧乘，牝马□□□□□□□□□□□□□粟时至，刍稿不重，故曰'锡马'。圣人之立正也，必尊天而敬众，理顺五行，天地无菑，民□不伤，甘露时雨聚降，剽风苦雨不至，民也相〔酉易〕以寿，故曰'番庶'。圣王各有参公、参卿，'昼日三〔接〕'，□□□□□者也。"③

此引孔子语释《晋》卦卦辞："康侯用锡马蕃庶，昼日三接。"④ 以圣

---

① 廖名春：《帛书〈二参子〉释文》，《帛书〈易传〉初探》，中国台湾文史哲出版社，1998年版，第261页。
② （三国·魏）王弼、（晋）韩康伯注，（唐）孔颖达等正义：《周易正义》卷第五《鼎》，（清）阮元校刻：《十三经注疏》，中华书局，2009年影印本，第127页。
③ 廖名春：《帛书〈二参子〉释文》，《帛书〈易传〉初探》，中国台湾文史哲出版社，1998年版，第261页。
④ （三国·魏）王弼、（晋）韩康伯注，（唐）孔颖达等正义：《周易正义》卷第四《晋》，（清）阮元校刻：《十三经注疏》，中华书局，2009年影印本，第100页。

王释康侯，以圣王安世的仁政解锡马，以惠民、仁民说蕃庶，与《象传》《大象传》的训释大异其趣，显然为另一种佚失的新解，可以相观而善。

（九）《帛书易传·二参子问》"孔子曰"之九

《易》曰："聒囊，无咎无誉。"

孔子曰："此言箴小人之口也。小人多言，多过；多事，多患，□□可以衍矣，而不可以言箴之。亓猷'聒囊'也。莫出莫入，故曰'无咎无誉'。"二参子问曰："独无箴于圣〔人之口乎?〕"〔孔子曰〕："圣人之言也，德之首也。圣人之有口也，猷地之有川浴也，财用所繇出也；猷山林陵泽也，衣食家物〔所〕繇生也。圣人壹言，万世用之，唯恐亓不言也，有何箴焉?"①

此引孔子语释《坤·六四》爻辞："括囊，无咎，无誉。"②与《小象传》"慎不害也"③、《文言传》"盖言谨也"④思想一致，与《论语》中孔子表现的语言哲学亦一贯。

（十）《帛书易传·二参子问》"孔子曰"之十

卦曰："见龙在田，利见大人。"

---

① 廖名春：《帛书〈二参子〉释文》，《帛书〈易传〉初探》，中国台湾文史哲出版社，1998年版，第261页。

② （三国·魏）王弼、（晋）韩康伯注，（唐）孔颖达等正义：《周易正义》卷第一《坤》，（清）阮元校刻：《十三经注疏》，中华书局，2009年影印本，第32页。

③ （三国·魏）王弼、（晋）韩康伯注，（唐）孔颖达等正义：《周易正义》卷第一《坤》，（清）阮元校刻：《十三经注疏》，中华书局，2009年影印本，第33页。

④ （三国·魏）王弼、（晋）韩康伯注，（唐）孔颖达等正义：《周易正义》卷第一《坤》，（清）阮元校刻：《十三经注疏》，中华书局，2009年影印本，第34页。

孔子曰："□□□□□□□见嗛，易告也；就民，易遇也。圣人君子之贞也，度民宜之，故曰'利以见大人'。"①

此引孔子语释《乾·九二》爻辞，与《文言传》思想可以比较参照。

（十一）《帛书易传·二参子问》"孔子曰"之十一

卦曰："君子终日键键，夕泝若，厉，无咎。"

孔子曰："此言君子务时，时至而动，□□□□□□屈力以成功，亦日中而不止，时年至而不淹。君子之务时，猷驰驱也，故曰'君子终日键键'。时尽而止之以置身，置身而静，故曰'夕泝若，厉，无咎'。"②

此引孔子语释《乾·九三》爻辞："君子终日乾乾，夕惕若，厉，无咎。"③ 与《文言传》思想可以比较参照。而"朝乾夕惕"积极进取的精神，与"朝乾夕泝"休养生息的涵养，表达出两种不同的生命情态，饶具生生不已、动静互见之义。

（十二）《帛书易传·二参子问》"孔子曰"之十二

《易》〔曰："蜚龙在〕天，利见大人。"

---

① 廖名春：《帛书〈二参子〉释文》，《帛书〈易传〉初探》，中国台湾文史哲出版社，1998年版，第261页。

② 廖名春：《帛书〈二参子〉释文》，《帛书〈易传〉初探》，中国台湾文史哲出版社，1998年版，第261页。

③ （三国·魏）王弼、（晋）韩康伯注，（唐）孔颖达等正义：《周易正义》卷第一《乾》，（清）阮元校刻：《十三经注疏》，中华书局，2009年影印本，第22页。

〔孔子曰〕："〔此〕言□□□□□□□□□君子在上，则民被亓利，贤者不蔽，故曰'蜚龙在天，利见大人'。"①

此引孔子语释《乾·九五》爻辞："飞龙在天，利见大人。"② 与《文言传》思想可以参照比较。

（十三）《帛书易传·二参子问》"孔子曰"之十三

卦曰："见群龙〔无首〕，吉。"

孔子曰："龙神威而精处，□□而上通亓德，无首□□用，见群龙〔无〕首者□□□□□□□□□□□□□□□□见君子〔则〕吉也。"③

此引孔子语释《乾·用九》爻辞，与《文言传》"乃见天则"④ 思想可以比较参照。

（十四）《帛书易传·二参子问》"孔子曰"之十四

卦曰："履霜，坚冰至。"

孔子曰："此言天时缙戒葆常也。岁□□□□□□□西南温

---

① 廖名春：《帛书〈二参子〉释文》，《帛书〈易传〉初探》，中国台湾文史哲出版社，1998年版，第261页。

② （三国·魏）王弼、（晋）韩康伯注，（唐）孔颖达等正义：《周易正义》卷第一《乾》，（清）阮元校刻：《十三经注疏》，中华书局，2009年影印本，第23页。

③ 廖名春：《帛书〈二参子〉释文》，《帛书〈易传〉初探》，中国台湾文史哲出版社，1998年版，第261～262页。

④ （三国·魏）王弼、（晋）韩康伯注，（唐）孔颖达等正义：《周易正义》卷第一《乾》，（清）阮元校刻：《十三经注疏》，中华书局，2009年影印本，第29页。

（田产湿）□□始于□□□□□□□□□□□之□□□□□□□□
□□□□□□□□□□□□□□德与天道始，必顺五行，亓孙贵而
宗不偁。"①

此引孔子语释《坤·初六》爻辞，与《文言传》思想可以比较
参照。

（十五）《帛书易传·二参子问》"孔子曰"之十五

卦曰："直方，大，不习，无不利。"
孔子曰："□□□□□□□□避也；方者义□□□□□□□□
□□□大者言亓直，或之容□□□□□□□□□□□□□□□
□□□□□也，〔则〕无不〔吉利〕，故曰'无不利'。"②

此引孔子语释《坤·六二》爻辞，与《文言传》思想可以比较
参照。

（十六）《帛书易传·二参子问》"孔子曰"之十六

卦曰："含章可贞，〔或成王事，无成有终。〕"
〔孔子曰〕："〔此言〕□□□□含章□□□□□□□含亦美，
贞之可也，亦□□□□□□□□□。"③

---

① 廖名春：《帛书〈二参子〉释文》，《帛书〈易传〉初探》，中国台湾文史哲出版社，1998
年版，第262页。
② 廖名春：《帛书〈二参子〉释文》，《帛书〈易传〉初探》，中国台湾文史哲出版社，1998
年版，第262页。
③ 廖名春：《帛书〈二参子〉释文》，《帛书〈易传〉初探》，中国台湾文史哲出版社，1998
年版，第262页。

此引孔子语释《坤·六三》爻辞，与《文言传》思想可以比较参照。

（十七）《帛书易传·二三子问》"孔子曰"之十七

卦曰："〔䪌囊，无咎无誉〕。"

□□□□□□□□〔无〕咎□□□之事矣。□□□□□□□□□□□□□□□□□□[1]。

此引孔子语释《坤·六四》爻辞，可与本篇第九条及《文言传》思想比较参照。

（十八）《帛书易传·二三子问》"孔子曰"之十八

卦曰："黄常元吉。"

孔子曰："□□□□□□□者也。元，善之始也。□□□□□□□□□□之徒嗛嗛□□□□□。"[2]

此引孔子语释《坤·六五》爻辞："黄裳，元吉。"[3]可与《文言传》思想比较参照。

——————————

[1] 廖名春：《帛书〈二三子〉释文》，《帛书〈易传〉初探》，中国台湾文史哲出版社，1998年版，第262页。

[2] 廖名春：《帛书〈二三子〉释文》，《帛书〈易传〉初探》，中国台湾文史哲出版社，1998年版，第262页。

[3] （三国·魏）王弼、（晋）韩康伯注，（唐）孔颖达等正义：《周易正义》卷第一《坤》，（清）阮元校刻：《十三经注疏》，中华书局，2009年影印本，第33页。

（十九）《帛书易传·二参子问》"孔子曰"之十九

〔卦曰："屯亓膏，小"贞吉，大贞凶。〕

孔子曰："屯□□□□□□□□□□□□□□□□□□□□□□□□□□□□□□□□小民家息以接衣□□□□□□□□□□□屯轮之，亓吉亦宜矣。'大贞〔凶〕'，□□□□□□川流下而货留□年穀十重□□□□□□□□□□□□□□□□□□□□□之大患□□货，守财弗施则□。"①

此引孔子语释《屯·九五》爻辞："屯其膏，小贞吉，大贞凶。"② 与《小象传》"施未光也"③ 之义，可以比较参照。

（二十）《帛书易传·二参子问》"孔子曰"之二十

〔卦曰〕："〔同人于野，亨，利〕涉大川。"

孔子曰："此言大德之好远也。所行□□□□□远（德），和同者众，以济大事，故曰〔利涉大川〕。"④

此引孔子语释《同人》卦卦辞，与《象传》"唯君子为能通天下之志"⑤

---

① 廖名春：《帛书〈二参子〉释文》，《帛书〈易传〉初探》，中国台湾文史哲出版社，1998年版，第262页。

② （三国·魏）王弼、（晋）韩康伯注，（唐）孔颖达等正义：《周易正义》卷第一《屯》，（清）阮元校刻：《十三经注疏》，中华书局，2009年影印本，第36页。

③ （三国·魏）王弼、（晋）韩康伯注，（唐）孔颖达等正义：《周易正义》卷第一《屯》，（清）阮元校刻：《十三经注疏》，中华书局，2009年影印本，第36页。

④ 廖名春：《帛书〈二参子〉释文》，《帛书〈易传〉初探》，中国台湾文史哲出版社，1998年版，第262页。

⑤ （三国·魏）王弼、（晋）韩康伯注，（唐）孔颖达等正义：《周易正义》卷第二《同人》，（清）阮元校刻：《十三经注疏》，中华书局，2009年影印本，第57页。

思想同义。

（二十一）《帛书易传·二参子问》"孔子曰"之二十一

卦曰："同人于门，无咎。"

〔孔子曰〕："〔此言〕亓所同唯〔亓门人〕而已矣，小德也□□。"①

此引孔子语释《同人·初九》爻辞，可与《小象传》比较参照。

（二十二）《帛书易传·二参子问》"孔子曰"之二十二

〔卦曰〕："〔同人于〕宗，贞蔺。"

孔子曰："此言亓所同唯亓室人而已矣，□□□□□，故曰'贞蔺'。"②

此引孔子语释《同人·六二》爻辞："同人于宗，吝。"③可与《小象传》比较参照。

（二十三）《帛书易传·二参子问》"孔子曰"之二十三

卦曰："绞如，委如，吉。"

---

① 廖名春：《帛书〈二参子〉释文》，《帛书〈易传〉初探》，中国台湾文史哲出版社，1998年版，第262页。

② 廖名春：《帛书〈二参子〉释文》，《帛书〈易传〉初探》，中国台湾文史哲出版社，1998年版，第262页。

③ （三国·魏）王弼、（晋）韩康伯注，（唐）孔颖达等正义：《周易正义》卷第二《同人》，（清）阮元校刻：《十三经注疏》，中华书局，2009年影印本，第58页。

　　　　孔子曰："绞，日也；委，老　也。老日之行□□□，故曰吉。"①

　　此引孔子语释《大有·六五》爻辞："厥孚交如，威如，吉。"② 可与《小象传》"信以发志也""易而无备也"③ 文义比较参照。

（二十四）《帛书易传·二参子问》"孔子曰"之二十四

　　　　卦曰："嗛，亨；君子又冬，吉。"

　　　　孔子曰："〔此言〕□□□□□〔也。嗛〕，上川而下根。川也；根，精质也。君子之行也。□□□□□□□□吉焉。吉，嗛也；凶，桥也。天乱骄而成嗛，地彻骄而实嗛，鬼神祸福嗛，人亚骄而好〔嗛〕。□□□□□□□□□□□□□□□□□□□□好善不伐也。夫不伐德者，君子也。亓盈如□□□□□□□□□举而再说，亓有终也，亦宜也。"④

　　此引孔子语释《谦》卦卦辞："亨。君子有终。"⑤ 此与《彖传》《大象传》之说近同，并可比较参照文字与义理之异同。而这种义同而表达文字不同的现象，据推测：应是孔子《易》说有不同传本所导致的

---

① 廖名春：《帛书〈二参子〉释文》，《帛书〈易传〉初探》，中国台湾文史哲出版社，1998年版，第 262~263 页。

② （三国·魏）王弼、（晋）韩康伯注，（唐）孔颖达等正义：《周易正义》卷第二《大有》，（清）阮元校刻：《十三经注疏》，中华书局，2009 年影印本，第 59 页。

③ （三国·魏）王弼、（晋）韩康伯注，（唐）孔颖达等正义：《周易正义》卷第二《大有》，（清）阮元校刻：《十三经注疏》，中华书局，2009 年影印本，第 59 页。

④ 廖名春：《帛书〈二参子〉释文》，《帛书〈易传〉初探》，中国台湾文史哲出版社，1998年版，第 263 页。

⑤ （三国·魏）王弼、（晋）韩康伯注，（唐）孔颖达等正义：《周易正义》卷第二《谦》，（清）阮元校刻：《十三经注疏》，中华书局，2009 年影印本，第 60 页。

结果。

（二十五）《帛书易传·二参子问》"孔子曰"之二十五

卦曰："盱予，悔。"

孔子曰："此言鼓乐而不戒患也。夫忘亡者必亡，忘民〔者必〕
□□□□□□□□□□□□□□□□至者，亓病亦至，不可辟，祸福或
辜，□□□□□□□□□□□□□方行，祸福毕至，知者知之，
故厥客恐惧，日慎一日，猷有诐行。卒至之患，盱予而不□□□
□□□□。"①

此引孔子语释《豫·六三》爻辞："盱豫，悔；迟，有悔。"② 可以提
供新的诠释，此段文义并与《系辞传》相关思想一致。

（二十六）《帛书易传·二参子问》"孔子曰"之二十六

〔卦〕曰："鸣鹤在〔阴，其子和之，我〕有好爵，与玺赢
〔之〕。"

〔孔〕子曰："鸣〔鹤〕□□□□□□□□□□□□□。亓子随
之，通也；昌而和之，和也。曰和同，至矣。好爵者，言者酒也。
弗有一爵与众□□□□□□□□□□□□□之德，唯饮与
食，绝甘分少。"③

---

① 廖名春：《帛书〈二参子〉释文》，《帛书〈易传〉初探》，中国台湾文史哲出版社，1998
年版，第263页。

② （三国·魏）王弼、（晋）韩康伯注，（唐）孔颖达等正义：《周易正义》卷第二《豫》，（清）
阮元校刻：《十三经注疏》，中华书局，2009年影印本，第62页。

③ 廖名春：《帛书〈二参子〉释文》，《帛书〈易传〉初探》，中国台湾文史哲出版社，1998
年版，第263页。

此引孔子语释《中孚·九二》爻辞："鸣鹤在阴，其子和之。我有好爵，吾与尔靡之。"① 可与《系辞传》的诠释比较参照。

（二十七）《帛书易传·二参子问》"孔子曰"之二十七

〔卦曰〕："〔密云不雨，自我西郊，公射取皮在穴〕。"

孔子曰："此言声君之下举乎山林吠亩之中也，故曰'公射取皮在穴'。"②

此引孔子语释《小过·六五》爻辞："密云不雨，自我西郊。公弋取彼在穴。"③

（二十八）《帛书易传·二参子问》"孔子曰"之二十八

〔卦〕曰："恒亨，无〔咎，利贞，利〕有攸往。"

〔孔子曰〕："《恒》亨者，恒亓德，亓德□长，故曰'利贞'。"亓占曰："《丰》，大□□□□□□□□□□。"④

此引孔子语释《恒》卦卦辞，可与《象传》比较参照其异同。

---

① （三国·魏）王弼、（晋）韩康伯注，（唐）孔颖达等正义：《周易正义》卷第六《中孚》，（清）阮元校刻：《十三经注疏》，中华书局，2009 年影印本，第 146 页。
② 廖名春：《帛书〈二参子〉释文》，《帛书〈易传〉初探》，中国台湾文史哲出版社，1998 年版，第 263 页。
③ （三国·魏）王弼、（晋）韩康伯注，（唐）孔颖达等正义：《周易正义》卷第六《小过》，（清）阮元校刻：《十三经注疏》，中华书局，2009 年影印本，第 148 页。
④ 廖名春：《帛书〈二参子〉释文》，《帛书〈易传〉初探》，中国台湾文史哲出版社，1998 年版，第 263 页。

（二十九）《帛书易传·二参子问》"孔子曰"之二十九

〔卦〕曰："不恒亓德，〔或〕承之忧，贞蔺。"

孔子曰："此言小人知善而弗为，攻进而无止，损几则□择矣，能〔无蔺乎〕？"①

此引孔子语释《恒·九三》爻辞："不恒其德，或承之羞，贞吝。"②

（三十）《帛书易传·二参子问》"孔子曰"之三十

〔卦曰〕："大蹇偝来。"

孔子〔曰〕："〔此言〕□□也。饬行以后民者胃大蹇，远人能至胃〔偝来〕。"③

此引孔子语释《蹇·九五》爻辞："大蹇，朋来。"④ 可以提供《小象传》新的诠释。

（三十一）《帛书易传·二参子问》"孔子曰"之三十一

卦曰："公用射隼于〔高墉之上，获之〕，无不利。"

---

① 廖名春：《帛书〈二参子〉释文》，《帛书〈易传〉初探》，中国台湾文史哲出版社，1998年版，第263页。

② （三国·魏）王弼、（晋）韩康伯注，（唐）孔颖达等正义：《周易正义》卷第四《恒》，（清）阮元校刻：《十三经注疏》，中华书局，2009年影印本，第97页。

③ 廖名春：《帛书〈二参子〉释文》，《帛书〈易传〉初探》，中国台湾文史哲出版社，1998年版，第263页。

④ （三国·魏）王弼、（晋）韩康伯注，（唐）孔颖达等正义：《周易正义》卷第四《蹇》，（清）阮元校刻：《十三经注疏》，中华书局，2009年影印本，第106页。

　　　　孔子曰："此言人君高志求贤，贤者在上，则因□用之，故曰'〔公用〕射雉于〔高墉之上〕'。"①

　　此引孔子语释《解·上六》爻辞："公用射隼于高墉之上，获之，无不利。"② 可与《系辞传下·第五章》"君子藏器于身，待时而动"③ 文义比较参照。

（三十二）《帛书易传·二参子问》"孔子曰"之三十二

　　〔卦曰〕："〔《根（艮）》亓北，不获亓〕身；行亓廷，〔不见亓人，无咎〕。"

　　〔孔子〕曰："《根》亓北者，言□事也。不获亓身者，精□□□也。敬宫任事，身□□者鲜矣。"亓占曰："能精能白，必为上客；能白能精，必为□□。以精白长□，难得也，故曰'〔行〕亓庭，不见亓人，无咎'。"④

　　此引孔子语释《艮》卦卦辞："艮其背，不获其身；行其庭，不见其人，无咎。"⑤ 此段文义可与《象传》比较参照。

————————

① 廖名春：《帛书〈二参子〉释文》，《帛书〈易传〉初探》，中国台湾文史哲出版社，1998年版，第263～264页。

② （三国·魏）王弼、（晋）韩康伯注，（唐）孔颖达等正义：《周易正义》卷第四《解》，（清）阮元校刻：《十三经注疏》，中华书局，2009年影印本，第107页。

③ （三国·魏）王弼、（晋）韩康伯注，（唐）孔颖达等正义：《周易正义》卷第八《系辞下》，（清）阮元校刻：《十三经注疏》，中华书局，2009年影印本，第183页。

④ 廖名春：《帛书〈二参子〉释文》，《帛书〈易传〉初探》，中国台湾文史哲出版社，1998年版，第264页。

⑤ （三国·魏）王弼、（晋）韩康伯注，（唐）孔颖达等正义：《周易正义》卷第五《艮》，（清）阮元校刻：《十三经注疏》，中华书局，2009年影印本，第128页。

（三十三）《帛书易传·二参子问》"孔子曰"之三十三

〔卦曰〕："〔艮亓辅〕，言有序。"

孔子曰："□言也，吉凶之至也。必皆于言语择善〔而言亚〕，择利而言害，塞人之美，阳人之亚，可胃无德，亓凶亦宜矣。君子虑之内，发之口，□□不言，不〔言利〕，不言害，塞人之亚，阳〔人之〕美，可胃'有序'矣。"①

此引孔子语释《艮·六五》爻辞："艮其辅，言有序，悔亡。"②

（三十四）《帛书易传·二参子问》"孔子曰"之三十四

卦曰："《丰》，亨，王叚〔之〕；勿自忧，宜日中。"

孔子曰："〔此言〕□也。'勿忧'，用贤弗害也。日中而盛，用贤弗害，亓亨亦宜矣。黄帝四辅，尧立三卿，帝王者之处□□□也，□□□□。"③

此引孔子语释《丰》卦卦辞："亨，王假之。勿忧，宜日中。"④可与《象传》比较参照二者文义思想之异同。

---

① 廖名春：《帛书〈二参子〉释文》，《帛书〈易传〉初探》，中国台湾文史哲出版社，1998年版，第264页。

② （三国·魏）王弼、（晋）韩康伯注，（唐）孔颖达等正义：《周易正义》卷第五《艮》，（清）阮元校刻：《十三经注疏》，中华书局，2009年影印本，第129页。

③ 廖名春：《帛书〈二参子〉释文》，《帛书〈易传〉初探》，中国台湾文史哲出版社，1998年版，第264页。

④ （三国·魏）王弼、（晋）韩康伯注，（唐）孔颖达等正义：《周易正义》卷第六《丰》，（清）阮元校刻：《十三经注疏》，中华书局，2009年影印本，第139页。

（三十五）《帛书易传·二参子问》"孔子曰"之三十五

〔卦〕曰："奂其肝大号。"

〔孔子曰〕："奂，大美也，肝言亓内。亓内大美，其外必有大声问。"①

此引孔子语释《涣·九五》爻辞："涣汗其大号。涣王居，无咎。"②此节有新的诠释义理，可与《小象传》"正位也"③比较参照。

（三十六）《帛书易传·二参子问》"孔子曰"之三十六

卦曰："《未济》，亨，〔小狐〕涉川，几济，濡亓尾，无迺利。"

孔子曰："此言始易而终难也，小人之贞也。"④

此引孔子语释《未济》卦辞："亨。小狐汔济，濡其尾，无攸利。"⑤与《彖传》"不续终也"⑥思想一致。

---

① 廖名春：《帛书〈二参子〉释文》，《帛书〈易传〉初探》，中国台湾文史哲出版社，1998年版，第264页。
② （三国·魏）王弼、（晋）韩康伯注，（唐）孔颖达等正义：《周易正义》卷第六《涣》，（清）阮元校刻：《十三经注疏》，中华书局，2009年影印本，第144页。
③ （三国·魏）王弼、（晋）韩康伯注，（唐）孔颖达等正义：《周易正义》卷第六《涣》，（清）阮元校刻：《十三经注疏》，中华书局，2009年影印本，第145页。
④ 廖名春：《帛书〈二参子〉释文》，《帛书〈易传〉初探》，中国台湾文史哲出版社，1998年版，第264页。
⑤ （三国·魏）王弼、（晋）韩康伯注，（唐）孔颖达等正义：《周易正义》卷第六《未济》，（清）阮元校刻：《十三经注疏》，中华书局，2009年影印本，第150页。
⑥ （三国·魏）王弼、（晋）韩康伯注，（唐）孔颖达等正义：《周易正义》卷第六《未济》，（清）阮元校刻：《十三经注疏》，中华书局，2009年影印本，第150页。

七、《帛书易传·易之义（衷）》"子曰"条理简释

帛书《系辞》是《帛书易传》的第二篇，其第一行顶端涂有长方形墨钉，为篇首的标志，未见尾题。由于残损不全，现只余 3000 字左右，其内容基本上与今本《系辞传》相同；所不同处除通假字很多外，主要是比今本《系辞传》缺少了若干章节，故不再赘引论述。而《易之义（衷）》是《帛书易传》的第三篇，紧接着帛书《系辞》，其第一行顶端涂有墨钉标志，以"子曰易之义（衷）"开篇，约 45 行，按每行 70 余字计，约共 3100 字左右。廖名春《帛书易传初探》考证其最后一行的残片，上存"衷二千"三字，则该篇名应为"衷"，然记数"二千"则不得其解。今习以开篇之"易之义（衷）"为其篇题。《易之义（衷）》以圆点隔开为若干章节，但由于篇文缺损，确切内容犹待考辨，本节仅以其引述"子曰"者为论。

（一）《帛书易传·易之义（衷）》"子曰"之一

子曰："《易》之义言乎阴与阳，六画而成章。曲句焉柔，正直焉刚。六刚无柔，是胃大阳，此天〔之义也。〕□□□□□□见台而□□□方。六柔无刚，此地之义也。天地相衡，气味相取，阴阳流刑，刚柔成□。万物莫不欲长生而亚死，会□者而台作《易》，和之至也。是故《键》□九□□高尚，〔天之道也；《川》〕从而知畏凶，义沽下就，地之道也。用六，《赣》也；用九，盈也。盈而刚，故《易》曰'直方大，不习，吉'也。因不习而备，故《易》曰'见群龙无首，吉'也。是故《键》者，得〔之阳也；《川》者〕，得之阴也；《肫》者，〔得之〕□〔也；《蒙》者，得之〕隋也；〔《嬬（需）》者，得之〕畏也；《容》者，得之疑也；《师》

者，得之救（救）也；《比》者，得□也；《小蓄》者，〔得〕之未
□也；《履》者，诬之行也；《益》者，上下交矣；《妇》者，〔阴〕
阳奸矣……"①

此段内容为帛书《易之义（衷）》第 1 行至第 2 行，首先说明阴阳
和谐相济，为《易》的精义。第 3 行至第 10 行，并历陈各卦之义，其
解说多从卦名入手。帛书《易之义（衷）》论各卦之义，从《键（乾）》
开始，依次《川（坤）》《肫（屯）》《蒙》《嬬（需）》至《容（讼）》《师》
《比》《小蓄（畜）》《履》《益（泰）》《妇（否）》《复》《无孟（无妄）》……
此种解卦之义的形式，与上海博物馆刊印出版发行的战国楚简《孔子诗
论》，有异曲同工之妙，可知为同一时期儒家后学传述孔子经学思想的
文献。而其中的卦义解析，又可与今本的《杂卦传》相互比较，其中卦
名、卦序与卦义并可以参同较异，相观而善。

（二）《帛书易传·易之义（衷）》"子曰"之二

子曰："□□□□□□□□□□□□□□□□□□□□〔所〕以禁
咎也。□□□□□□□□□□□□□□□□□□□□□□□□
□□□□□□所以教谋也。'榍如秋如'，所以辟怒〔也〕……'〔不〕
事王侯'，□□之胃也。不求则不足〔以〕难……《易》曰……则
危，亲伤□□□曰'何校'则凶，'履校'则吉，此之胃也。"②

此段见于帛书《易之义（衷）》第 10 行至第 13 行左右，文字多缺

---

① 廖名春：《帛书〈衷〉释文》，《帛书〈易传〉初探》，中国台湾文史哲出版社，1998 年版，
第 272 页。

② 廖名春：《帛书〈衷〉释文》，《帛书〈易传〉初探》，中国台湾文史哲出版社，1998 年版，
第 273 页。

损不全，然与前条一致，亦在记录孔子解说相关各卦的义理，一卦一义，要言不烦。

（三）《帛书易传·易之义（衷）》"子曰"之三

子曰："五行□□□□□□□□□□□□□，不可学者也，唯亓人而已矣。然亓利□□□□□〔昔者圣人之作《易》也，幽〕赞于神明而生占也，参天两地而义数也，观变于阴阳而立卦也，发挥于刚柔而〔生爻也，和顺于道德〕而理于义也，穷理尽生而至于命〔也，将以顺性〕命〔之〕理也。是故位天之道曰阴与阳，位地之道曰柔与刚，位人之道曰仁与义。兼三才两之，六画而成卦。分阴分阳，〔迭用柔刚，故〕《易》六画而为章也。天地定立，〔山泽通气〕，水火相射，雷风相搏，八卦相厝。数往者顺，知来者逆，故《易》达数也。"①

此段为帛书《易之义（衷）》第 13 行至第 15 行左右，与今本《说卦传》的前三章大致相同，内容较为完整。此外，也可以从两方面观察帛书《易之义（衷）》"天地定立"段与"先天卦位"出于《说卦传》的渊源关系：其一，帛书《易之义（衷）》援引了《说卦传》文；其二，《说卦传》文是据帛书《易之义（衷）》编写而成。不管两者的承袭关系如何，都可以说明帛书《易之义（衷）》"天地定立"一段反映了"先天卦位"的系统，而此一说极有可能起源于先秦②。

---

① 廖名春：《帛书〈衷〉释文》，《帛书〈易传〉初探》，中国台湾文史哲出版社，1998 年版，第 273 页。

② 廖名春：《帛书衷与先天卦位的起源》，《帛书〈易传〉初探》，中国台湾文史哲出版社，1998 年版，第 107~122 页。

（四）《帛书易传·易之义（衷）》"子曰"之四

子曰："万物之义，不刚则不能动，不动则无功，恒动而弗中则〔亡，此刚〕之失也。不柔则不静，不静则不安，久静不动则沉，此柔之失也。是故《键》之'炕龙'，《壮》之'触藩'，《句》之离'角'，《鼎》之'折足'，《酆》之虚盈，五繇者，刚之失也，动而不能静者也……于文武也，此《易》赞也。"①

此段自帛书《易之义（衷）》第16行至第18行左右，阐述《易》刚柔静动之义，而引五卦爻辞为证，以副文武德化政教之义，故为《易》之赞也。

（五）《帛书易传·易之义（衷）》"子曰"之五

子曰："《键》六刚能方，汤武之德也。'潜龙勿用'者，匿也。'见蠹在田'也者，德也。'君子冬日键键'，用也。'夕沂若，厉，无咎'，息也。'或跃在渊'，隐〔而〕能静也。'翡龙〔在天〕'，□而上也。'炕龙有悔'，刚而争也。'群龙无首'，文而圣也。《川》六柔相从顺，文之至也……《川》之至德，柔而反于方；《键》之至德，刚而能让。此《键》《川》之参说也。"②

此段自帛书《易之义（衷）》第18行至第22行左右，阐述《键（乾）》《川（坤）》之"参说"。分述《键（乾）》《川（坤）》六爻之义，

① 廖名春：《帛书〈衷〉释文》，《帛书〈易传〉初探》，中国台湾文史哲出版社，1998年版，第273~274页。
② 廖名春：《帛书〈衷〉释文》，《帛书〈易传〉初探》，中国台湾文史哲出版社，1998年版，第274页。

并及《谦》《涣》卦爻辞之义，而以《乾》《坤》刚柔之德比属汤武、文王至德，柔而能方，刚而能让，表述了政治统御的要旨。

（六）《帛书易传·易之义（衷）》"子曰"之六

子曰："《易》之用也，殷之无道，周之盛德也。恐以守功，敬以承事，知以辟患，□□□□□□□文王之危，知史记之数书，孰能辩焉？《易》曰又名焉曰《键》。《键》也者，八卦之长也。九也者，六肴之大也。为九之状，浮首兆下，蛇身偻曲，亓为龙类也。夫蠸，下居而上达者□□□□□□□□□□□而成章。在下为'潜'，在上为'炕'。人之阴德不行者，亓阳必失类。《易》曰'潜龙勿用'，亓义潜清，勿使之胃也。"

子曰："废则不可入于谋，朕则不可与戒。忌者不可与清，缴〔者〕不可予事。《易》曰'潜龙勿〔用〕'，'炕龙有悔'，言亓过也……"

子曰："君子之德也。君子齐明好道，日自见以待用也。《易》曰：'君子冬日键键，夕泝若，厉，无咎。'"

子曰："知息也，何咎之有？人不渊不跃，则不见……《易》曰：'或跃在渊，无咎。'"

子曰："恒跃则凶。君子跃以自见，道以自成。君子穷不忘达，安不忘亡，静居而成章，首福又皇。《易》曰：'翡蠸在天，利见大人。'"

子曰："天□凶……文而溥，齐明而达矣。此以制名，孰能及〔乎〕？《易》曰：'见群蠸无首。'"

子曰："让善之胃也。君子群居，莫敢〔乱〕首，善而治，何疾亓和也？龙不侍光而动，无阶而登，□□□□□□□□□□此

《键》之羊说也。"①

此段为帛书《易之义（衷）》第 22 行至第 29 行左右，阐述《键（乾）》六爻"羊（详）说"。此段开头以"《易》之用也，殷之无道，周之盛德也"明义，发挥孔子尊崇周文之义，而又以黄老之说阐论为政刚柔并济之道，以忧患意识为守成进取之功，盖战国时儒家参揉黄老道法家之言，而假托孔子以弘扬《乾》道之政治思想者。

（七）《帛书易传·易之义（衷）》"子曰"之七

子曰："《易》又名曰《川》，雌道也。故曰'牝马之贞'，童兽也，《川》之类也。是故良马之类，广前而景后，遂臧，尚受而顺，下安而静，外又美刑则中……戾以来群，文德也。是故文人之义，不待人以不善，见亚墨然弗反，是胃以前戒后，武夫昌虑，文人缘序……"

《易》曰："履霜，坚冰至。"子曰："孙从之胃也。"岁之义始于东北，成于西南。君子见始弗逆，顺而保毂。《易》曰："东北丧崩，西南得崩，吉。"子曰："非吉石也……"

《易》曰："直方大，不习，吉。"子曰："生文武也，虽强学，是弗能及之矣……"《易》曰："或从〔王〕事，无成又冬。"子曰："言《诗》《书》之胃也……"

《易》曰："利〔永〕贞。"此《川》之羊说也②。

---

① 廖名春：《帛书〈衷〉释文》，《帛书〈易传〉初探》，中国台湾文史哲出版社，1998 年版，第 274~275 页。

② 廖名春：《帛书〈衷〉释文》，《帛书〈易传〉初探》，中国台湾文史哲出版社，1998 年版，第 275~276 页。

此段为帛书《易之义（衷）》第 29 行至第 34 行，阐述《川（坤）》之"羊（详）说"。与上条并观，可知帛书《易之义（衷）》，《乾》《坤》并建、刚柔并济、动静和谐与文武合德，自然与人文并重，道德与政教一致的思想，兼赅体用与内外，义理备至。

（八）《帛书易传·易之义（衷）》"子曰"之八

子〔曰〕："《易》之要，可得而知矣。《键》《川》也者，《易》之门户也。《键》，阳物也；《川》，阴物也。阴阳合德而刚柔有体，以体天地之化，又口能敛之，无舌罪，言不当亓时则闭慎而观。"

《易》曰："聒囊，无咎。"子曰："不言之胃也。□□〔何〕咎之又？墨亦毋誉，君子美亓慎而不自箸也，渊深而内亓华。"

《易》曰："黄常，元吉。"子曰："尉文不发之胃也。文人内亓光，外亓龙，不以亓白阳人之黑，故亓文兹章……"

"蠪单于野，亓血玄黄。"子曰："圣人信哉！隐文且静，必见之胃也。蠪早变而不能去亓文，则文亓信于而达神明之德也。亓辩名也，杂而不伐……《井》以辩义也；《涣》以行权也。"子曰："涣而不救，则比矣……"

子曰："知者观亓缘辞而说过半矣……《易》曰：'三与五同功异立，亓过〔不同，三〕多凶，五多功，〔贵贱〕之等□□□□□□□□□□□□□□□□□□。'" 衷 二千[①]。

帛书《易之义（衷）》从第 34 行至第 45 行，依朱子《周易本义》之分章为今本《系辞传下》的第六章、第七章、第八章、第九章，故有

---

① 廖名春：《帛书〈衷〉释文》，《帛书〈易传〉初探》，中国台湾文史哲出版社，1998 年版，第 276～277 页。

学者认为是《系辞传》的下篇。而今本《系辞传》"三陈九卦"一段，也见于此段帛书《易之义（衷）》中。廖名春《帛书易之义（衷）简说》以为：

> 其实，它是称引《系辞》、改编《系辞》以敷衍成文的。除了它引《系辞》之文多次称为"《易》曰"之外，从其行文风格上，我们也可以得到印证。……所以，从上述事实看，《易之义（衷）》与《系辞》决非同一时代的产物，我们只能说《易之义（衷）》摘引《系辞》而成文①。

帛书《二三子》《系辞》《易之义（衷）》及《要》都是记载孔子与其弟子论《易》的资料，在这些篇章中连篇累牍的"子曰"，应系孔子弟子所记录下来的孔子之言。尤其，《易之义（衷）》综合各家之说，强调阴阳和谐相济的主体思想，廖名春以为：

> 这种重视阴阳和谐、刚柔相济的思想虽然也是出于以义理说《易》一途，但与"天尊地卑"说是有明显距离的，所以，《易之义》的《易》说并非纯粹的儒家思想，与战国后期黄老思想倒很相近。说它编成于一个受到黄老思想影响的儒生之手，应是可信的②。

因此可知，在《易之义（衷）》关于卦义的阐述中，可以获得很多的启示与联结。

---

① 廖名春：《帛书〈易之义〉简说》，《帛书〈易传〉初探》，中国台湾文史哲出版社，1998年版，第9~11页。
② 廖名春：《帛书〈易之义〉简说》，《帛书〈易传〉初探》，中国台湾文史哲出版社，1998年版，第13页。

八、《帛书易传·要》"夫子曰"条理简释

《帛书易传·要》共 24 行，1648 字。《要》篇的篇名、形式与其体裁，与儒家《易》学思想密切相关。此篇作者假托孔子之名，以"夫子曰"的语式申发其简要的《易》学宗旨，认为：学《易》不在于占筮求福，而在于观其"要"——《易》之要，不在于筮数，而在于其德义，在于蓍卦之德、六爻之义。此即《易》道"圆而神""方以智"与"唯变所适"的哲学思辨。此篇以"要"名篇，通篇记叙孔子论《易》的重要言论思想，可视为孔子《易》教的重要资料汇集，深具学术价值①。

（一）《帛书易传·要》"夫子曰"之一

〔夫〕子曰："吾好学而龟闻要，安得益吾年乎？吾□……"②

由此可知，学《易》而能得其"要"，正是孔子的遗教。廖名春《帛书〈易传〉初探·帛书〈要〉简说》考释以为：此开头部分，当是今本《系辞传下》的第十章。唯此段文字脱落残损，实际内容无法竟观，不得其详，犹待考辨。

（二）《帛书易传·要》"夫子曰"之二

〔夫子曰〕："危者安亓立者也，亡者保〔亓存者也，是故〕君子安不忘危，存不忘亡，治不忘〔乱。是以身安而国〕家可保也。

---

① 廖名春《周易经传与易学史新论》（齐鲁书社，2001 年版）多所校释述论，可以参考。

② 廖名春：《帛书〈要〉释文》，《帛书〈易传〉初探》，中国台湾文史哲出版社，1998 年版，第 279 页。

《易》曰：'亓亡亓亡，系于枹（苞）桑。'"①

此与通行本《系辞传下·第五章》文字同出一辙，引《否·九五》爻辞为证。

（三）《帛书易传·要》"夫子曰"之三

夫子曰："德溥而立奠，〔知小而谋大，力小而任重〕，鲜不及。《易》曰：'鼎折足，复公莡，亓刑屋，凶。'言不朕任也。"②

此与通行本《系辞传下·第五章》文字同出一辙，引《鼎·九四》爻辞为证。

（四）《帛书易传·要》"夫子曰"之四

夫子曰："颜氏之子，亓庶几乎？见几，又不善，未尝弗知；知之，未尝复行之。《易》曰：'不远复，无是诲，元吉。'天地蕴，万勿润，男女购请而万物成。《易》曰：'三人行，则损一人；一人行，则〔得〕亓友。'言至一也。君子安亓身而后动，易亓心而后諱，定位而后求。君子于此三者，故存也。危以动，则人弗与也；无立而求，则人弗予也；莫之予，则伤之者必至矣。《易》曰：'莫益之，或击之，立心勿恒，凶。'此之胃也。"③

---

① 廖名春：《帛书〈要〉释文》，《帛书〈易传〉初探》，中国台湾文史哲出版社，1998年版，第279页。

② 廖名春：《帛书〈要〉释文》，《帛书〈易传〉初探》，中国台湾文史哲出版社，1998年版，第279页。

③ 廖名春：《帛书〈要〉释文》，《帛书〈易传〉初探》，中国台湾文史哲出版社，1998年版，第279页。

此段当属一章，其内容主要是通行本《系辞传下·第五章》的后半部分。先引《复·初九》爻辞为证，次引《损·六三》爻辞为证，后引《益·上九》爻辞为证。以上三条大体与通行本《系辞传下·第五章》相同，皆记述孔子议论爻辞之义，为学《易》、用《易》之事，可知同一来源，为孔门《易》学遗教无疑。

（五）《帛书易传·要》"夫子曰"之五

> 夫子老而好《易》，居则在席，行则在囊。子赣曰："夫子它日教此弟子曰：'德行亡者，神霝之趋；知谋远者，卜筮之蘩。'赐以此为然矣。以此言取之，赐缗行之为也。"①

以下四条记载孔子晚年与子赣（子贡，即端木赐）论《易》道之事。而此记载与《史记·孔子世家》《史记·田敬仲完世家》与《论语·述而》所载内容可相印证。前文中已有引述说明，不再复述其义。

（六）《帛书易传·要》"夫子曰"之六

> 夫子何以老而好之乎？夫子曰："君子言以渠方也，前羊而至者，弗羊而巧也。察亓要者，不诡亓福。《尚书》多于矣，《周易》未失也，且又古之遗言焉。予非安亓用也。"②

孔子晚而好《易》，由此上下四段资料可证为真实的文献。而孔子

---

① 廖名春：《帛书〈要〉释文》，《帛书〈易传〉初探》，中国台湾文史哲出版社，1998年版，第279页。
② 廖名春：《帛书〈要〉释文》，《帛书〈易传〉初探》，中国台湾文史哲出版社，1998年版，第279页。

所以好之者，其心路历程可以透过这些内容得到相应的理解，孔子不排斥卜筮之道，唯其最终目的亦不在求福致祥，乃求德义之彰显，与生命之贞立，充满了人文的道德关怀，也充分表露了儒家思想在天道与人事上的道德自觉性与能动性。

（七）《帛书易传·要》"夫子曰"之七

〔子赣曰：赐〕闻于夫〔子曰〕："□必于□□□。如是，则君子已重过矣。赐闻诸夫子曰：'孙（逊）正而行义，则人不惑矣。夫子今不安亓用而乐亓辞，则是用倚于人也，而可乎?'"子曰："校哉，赐！吾告女，《易》之道昔□□□而不□以百王之□□□《易》也。夫《易》，刚者使知瞿，柔者使知刚，愚人为而不忘，渐人为而去诈。文王仁，不得亓志，以成亓虑。纣乃无道，文王作，讳而辟咎，然后《易》始兴也。予乐亓知之□□□之自□□。予何□王事纣乎?"①

《易》道易简、变易而不易，其用多方，而义无穷。此条透过子贡与孔子的对话，而诠释出《周易》中和涵融的精神特质，归之于圣人文王忧患意识的创制，以与失天道、绝人伦的殷纣王为鉴，与通行本《系辞传》的思想一致，亦儒家师法周文圣王道统的一贯论点，显示出孔子《易》教特重周文道统的思想意义。

---

① 廖名春：《帛书〈要〉释文》，《帛书〈易传〉初探》，中国台湾文史哲出版社，1998年版，第279页。

（八）《帛书易传·要》"夫子曰"之八

　　子赣曰："夫子亦信亓筮乎？"子曰："吾百占而七十当，唯周梁山之占也，亦必从亓多者而已矣。"子曰："《易》，我后（复）亓祝卜矣！我观亓德义耳也。幽赞而达乎数，明数而达乎德，又仁〔守〕者而义行之耳。赞而不达于数，则亓为之巫；数而不达于德，则亓为之史。史巫之筮，乡之而未也，好之而非也。后世之士疑丘者，或以《易》乎？吾求亓德而已，吾与史巫同涂（途）而殊归者也。君子德行焉求福，故祭祀而寡也；仁义焉求吉，故卜筮而希也。祝巫卜筮亓后乎？"①

　　《易》本为卜筮之书固无疑义，然孔子观其"德义"，转而为生命内在的充养，与人生外在的推廓，故以"巫""史""君子"的道德进路为其理想，建构出道德理性与实践仁义的儒家思想体系，可谓有本有原，体用兼赅了。

（九）《帛书易传·要》"夫子曰"之九

　　孔子繇《易》至于《损》《益》二卦，未尚不废书而叹，戒门弟子曰："二参子！夫《损》《益》之道，不可不审察也。吉凶之〔门〕也。《益》之为卦也，春以授夏之时也，万勿之所出也，长日之所至也，产之室也，故曰《益》。《损》者，秋以授冬之时也，万物之所老衰也，长〔夕〕之所至也，故曰产。道穷焉而产，道□焉。《益》之始也吉，亓冬也凶；《损》之始凶，亓冬也吉。《损》

---

①　廖名春：《帛书〈要〉释文》，《帛书〈易传〉初探》，中国台湾文史哲出版社，1998 年版，第 280 页。

《益》之道，足以观天地之变，而君者之事已。是以察于《损》《益》之变者，不可动以忧熹。故明君不时不宿，不日不月，不卜不筮，而知吉与凶，顺于天地之也，此胃《易》道。故《易》又天道焉，而不可以日月生辰尽称也，故为之以阴阳；又地道焉，不可以水火金土木尽称也，故律之以柔刚；又人道焉，不可以父子君臣夫妇先后尽称也，故为之以上下；又四时之变焉，不可以万勿尽称也，故唯为之以八卦。故《易》之为书也，一类不足以亟之，变以备亓请者也，故胃之《易》。又君道焉，五官六府不足尽称之，五正之事不足以至之，而《诗》《书》《礼》《乐》不□百扁，难以致之。不问于古法，不可顺以辞令，不可求以志善。能者繇一求之，所胃得一而君毕者，此之胃也。《损》《益》之道，足以观得失矣。"①

此段记载孔子对其门弟子讲述《周易》《损》《益》之道及二卦中之哲理。此段记载与《淮南子·人间训》《说苑·敬慎》与《孔子家语·六本》的内容亦可相互印证。《易》有天道、地道、人道与君道，囊括自然界与人类社会的规律；而《诗》《书》《礼》《乐》卷帙繁多，不止百篇之数，从中获取天道、地道、四时之变、人道与君道，自非容易之事。然而，《周易》有阴阳、柔刚以见天地之道，有八卦以见四时之变，有上下以见人道、君道，故《诗》《书》《礼》《乐》的精华都浓缩在《周易》的《损》《益》之道里，不必皓首穷经，因此《尚书》不如《周易》，《诗》《礼》《乐》等亦不如《周易》，故孔子晚而好《易》的根本在此。此一说法赞扬《周易》，而贬抑《诗》《书》《礼》《乐》的思想，应是后来以《周易》为六经之首的先声及其内在根源。然考察此

---

① 廖名春：《帛书〈要〉释文》，《帛书〈易传〉初探》，中国台湾文史哲出版社，1998年版，第279~280页。

一思想，可知孔子晚年重《易》、好《易》，而轻《诗》《书》《礼》《乐》，实质上是为其仁道哲学寻找天道的根据，而将其仁学发展为天人合一之学，此一思想进路与脉络与通行本《系辞传》的思想体系密切吻合。而孔子天人思想上的此种变化，透过《帛书易传·要》篇子赣与孔子的对话质疑中，可以明确肯定：孔子晚年好《易》，而以"德义"是尚，不仅是一事实，也是孔子经学思想的一大变化与提升，也是儒家转化《周易》为哲学义理之书的重要枢机。

九、《帛书易传·缪和》"先生"与"子曰"简释

就马王堆出土《帛书易传》来看，《缪和》与《昭力》犹如一篇文章的上下两篇，共约28节，是《帛书易传》的第五、第六篇，也是写成最晚的两篇，但其所记史事最晚也是战国初期之事；而且《缪和》篇所载史事，往往比《吕氏春秋》《韩非子》所记更为翔实，故廖名春教授《帛书〈易传〉初探》考证：它是在《吕氏春秋》《韩非子》之前写成的。而笔者从《缪和》《昭力》二篇的记录比较来看，《帛书易传》最有可能是战国晚期稍前作品，是孔子晚年传《易》弟子及其后学在楚地的学生所传抄，而以《缪和》《昭力》二篇的著成时间最晚，应系儒门传《易》、论《易》之作。

《缪和》篇紧接着《要》篇，第一行顶端涂有墨钉标志，以"缪和问于先生曰"开篇，以"观国之光，明达矣"作结，篇末有尾题作："缪和"，未记字数。其中，有缪和问《涣》《困》《□》《谦》《丰》五节，吕昌问《屯》《涣》《蒙》三节，吴孟问《中孚》二节，庄但问《谦》一节，张射问《谦》一节，李羊问《归妹》一节；而以"子曰"开头，讲论《复》《讼》《恒》《坤》诸卦爻辞之义者六节；以历史故事引论《比》《益》《谦》《睽》《明夷》《观》诸卦爻辞之义者六节。《缪和》行数约70，字数约5070，每行字数约在70左右，约25节。《昭力》篇约有14

行3节，字数约930，分别综论卦爻辞，讲论卿大夫之义、国君之义与四勿之卦大义。就内容而言，不难看出二篇的相关，都是以问答方式论《易》、解《易》的文献，为附钞的《易》学资料作品。此二篇成书较晚，所记为孔子弟子后学传《易》经师讲《易》的内容。廖名春以为："《缪和》《昭力》中的'子曰'，应即'先生曰'，是欧阳修所谓的'讲师之言'。"①因《缪和》篇文字较多，限于篇幅，以下仅就各节要义，简单陈述，不再赘录全文。

（一）《帛书易传·缪和》第一节至第五节"先生"与"子曰"

缪和问于先生曰："请问，《易·涣》之九二曰：'涣贲亓阶，每亡。'此辞吾甚疑焉，请问此之所胃？"〔子〕曰："夫《易》，明君之守也。吾思不达问，学不上与？恐言而贸易，失人之道。不然，吾志亦愿之。"

缪和曰："请毋若此，愿闻亓说。"子曰："《涣》者，散也；《贲》阶，几也，时也。古之君子时福至则进取，时亡则以让。夫时至而能既焉，散走亓时，唯恐失之。故当亓时而弗能用也，至于亓失之也。唯欲为人用，剀可得也才！将何无每之又？受者昌，贲福而弗能蔽者穷，逆福者死……"

缪和问于先生曰："凡生于天下者，无愚知贤不宵，莫不愿利达显荣。今《周易》曰：'《困》：亨；贞，大人吉，无咎；又言〔不〕信。'敢问大人何吉于此乎？"子曰："此圣人之所重言也，曰'又言不信'。凡天之道壹阴壹阳，壹短壹长，壹晦壹明。夫人道九之，是故汤〔囚于桀〕王，文王拘于羑里，〔秦缪公困〕于殽，齐桓公辱于长钓，戉王勾贱困于〔会稽〕，晋文君困〔于〕骊氏。

① 廖名春：《帛书〈易传〉初探》，中国台湾文史哲出版社，1998年版，自序第2~3页。

古古至今，柏王之君，未尝困而能□□〔者，未之有〕也……"

缪和问于先生曰："吾年岁猷少，志□□□已欲多□□□敢失忘吾冬？"子曰："何□□□□□□□未定□……曰美亚不□□《书》《春秋》《诗》语盖□……"①

〔《易·嗛》之九〕三〔曰："劳嗛，君子又冬，吉。"何胃也？子曰："此言"□□□也。古之君子……非能焉而又功名于天下者，殆无又矣。故曰：'劳嗛，君〔子又〕冬，吉。'此之胃也。〕

缪和问于先生曰："吾闻先君亓〔举〕义错法发〔号〕施令于天下也，皎焉若□□□□□世，循者不惑眩焉。今《易·丰》之九四曰：'豊亓剖，日中见斗；遇亓夷主，吉。'可胃也？"子曰："《丰》者，大也。剖者，小也。此言小大之不惑也……遇者，见也；见夷主者，亓始梦兆而亟见之者也。亓次秦缪公、荆庄、晋文、齐桓是也……"②

以上钞录缪和向"先生"问《易》，师生共同讨论了《涣·九二》爻辞、《困》卦卦辞、《□》卦、《谦·九三》爻辞、《丰·九四》爻辞之义。

（二）《帛书易传·缪和》第六节至第八节"先生"与"子曰"

吕昌问先生曰："《易·屯》之九五曰：'屯亓膏，小贞吉，大

---

① 赵建伟《出土简帛〈周易〉疏证》于"《书》《春秋》《诗》语盖……"以下，尚有释文曰："者莫不安……者……以高下，故□□禹之取天〔下者〕，当此卦也。禹□其四肢，苦其思□，至于手足胼胝，颜色□□□□……能□细，故上能而果□□下□号圣君，亦可谓终矣，吉孰大焉？故曰劳谦君子，有终，吉，不亦宜乎？今有土之君，及至布衣□□□□□□□其妻挐，粉白黑涅□□□□□□□□□矣，日中必倾，□非能□而有功名于天下者，殆无有矣。故曰劳谦君子，有终，吉，此之谓也。"可与下段释文并参较。

② 廖名春：《帛书〈缪和〉释文》，《帛书〈易传〉初探》，中国台湾文史哲出版社，1998年版，第281～282页。

贞凶。'将何胃也？"夫《易》，上圣之治也。古君子尊思卑，贵思贱，富思贫，乐思劳。君子能思此四者，是以长又亓利，而名与天地俱……夫处上立厚自利而不自血下，小之猷可，大之必凶……夫未梦颣而先知之者，圣人之志也，三代所以治亓国也……

吕昌问先生曰："……今《易·涣》之六四曰：'涣亓群，元吉。'此何胃也？"子曰："异才，天下之士所贵！夫《涣》者，散；元者，善之始也；吉者，百福之长也……"

吕昌问先生曰："夫古之君子，亓思虑举错也，内得于心，外度于义。外内和同，上顺天道，下中地理，中适人心……闻今《周易》曰：'《蒙》：亨。非我求童蒙，童蒙求我；初筮吉，再参读，读则不吉，利贞。'以昌之私，以为夫设身无方，思索不察，进退无节，读焉则不吉矣，而能亨亓利者，古又之乎？"子曰："……夫内之不咎，外之不逆，百百然能立志于天下，若此者，成人也。成人也者，世无一夫，剀可强及舆才？故言曰……君子于仁义之道也，虽弗身能，剀能已才？日夜不休，冬身不卷，日日载载，必成而后止……"①

以上钞录吕昌向"先生"问《易》，师生共同讨论了《屯·九五》爻辞、《涣·六四》爻辞、《蒙》卦卦辞之义。

（三）《帛书易传·缪和》"先生"与"子曰"第九节至第十节

吴孟问先〔生曰〕："《易·中复》之九二亓辞曰：'鸣鹤在阴，

---

① 廖名春：《帛书〈缪和〉释文》，《帛书〈易传〉初探》，中国台湾文史哲出版社，1998年版，第283～284页。

亓子和之；我又好爵，吾与玺赢之。'何胃〔也〕？"〔子〕曰："夫《易》，圣君之所尊也。吾庸与焉乎？"吴子曰："亚又然！愿先生式略之以为毋忘，以匡弟子所〔疑〕。"〔子曰：鸣〕鹤在阴，〔君〕者所独擅也，道之所见也，故曰"在阴"。君者，人之父母也；人者，君之子也。君发号施令，以死力应之，故曰"亓子和之"。"我又好爵，吾与玺赢之"者，夫爵在君，在人君……欣焉而欲利之；忠臣之事亓君也，欢然而欲明之。欢欣交通，此圣王之所以君天下也。故《易》曰："鸣鹤阴，亓子和之；我又好爵，吾与玺赢之。"亓此之胃乎？①

以上钞录吴孟向"先生"问《易》，师生共同讨论《中孚·九二》爻辞之义。

（四）《帛书易传·缪和》"先生"与"子曰"第十一节

庄但〔问〕于先生曰："敢问于古今之世闻学谈说之士君子，所以皆牧焉，劳亓四枳之力，渴亓腹心而素者，类非安乐而为之也。以但之私心论之，此大者求尊严显贵之名，细者欲富厚安乐〔之〕实……今《易·谦》之初六亓辞曰：'嗛嗛〔君子〕，用涉大川，吉。'将何以此论也？"子曰："夫务尊显者，亓心又不足者也。君子不然……嗛之初六，嗛之明夷也，圣人不敢又立也，以又知为无知也，以又能为无能也，以又见为无见也……且夫《川》者，下之为也。故曰：'用涉大川，吉。'"子曰："能下人若此，亓吉也，不亦宜乎？舜取天下也，当此卦也。"子曰："芯明叟知守以

---

① 廖名春：《帛书〈缪和〉释文》，《帛书〈易传〉初探》，中国台湾文史哲出版社，1998年版，第284页。

愚，〔博〕闻强识守以践，尊〔禄〕贵官守以卑。若此，故能君人。非舜，亓孰能当之？"①

以上钞录庄但向"先生"问《易》，师生共同讨论了《谦·初六》爻辞与卦辞之义。

（五）《帛书易传·缪和》"先生"与"子曰"第十二节

张射问先生曰："自古至今，天下皆贵盛盈。今《周易》曰：'《嗛》：亨，君子又冬。'敢问君子何亨于此乎？"子曰："所问是也。夫先君作埶列爵立之尊，明厚赏爱之名，此先君之所以劝亓力也宜矣。彼亓贵之也，此非圣君之所贵也。夫圣君卑醴屈貌以舍孙，以下亓人，能至天下之人而又之。〔非圣君，亓〕孰能以此冬？"子曰："天之道槁高神明而好下，故万勿归命焉；地之道精博以尚而安卑，故万勿得生焉。圣君之道尊严夐知而弗以骄人，嗛然比德而好后，故〔天下归心焉〕。《易》曰：'《嗛》：亨，君子又冬。'"子曰："《嗛》者，谦然不足也。亨者，嘉好之会也。夫君人者以德下亓人，人以死力报之，亓亨也，不亦宜乎？"子曰："天道毁盈而益嗛，地道销〔盈而〕流嗛，〔鬼神害盈而福嗛〕，人道亚盈而好谦。谦者，一物而四益者也；盈者，一物而四损者也。故圣君以为豊莅，是以盛盈……"②

以上钞录张射向"先生"问《易》，师生也是共同讨论《谦·初六》

---

① 廖名春：《帛书〈缪和〉释文》，《帛书〈易传〉初探》，中国台湾文史哲出版社，1998年版，第284～285页。

② 廖名春：《帛书〈缪和〉释文》，《帛书〈易传〉初探》，中国台湾文史哲出版社，1998年版，第285～286页。

爻辞与卦辞之义。

（六）《帛书易传·缪和》"先生"与"子曰"第十三节

　　李羊问先生曰："《易·归妹》之上六曰：'女承匡无实，士刲羊无血，无攸利。'将以辞，是何明也？"子曰："此言君臣上下之求者也。女者，下也。士者，上也。承者，□〔也。匡〕者，□之名也。刲者，上求于下也。羊者，众也。血者，恤也。攸者，所也……夫明君之畜亓臣也，不虚忠臣之事，亓君也又实，上下通实，此所以长又令名于天下也。夫忠言情爱而实弗，此鬼神之所疑也，而兄人乎？将何所利？……此之胃也。"……子曰："君人者又大德于〔臣〕而不求亓报，则□□要晋齐宋之君是也；臣人者又大德于〔人而不求亓报〕……王子比干、五子〔胥〕、□□子隼是也……是故圣君求报于人，士饶壮而不能……矣。"①

以上钞录李羊向"先生"问《易》，师生共同讨论《归妹·上六》爻辞之义。

（七）《帛书易传·缪和》"先生"与"子曰"第十四节至第二十四节

　　复之〔六〕二曰："休复，吉。"……何吉之求矣？子曰："昔者先君……犹恐人之不顺也，故亓在《易》〔也，《讼》之六三曰：食旧德，贞厉，终吉；或从王〕事，无成。"子曰："食〔旧德〕，正之成也，故人……干事食旧德以自厉……不亦宜乎？"

---

① 廖名春：《帛书〈缪和〉释文》，《帛书〈易传〉初探》，中国台湾文史哲出版社，1998年版，第286页。

子曰："《恒》之初六曰：'夐恒，贞凶，〔无攸利。〕'"〔子〕曰："治（夐）……曰国□人之所非也，凶必产……"子曰："《恒》之九三曰：'不恒亓德，或承之羞，贞〔蔺〕。'"子曰："不恒亓德，言亓德行之无恒也，德行无道则亲疏无辨，亲疏无辨……"〔子曰：恒之〕九五曰："恒亓德，贞，妇人吉，夫子凶。"……"又弱德必立而好比于人，贤不宵（肖）人得亓宜，则吉；自恒也，则凶……"

子曰："《川（坤）》之六二曰：'直方大，不习，无不利。'"子曰："直方者，知之胃也……不利者，无过之胃也。夫赢德以与人，过则失人和矣，非人之所习也，则近害矣……"①

以上解《易》的形式为之一变，不再是问答体，而是直接以"子曰"解《易》，并以历史故事证《易》。其中，第十四节至第十九节，每节皆以"子曰"开头，依次阐发了《复·六二》爻辞、《讼·六三》爻辞、《恒·初六》爻辞、《恒·九三》爻辞、《恒·九五》爻辞、《坤·六二》爻辞之义。

（八）《帛书易传·缪和》"先生"与"子曰"第二十节至第二十五节

先叙述一个历史故事，再引《易》为证，此种形式与《韩诗外传》解《诗》如出一辙。具体说来，第二十节是以汤田猎（"汤出巡，守东北，又火"②），德及禽兽鱼鳖的故事，阐明《比·九五》爻辞（"显比，王用参殴，失前禽，邑不戒，吉"③）之义。

第二十一节，是以魏文侯礼遇段干木事（"过段干木之间而式……

① 廖名春：《帛书〈缪和〉释文》，《帛书〈易传〉初探》，中国台湾文史哲出版社，1998年版，第286~287页。
② 廖名春：《帛书〈缪和〉释文》，《帛书〈易传〉初探》，中国台湾文史哲出版社，1998年版，第287页。赵建伟《出土简帛〈周易〉疏证》释文作："汤出巡守，东北有火。"
③ 廖名春：《帛书〈缪和〉释文》，《帛书〈易传〉初探》，中国台湾文史哲出版社，1998年版，第288页。

文侯曰：'段干木富乎德，我富于财……若何我过而弗式也'"①），阐发
《益·九五》爻辞（"又覆惠心，勿问无吉，又复惠我德"②）之义。

第二十二节，是以吴太子辰归（馈）冰八管，置之江中，与士人
共饮，因而士人大悦，大败荆人的故事（"吴王夫肆攻，当夏，太子
辰归冰八管……与士饮亓下流。江水未加清，而士人大说。斯坌为三
遂，而出击荆人，大败之，袭亓郢，居亓君室，徙亓祭器。察之，则从
八管之冰始也"③），阐明《谦·上六》爻辞（"鸣谦，利用行师征国"④）
之义。

第二十三节，是以倚相说荆王拒越，而从越分吴事（"越王勾贱即
已克吴，环周而欲均荆方城之外。荆王闻之，恐而欲予之。左史倚相
曰……请为长毂五百乘，以往分于吴地……"⑤），阐明《睽·上九》爻
辞（"〔睽〕瓠，鬼豕负涂，载鬼一车，先张之瓠，后说之壶"⑥）之义。

第二十四节，通过沈尹树（戍）述说伐陈之利事（"荆庄王欲伐
陈，使沈尹树往观之……沈尹树曰：'……城郭，〔则〕人力渴（竭）
矣；仓廪实，则〔又饥〕之人也；亓士好学，则又外志也；亓妇组疾，
则士禄不足食也。故曰陈可伐也。'遂举兵伐陈，有之"⑦），阐明《明

---

① 廖名春：《帛书〈缪和〉释文》，《帛书〈易传〉初探》，中国台湾文史哲出版社，1998 年
版，第 288 页。

② 廖名春：《帛书〈缪和〉释文》，《帛书〈易传〉初探》，中国台湾文史哲出版社，1998 年
版，第 288 页。

③ 廖名春：《帛书〈缪和〉释文》，《帛书〈易传〉初探》，中国台湾文史哲出版社，1998 年
版，第 288 页。

④ 廖名春：《帛书〈缪和〉释文》，《帛书〈易传〉初探》，中国台湾文史哲出版社，1998 年
版，第 288 页。

⑤ 廖名春：《帛书〈缪和〉释文》，《帛书〈易传〉初探》，中国台湾文史哲出版社，1998 年
版，第 288 页。

⑥ 廖名春：《帛书〈缪和〉释文》，《帛书〈易传〉初探》，中国台湾文史哲出版社，1998 年
版，第 289 页。

⑦ 廖名春：《帛书〈缪和〉释文》，《帛书〈易传〉初探》，中国台湾文史哲出版社，1998 年
版，第 289 页。

夷·六四》爻辞（"入于左腹，获明夷之心，于出门廷"①）之义。

第二十五节，通过史黑（默）向赵间（简）子分析卫不可伐之事（"赵间子欲伐卫，使史黑〔往睹之，期以〕……史黑曰：'吾君殆乎大过矣！卫使据柏玉相，子路为浦，孔子客焉，史子突焉，子赣出入于朝而莫之留也。此五人，一治天下者也，而皆在卫……况举兵而伐之乎。'"②），阐明《观·六四》爻辞（"观国之光，利用宾于王"③）之义，而后总结全文曰：

> 《易》曰"童童往来"，仁不达也；"不克征"，义不达也；"亓行塞"，道不达也；"不明每"，明不达也。"□□□□"，〔仁达矣〕；"□□□□"，义达矣；"自邑告命"，道达矣；"观国之光"，明达矣④。

这种大量运用历史故事来解说《周易》卦爻辞之旨的方法，可以说开创了以史证易派的先河。而且这些历史故事，大多见于《吕氏春秋》、贾谊《新书》《说苑》《新序》《韩诗外传》与《大戴礼记》等书中，具备历史事件与易学诠释双重参考鉴证的价值⑤。

---

① 廖名春：《帛书〈缪和〉释文》，《帛书〈易传〉初探》，中国台湾文史哲出版社，1998 年版，第 289 页。

② 廖名春：《帛书〈缪和〉释文》，《帛书〈易传〉初探》，中国台湾文史哲出版社，1998 年版，第 289 页。

③ 廖名春：《帛书〈缪和〉释文》，《帛书〈易传〉初探》，中国台湾文史哲出版社，1998 年版，第 289 页。

④ 廖名春：《帛书〈缪和〉释文》，《帛书〈易传〉初探》，中国台湾文史哲出版社，1998 年版，第 289 页。

⑤ 廖名春：《帛书缪和、昭力简说》，《帛书〈易传〉初探》，中国台湾文史哲出版社，1998 年版，第 28 页。

十、《帛书易传·昭力》"子曰""先生曰"简释

《昭力》是帛书《易传》的结篇，共14行，每行字数约70，末一行仅22字，共约930字。《缪和》与《昭力》一体而两篇，而丁四新《帛书缪和、昭力"子曰"辨》认为：帛书《缪和》《昭力》之"子曰"即"孔子曰"，并非指"讲师之言"。缪和、昭力等七人，皆当为孔子晚年弟子，而非汉初人物。由此还认为，《缪和》《昭力》乃是儒家研《易》著作，而战国至汉初流传的诸种《易传》皆当以孔子为宗主，且多与孔子晚年弟子及其后学相关①。这一论点有其文本思想的根据，可以作为研究的参考。

此篇形式，皆以昭力问《易》，而"子"或"先生"以卦爻辞义申答解《易》。全文可分为三段落：第一段，阐发《师·六四》爻辞、《大畜·九三》爻辞与六五爻辞，以综论"君卿大夫之义"。第二段，阐发《师·九二》爻辞、《比·九五》爻辞与《泰·上六》爻辞，以综论"国君之义"。第三段，阐述"四勿之卦"——"《比》《旅》《无孟（无妄）》《归妹》"之义。总体而言，《昭力》解《易》综合性强，糅合数卦数爻之辞，阐发其共同的意义，已见融会贯通的诠释端倪。尤其，《昭力》全篇谈各卦辞爻辞的政治思想，具有浓厚的儒家重德特色，可视为孔门后学的《易》学发挥。

（一）《帛书易传·昭力》"子曰""先生曰"之一

昭力问曰："《易》又卿大夫之义乎？"子曰："《师》之'左次'与'阑舆之卫'与'矱豕之牙'参者，大夫之所以治亓国而安亓

---

① 丁四新：《帛书缪和、昭力"子曰"辨》，《中国哲学史》，2001年第3期，第100~107页。

〔民也〕。"①

此段开篇昭力发问：《易》是否具备卿大夫治国之义？"子"② 以《师·六四》爻辞"师左次，无咎"③、《大畜·九三》爻辞"良马逐，利艰贞；曰闲舆卫，利有攸往"④与《大畜·六五》爻辞"豮豕之牙，吉"⑤三者，以综论大夫"所以治其国而安其民"之义，详细内容如下。

（二）《帛书易传·昭力》"子曰""先生曰"之二

> 昭力曰："可得闻乎？"子曰："昔之善为大夫者，必敬亓百姓之顺德，忠信以先之，修亓兵甲而备之，长贤而劝之，不乘胜名以教亓人，不美卑谕以安社稷。亓将督诰也，吐言以为人次；亓将报□〔也〕，史一以为人次；亓将取利，必先亓义以为人次。《易》曰：'师左次，无咎。'师也者，人之聚也；次也者，君之立也。见事而能左亓主，何咎之又？"⑥

此条首先总论善为大夫之德，在于"敬其百姓之顺德"，而先之以"忠信"，又能"修其兵甲而备之，长贤而劝之，不乘胜名以教其

---

① 廖名春：《帛书〈昭力〉释文》，《帛书〈易传〉初探》，中国台湾文史哲出版社，1998 年版，第 290 页。

② 或以为即"孔子"，或以为"孔子后学"，或以为"讲师"，或以为"汉儒"，纷纷莫定，大抵为孔门后儒论《易》之作则无疑。

③ （三国·魏）王弼、（晋）韩康伯注，（唐）孔颖达等正义：《周易正义》卷第二《师》，（清）阮元校刻：《十三经注疏》，中华书局，2009 年影印本，第 49 页。

④ （三国·魏）王弼、（晋）韩康伯注，（唐）孔颖达等正义：《周易正义》卷第三《大畜》，（清）阮元校刻：《十三经注疏》，中华书局，2009 年影印本，第 81 页。

⑤ （三国·魏）王弼、（晋）韩康伯注，（唐）孔颖达等正义：《周易正义》卷第三《大畜》，（清）阮元校刻：《十三经注疏》，中华书局，2009 年影印本，第 81 页。

⑥ 廖名春：《帛书〈昭力〉释文》，《帛书〈易传〉初探》，中国台湾文史哲出版社，1998 年版，第 290 页。

人，不美卑隃以安社稷"，如能依循此道而行，则大夫发号施令，便能按部就班，而百姓安顿，国家自然安定；又能先义以取利，那么天下之人便能服德而安泰了。此引《师·六四》爻辞"师左次，无咎"①，以为安聚人民百姓，奠定君主政权的基础；又能"见事而佐其主"，内政修明，道德良善，而积极治事，民服臣能而主安，哪有不能郅治之理呢？

（三）《帛书易传·昭力》"子曰""先生曰"之三

问："阑舆"之义。子曰："上正卫国以德，次正卫国以力，下正卫〔国〕以兵。卫国以德者，必和亓君臣之节，不耳之所闻，败目之所见。故权臣不作，同父子之欲，以固亓观赏。百姓之劝，以禁违教，察人所疾，不作奇心。是故大国属力焉，而小国归德焉。城郭弗修，五兵弗实，而天下皆服焉。《易》曰：'阑舆之卫，利又攸往。'若舆且可以阑然卫之，况以德乎？可不共之又？"②

昭力接着问《大畜·九三》爻辞"闲舆"之义。而在文字比对上，通行本《大畜·九三》爻辞作："良马逐，利艰贞；曰闲舆卫，利有攸往。"③《昭力》引作："《易》曰：'阑舆之卫，利又攸往。'"廖名春教授以为："阑，与今本闲通。今本的'曰'字，用在此处，殊为不通……《昭力》引无'曰'字，多一'之'字，文从字顺，足证今本之'曰'字有误。由此可见，《昭力》所引之《易》，与帛书《易经》，并非

① （三国·魏）王弼、（晋）韩康伯注，（唐）孔颖达等正义：《周易正义》卷第二《师》，（清）阮元校刻：《十三经注疏》，中华书局，2009年影印本，第49页。

② 廖名春：《帛书〈昭力〉释文》，《帛书〈易传〉初探》，中国台湾文史哲出版社，1998年版，第290页。

③ （三国·魏）王弼、（晋）韩康伯注，（唐）孔颖达等正义：《周易正义》卷第三《大畜》，（清）阮元校刻：《十三经注疏》，中华书局，2009年影印本，第81页。

一本。"①

"子曰"的诠释甚富儒家以德治国而天下从的宏观远见，最好的政治策略是"卫国以德"，其次"以力"，最下"以兵"，这种观点放诸四海而皆准，置诸古今而皆宜，可说是儒家重要的政治思想。而如何"卫国以德"？又能够发挥何种作用？作者的引申发挥，为后世提供"天下皆服焉"的具体说明，文本具体而微，就不须笔者再多加费辞解释了。

（四）《帛书易传·昭力》"子曰""先生曰"之四

又问："'豮豕之牙'，何胃也？"子曰："古之伇强者，伇强以侍难也。上正卫兵而弗用，次正用兵而弗先也，下正锐兵而后威。几兵而弗用者，调爱亓百生而敬亓士臣，强争亓时而让亓成利。文人为令，武夫用国，兵不解，卒伍必固，权谋不让，怨弗先昌。是故亓士骄而不顷，亓人调而不野。大国礼之，小国事之，危国献焉，力国助焉，远国依焉，近国固焉。上正陲衣常以来远人，次正橐弓矢以伏天下。《易》曰：'豮豕之牙，吉。'夫豕之牙成而不用者也，又笑而后见。言国兵不单而威之胃也。此大夫之用也，卿大夫之事也。"②

昭力又接着发问《大畜·六五》爻辞"豮豕之牙，吉"③之义。"子"加以发挥说明"古之伇强者，伇强以侍（恃）难"之所以由，此段文义

---

① 廖名春：《帛书〈易传〉引〈易〉考》，《帛书〈易传〉初探》，中国台湾文史哲出版社，1998 年版，第 188 页。该观点并见同书第 27、219 页。

② 廖名春：《帛书〈昭力〉释文》，《帛书〈易传〉初探》，中国台湾文史哲出版社，1998 年版，第 290~291 页。

③ （三国·魏）王弼、（晋）韩康伯注，（唐）孔颖达等正义：《周易正义》卷第三《大畜》，（清）阮元校刻：《十三经注疏》，中华书局，2009 年影印本，第 81 页。

充满了道家无为而天下治的思想，充分展现出战国时期黄老思想的体国经野的政治策略，看似消极而实积极，貌似荏弱而实坚强，以我之有备防人之无备，以我之有为先人之无为，则兵寝而国安，势威而形固，故能"笑而后见"，近悦远来，此正"大夫之用"而"卿大夫之事也"。此上内容两相对照，则中国古哲之中庸思想，可说融会儒道，一体两面，用之于修身、齐家、治国、平天下，无不通达无碍，止于至善！

（五）《帛书易传·昭力》"子曰""先生曰"之五

> 昭力问曰："《易》又（有）国君之义乎？"子曰："《师》之'王参赐命'与《比》之'王参殴'与《泰》之'自邑告命'者，三者，国君之义也。"①

此段昭力发问："《易》有国君之义吗？"适与前面所述卿大夫安民治国亲善四海之义对扬。"子"以《师·九二》爻辞"在师中，吉无咎，王三锡命"②、《比·九五》爻辞"显比，王用三驱，失前禽，邑人不诫，吉"③与《泰·上六》爻辞"城复于隍，勿用师，自邑告命。贞吝"④，以综论"国君之义"，详文见后。

① 廖名春：《帛书〈昭力〉释文》，《帛书〈易传〉初探》，中国台湾文史哲出版社，1998年版，第291页。
② （三国·魏）王弼、（晋）韩康伯注，（唐）孔颖达等正义：《周易正义》卷第二《师》，（清）阮元校刻：《十三经注疏》，中华书局，2009年影印本，第49页。
③ （三国·魏）王弼、（晋）韩康伯注，（唐）孔颖达等正义：《周易正义》卷第二《比》，（清）阮元校刻：《十三经注疏》，中华书局，2009年影印本，第50~51页。
④ （三国·魏）王弼、（晋）韩康伯注，（唐）孔颖达等正义：《周易正义》卷第二《泰》，（清）阮元校刻：《十三经注疏》，中华书局，2009年影印本，第56页。

（六）《帛书易传·昭力》"子曰""先生曰"之六

昭力曰："或得闻乎？"子〔曰〕："昔之君国者，君亲赐亓大夫，亲赐亓百官，此之胃参袑。君之自大而亡国者，其臣厉以最谋。君臣不相知，则远人无劝矣，乱之所生于忘者也。是故君以意人为德，则大夫共葱，将军近单；君以武为德，则大夫溥人，〔将军凌上〕。悭君以资财为德，则大夫贱人，而将军走利。是故失国之罪必在君之不知央也。《易》曰：'王参赐命，无咎。'为人君而能亟赐亓命，无国何失之又？"①

此以《师·九二》爻辞，借论国君统治领袖之道，以"参袑"（三袑）为基础，也就是亲临封赐，逐级授权，分层负责。因此国君能"以意人为德"，也就是选拔俊彦，甄别人才，适才适所，则文武一心一德，国家自然长治久安；如果"君以武为德"，或"以资为德"，则文武百官凌上犯下，欺君贱民，国家如何能保持国泰民安？所以说国君"失国之罪必在君之不知央也"，"央"其实就是"决定""抉择"的意思，因此国之治与不治，就由国君政策与抉择的良否而定了。

（七）《帛书易传·昭力》"子曰""先生曰"之七

又问："《比》之'王〔参〕殴'，何胃也？"子曰："昔□□□□人，以察教之，以义付之，以刑杀当罪而人服君，乃服小节，以无人曰义。为上且猷又不能，人为下何无过之又？夫失之前将戒诸后，此之胃教而戒之。《易》〔曰：比〕之'王参殴，失

---

① 廖名春：《帛书〈昭力〉释文》，《帛书〈易传〉初探》，中国台湾文史哲出版社，1998 年版，第 291 页。

前禽，邑人不戒，吉'。若为人君殴者，亓人孙戒在前，何不吉之又？"①

《比·九五》爻辞通行本作："王用三驱，失前禽，邑人不诫，吉。"②与《昭力》所引大致相同。此条为昭力发问《比·九五》爻辞"王三驱"的意思，"子"以"教而戒之"："以察教之，以义付之，以刑杀当罪而人服君，乃服小节，以无人曰义。"诠释国君教谕臣民，重在"为人君殴（驱）者，亓（其）人孙戒（逊诫）在前"，先教而后戒，符契儒家以德教为先、威惩于后的政治明德亲民思想。

（八）《帛书易传·昭力》"子曰""先生曰"之八

> 又问："《泰》之'自邑告命'，何胃也？"子曰："昔之贤君也，明以察乎人之欲恶，《诗》《书》以成亓虑，外内亲贤以为纪冈，夫人弗告则弗识，弗将不达，弗遂不成。《易》曰：《泰》之'自邑告命，吉。'自君告人之胃也。"③

《泰·上六》爻辞通行本作："勿用师，自邑告命，贞吝。"④《昭力》作"吉"，当是所据之本不同。此段昭力发问《泰·上六》爻辞"自邑告命"之义，"子"以"昔之贤君，明以察乎人之欲恶，《诗》《书》以

---

① 廖名春：《帛书〈昭力〉释文》，《帛书〈易传〉初探》，中国台湾文史哲出版社，1998年版，第291页。
② （三国·魏）王弼、（晋）韩康伯注，（唐）孔颖达等正义：《周易正义》卷第二《比》，（清）阮元校刻：《十三经注疏》，中华书局，2009年影印本，第50～51页。
③ 廖名春：《帛书〈昭力〉释文》，《帛书〈易传〉初探》，中国台湾文史哲出版社，1998年版，第291页。
④ （三国·魏）王弼、（晋）韩康伯注，（唐）孔颖达等正义：《周易正义》卷第二《泰》，（清）阮元校刻：《十三经注疏》，中华书局，2009年影印本，第56页。

成其虑，外内亲贤以为纪纲，夫人弗告则弗识，弗将不达，弗遂不成"，阐发君主治国之道，可说清明条达，体用兼顾。

（九）《帛书易传·昭力》"子曰""先生曰"之九

　　昭力问先生曰："君卿大夫之事既已闻之矣，□或又乎？"子曰："士数言数百，猷又所宝用之，兄于《易》乎？《比》卦又二，冬六合之内，四勿之卦，何不又焉？《旅》之潜斧，商夫之义也；《无孟》之卦，邑途之义也；不耕而获，戎夫之义也；良月几望，处女之义也。"①

前皆以"子曰"作答，于此末段则改以"先生"作复，显见两义一致，即前文所指孔门传述《易》教后学所记。而此段引《归妹·六五》爻辞为释，而通行本作："帝乙归妹，其君之袂，不如其娣之袂良；月几望，吉。"②《昭力》作："良月几望。"从"吉"字看，"良月"连读属下句，似乎也不无道理。

十一、结　论

　　（一）《易传》与《论语》在思想上，有密切的内在相承脉络；并旁证先秦书籍记载史实，可知通行本《易传》并非出于一人之手，而是完成于孔子以后的门人弟子与儒家后学之手。因此，虽然有些学者仍颇疑孔子未尝读《易》，而根据《论语》所载，孔子思想中与《易》理相合

---

① 廖名春：《帛书〈昭力〉释文》，《帛书〈易传〉初探》，中国台湾文史哲出版社，1998年版，第291页。

② （三国·魏）王弼、（晋）韩康伯注，（唐）孔颖达等正义：《周易正义》卷第五《归妹》，（清）阮元校刻：《十三经注疏》，中华书局，2009年影印本，第132页。

处者颇多，并依马王堆《帛书易传》，可以证明孔子当有学习、传习与赞述《周易》之事。要之，《周易》当为周文遗典，经孔子编集整理，并解说教育学生，其后弟子后学儒士以及他家专门，踵事增华，而成通行本与帛书本《易传》的体式义理。

（二）《周易·乾·文言传》"子曰"，孔子皆以人（君子、大人）的道德修养诠释其义理，而以"学"为其基础，《乾·九二》的"信谨""存诚"即《乾·九三》的"修辞立诚""忠信"，以言行及心志的笃实论证，以见"大人""君子"成德进学的纯真。因此，《周易·乾》卦以仁为创生根本，《论语》以仁立成德教化，省思孔子的《易》教，建构为"践仁"的价值体系与功夫，在二十一世纪的今日，具有"自我实现"的当代意义与价值。

（三）总结《周易·系辞上传》"子曰"全文，重视个人的德行修养，以配合天地宇宙的自然规律："天人合德"。所以孔子再三强调：德业一致，知行合一，谦虚不傲，几密将事，谨言慎行，履信思顺，天助人助，体用并重……诸多方面的修为功夫与生命凝练，可以说是一套人生哲学的宝典指南，这也是孔子与儒家思想永恒不易的时代价值，对于人生安身立命的向度，以及应物处世、独善兼善、内圣外王的进路，提供了和谐美丽的绝对可能与充尽实现的必然条件。二十一世纪的中华子民，如能切实奉行圣人传统彝则的教诲，必能受用无穷，自在愉悦。

（四）《周易·系辞下传》托引孔子之说，以阐释《周易》卦爻辞的义理，分见于第五章共十条、第六章仅一条，总计十一条。两章十一条记述孔子议论《周易》卦爻辞义理，并论说卦名、卦辞的特点与意义，剖析学《周易》、用《周易》的多元向度，虽为《系辞传》作者托孔子之名所发议论，皆可见孔门儒理应物用世之道、天人合一与德智双彰之蕴，作为二十一世纪中华子民文化自觉与道德主体的贞定重建，具有积极的时代价值意涵。

（五）《帛书易传》各篇称引孔子与先生之说，皆可一探究竟，大体以孔子师生与再传后学弟子问答的形式说解《易》义，不管从史学或《易》学的角度考察，可证为儒家学派内部所流传的《易》学论文集，具有重要的学术研究价值。

（六）《帛书易传》第一篇《二三子（问）》，其地位最为突出，著成时间自当较早，从此出土文献中，比勘探论孔子的《易》教思想，应该是一条迈向研究先秦孔门儒者思想融通合会的康庄大道。

（七）《帛书易传·易之义（衷）》与今本《系辞传》《说卦传》有文本上的传承编写关系，而其解析《乾》《坤》与各卦卦爻之义的卦序与宗旨，又可提供学者与今本《序卦传》与《杂卦传》的比较参照，在文献的研究上有其重要的鉴证作用。而其中特重《乾》《坤》、阴阳、刚柔、动静、文武的义理诠释，运用于道德修养与政教作为上，又可反映出儒道黄老合流的思想特色与样貌，具有先秦哲学在本体论与宇宙论的融摄意义，可以说是一份重要而不可轻忽的出土文献。

（八）从《帛书易传·要》的文献材料加以分析，关于孔子论《易》的事迹应该是可靠而信征。而"重德义"更是先秦儒家的基本精神与基本传统，由此以观：《帛书易传·要》不仅在经学史、《易》学史与思想史上，有其划时代的意义，更是孔门儒家仁义道德、天人合一、体用一如的精简赅要的重要论述文献，值得学者共同重视与持续研究。

（九）《帛书易传·缪和》篇解《易》大都直接阐发卦爻辞的德义，与《二三子（问）》《系辞》《易之义（衷）》与《要》完全一致。所不同者，《二三子（问）》《系辞》《易之义（衷）》与《要》多直接记录孔子师徒论《易》的言行，而《缪和》与《昭力》则很少提到孔子，其思想具有较强的综合性质，具有战国末期学术的特点，与老子、黄老著作多有雷同之处，其《易》说交杂着浓厚的儒家与黄老思想成分[①]。

---

① 廖名春：《帛书缪和、昭力简说》，《帛书〈易传〉初探》，中国台湾文史哲出版社，1998年版，第23页以下阐述；下二条所见同此。

（十）《帛书易传》《缪和》与《昭力》二篇，附骥于《二三子（问）》《系辞》《易之义（衷）》与《要》之后，提到了蘧伯玉（据柏玉）、孔子、史子、子贡（赣）、子路五贤哲，且所论多为儒家崇仁重道尊德尚义之说，当为同一学派嫡传；又因受战国时期黄老思想的影响，故杂染战国中期以后浓厚的黄老学术综合特色，也就不足为奇了。

（十一）《帛书易传》《缪和》与《二三子（问）》二篇，均载有今本《周易·象传》之文，其解释卦爻辞说，且多本于《象传》《大象传》《文言传》与《说卦传》之义理，对于判断通行本《易传》各篇的写成时代，无疑提供了客观鉴照的标杆，故廖名春推论以为：可知在《帛书易传》写成之前，不但《系辞传》早已形成，而且《象传》《大象传》《文言传》与《说卦传》的基本部分亦已大抵产生完成。对于《易》学史而言，《帛书易传》的出土研究，提升了识鉴的深度，也推廓了学术的广度，可说影响深远，价值连城，值得再三玩味，反复研讨。

（十二）《帛书易传·昭力》篇为全文结束，昭力特地发问"卿大夫"治理国家天下之义与"国君"统治国家天下之道，是否还有其他可闻胜义？"子"以"四物之卦"——《比》《旅》《无孟（无妄）》《归妹》，阐述时空中人事之义，言简意赅，为全文作一总结。《昭力》为《帛书易传》压轴，与《缪和》一样对于儒家德教与黄老道家无为垂拱思想，并有论述，俱显《易》教中儒道会通一致精神，义涵可谓深刻。

作者单位：台湾师范大学

"圆相"与"道言"关系研究

刘正平

摘要： 自唐代开始，佛教的南阳慧忠国师以九十七"圆相"说法，借鉴《周易》"立象尽意"的譬喻方式形成禅宗独特的"道言"。道教的《真元妙经品》出现《太极先天图》，图中以"圆相"表示"太极"。《太极图》经由道士陈抟辗转传到周敦颐，周敦颐以《周易》的宇宙论改造道教炼丹图而创造《太极图说》。"圆相"联系"道言"与"意象经验"，类似于"卦"与"卦辞""象辞"的关系。

关键词： 圆相　道言　《周易》　立象尽意　《太极图》

"圆相"是中国哲学语言的一种特殊的表意符号，由一个圆圈加上文字或者"圆方图"①加黑白填色构成，结合《周易·系辞传》"立象尽意"方法，以文字进一步解释象意。使用"圆相"立象尽意，以"图书"的方法形成"道言"，是儒释道三教吸收《周易》的言说方法，各自形成的独特的意象思维表意方式。三教所要言说的"道"难以概念的方式解释明白，"圆相"和"图书"结合形成一种"意会"，从而能超越"言不尽意"的概念表达困境。

---

① 圆方图最早出自《周髀算经》。

一、禅宗的"圆相"与"道言"关系

《人天眼目》记载:"圆相之作,始于南阳忠国师。"[1] 唐代南阳慧忠国师常使用九十七种"圆相"接引学僧。慧忠国师见有学僧来,便以手作圆相,圆相中书日字,让学僧参悟。慧忠国师使用○或者○中间书写字的方式形成一类特殊的"图相",或表达禅宗宗旨,或表达"无执",并把这种方法传给了侍者耽源,耽源又传给仰山,两人在禅堂上常用"圆相"表法。

"耽源一日上堂,仰山出众作○相,却叉手立。源以双手交拳示之。仰进前三步,作女人拜。源点头,仰便礼拜。"[2] 唐代祖师禅兴起之后,禅师常以"身相"的语默动静方式言说禅。"圆相"与"身相"结合表法,是耽源和仰山创造出来的新方式。后来仰山禅师与人说法善用圆相,"或画此牛相,乃纵意;或画佛相,乃夺意;或画人相,乃肯意;或画○相,乃许他人相见意;或画三三相,或点破、或画破,或掷却、或托起,皆是时节因缘。才有圆相,便有宾主、生杀、纵夺、机关、眼目、隐显、权实,乃是入廛垂手。或间(闲)暇师资辨难,互换机锋,只贵当人大用现前矣"[3]。

仰山禅师使用"圆相"表法的方式,成为沩仰宗的特色。这些"圆相"皆是依不同的因缘需要而作的,不可拘泥某个"圆相"定是某种意义。明州五峰良禅师认为沩仰宗的"图相"有圆相、暗机、义海、字海、默论六种含义。其实圆相的意义不在字而在于其功用,文中把圆相的功用分为了两种:第一种是"入廛垂手","垂手"的意思是"向下门""第二义门",禅师斟酌学人根机高下,以第二义门权巧接引之情

---

[1] 《禅宗语录辑要》,上海古籍出版社,1992年版,第891页。

[2] 《禅宗语录辑要》,上海古籍出版社,1992年版,第891页。

[3] 《禅宗语录辑要》,上海古籍出版社,1992年版,第892页。

形。所以"宾主、生杀、纵夺、机关、眼目、隐显、权实"的语言功用就是禅师以各种方式接引学僧，破除知见障碍。第二种是"大用现前"，禅师通过"辩难、机锋"的语言方式引导学僧悟道。

受南阳慧忠国师"圆相"思想影响较大的另外一支禅宗支脉是曹洞宗，禅师说法也使用众多"圆相"类型，例如 ◖◻ ◎○●。曹洞宗使用圆相的特点是把华严宗的事法界、理法界、理事无碍法界、事事无碍法界的"四法界"思想与"圆相"相结合，曹山本寂禅师的"五位君臣图"表示的即这样的特色。"五位君臣图"中以 ◗ 为正中偏，表示君位，即舍事入理；以 ◖ 为偏中正，表示臣位，即背理就事；以 ⊙ 为正中来，表示君视臣，即由理达事；以 ○ 为兼中至，表示臣向君，即以事求理；以 ● 为兼中到，表示君臣合，即理事无碍①。由于石头希迁把汉代魏伯阳《周易参同契》的修道思想引入禅宗，"坎离匡廓"圆相图就进入了曹洞一系。

宗密在《禅源诸诠集都序》中也使用"圆相"，以 ○ 表示真如，以 ◉ 表示阿赖耶识。宗密又以"水火匡廓图 ◉"说明阿赖耶识中真妄、迷悟之间非一非异的关系②。前期的禅师根据学僧的不同根器，利用不同的"圆相"破除学僧对于法的执着，圆相多是作为破除执着的工具，发展到宗密之后，"圆相"更多的用以阐明佛学中深奥之理。"圆相"从作为接引学僧的教学方法，逐渐发展到用于表示经论中的义理。宗密提倡禅教合一的思想，会通各家禅法于一炉，他以"十圆相"表示《大乘起信论》的义理，并在每个"圆相"下解释意义，效仿《易经》象辞言说方式，形成了一种独特的"圆相—义理"解释方式。

宗密的"圆相"（图一）图表，以完满圆相"○"表示"本觉""真

---

① 智昭：《人天眼目》卷三，《大正藏》第 48 册，财团法人佛陀教育基金会出版部，1990 年版，第 316 页。

② 宗密：《禅源诸诠集都序》卷下之一，《大正藏》第 48 册，财团法人佛陀教育基金会出版部，1990 年版，第 406 页。

○ 一 本覺	○ 二 不覺	○ 三 念起	◐ 四 見起	◑ 五 境現	◑ 六 執法	● 七 執我	● 八 煩惱	● 九 造業	● 十 受報
謂一切眾生皆有本覺真心○如富貴人端正多智在自宅中住也	人睡自不知也	未遇善友開示法爾本來不覺迷真也論雲不如實知真如之法如宅中其第一也	以依不覺故心動說名爲業三細相此念起故故如睡法爾有夢論雲不覺故能見相如夢中之想也論雲	以依動故能見有身在他鄉貧苦及見種種好惡境以有見故根身世界妄現如夢中所見	實有也不知境故見執有名爲法執如正夢時法爾必執夢之身爲	不知境從自心起自他之殊計自爲我名爲我執如夢時必認他鄉貧苦之身爲己	執四大爲我身故貪愛順情境愚癡計校如夢在他鄉所見違順等	由三毒擊發故起善惡業如夢中或偷奪打罵或行恩布德等也	業成難逃如影響應於形聲故受六道業繫之苦已受之身非可斷法故無對治之法如夢因偷奪打罵被捉枷禁決罰或因行恩得報舉薦拜官署職也

图一 宗密:"圆相"图①

如",由于不觉念起,"圆相"逐渐变黑。随后有法执和我执,进而造业受报,"圆相"全黑。众生由迷至悟,是"十重顺逆相翻"过程,"圆相"则从黑转变到白。《大乘起信论》中的本觉—始觉—究竟觉的觉悟过程,宗密以诸"圆相"联结成为一个义理发展过程,这种"道言"方式对宋明理学产生了重要影响。

二、道教的"圆相"与"道言"关系

道教"圆相"最早出自《正统道藏》洞玄部灵图类的《上方大洞真元妙经图》,作者不详,清代朱彝尊认为此经是唐代道士所作②。篇首有无名氏序,谓昔时尧民与仙君谈论大洞真元之道,"天垂其图,十有二焉"③。仙君降授图书原本为十二图,今《正统道藏》分十二图为两部

---

① 图片参考《迷悟十重图》,《大正藏》第48册,财团法人佛陀教育基金会出版部,1990年版,第410页。

② 张立文:《宋明理学研究》,中国人民大学出版社,1987年版,第108页。有些学者如李养正、丁培仁怀疑此经并非唐代道士所作,可能是宋代道教其他流派所作。

③ 《上方大洞真元妙经图》,《道藏》第6册,文物出版社、上海书店、天津古籍出版社,1988年版,第706页。

分，前五图收入《上方大洞真元妙经图》，后七图收入《上方大洞真元阴阳陟降图书后解》。其十二图依次为：虚无自然之图、道妙恍惚之图、太极先天之图、三仪冥有之图、气运之图、阴阳陟降图、四象之图、五行推移之图、八卦六变之图、九宫七元之图、修仙炼真之图、臣朝金阙之图。各图之后附有论说解释图像所示义理。其中虚无自然之图、道妙恍惚之图、太极先天之图、三仪冥有之图都是以"圆相"说理。《上方大洞真元妙经图》是否与曹洞宗石头希迁有关，目前学界还没有进一步研究。

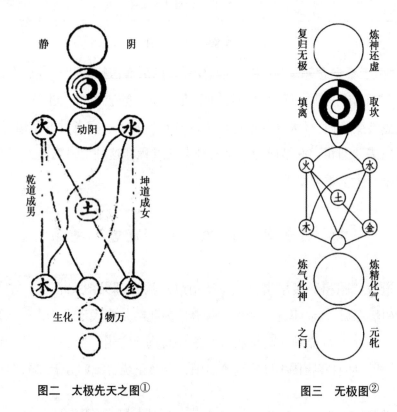

图二　太极先天之图①　　　　　　图三　无极图②

图二为《太极先天图》，以诸"圆相"解释宇宙生成，后附解说文

---

① 《上方大洞真元妙经图》，《道藏》第6册，文物出版社、上海书店、天津古籍出版社，1988年版，第706页。

② 图片参考张立文：《宋明理学研究》，中国人民大学出版社，1985年版，第107页。

曰："粤有太易之神，太始之气，太初之精，太素之形，太极之道。无古无今，无始无终也。故易有太极，是生两仪，两仪生四象，四象生八卦，八卦定吉凶，吉凶生大业。言万物皆有太极两仪，四象之象，四象八卦具而未动，谓之太极。太极也者，天地之大本耶。天地分太极，万物分天地。人资天地真元一气之中，以生成长养。观乎人，则天地之体见矣。是故师言：气极则变，既变则通，通犹道耶，尸反者道之动。盖有物混成，先天地生，寂兮寥兮，独立而不改，周行而不殆，可以为天下母。母者，道耶，至矣哉。道之大也，无以尚之。夫道者，有清有浊，有动有静。但凡其人行道也欤，则生神矣。夫或躬废大方，则届于其亡信哉。"①

　　本段文字融合了《易纬》《易传》《老子》之说。《易纬》中称《老子》所描述的"有物混成"无形无象的阶段为太易，元气开始发动为太初，刚刚形成气形称太始，形态发展具备了某些特征称太素，形质已经具备称太极。从太易发展到太极是事物发展变化的一个连续过程，不同阶段有着不同名称，不同阶段表现出不同的性质。事物发展到太极阶段，才能分辨出形质。有形质的太极进一步分化，就有两仪、四象、八卦等。《太极先天图》的太易、太始、太初、太素、太极概念源于《易纬》，又赋予"易"以"神、气、精、形、道"无古无今、无始无终的内涵，这样的解释调和了老子"道"的思想。附说没有解释五行、乾、坎这些圆相，与魏伯阳的《参同契》关系也不是很清楚。

　　图三为五代时期道士陈抟作《无极图》，是否依据《太极先天图》而作？两个图的第二个圆相区别最大，《太极先天图》是乾和坎相合的圆相，《无极图》是坎和离相合的圆相，更符合《参同契》的"坎离匡廓"含义。清初学者黄宗炎在《图学辨惑》中对《无极图》作了考证，

---

① 《上方大洞真元妙经图·太极先天之图》，《道藏》第 6 册，文物出版社、上海书店、天津古籍出版社，1988 年版，第 707 页。

认为此图为汉朝时期河上公所作，乃方士修炼之术。东汉魏伯阳得此图作了一部书即为《参同契》，后钟离权得到这个图传给吕洞宾，吕洞宾和陈抟同在华山修道，就把这个图传给了陈抟。从道家修身角度来看，此圆相图应从下看起，自下而上。最下方圆相称为"元牝之门"。《老子》中说"谷神不死，是谓玄牝，玄牝之门，是谓天地之根"[①]。道家认为此玄牝之门、天地之根位于人身命门两肾之间的空隙处，气之所由以生，此处为气之祖。凡人五官百骸的运用知觉，都根于此处。上面一个圆相名为"炼精化气，炼气化神"。炼有形之精化为精微之气，炼粗重呼吸之气化为出有入无之神。使此神气贯彻于五脏六腑。接着一个大圈圆相名为"五气朝元"，再上一个圆相名为"取坎填离"，这个圆相黑白相间，左边一半为白黑白，右边一半为黑白黑。白代表阳，黑代表阴，左边代表离卦，右边代表坎卦。所谓"取坎填离"就是把坎卦中的阳爻取出，填到离卦中替代中间阴爻成为乾卦，阴爻取代坎卦中阳爻成为坤卦。生命形态在此发生转变，形成道教称为"圣胎"的转化。最上一个圆相名为"炼神还虚，复归无极"，从而达到人道合一、长生不死的境界。

三、儒家的"圆相"与"道言"关系

《宋史·朱震传》记载："陈抟以先天图传种放，放传穆修，穆修传李之才，之才传邵雍。放以河图、洛书传李溉，溉传许坚，许坚传范谔昌，谔昌传刘牧。穆修以太极图传周惇颐，惇颐传程颢、程颐。是时，张载讲学于二程、邵雍之间。故雍著皇极经世书，牧陈天地五十有五之数，惇颐作通书，程颐著易传，载造太和、参两篇。"[②]

---

① 陈鼓应：《老子注译及评介》（修订增补本），中华书局，1984年版，第80页。
② （元）脱脱等：《宋史》卷四百三十五《儒林传·朱震》，中华书局，1985年版，第12908页。

　　北宋的理学可以说都与陈抟的"圆相"图书之说有关。周敦颐传承了《太极图》，邵雍传承的是《先天图》，两人又影响了宋代其他理学大家。周敦颐结合《太极先天图》与《无极图》作《太极图》（图四），并作《太极图说》。他改变了《无极图》自下而上的看图顺序，而是从自上而下的看图顺序，不再用于解说修炼的阶段和过程，而是用于表达宇宙的演化过程以及儒家为圣的方法。

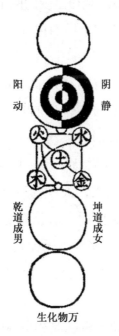

图四　太极图[①]

　　在《太极图说》中，周敦颐用第一个圆相"○"表示"无极而太极"[②]，第二个"坎离匡廓"圆相表示"太极动而生阳，动极而静，静而生阴，静极复动。一动一静，互为其根。分阴分阳，两仪立焉"[③]。第三

① （宋）周敦颐著，湖南省濂溪学研究会整理：《元公周先生濂溪集》卷之一，岳麓书社，2006年版，第2页。
② （宋）周敦颐著，陈克明点校：《周敦颐集》，中华书局，1990年版，第3页。
③ （宋）周敦颐著，陈克明点校：《周敦颐集》，中华书局，1990年版，第3页。

个圆相表示"阳变阴合，而生水、火、木、金、土。五气顺布，四时行焉"①。第四个圆相表示"无极之真，二五之精，妙合而凝。乾道生男，坤道成女，二气交感，化生万物"②。第五个圆相表示"万物生生，而变化无穷焉"③。

既然宇宙生成的秩序是太极的运动变化，那么为圣的方法也就是使自己的德行同"天地""日月""四时"的规律相合。从天道看，规律呈现的是阴阳变化。从地道看，规律呈现的刚柔变化。从人道看，规律呈现的是仁义变化。同时从这三个层面把握"易道"，即"圆相"表达的"生生"之义。

朱熹认为《太极图说》首句"无极而太极"中的无极和太极并无区别，无极即太极，太极是最高哲学范畴。周敦颐所说"太极动而生阳，动极而静，静而生阴，静极复动。一动一静，互为其根。分阴分阳，两仪立焉"④，即解说《周易·系辞上传》中"太极生两仪"的意思。如果认为太极由无极而来，太极就不是最高范畴，而在《太极图说》中只是说"太极本无极也"⑤，并没有更多的解说无极。若从道教、《易纬》和《先天图》的传统来看，无极到太极还是有个发展阶段，太极是具备形质的阶段，是有形之阴阳变化的开端，所以动静自太极始发。

周敦颐首先以"无极而太极"改造了《先天图》中的"阴静"，保留了《无极图》中第二个圆相"坎离图"，但赋予了新意。"坎离图"在道教中本用于说明"成丹"或完成"圣胎"的过程，是为了实现"取坎填离"复归"无极"。周敦颐将此图纳入《太极图》并赋予"动静""阴

---

① （宋）周敦颐著，陈克明点校：《周敦颐集》，中华书局，1990年版，第4页。
② （宋）周敦颐著，陈克明点校：《周敦颐集》，中华书局，1990年版，第4页。
③ （宋）周敦颐著，陈克明点校：《周敦颐集》，中华书局，1990年版，第4页。
④ （宋）周敦颐著，陈克明点校：《周敦颐集》，中华书局，1990年版，第3页。
⑤ （宋）周敦颐著，陈克明点校：《周敦颐集》，中华书局，1990年版，第4页。

阳"的内容，用来表示太极蕴含动静而显示出阴阳"两仪"之意。周敦颐摒弃了"太极"只静不动的说法，赋予"太极"动静的内涵，这是对以往注释的改造。这种解释比较接近《易纬》中太极已经具备形质的说法。对于无极如何演变为太极则略过。似乎无极是静止的、寂然的，太极怎么就有了动静，在这点上并未说明清楚。

两仪之后，《周易·系辞上传》接着说明"两仪生四象，四象生八卦"①，但周敦颐并未解释四象、八卦，而是转而说五行了。金、木、水、火、土五气的排列顺序来自《周易参同契》。"三五与一，天地至精"②，左边数字东三加南二等于五，右边数字北一加西四等于五，加上中土五数，三个五相见即结成婴儿，婴儿含真气，十月胎圆入圣机。天地生数与五行相合即有：天一生水，地四生金，一四为五。地二生火，天三生木，二三为五。金盛为水，木盛为火，合而复归与一元。这就是"三五至精"的含义，本为道教炼丹功法所用。火与木不相连，火与水不相连，水与金不相连，水和木通过土相连，火与金通过土相连。周敦颐在《太极图》中改变了五行的连接顺序，将"三五至精"改造为"二五之真"，"二五"指的是阴阳二气和五行。世间男女、万物皆由阴阳五行之造化而成。五行之气两两顺序相连用于说明世间男女、万物相生相克的道理。

《先天图》在表达"男女"与万物时，乾道成男位于木火连线左侧，坤道成女位于水金连线右侧，"万物生化"位于五行图下方。木盛生火而为阳，所以乾道生男。金盛生水为阴，所以坤道成女。周敦颐的《太极图说》说："乾道成男，坤道成女。二气交感，化生万物，万物生生而变化无穷焉。"③这里的男女并非指具体的男人、女人，而是指具有阳性和阴性的所有事物。阴阳生成万物初为"气化"阶段，"气聚成形"

---

① 黄寿祺、张善文：《周易译注》，上海古籍出版社，1989年版，第556页。
② 任法融：《周易参同契释义》（修订版），东方出版社，2012年版，第331页。
③ （宋）周敦颐著，陈克明点校：《周敦颐集》，中华书局，1990年版，第4页。

则形成具体的人和万物不同种类，而后人生人、物生物变化无穷则是"形化"阶段。初夏为阳和之气，阳生，万物生长。秋冬为肃杀之气，阴成，万物收成。这种变化无穷无尽。

综上所述，周敦颐为了说明其宇宙论结构，"无极而太极"到"动静"生阴阳，由"阳变阴合"而生"五行"，再由"二五之精"生化"男女""万物"，对《太极先天图》进行了改造，建立了自己的《太极图》并著作了《太极图说》。《太极图说》以《周易·系辞传》为本，援引佛道二家圆相言说方式入儒，构造了一个"圆相—宇宙论—修养论"的"道言"图像学说，为宋代理学发展开拓了新的思路。二程、朱熹继续了周敦颐的思想发展，改造"无极而太极"为"天理"，成为他们各自哲学的最高范畴。

四、结　语

三教"圆相"与"道言"的关系，类似于《周易》中"卦"与"卦辞""象辞"的关系，是《周易》意象思维在儒释道三教中"创造性言说"发展的结果。周齐试图借用康德的先验范畴概念解释圆相的作用，认为"图型实际是先验范畴概念与经验现象间相联系的一种逻辑中介。而这类图型又不同于感官可以了然的形象或图像，而是抽象化的、哲学意义的图型"[1]。他认为无论是《太极图》还是圆相，应该都属于这类沟通抽象范畴与经验现象的哲学图型。

康德是把知性的范畴运用于经验对象，从而形成先天综合命题，由这些命题进一步形成推理知识。从上述"圆相"的发展历程可知，中国哲学儒释道三教运用"圆相"更多表述的是"意象经验"。"意象经验"

---

[1]　周齐：《易学图型与佛学圆相在中国哲学发展中的逻辑演进及其意义之管窥》，《周易研究》，2016年第4期，第63页。

不同于康德运用先验范畴到感性直观对象上形成的"经验"。先验的知性范畴好比是有色眼镜，对象是经过这样的方式看见的，这个眼镜是丢不掉的。"圆相"并不是这样的被知性抽象化的范畴。

　　"圆相"联系着"道言"与"意象经验"，指示的是"道言"的功能，或者是"道言"指示的"意象经验"，三教中"圆相"表示的"道言"作用是不同的。在佛教中，"圆相"指示的是"权巧接引方式""辩机方式"或者"染净迷悟的义理"，属于假名安立的"名相"。在道教的《先天图》中，"圆相"指示的是修道各个阶段的"意象经验"。在北宋理学家那里，"圆相"表达的是"宇宙论"。三者使用"道言"的功能不同，不能都统摄在一样的逻辑形式下。从易学语言发展的角度看，"圆相"与"道言"关系还是玄学讨论的"尽意莫若象，尽象莫若言"①，"得意在忘象，得象在忘言"②的语言哲学在唐宋时期创造性的发展。

作者单位：昆明理工大学

---

① （三国·魏）王弼著，楼宇烈校释：《王弼集校释》，中华书局，1980年版，第609页。
② （三国·魏）王弼著，楼宇烈校释：《王弼集校释》，中华书局，1980年版，第609页。

宋初庐山易学群体与真宗的"天书"

孙逸超

摘要：庐山易学群体形成于真宗朝，并于庆历前后在京师出场，其学以"黑白点子"的《河图》《洛书》为特征。他们的代表作《易数钩隐图》批判了《尚书正义》中"天赐禹洛书"的解释，实际上指向真宗的"天书"与经典中作为"符命"的《河图》《洛书》之间的密切关系。庐山易学群体的批判以"自然之数"这一自然确定的理念为基础，不仅从文本层面批判了作为官方意识形态的传统注疏学，也呼应了真宗末年至仁宗朝士大夫群体对于"天书"的批判，展现出他们对于皇权合法性的解释权的争夺。将皇权规范于可以由士大夫讨论而得的自然秩序，而非可以任人解释的天神语言文字之下。

关键词：天书　刘牧　《河图》　符命

对于宋代学术而言，包括《图》《书》易学在内易学、经学的阐发始终充满了现实关照。而每一部著作背后的不同旨趣，折射出宋代政治和思想文化的重层光谱。以《易数钩隐图》为代表作的庐山易学群体作为庆历新兴学术的一分子，其兴起的外在理路正在于真宗朝的"天书"和嗣后的政治文化的变化。他们一方面在具体问题上批判注疏系统，一方面借此指向作为皇权与政治的原理和根据的"符命"。"符命"从语言文字转向由士大夫所追寻和诠释的"自然之理",这正是庆历学术的形成与内涵的重要外在线索和生动写照。

对于宋代的《河图》《洛书》,自清代以来辨其伪撰者甚多,已成定论。但对于刘牧等人为代表的庐山易学群体在北宋初年登场的外在理路,甚少为人关注①。本文以其与真宗朝"天书"事件的关系为线索,揭示其之所以兴起且在庆历以后风靡一时之部分因缘及其意义。亦由此例为庆历学术的形成与内涵的外在理路作一生动具体的说明。

一、庐山易学群体及其登场

本文首先要考察的是以黑白点子的《河图》《洛书》为特征之一的"庐山易学群体"。庆历年间,吴秘献书于朝并产生广泛影响②,这一事件是刘牧易学正式在朝廷登场的标志。而庆历年间伴随着范仲淹等人的改革,包括科举考试的形式、内容等一系列运动,作为批判注疏、挑战官方经学见解的刘牧易学恰逢其时。他一方面代表着要求改变旧经学的新兴士大夫的呼声,另一方面突出了对"自然之理""自然之数"追求的共识,成为庆历年间官方意识形态转变的开端。但庆历献书并非刘牧个人及其弟子的单独行动,实际上,早在真宗朝以前,庐山易学群体就逐渐形成了。刘牧自然是其中重要的一分子,《易数钩隐图》是其代表作之一。

绍兴初年朱震进其《易传》于朝,建构起了以陈抟为核心的宋易

---

① (清)黄宗羲撰,郑万耕点校:《易学象数论》卷一《图书》,中华书局,2010年版,第13~14页;(清)胡渭撰,郑万耕点校:《易图明辨》卷一,中华书局,2008年版,第17~27页。李申:《易图考》第三章《〈河图〉〈洛书〉源流考》,北京大学出版社,2001年版,第156~175页。李申已经注意到真宗天书与《河图》《洛书》的关系,但对于刘牧及其《易数钩隐图》与天书的关系则隐而未发。

② 晁公武《郡斋读书志》卷一载"庆历初,吴秘献其书于朝"。参见(宋)晁公武撰,孙猛校证:《郡斋读书志校证》,上海古籍出版社,1990年版,第33页。

传承谱系，刘牧被安排为陈抟的一枝①。对于这样的谱系化的线性传承叙述，历代有质疑者，而于今为盛，这一传授谱系的虚妄不实已不待辨②。其中涉及的易学人物颇多，此处不暇一一致辨③。本文所要指出的是被这一谱系掩盖的庐山易学群体。

事实上，这个谱系的开头陈抟、种放和后面的李溉、许坚、范谔昌是南北两个道教群体，陈、种以华山为核心，而李、许、范则以庐山为核心，其实风马牛不相及，而且在时间上几乎同时，而非前后相继。这一点钱穆先生就已指出④。王铁先生也指出许坚比种放年岁还要大很多，行踪也都在江南⑤。邵伯温也说他们是南方一枝："明逸授庐江许坚，坚授范谔由（'由'当作'昌'），此一枝传于南方也。"⑥因此陈、种和后面的谱系是接不上的。

至于南方一枝李溉、许坚、范谔昌之间的授受关系，范谔昌"自谓

① 朱震《进书表》载："（种）放以《河图》《洛书》传李溉，溉传许坚，坚传范谔昌，谔昌传刘牧。"参见（宋）朱震：《周易集传》卷首，王婷、王心田点校：《朱震集》，岳麓书社，2007年版，第2页。

② 郭彧较早全面批判这一传承谱系，参见郭彧：《易图讲座》，华夏出版社，2007年版，第37页。此后王风、李震、刘缮对刘牧、邵雍的学术渊源都提出了批判和重构，王风更是把谱系的建构与争先天学正统地位的"刘邵之争"联系起来。参见王风：《刘牧对周敦颐、邵雍可能发生的影响——兼论朱震易学传承谱之可疑》，载其著《朱熹易学散论》，商务印书馆，2017年版，第97~102页；还可参李震：《邵雍哲学研究》，北京大学2018年博士学位论文，第66~76页；刘缮："北宋先天易学师承谱系"献疑》，《周易研究》，2019年第2期。

③ 其实这个说法在宋末元初的俞琰那里就被怀疑，他说："世或言刘牧之学出于谔昌，而谔昌之学出于种放，未知信否。晁以道、邵子文、朱子发皆云尔。"参见（宋）俞琰：《读易举要》卷四《魏晋以后唐宋以来诸家著述》，《景印文渊阁四库全书》第21册，台湾商务印书馆，1986年版，第458页。

④ 钱穆：《论〈太极图〉与〈先天图〉之传授》，载其著《中国学术思想史论丛》（五），生活·读书·新知三联书店，2009年版，第80页。

⑤ 王铁：《宋代易学》，上海古籍出版社，2005年版，第31页。

⑥ （宋）邵伯温：《易学辨惑》，《景印文渊阁四库全书》第9册，台湾商务印书馆，1986年版，第405页。

其学出溢浦李处约、庐山许坚"①。这一点当无可疑。当然这里的李处约和朱震卦图中所引的李溉可能并非一人。而此枝的末端，范、刘关系也并非隔代的师生关系，而是年龄相仿，至多在师友之间。郭彧先生曾撰两文辨明北宋有两刘牧而《钩隐图》非一人所作②，并且考证了前刘牧（字长民）的活动年代主要在真宗朝和仁宗初年。而我们知道，"《易证坠简》二卷，毗陵从事建溪范谔昌撰。天禧中人。序言任职毗陵，因事退闲"③，其著书也在真宗末年。可见二人活动年代相仿，不应有明显的师承关系。因此，不能确认范谔昌与刘牧的授受关系，他们应该是处于同一个易学学术圈中而互为师友的关系。

首先，应对这一学术群体的地域特征做一考察。南方一枝中有"溢浦李处约"，溢水是由庐山流经今九江市注入长江的重要河流，溢浦也就是庐山附近的代称。既称"庐江许坚"，则或是籍贯庐山，或是主要在此地区活动。《南唐书》称其"或寓庐阜白鹿洞"，"后或居茅山，或入九华"④，则是长期以庐山白鹿洞为根据地，同时也周游南唐境内各大道教名山。至于范谔昌称"建溪"，则是闽北建州人。但范谔昌与许坚、李处约游于庐山一带。自唐末五代，从赣东至闽北的庐山—龙虎山—武夷山一线山脉，成为道教洞天辐辏之地，道士隐者多游于此间，特别是南唐时期，庐山更成为学术圣地。因此闽北建安之士往庐山游学乃是一时风气⑤。因此，李处约、许坚、范谔昌实际都是南唐宋初在庐山附

---

① （宋）晁公武撰，孙猛校证：《郡斋读书志校证》卷一，上海古籍出版社，1990年版，第28页。

② 郭彧：《易数钩隐图作者等问题辨》，《周易研究》，2003年第2期；郭彧：《北宋两刘牧再考》，《周易研究》，2006年第1期。

③ （宋）陈振孙撰，徐小蛮、顾美华点校：《直斋书录解题》卷一，上海古籍出版社，1987年版，第8页。

④ （宋）马令：《南唐书》卷十五，傅璇琮、徐海荣、徐吉军主编：《五代史书汇编》（玖），杭州出版社，2004年版，第5362页。

⑤ 何剑明：《沉浮：一江春水——李氏南唐国史论稿》，南京大学出版社，2007年版，第199页。

近，依托这一地域进行学术传承的易学学者，从而形成了独特的学术流派。

与范谔昌在师友之间的刘牧虽是彭城人，但二人关系非常密切，而且在《河图》的诸问题上有相当的一致性[①]。彭城在南北方之间，距庐山也不算太远，刘牧很有可能早年也曾游学庐山，只是没有直接的证据证明，只能作为推测。

与他们同一时代而知名的还有如黄晞、陈纯臣等。晁说之《传易堂记》中说："谔昌授彭城刘牧，而聱隅先生黄晞及陈纯臣之徒皆由范氏知名者也。"[②] 也就是说黄晞、陈纯臣与范谔昌有着密切的学术渊源关系[③]。这里的黄晞乃是建安人，"先生建安黄氏讳晞，字景微。年少时以有道称于闽中"[④]。而范谔昌也是建安人，所谓"建溪范谔昌"[⑤]，因此二人的授学渊源固由来有自。而闽人黄晞晚年葬于江都[⑥]，这是闽人迁居淮南、浙西的典型，其游历庐山自然极有可能。

至于陈纯臣，朱震记其著有《六十四卦推荡诀》[⑦]，而此图今恰在附于《易数钩隐图》之后的《遗论九事》中。而且《通志》著录"《先儒

---

① 此非本文重点，此处略举两点，一是二人皆以五行生成数为《河图》，而非九宫图为《河图》。二则二人所采用的"四象生八卦"的方法相同，而且在现存史料中几乎只有他们采用这样有特点的方法。可参考王铁：《宋代易学》，上海古籍出版社，2005年版，第32～34页、第37页。

② （宋）晁说之：《景迂生集》卷一六《传易堂记》，《景印文渊阁四库全书》第1118册，台湾商务印书馆，1986年版，第305页。

③ 黄晞有《易义》十卷，今不传。参见（宋）郑樵撰，王树民点校：《通志二十略·艺文略第一》，中华书局，1995年版，第1454页。

④ （宋）苏颂：《苏魏公文集》卷六四《扬子寺聱隅先生祠堂记》，《景印文渊阁四库全书》第1092册，台湾商务印书馆，1986年版，第689页。

⑤ （宋）陈振孙撰，徐小蛮、顾美华点校：《直斋书录解题》卷一，上海古籍出版社，1987年版，第8页。

⑥ （宋）苏颂：《苏魏公文集》卷六四《扬子寺聱隅先生祠堂记》，《景印文渊阁四库全书》第1092册，台湾商务印书馆，1986年版，第690页。

⑦ （宋）朱震撰：《周易卦图》卷中，王婷、王心田点校：《朱震集》，岳麓书社，2007年版，第590页。

遗事》一卷",下题作者为"刘牧。一作陈纯臣"①。此处暂不论《先儒遗事》《遗论九事》与《易数钩隐图》的关系，至少陈纯臣与《易数钩隐图》有着密切的学术渊源关系，确实是以《易数钩隐图》为代表的庐山易学群体的一员。就目前的材料看，陈纯臣有《荐白云泉书》一文，其中"白云泉"乃是苏州之白云泉，文中云"白乐天出麾吾乡"②，则可知陈纯臣乃是苏州人。如果这两个陈纯臣是同一人的话，那么陈氏或远道至庐山从学范谔昌，或在范谔昌于毗陵为从事时相见，毕竟江都、苏州相去不远，二人也多有机会交游从学。

总之，这一易学群体在地域上有两个显著特点。一是渊源于庐山周边，包括庐山、龙虎、武夷一线山脉，以此为根据地而展开交游的学术圈。二是学术传承者都是东南之士，入宋以后有转向浙西、淮南的趋势。

所以胡渭说："自种放既没，天禧以后，《龙图》托名希夷，当世翕然宗之。"③ 又说："盖自天禧之后，伪书盛行，而天地自然之图隐矣。"④ 这指的就是仁宗初年以范、刘为核心的易学学者以黑白点所绘《河图》《洛书》。不仅刘牧有黄黎献、吴秘等自相推许的弟子们，而且还有其他一些士大夫和他们在师友之间，共同构成了一个更广泛的"庐山易学群体"。

这一群体有着共同的地域、学术渊源，也于庆历前后共同在京师引

---

① （宋）郑樵撰，王树民点校：《通志二十略·艺文略第一》，中华书局，1995年版，第1456页。

② （宋）范成大撰，陆振岳点校：《吴郡志》卷二九，江苏古籍出版社，1999年版，第427页。

③ （清）胡渭撰，郑万耕点校：《易图明辨》卷三《先天太极》，中华书局，2008年版，第85~86页。

④ （清）胡渭撰，郑万耕点校：《易图明辨》卷四《易数钩隐图》，中华书局，2008年版，第110页。《玉海》有"天禧《易枢》《易筌》《证坠简》"条，东樵之说或据此。（宋）王应麟：《玉海》卷三六《艺文》，《景印文渊阁四库全书》第944册，台湾商务印书馆，1986年版，第39页。

人瞩目。黄黎献、吴秘在庆历献书朝廷的同时，黄晞也在景祐中于开封崭露头角，并且定居京师。"景祐中，先生年四十矣，始随乡贡至礼部……然欲阅天下义理，观未见之书，莫若居京师为得计，遂僦舍僻处而士子竞造其门。"① 章得象于宝元元年拜相，黄晞被召至幕下，遂在京师名声大噪，"公卿大夫交章论荐"②。朝廷又欲用其为国子监直讲。实则庆历中任职太学的石介已先聘荐其为太学正，"建安黄晞，庆历中游京师……石守道在太学，率学官生员，厚礼币，聘为学正"，后又因近臣交荐而被授以国子司业③。《宋会要》亦载"庆历中，石介在太学，遣诸生以礼聘召之，不至。前后荐者，自宰臣韩琦而下三十余人"④。直至至和年间，他被韩琦"荐于朝，除试太学助教"，将就官，却于嘉祐元年十一月暴卒⑤。黄晞自景祐末至庆历年间的这段经历，正与黄、吴献书相枹鼓，这也正是此一新学术流派在京师登场的序幕。

二、《易数钩隐图》对《周易正义》"天赐禹龟书"的批判

在明了这一群体的人员、地域特征及其在庆历前后登场的状况后，就要考察他们的代表作《易数钩隐图》与"天书"事件的关系。在进入对政治事件的考察之前，首先需要着重分析的是其中对于《尚书正义》

---

① （宋）苏颂：《苏魏公文集》卷六四《扬子寺聱隅先生祠堂记》，《景印文渊阁四库全书》第1092册，台湾商务印书馆，1986年版，第689页。
② （宋）苏颂：《苏魏公文集》卷六四《扬子寺聱隅先生祠堂记》，《景印文渊阁四库全书》第1092册，台湾商务印书馆，1986年版，第690页。
③ （宋）王辟之撰，吕友仁点校：《渑水燕谈录》卷四《高逸》，中华书局，1981年版，第47页。
④ （清）徐松辑：《宋会要辑稿》选举三四之三七，中华书局，1957年影印本，第4793页。
⑤ （宋）司马光撰，邓广铭、张希清整理：《涑水记闻》卷十，朱易安、傅璇琮等主编：《全宋笔记》第一编第七册，大象出版社，2003年版，第121页。（宋）李焘：《续资治通鉴长编》卷一百八十四"嘉祐元年十一月条"，中华书局，2004年版，第4455页。

中"天赐禹龟书"解释的批判。这一批判有着双重意义，一是对于作为旧官方意识形态和科举考试内容的"注疏"系统的批判①；二是以此作为批判真宗"天书"的基础。

我们首先来看第一个意义。范、刘易学之所以能登上庆历学术的舞台，与其对唐代注疏体系中旧说的批判是分不开的。正是因其对经典诠释的争夺和对易学文本旗帜鲜明的全新解释，才使其在北宋儒者、士人中产生巨大而深远的影响。《易数钩隐图》卷下《龙图龟书论》一文，着重批判了《尚书正义》中对于"天赐禹洛书"的说法。

首先，《易数钩隐图》批判了神龟负书于禹之时的说法，认为《河图》《洛书》都应当出于伏羲之时。"观其大法凡九类，盖以禹叙《洛书》因而第之，遂著成法。则是非神龟负图出于大禹之时也。"他认为，经文仅说大禹得到《洛书》因而次序其书，并没有说神龟负书而出的事情。在他看来，神龟负书之说起于《伪孔传》。他说："惟孔氏注称'天与禹洛书，神龟负文而出，列于背，有数至九也。'诸儒更演载'天书'言语字数之说，后乃还相祖述，遂以禹亲受洛书，而陈九类。"②之后诸儒祖述其说，好像是大禹之时神龟负图而出，又衍生出言语字数的问题，以为大禹当时亲自接受《洛书》。《易数钩隐图》认为，《河图》《洛书》都出于伏羲之时，因为《系辞》中说"河出《图》、洛出《书》，圣人则之"③。圣人法则《河图》《洛书》以画八卦，而画八卦者是伏羲，因此《河图》《洛书》都必然出于伏羲之时。《易数钩隐图》之后的《遗论九事》中也说到了这个问题。"阳之七九，阴之六八，皆天地自然之数，

---

① 孙逸超：《刘牧一系易学的登场及其问题》，载袁行霈主编：《国学研究》第47卷，中华书局，2022年版，89～103页。

② （宋）刘牧：《易数钩隐图》卷下，《景印文渊阁四库全书》第8册，台湾商务印书馆，1986年版，第157页。

③ （三国·魏）王弼、（晋）韩康伯注，（唐）孔颖达正义：《周易正义》卷七《系辞上》，（清）阮元校刻：《十三经注疏》，中华书局，2009年影印本，第170页。

非人智所能造也。虙羲氏虽生蕴神智，亦代天行工而已。"① 其后还列举了其他经文上的佐证。当然这会遇到一个问题，何以伏羲之时已出《河图》《洛书》，直到大禹才第而次之。《易数钩隐图》卷下的《龙图龟书论》中说："伏羲之世，世质民醇，文字未作，故九畴莫得而传也，但申其数耳。至大禹，圣人遂演成九类，垂为世范。"② 在伏羲之始还没有成熟的文字系统，只能用"数"揭示其中的意涵。到了大禹之时才将其用"洪范九畴"这样的语言文字的形式表达出来。

第二，大禹所得之《洛书》不当有语言文字。关于大禹所得《洛书》本来有多少文字，历来争讼不已。《周易正义》注意到《汉书·五行志》认为《洪范》"初一曰"整整一章"凡此六十五字，皆《洛书》本文"。《周易正义》对此提出疑问，并列举了一些不同的看法。他说："计天言简要，必无次第之数。上《传》云'禹因而第之'，则孔以第是禹之所为，'初一曰'等二十七字必是禹加之也。其'敬用''农用'等一十八字，大刘及顾氏以为龟背先有，总三十八字。小刘以为'敬用'等亦禹所第叙，其龟文惟有二十字。并无明据，未知孰是，故两存焉。"③ 刘焯（大刘）和顾彪认为"初一曰""次二曰"等二十七字是大禹次第，跟在"初一曰""次二曰"后面的"五行""敬用五事""农用八政"等三十八字是《洛书》本文。而刘炫（小刘）认为只有"五行""五事""八政"等二十字是《洛书》本文。不论何种看法，都是认为大禹得到的《洛书》就有文字，大禹又在此基础上补充形成《洪范》一篇文字。只是对于大禹所得之《洛书》中究竟有哪些字，有六十五、三十八、二十等不同的看法。

至于《易数钩隐图》则断然否定这些看法，认为大禹所得之《洛

---

① （宋）刘牧：《易数钩隐图》卷下，《景印文渊阁四库全书》第 8 册，台湾商务印书馆，1986 年版，第 161 页。

② （宋）刘牧：《易数钩隐图》卷下，《景印文渊阁四库全书》第 8 册，台湾商务印书馆，1986 年版，第 158～159 页。

③ （汉）孔安国传，（唐）孔颖达等正义：《尚书正义》卷第十二《洪范》，（清）阮元校刻：《十三经注疏》，中华书局，2009 年影印本，第 339 页。

书》根本就没有文字，当然就不必争到底有六十五、三十八还是二十字的问题了。他认为《龙图》《洛书》所陈都是天地自然之"数"，非人所能伪，故不当有人才能撰写的文字。"观今龙图，其位有九，四象八卦皆所包蕴，且其图纵横皆合天地自然之数，则非后人能假伪而设之也"，所以他认为，"今诸儒以禹受《洛书》，书载天神言语，陈列字数，实非通论。天何言哉！圣人则之，必不然也"①。不论《正义》中列举了几种说法，都是认为大禹从神龟那里得到的《洛书》就是有文字的，只是字数不同。《易数钩隐图》则认为天不能像人那样说话、写字，只能给出"数"，而由圣人加以诠释和发挥。另外，《易数钩隐图》也不认为《洛书》是神龟所出，而是由伏羲所传，这一点上文已经说明。

第三，就《洪范》文本来说，只有其中的五行之"数"是《洛书》本来所有，其余八类是大禹所增。《龙图龟书论下》设问："《春秋纬》曰：'《洛书》六篇。'孔氏云：'神龟负文而出，列于背，有数从一而至于九。'今代之所传《龟书》惟总五行生成之数，未知孰是。"对于《洛书》何以为六篇，论者也不知其义。但他回答的重点在后一问题，他认为《孔传》之所以说数一至九，是说九畴之数，即从五行到五福六极之数，而非具体的"初一曰五行"等文字。也就是说，神龟所负之《洛书》上面只有数而非文字。接着他明确说明了《洛书》虽说九畴，实际上是五行自然之数，也就是一至九这九个数，剩下的是大禹增补发挥的。"《书》之九畴，惟五行是包天地自然之数，余八法皆是禹参酌天时人事类之耳，则非龟所负之文也。"②就好像《龙图》也只有四象八卦，六十四卦是伏羲所重一样。

《易数钩隐图》就是在批判"文字说"的基础上，对经传文字进行

---

① （宋）刘牧：《易数钩隐图》卷下，《景印文渊阁四库全书》第 8 册，台湾商务印书馆，1986 年版，第 157 页。

② （宋）刘牧：《易数钩隐图》卷下，《景印文渊阁四库全书》第 8 册，台湾商务印书馆，1986 年版，第 158 页。

重新解释，重新区分出五行之"数"为《龟书》本图，大禹既把五行转写为文字，又写了"初一曰五行"等六十五字，并展开为其余八类，及整篇《洪范》。这一转变的意义，不仅是使得《河图》《洛书》从有文字之书变成了"点子图"，更在于"点子图"背后蕴含着去除了"人为"因素的"自然之数"和"自然之理"，使得"天赐龟书"从类似人格神的天命转变成了自然理则所展现的价值秩序。

三、作为符命的《河图》与"天书"

在卷下的《龙图龟书论》中，《易数钩隐图》着重批判了《尚书正义》中关于天赐禹《洛书》的说法。《钩隐图》对于《尚书正义》中"天赐龟书"解释的批判，不仅仅是基于文本本身对"注疏"系统的批判，更是具有深刻的现实政治指向。特别是对于"龙图"或"河图"这一作为皇权根据的符瑞的诠释，实质上是这一系学者对此诠释权的争夺。他们将作为符命的"河图"改造为作为"自然之数"的"河图"，这是在北宋前期一个引人瞩目的转折。

大中祥符元年，真宗导演了一场"天书"闹剧，从史料的记载来看，当时引起的反对似乎也没有后来那么强烈，这应从当时对于"符瑞"的政治社会意识形态来认识①。可是从真宗后期开始，一直到仁宗朝，批判符瑞的意识逐渐在士大夫中兴起，这一过程一直持续到庆历朝的学风转变，大致可以说完成了意识形态的转型②。庐山易学群体对

---

① 杜乐：《宋真宗朝中后期"神圣运动"研究》，北京大学 2011 年硕士学位论文。

② 在张维玲看来，这是一个由"致太平以封禅"到仁宗朝解构"太平"意识形态的过程。参见张维玲：《经典诠释与权力竞逐：北宋前期"太平"的形塑与解构》，台湾大学历史学研究所 2015 年博士学位论文。有意思的是，推动封禅的是来自南唐的徐铉及其后学，他们有着深厚的道教情感，"天书"正是在这一文化氛围中诞生的。参见张维玲：《宋初南北文士的互动与南方文士的崛起——聚焦于徐铉及其后学的考察》，《台大文史哲学报》（中国台北）第 85 期，2016 年 11 月。而本文认为对此加以批判的也是来自南唐旧境的庐山易学群体，他们同样利用了道教资源解释经典，而他们的正式登场在稍后的仁宗朝。

《河图》《洛书》的改造及其对《尚书正义》"天赐禹龟书"解释的批判，正是这一批判思潮的代表，而且正是伴随真宗"天书"应运而生的。

首先，从政治的展开进程来看，真宗完成封禅等事已到了天禧年间，之后舆论便开始转向。在大中祥符年间就提出批判的儒者主要是孙奭，"满朝耆老方正之士，鲜有肯启昌言以遏其奸焰，虽寇莱公亦为之，而孙宣公奭独上疏争救，于再于三"[①]。孙奭于大中祥符三年谏祀汾阴后土而及天书[②]，于六年十月又谏朝拜太清宫[③]，至于再三。不过大中祥符时反对天书的士人，大概主要就是孙奭了，"真宗已封禅，符瑞屡降，群臣皆歌颂盛德，独奭正言谏争"[④]。此外，张咏可能也有所建白，"虽上意笃信，而臣下或以为非，若孙奭、张咏尤极诋訾。未几，朱能谋叛，天下愈知其诈"[⑤]。他在大中祥符年间"抗论曰：'近年虚国帑藏，竭生民膏血，以奉无用之土木者，皆贼臣丁谓、王钦若启上侈心之所为也'"[⑥]，正是指因天书而大兴宫观之事。据说张咏曾访陈抟，因而颇通数术，"尝访三峰陈先生抟，一见公，厚遇之"[⑦]，"至于卜筮医药种树之书，亦躬自详校"[⑧]。张咏通于数术之道却反对天书宫观之事，这是耐人寻味的。

---

① （宋）洪迈撰，孔凡礼点校：《容斋三笔》卷七《孙宣公谏封禅等》，中华书局，2005年版，第505页。

② 此上疏之时间，详《长编》大中祥符三年此条，及天禧三年四月注文。参见（宋）李焘：《续资治通鉴长编》，中华书局，2004年版，第1702、2143页。

③ （宋）李焘：《续资治通鉴长编》卷八十一"大中祥符六年十月条"，中华书局，2004年版，第1850页。

④ （宋）司马光撰，邓广铭、张希清整理：《涑水记闻》卷四，朱易安、傅璇琮等主编：《全宋笔记》第一编第七册，大象出版社，2003年版，第54页。

⑤ （宋）魏泰，李裕民点校：《东轩笔录》卷一，中华书局，1983年版，第8页。

⑥ （宋）王称：《东都事略》卷四五《张咏传》，刘晓东等点校：《二十五别史》第14册，齐鲁书社，2000年版，第354页。

⑦ （宋）韩琦：《张公神道碑铭》，收录于（宋）张咏：《乖崖集》附录，《景印文渊阁四库全书》第1085册，台湾商务印书馆，1986年版，第660页。

⑧ （宋）钱易：《张公墓志铭》，收录于（宋）张咏：《乖崖集》附录，《景印文渊阁四库全书》第1085册，台湾商务印书馆，1986年版，第656页。

如魏泰所说，舆论的转折点在天禧三年"乾祐天书"之后"天下愈知其诈"。"是月（三月），准奏天书降乾祐山中，盖能所为也。中外咸识其诈，上独不疑。""夏四月辛卯，备仪仗至琼林苑迎导天书入内。太子右谕德鲁宗道上疏，略曰：'天道福善祸淫，不言示化。人君政得其理，则作福以报之，失其道，则出异以戒之，又何有书哉……'知河阳孙奭上疏言……"①此事之伪太过明显，引起了士大夫们明显的反感。特别是天禧四年七月朱能事败之后，使得天书的威望更大打折扣。而范谔昌之著作正在天禧间，刘牧活跃的时间也在同时，直至天圣年间，这一点上文已经交代。他们在这个时候进行著作，极有可能是有针对性的。而这正与朝廷中的孙奭、鲁宗道、张咏等人遥相呼应。

其次，范、刘改造《河图》《洛书》重在对《尚书·洪范》解释权的争夺上。真宗在决定伪造天书之前，曾问杜镐"所谓《河图》《洛书》者，果有之乎"？当杜镐给出了"神道设教"的答案后，真宗遂意决，"作天书等事"②。可见真宗心目中的"天书"，就是当年《河图》《洛书》的翻版。据说"天书"的文字"辞类《尚书·洪范》、老子《道德经》"③，后者当然展现出赵宋王朝政权合法性中道教的支持，而前者恰恰反映出这个故事的模本就是《尚书·洪范》。

"天书"名为"大中祥符"④，其年号亦取之于此。"冯拯进曰：适中

---

① （宋）李焘：《续资治通鉴长编》卷九十三"天禧三年三月条"，中华书局，2004年版，第2142~2143页。

② （宋）司马光撰，邓广铭、张希清整理：《涑水记闻》卷四，朱易安、傅璇琮等主编：《全宋笔记》第一编第七册，大象出版社，2003年版，第80页。该事又见（宋）苏辙撰，孔凡礼整理：《龙川别志》卷上，朱易安、傅璇琮等主编：《全宋笔记》第一编第九册，大象出版社，2003年版，第318页；（宋）王称：《东都事略》四九，刘晓东等点校《二十五别史》第14册，齐鲁书社，2000年版，第387页。

③ （宋）李焘：《续资治通鉴长编》卷六十八"大中祥符元年正月条"，中华书局，2004年版，第1519页。

④ （宋）李焘：《续资治通鉴长编》卷六十八"大中祥符元年正月条"，中华书局，2004年版，第1518页。

书、枢密院共议改元，莫若取神人所告'大中祥符'之言以为年号……
至是以纪元。"①"大中"二字乃《尚书正义》所确立之"皇极"之标准
解释，此"天书"之名即明显取材于《洪范篇》中最重要的"皇极"。
在《洪范》中所接续的故事就是大禹之时神龟负图而出，而所负之图上
有语言文字，这是《尚书正义》中的说法。而在《易数钩隐图》中反复
批判的恰恰就是这个桥段。一则曰洛书之出不在大禹之世，再则曰洛书
无言语文字②。可以说，这是通过批判《尚书正义》中的说法，回归经
典本身，对"天书"的理论根据采取釜底抽薪的做法。

作为符瑞的"天书"，与《河图》《洛书》的关系在诏书中更有直言
不讳者，《宋大诏令集》载《改大中祥符元年赦》（大中祥符元年正月戊
辰），其在叙述真宗受天书之经过后，又列举历朝典故，言"且详观载
籍，眇睹前闻。圣若羲黄，八卦演《连山》之象。功齐尧舜，九畴浮出
洛之文。何凉德之感通，偕昔王之盛美"③。伏羲因《河图》而画八卦，
尧舜得《龟书》而有洪范九畴，正是直接指明天书之降即可比于河出
《图》、洛出《书》这样的"昔王之盛美"。又，天禧三年八月"丁亥，
以天书再降于乾祐县，大赦天下……制曰：'朕寅奉丕基，抚宁中宇，
庆灵积厚，高明博临。受河洛之秘书，开圣真之鸿绪'"④。所谓"河洛
之秘书"就是指明《河图》《洛书》了。因为后来修实录、会要的史官
讳言此事，相关诏书多未载录，此诏也是李焘搜检而得。因此恐怕关于
"天书"及于"河洛"之说的文字可能还有一些。

第三，真宗为太宗所建之龙图阁也取意于《龙图》《龟书》之名。
岳珂认为，"观其初制，既列经史，又储奇物，亦非专以奉奎画。然牺

① （宋）李攸：《宋朝事实》卷二《纪元》，中华书局，1955年版，第27页。
② （宋）刘牧：《易数钩隐图》卷下，《景印文渊阁四库全书》第8册，台湾商务印书馆，1986年版，第157页。
③ 司义祖整理：《宋大诏令集》卷二《改大中祥符元年赦》，中华书局，1962年版，第6页。
④ （宋）李焘：《续资治通鉴长编》卷九十四"天禧三年八月条"，中华书局，2004年版，第2163页。

河观瑞，《图》《书》为首，命名之意，概可理推矣"①。岳珂认为龙图阁名义上是储藏太宗御制诗文之地，可是实际上里面还藏有经史、奇物。尤其是这"奇物"，实际上是各种符瑞。在宋初，以各种祥瑞作为皇权合法性的证据本来是很自然的事情，只是到了南宋这种观念已经相当黯淡了。因此岳珂敏锐地把握到，御阁所奉之物中，各种符瑞占有相当的地位，而在符瑞之中又以《河图》《洛书》为首，因此龙图阁的命名正是基于此而来的。王应麟记："祥符初，建龙图阁以藏太宗御书。（注：太宗以武定并汾，以文致太平，圣谟宝训与《河图》《洛书》相表里）"②这也指出了龙图阁中所藏之文字与作为符瑞的《河图》《洛书》相对应，显示出太宗文字之神圣来源。宋末的章如愚说"祥符初，建以奉太宗御书，取龙马负图之义"③。章氏也认为龙图阁就是取自"龙马负图"，也就是《河图》的典故。另外，咸平五年十月己卯，真宗与近臣观书龙图阁，杨亿作应制诗云"群玉中天开策府，神龟温洛荐图书"④，也指出了龙图阁之来源正是神龟负图，龙马出书的典故。也就是说，《龙图》实际上在当时作为皇权来源的符瑞中占有最高地位，因此真宗为其父亲所建之御阁即以此命名。而日后作为确认其自身权力的"天书"亦以此为范本，自然就不奇怪了。

第四，从文本内证来看，《易数钩隐图》中的《龙图龟书论》在批判孔疏对于洛书上的文字的说法时，赫然出现了"诸儒更演载天书言

---

① （宋）岳珂撰：《愧郯录》卷十四，上海师范大学古籍整理研究所编：《全宋笔记》第七编第四册，大象出版社，2016 年版，第 147 页。

② （宋）王应麟：《玉海》卷一六三，《景印文渊阁四库全书》第 947 册，台湾商务印书馆，1986 年版，第 272 页。

③ （宋）章如愚：《群书考索前集》卷三八，《景印文渊阁四库全书》第 936 册，台湾商务印书馆，1986 年版，第 512 页。

④ （宋）王应麟：《玉海》卷二七，《景印文渊阁四库全书》第 943 册，台湾商务印书馆，1986 年版，第 665 页。全诗见（宋）杨亿：《武夷新集》卷一《宣召赴龙图阁观太宗御书应制》，《景印文渊阁四库全书》1086 册，台湾商务印书馆，1986 年版，第 356 页。

语字数之说"① 的说法，似是直接指向"天书"。当然这个地方也许有讹字。因为后文又有"书载天神言语、陈列字数"②，这里的"天神言语"是孔疏中的文字，因此有可能原文是"天神"而非"天书"③。即使有讹误的可能，"天神言语"的说法也足以与"天书"故事中赵玄朗显现宣布的场景相符合。

第五，《易数钩隐图》的《龙图龟书论》重点批判了《尚书正义》中关于《洛书》内有语言文字的说法，并且说"天何言哉！圣人则之，必不然也"④。圣人所法则的一定不会是一个上面写着字的赝品天书，天怎么可能会明白地说话呢？真正的天所呈现的一定不会是如此具有人为造作的东西，而是自然之理或自然之数的表达。这个说法和当时朝廷上对于天书的批判是完全一致的。孙奭说："天何言哉！岂有书也！"⑤ "天且无言，安得有书？"⑥ 鲁宗道说："天道福善祸淫，不言示化。人君政得其理，则作福以报之，失其道，则出异以戒之，又何有书哉！"⑦ 天道不言，连说话的表达都没有，怎么可能写下来成为所谓"天书"呢！南宋初年宗主刘牧《河图》说的学者程大昌也是从这一角度明确批判的："谓以数发智者，信而可证也。谓有字有书者，妄也。天何言哉！而况

---

① （宋）刘牧：《易数钩隐图》卷下，《景印文渊阁四库全书》第 8 册，台湾商务印书馆，1986 年版，第 157 页。

② （宋）刘牧：《易数钩隐图》卷下，《景印文渊阁四库全书》第 8 册，台湾商务印书馆，1986 年版，第 157 页。

③ 《正统道藏》本此处亦为"天书"，见（宋）刘牧：《易数钩隐图》，《正统道藏》第 3 册，文物出版社、上海书店、天津古籍出版社，1988 年版，第 215 页。

④ （宋）刘牧：《易数钩隐图》卷下，《景印文渊阁四库全书》第 8 册，台湾商务印书馆，1986 年版，第 157 页。

⑤ （宋）李焘：《续资治通鉴长编》卷七十四"大中祥符三年十二月条"，中华书局，2004 年版，第 1699 页。

⑥ （宋）李焘：《续资治通鉴长编》卷九十三"天禧三年四月条"，中华书局，2004 年版，第 2143 页。

⑦ （宋）李焘：《续资治通鉴长编》卷九十三"天禧三年四月辛卯条"，中华书局，2004 年版，第 2142 页。

造字成书，明与世接乎！"① 所谓"以数发智"，就是用自然之数呈现出天道之神妙。至于"造字成书，明与世接"，简直就是直接在批判天书的闹剧了。

从以上五点可以看出，《易数钩隐图》改造《河图》《洛书》的真正企图，正与真宗依据龙图龟书而造作天书的事件相呼应。不过从思想史的角度看，《易数钩隐图》也不单纯是为了批判某一政治事件而进行的创作，这背后折射出的是北宋这一时期或者更早以来在思想上的转型，只不过通过这一事件被系统、直接地表述了出来。

四、"自然之数"与"符命"的争夺

联系到真宗基于《洪范》的叙事及其中以《河图》《洛书》作为"天书"的重要依据，那么刘牧对于《河图》《洛书》的诠释的意义就能够得以彰显。

首先，回归伏羲，就把解释权从当代圣王大禹的手上夺了过来，而更追溯到远古之时。针对真宗的天书封禅，范、刘一派易学认为天书就不应当在本朝出现，而刘牧等人手上的《龙图》《龟书》才是古本，更具有权威性。"观今《龙图》，其位有九，四象八卦皆所包蕴，且其图纵横皆合天地自然之数，则非后人能假伪而设之也。夫《龙图》呈卦，非圣人不能画之，卦含万象，非圣人不能明之，以此而观，则洛出《书》非大禹之时也。"② 这种根本于自然的存在必是远古圣人所为，绝非"后人"以及本朝所能伪而设之，因此必不能出于大禹之世。他们把大禹和后人并列的企图不是昭然若揭了吗？

---

① （宋）程大昌：《易原》卷一，《景印文渊阁四库全书》第 12 册，台湾商务印书馆，1986年版，第 508 页。

② （宋）刘牧：《易数钩隐图》卷下，《景印文渊阁四库全书》第 8 册，台湾商务印书馆，1986 年版，第 157 页。

其次，回归伏羲的文本，在其内容上否定语言文字，突出"五行之数"，既是批判"天书"上有大段类似《洪范》文字的做法，同时也为王朝受命符瑞赋予了"自然之数"的意义，皇权的来源也因此由带有人格色彩的神的授予而转向为以客观自然的秩序为根据。这样一来，皇权的赋予、诠释，就通过经典这一平台，转移到了士大夫的手中。而这一"自然之数"的讨论不仅仅是可以人各异说的"义理"，而是最自然而确定不易的根源性存在。这使得"天"和"天命"以崭新的姿态站立在思想史的舞台上。

《易数钩隐图》从形式上否定了具有文字的"天书"作为符命直接赋予当代圣王的合法性，而代之以创自伏羲的《河图》《洛书》，而《河图》《洛书》的内容则是由刘牧为代表的庐山易学群体所发现的，其内容就是"五行生成之数"的"点子图"。"点子图"背后则是"自然之数"这一可以通过学术讨论获得确定结果的理念。

刘牧的"自然之数"上文已经多次引用到其相关表述，就其内容而言，就是天地之数自然展开，天一地二等分布四方，与中五相配得到五行等，这些自然而然的过程，以及纵横相加皆得十五的数学上的巧妙之处，这就是"黑白点子图"①。他还以其"自然之数"作为理论根据，批判《洪范疏》中对于五行生成的解释。他说："今众贤以一阳生为水数，二阴生为火数，三阳生为木数，四阴生为金数，五阳生为土数。□□说强配之也，则非天地自然之数也。"② 其是非对错，及经学上的细节，暂不予以讨论，但其理念则是力图追求一种客观确定的自然运行方式。这一点就完全摆脱了权力、地位，甚至传统经典的制约。当然，他还要以此作为仁义礼智信五常的自然基础。所以他说："至于人之生也，外济五行之利，内具五行之性。五行者，木火土金水也。木性仁，火性礼，

---

① 详见王铁：《宋代易学》，上海古籍出版社，2005年版，第37~41页。
② （宋）刘牧：《易数钩隐图》卷中，《景印文渊阁四库全书》第8册，台湾商务印书馆，1986年版，第151页。"□□"原文标记为"原缺"二小字。

土性信，金性义，水性智。"① 这是其最终目标。

因此，"黑白点子图"的《河图》《洛书》出现的部分因缘，正在于通过"自然之数"的彰显而对作为皇权合法性来源的"符命"解释权的争夺。《河图》《洛书》既有谶纬的性质，又有符命的性质。在"天书"事件中，后者的性质更被士大夫们所接受。当然这二者不能完全割裂，不过本文要强调的是，作为"符命"的《河图》是作为皇权的根据而出现的，"天书"本身的性质也能说明宋朝皇室皇权的性质。

天圣以后，"天书"逐渐降温，仁宗朝总体呈现对于天书乃至《河图》《洛书》的批判。除了在现实活动中的否定，经学上否认《洪范》与《龙图》《龟书》有关的传统看法也相继出现，较有代表性的有胡瑗的《洪范口义》和欧阳修的《易童子问》。《洪范口义》中说："天帝称之者，尊贵之也……尧善禹治水之故，乃与禹大法九章……亦以其（禹）导江浚川，顺水之性，能行夫帝尧洪范九畴之义，则是帝尧与之也。"② 胡瑗认为"天乃赐禹洪范九畴"中的"天"不是天神，而是帝尧的尊称。而尧所赐禹的洪范九畴也不是把一本书给他，而是禹能遵循帝尧治天下之道。这就彻底否定了《河图》在其中的位置。欧阳修认为《系辞传》中"包羲氏之王天下也，仰则观象于天，俯则观法于地"就说明了"八卦者是人之所为也，《河图》不与焉"③。他根据《系辞传》中关于八卦的起源有三种说法，指出关于《河图》的记载前后矛盾，这实际上就是不承认《河图》的作用。这一派学者试图从根本上瓦解了"符命"。庐山易学群体并不否定《河图》《洛书》的存在，而是以改造的态度对待《河图》《洛书》。不仅如此，《易数钩隐图》对于否定《河

① （宋）刘牧：《易数钩隐图》卷上，《景印文渊阁四库全书》第8册，台湾商务印书馆，1986年版，第142页。
② （宋）胡瑗：《洪范口义》卷上，《景印文渊阁四库全书》第54册，台湾商务印书馆，1986年版，第453~454页。
③ （宋）欧阳修著，李逸安点校：《易童子问》卷三，《欧阳修全集》卷七十八，中华书局，2001年版，第1121页。

图》《洛书》的说法还进行了批判。《龙图龟书论》载设问："问曰：今书世之传者《龙图》《龟书》，经所不载，纬候之书，蔑闻其义，诚诞说也?"在当时对谶纬符瑞的批判风潮中，必然有学者对《龙图》《龟书》也采取否定的态度。《易数钩隐图》恰恰要为《龙图》辩护。他回答说："《龙图》《龟书》虽不载之于经，亦前贤迭相传授也。然而数与象合，位将卦偶，不盈不缩，符于自然，非人智所能设之也。况乎古今阴阳之书，靡不宗之。至于通神明之德与天地之理，应如影响，岂曰妄乎?"① 他的回应分三点。第一，经虽不载，但是远有传承，不应随意否定。第二，黑白点数之《河图》《洛书》展现出的"自然之数"展开为四象八卦，极为自然，不是人之私智所能创造的。第三，在历史记载中推崇《河图》《洛书》的人很多，表明这确实有一定的道理，能够和天地间最微妙的法则相通。这三点中最重要的是第二点，就是这个图所展现的是人所不能改变的存在于世界中的法则，才确保了《河图》《洛书》价值的永恒性。

庐山易学群体并不否认河出《图》、洛出《书》的事实，甚至批评那些否认《图》《书》的士大夫，而是站在自然之理的高度对旧说加以批判，也就是说，对旧说进行了批判性的改造。这挽救了《图》《书》作为"符命"的地位，《图》《书》仍然能作为皇帝权力来源的根据，同时这一根据又与旧的天书语言文字不同了，而是以自然之理作为《河图》《洛书》的核心内容，换言之，皇帝的权力基于的是客观自然之理，而非出自天神的可以任人解释的语言文字。

五、结　语

既有研究显示，庆历学术的重要性被不断展现，在此基础上，本文

---

① （宋）刘牧：《易数钩隐图》卷下，《景印文渊阁四库全书》第 8 册，台湾商务印书馆，1986 年版，第 159 页。

试图以《易数钩隐图》为契机，提供新的观察。首先，《易数钩隐图》在"义理"方面出现了新的变化。在此之前义理的阐发当然已经存在，甚至《周易正义》也不能不说是带有义理性的。而《易数钩隐图》以一种基于"自然之数"和"形而上"特点的"义理"出现，并以此对汉唐以来的注疏体系展开批判，进而重建经学和价值理论。因此，对于这一新兴学术，仅仅用"义理"一词是不够的，但也尚未到"性理"的阶段，而是以"自然之理"的独特姿态首先站在了庆历朝的历史舞台上。其次，过去的研究中都强调了新学术对于谶纬、祥瑞的批判①，本文认为即使在庆历朝以后也未对这些说法一概抹杀，改造、利用相关概念并形成新的理论成为主流。至少就《河图》《洛书》来说，《易数钩隐图》的出现便是对当时流行的谶纬、祥瑞理论加以改造，使得"自然之数"、客观自然之理成为作为"符命"的《河图》《洛书》的根据。仁宗朝以后，"扬弃"谶纬、符命压倒了简单的、彻底的否定意见而成为主流，士大夫、儒生由此通过新的理论主导了皇权来源的解释权。最后，庆历学术最重要的意义之一，就是经学的重建和新经学的展开。新经学作为探究"自然之理"的新学术形态，同时也是对帝室符命理论的新解释，既是对旧传统的挑战，也是对皇权来源和原理的再造。而且他们对符命的批评和解释权的争夺不仅仅是著书立说而已，更要落实在经学权威上，通过经典的再诠释获得官方的认可，并且成为新的意识形态，通过科举制度影响着新一代的士人。

作者单位：上海师范大学

---

① 小岛毅提出灾异论的转变与天理产生的关系，是对这一问题的深化。［日］小岛毅：《宋代天谴论的政治理念》，载［日］沟口雄三、［日］小岛毅主编，孙歌等译：《中国的思维世界》，江苏人民出版社，2006 年版，第 281～339 页。

纪磊易学：主以汉易，兼采宋易*

胡飞林

摘要：清代后期，汉宋易学的发展由对峙走向合流。纪磊以虞氏易为宗，详细考察汉易传承脉络，补正虞氏逸象，据《杂卦传》发明"消息"说，重释《河》《洛》之意，卓然成一家之言。纪氏主以汉易、兼采宋易的治《易》理路，成为晚清时期汉宋易学融合的代表人物之一。

关键词：晚清　纪磊　汉易　宋易

纪磊，字位三，号石斋，生卒年不详，浙江乌程（今属浙江吴兴）人，湖郡增广生，享年七十三岁。《南浔志》记载：

> 家贫，幼学于义塾，言笑不苟，聪颖异常儿，弱冠入郡庠即授徒以养亲。时为小诗，沈尧读而爱之，谓诗亦可成名，劝勉卒业。磊以吟风弄月非儒者分内事，思治一经以自见，因矢志读《易》，以《杂卦传》为主，推其消息，具有条理。孳孳矻矻积三十余年，成书数种，与汉、唐、宋说不相沿袭，卓然成一家言。持身严正，

---

* 本文系国家社科基金冷门绝学研究专项学术团队项目"《永乐大典》易学典籍辑校与研究"（项目批准号：21VJXT010）之阶段性成果。

不可干以私，而于戚族友朋间，无所不用其厚金，锡桂丁、桂许。旦复纪庆曾之丧，磊恤其孤寡，藏其著述，如恐不及。汪曰桢方修镇志，磊躬任采访，于故里人物搜采尤勤，又以志有体裁，不得人为立传，即立传亦不得过事铺张。于诸人之遗文逸事，或未能尽传，因仿李氏《见闻录遗意》，凡戚友中足以示劝惩而资采择者，无不毕载，为《晓寒楼杂忆》一书。镇上人文辈出，代有传人，《莲漪文钞》仅存崖略，因有《浔上文录》《浔上诗录》之辑。读《易》余暇，旁及堪舆之学。晚年谢去馆政，藉以自给①。

纪氏潜心于《易》数年，著述颇丰，撰有《周易消息》十四卷、《虞氏易象考正》二卷、《九家易象辨证》一卷、《周易本义辨证补订》四卷、《汉儒传〈易〉源流》一卷、《虞氏易义补注》二卷等易学著作。其学以虞氏易为宗，兼及汉宋诸家，发明"消息"说贯穿解《易》始终，对先儒多有补正之功，卓然成一家之言。

一、详订汉儒传《易》源流及补正虞氏易象

朱彝尊《经义考》依据史传详细地考辨了汉儒传《易》脉络，纪氏在朱氏的基础上，博采《经典释文》《周易正义》《周易集解》诸书，详加厘定和补充，撰成《汉儒传〈易〉源流》。是书虽名为《汉儒传〈易〉源流》，实际收录范围延至隋、唐时期，只是不如两汉详尽。书中指出："《汉儒传〈易〉源流》一卷，从朱彝尊《经义考》辑录也。两汉之儒，即《汉书》补入，悉为登载。魏晋以后，见于《释文》《正义》及《集解》者，表著之余，概从略，识者鉴诸。"②《汉儒传〈易〉源流》以人

---

① 周庆云纂：《南浔志》卷二十一《人物四》，民国十一年刻本，第8~9页。
② （清）纪磊：《汉儒传〈易〉源流》，《续修四库全书》第35册，上海古籍出版社，2002年版，第57页。

物事迹及师承渊源为线索，依据史传资料多寡而编订，是较为简明的易
学参考资料。但纪氏对于这些典籍的记述并非全盘接受，而是以较为
审慎的态度看待。如陆德明《经典释文·序录》有《子夏易传》三卷，
并注卜商所作。卜商字子夏，孔子弟子，魏文侯之师，孔子之后，传
《易》之人当始于子夏。纪氏认为，《子夏易传》"《汉志》未载，故或疑
书为伪托，韩婴谓丁宽所作，张璠谓或馯臂子弓所作，薛虞记说者纷
纭，疑不能定，故今亦阙之"①。又如，刘向《别录》载淮南王刘安延请
善为《易》者九人，将九人《易》说采录书中，名为《淮南九师道训》。
《汉书·艺文志》载《易》十三家，有《淮南道训》二篇，高诱于《淮
南鸿烈解》详列九人姓名。但纪氏认为传记中并未载其姓名，传授情况
亦不明，附录于此，存而不论。其无征不信的求实精神可见一斑。

此外，从部分按语可以看出纪氏的治《易》倾向。"孟喜"一条按
云："《晋书》太康二年，汲郡人不准盗发魏襄王墓，或言安釐王冢，得
竹书数十车。其《易经》二篇与《周易》上下经同，《易爻阴阳》二篇
同《周易》略同，爻辞则异，《卦下易经》一篇似《说卦》而异。则
《易经》本有《易爻阴阳》二篇，喜之所得或即此。与其说，当更在
孔子前，自孔子赞《易》后，而《易爻》或另行。故喜得之而托于师
传。"②纪氏将孟喜所传《易》说推至孔子之前，认为孔子赞《易》后，
《易爻》因不合于圣人之旨而不得其传，即所谓"或另行"，后被孟喜借
师传得以流存于世。纪氏如此推测，意在将孟氏易学放在孔门易学传授
系统之外予以定位，从而将正统传授谱系归于费氏古文经《易》。他说：

　　班固谓孔子晚而好《易》，读之韦编三绝，而为之传。传即

① （清）纪磊：《汉儒传〈易〉源流》，《续修四库全书》第35册，上海古籍出版社，2002年
版，第57页。
② （清）纪磊：《汉儒传〈易〉源流》，《续修四库全书》第35册，上海古籍出版社，2002年
版，第59页。

"十翼"也，然则传正所以释《易》也，费氏专以此为教，正是高于诸家处。又案，今所行者王辅嗣本也，王亦原于费氏。古今传《易》者，唯费本为最善，他本辞句或异然。以消息推之，无过费氏。昔刘向以中古文《易经》校施、孟、梁邱经，或脱去"无咎""悔亡"，唯费氏经与古文同。然则费氏本在当时亦为最善，宜其盛行于今也①。

纪氏对费氏易学的推崇不言而喻。孟喜易学从清初以来即被归于术数类，官方学术将其排斥在正统易学之外，四库馆臣云："夫《易》本为卜筮作，而汉儒多参以占候，未必尽合周、孔之法。然其时去古未远，要必有所受之……孟、京两家之学，当归术数。然费氏为象数之正传。"②纪氏受此影响，对孟喜易学亦作非正统看待。馆臣与纪氏对于费氏易学的推崇，根源于费氏以传解经的治《易》理路。古文易学解经方式基于经文本身而发明卦例、阐发义理，更合于正统的儒家经学，所谓"费直字长翁，东莱人也。治《易》为郎，至单父令。长于卦筮，亡章句，徒以《彖》《象》《系辞》十篇文言解说上下经"③。

对于以传解经的认信，使得纪氏反对朱熹经传分殊的易学观。朱熹认为，应将文王之《易》与孔子之《易》区别开来，文王之《易》专为卜筮而作，孔子之说兼及义理，如将元、亨、利、贞作四德解之类。纪氏云："《本义》一书最可疑者，莫如'不可便以孔子之说为文王之说'二句。"④孔子赞《易》有"十翼"之文，《彖传》用以解释彖，《象传》

① （清）纪磊：《汉儒传〈易〉源流》，《续修四库全书》第35册，上海古籍出版社，2002年版，第60页。
② （清）永瑢等：《四库全书总目》，中华书局，1965年版，第44页。
③ （汉）班固著，（唐）颜师古注：《汉书》卷八十八《儒林传第五十八·费直》，中华书局，1962年版，第3602页。
④ （清）纪磊：《周易本义辨证补订》，《续修四库全书》第34册，上海古籍出版社，2002年版，第345页。

用以解释爻，《系辞传》为《易》之括例，辞、变、象、占无不各尽其辞，"安在孔子之说非文王之说也？自朱子之言出，而人且重疑'十翼'非尽夫子作，惑世诬圣，莫此为甚，而谓可无言乎"①。

费氏易学已亡佚，纪氏用力最深的是虞氏易学。虞氏易学在清代的兴起及广泛传播，与惠栋、张惠言二人分不开，"盖不通虞氏易，不能读鼎祚之书，不研究惠氏、张氏之书，亦不能通虞氏易也"②。虞氏易学亦亡佚，后世对于虞氏易的研究，大都取自于《周易集解》。惠栋撰《易汉学》，于虞氏《易》例尤详，采录虞氏逸象三百三十一事，后张惠言专宗虞氏学，撰《周易虞氏义》，采录逸象四百五十六事，纪氏在此基础上，又搜得逸象六十六事，并辨其失违，撰《虞氏逸象考正》一卷，附于张氏书之后。纪氏对于《易》之取象辩驳极为细致，如"乾为王"一则，惠氏以王归于乾象，理由是乾为君，而九家逸象以震为王，在乾之初九，项氏亦以震为王，从《说卦传》"帝出乎震"一语引申而来。纪氏认为，王为乾象，乾为君，所以为王。至于震则为帝、为公、为侯，不能取王象。如益卦"王用亨于帝，吉"，王指乾象，帝指震象；大有卦"公用亨于天子"，公指震象，天子指乾象；屯卦"先王以建万国，亲诸侯"，先王指乾象，诸侯指震象。因而，"若乾既为君，震又为王，则漫无区别矣。而项又引帝出震以释之，尤不知象意"③。又，虞氏以人为乾象，指九三。纪氏认为人不应为乾象，当为坤象，其解释道："人，坤象，坤地二，二于三才为人，故坤为人，所谓'乾知大始，坤作成物'也。故天火为同人，风火为家人，人盖谓坤也。又《文言传》'中不在人'，人谓三，六画之三，即三画之二，六画盖兼才也，故曰

---

① （清）纪磊：《周易本义辨证补订》，《续修四库全书》第34册，上海古籍出版社，2002年版，第345页。

② 中国科学院图书馆整理：《续修四库全书总目提要》，中华书局，1993年版，第107页。

③ （清）纪磊：《九家易象辨证》，《续修四库全书》第35册，上海古籍出版社，2002年版，第34页。

'立天之道曰阴与阳，立地之道曰柔与刚，立人之道曰仁与义'。虞氏以乾为人，非。"①纪氏的逻辑是，于三画卦中，中间的第二爻为人道，乾的功能是创始万物，坤的功能是成就万物，人为已成之物，因此人应属坤象；于六画卦中，中间的第三爻为人道，《乾·文言》解释九四爻辞时云"中不在人"，第三爻为人，九四不在三位，所以有"中不在人"之说，进而得出人为坤象的结论。"乾为介福"一则，惠氏训介为大。此句源于晋卦六二爻辞"受兹介福，于其王母"。纪氏训介为分之意，与"尤悔吝者，存乎介"之介一样，王母以余福授予六二，所以六二于王母处得授其介福，介不训为大，当训为分，以驳惠氏之说。又于"乾为久"一则，惠氏云："不息则久。"纪氏认为久为坤象："久，坤象，坤为永，故为久。'用六，利永贞'是其义。虞氏既以坤为永，又以乾为久，非。"②

纪氏于虞氏及惠氏所认同者多，所驳正者亦不少，究竟孰是孰非，已难判断。如民国学者吴承仕所言："案纪氏专研易学，而声音训诂之术，似非所长。其于他经，复多粗略，故说义拘滞，时亦有之。如乾为介福，介，大也。此经传之通诂，诸易家亦无异说，纪氏独改训为分。乾为久，惠云'不息则久'是也。纪氏乃以久为坤象……此皆所见有殊，立义固与旧异，是非中失，犹难辄定。"③是非得失虽难辄定，但亦可看出纪氏不盲从权威、敢于突破旧说的治学精神。

纪氏于《虞氏逸象考正》之外，又撰《虞氏易义补注》二卷。虞氏《易》说虽收录于《集解》最多，但仍为残篇断简，张惠言学宗虞氏易，不得不兼采《乾凿度》诸书以补其缺漏。但虞氏主纳甲，本于《参同契》，郑氏主爻辰，本于《乾凿度》，并不允当，所以纪氏撰《易义补

---

① （清）纪磊：《虞氏逸象考正》，《续修四库全书》第35册，上海古籍出版社，2002年版，第1~2页。

② （清）纪磊：《虞氏逸象考正》，《续修四库全书》第35册，上海古籍出版社，2002年版，第5页。

③ 中国科学院图书馆整理：《续修四库全书总目提要》，中华书局，1993年版，第143页。

注》二卷，以驳张氏之失。其于书首自序云："虞主《参同契》，郑主《乾凿度》，各不相入也。因思世之为虞氏者，虽不乏人，而欲其甄别而弃取之，或亦有所未暇，乃不自揣鄙陋，凡注中引《乾凿度》以补虞氏之阙者，悉为改正，略著其义，谓之《虞氏易义补注》。而引他说及注未洽者，亦间订一二，以附于后。"①纪氏著录此书的目的是从张氏所辑虞氏易中剥离出不合家法之处，特别是所引《乾凿度》之文，以还虞氏易之本来面貌。

综上可见，纪氏对于易象的探究较为精审，但以汉儒为中心的易学研究，已难以有较大的突破与创新。于是，纪氏另辟蹊径，以《杂卦传》为主，推演"消息"说。

二、以《杂卦传》发明"消息"说

《周易消息》是纪氏平生着力最多的一部易学书籍，其以《杂卦传》为理论依据，构建出独特的阴阳消息说。"消息"一词源于《彖传》，《剥·彖》云："君子尚消息盈虚，天行也。"②《丰·彖》云："日中则昃，月盈则食，天地盈虚，与时消息，而况于人乎？况于鬼神乎？"③消为事物逐渐退去，息为事物不断增长，"消息"原意是形容自然天象的一种变化，如日月之盈虚、四时之进退，即为消与息的过程。战国时期，随着阴阳概念的出现，消息一词与阴阳结合起来，用以解释宇宙自然与人类社会的发展趋势及变化状态。西汉易学家孟喜、京房等人将其纳入《周易》符号系统的解释框架中，构建了一个以阴阳消息为核心的卦气

---

① （清）纪磊：《虞氏易义补注》，《续修四库全书》第 35 册，上海古籍出版社，2002 年版，第 39 页。

② （三国·魏）王弼、（晋）韩康伯注，（唐）孔颖达疏，于天宝点校：《宋本周易注疏》，中华书局，2018 年版，第 165 页。

③ （三国·魏）王弼、（晋）韩康伯注，（唐）孔颖达疏，于天宝点校：《宋本周易注疏》，中华书局，2018 年版，第 330 页。

说，成为汉代易学的理论基础。卦气说是两汉易学家借以解说《周易》的理论，它依照阴阳消息的规律，将《周易》卦爻与四时、十二月、二十四节气、七十二候有机结合起来，形成一套融《周易》与天文历法为一体的象数体系。具体而言，将《周易》六十四卦中的坎、震、离、兑四卦分主一年四季，每卦六爻各主一个节气，四卦共主二十四节气：

自冬至初，中孚用事，一月之策，九六、七八，是为三十。而卦以地六，候以天五，五六相乘，消息一变，十有二变而岁复初。坎、震、离、兑，二十四气，次主一爻，其初则二至、二分也。坎以阴包阳，故自北正，微阳动于下，升而未达，极于二月，凝固之气消，坎运终焉。春分出于震，始据万物之元，为主于内，则群阴化而从之，极于南正，而丰大之变穷，震功究焉。离以阳包阴，故自南正，微阴生于地下，积而未章，至于八月，文明之质衰，离运终焉。仲秋阴形于兑，始循万物之末，为主于内，群阳降而承之，极于北正，而天泽之施穷，兑功究焉。故阳七之静始于坎，阳九之动始于震，阴八之静始于离，阴六之动始于兑。故四象之变，皆兼六爻，而中节之应备矣[①]。

唐僧一行认为十二月卦出于《孟喜章句》，十二消息卦是从六十四卦中按照一定规律选取而来，然后再根据其阴阳消长的变化组合在一起，以表示一年四季十二月的变化特征。如复卦代表十一月（子）、临卦代表十二月（丑）、泰卦代表正月（寅）、大壮卦代表二月（卯）、夬卦代表三月（辰）、乾卦代表四月（巳）、姤卦代表五月（午）、遁卦代表六月（未）、否卦代表七月（申）、观卦代表八月（酉）、剥卦代表九

---

① （宋）欧阳修，宋祁撰：《新唐书》卷二十七上《历志三上》，中华书局，1975年版，第599页。

月（戌）、坤卦代表十月（亥）。可以看出，复卦初爻为阳爻，代表十一月份，于寒冬之中，一阳之气微升，进而不断增长，至乾卦六爻皆阳，意蕴阳气发展至鼎盛，物极必反。乾卦初爻一阴之气微升，变而为姤，于五月盛夏季节，阴气渐萌，发展至坤时，阴气最盛，盛极而衰，如此循环往复。其理论基础是用阴阳消息来解释自然现象之变化。

东汉易学家虞翻，在此基础上发展出以十二消息卦为基础的卦变说。卦变起于乾坤，在虞氏看来，乾坤代表天地，天地生万物，所以乾坤二卦为六十四卦之本。乾坤十二爻之消息变化，则表现为十二卦，即复、临、泰、大壮、夬、乾、姤、遁、否、观、剥、坤十二消息卦。十二消息卦体现了乾坤阴阳交感作用而产生的规律性变化，十二消息卦再生众杂卦。这样就构筑了一个以乾坤阴阳消长为根本的卦变体系。但纪氏对于历代《易》说多有指摘：

> 逮乎秦逃烈焰，因卜筮而仅存。汉列学官，踦谶纬而多杂。或传卦气，或尚爻辰、纳甲、纳音，既象悬乎日月，主世主应，亦位协乎玑衡。虽各得夫一偏，究未皙乎全体。自王、韩之虚寂，迄孔、陆之迂疏，筌蹄既忘，图书何有？况乎主张经世，复滋图象于先天，推本无为，遂别卦爻于太极，与夫错综驳杂，交互支离，均未窥三圣之心，究孰测六爻之变某也[1]。

鉴于此，纪氏从《杂卦传》中寻找理论依据，从而建立自己的消息体系，一改汉宋诸儒之论。他说："《杂卦》一篇即古之卦变，消息皆从此推出。故今所释者，皆依《杂卦》为说。"[2] 又于《周易消息》序言中

---

[1] （清）纪磊：《周易消息》，《续修四库全书》第34册，上海古籍出版社，2002年版，第397页。

[2] （清）纪磊：《周易消息》，《续修四库全书》第34册，上海古籍出版社，2002年版，第399页。

极力抬高《杂卦传》的学术价值：

> 伏羲传十言之教，消息为先，文王演六画之辞，吉凶以断，
> 既弥纶乎天地，自该括乎阴阳。然而道有至微，理难遽喻，生生
> 不绝，谁窥性命之源。亹亹相寻，孰测神明之奥。唯我夫子，矢
> 志韦编，源敦厚于一画之先，泄忧患于二篇之内，刚柔立本，造
> 化悉出于乾坤，变通趋时，尽神不离乎鼓舞。既述《文言》之蕴，
> 复传《杂卦》之篇，《易》其至乎，孰与于此①。

纪氏认为《杂卦传》之"杂"者，谓刚柔相杂之意。刚柔相杂而
成变化，是《易》之所以为《易》的根柢所在。《杂卦》次序为文王所
定，孔子作传以明之，所以谓之《杂卦传》。纪氏将《杂卦传》放在
"十翼"之首，并认为《说卦》诸传是对它的补充和解释："《说卦》一
篇，即释《杂卦》之说也。"②纪氏在《杂卦传》中详细分析了诸卦的演
生过程，即《杂卦传》将六十四卦按照一定释义两两一组，组成三十二
组，构成一个序列，其中乾坤二卦为消息之本，乾为刚，于卦爻中处于
一三五位，坤为柔，于卦爻中处于二四上位，乾坤二卦是众卦之根本，
其他六十二卦皆从乾坤变化而来。除乾坤二卦略微特殊，其他六十二
卦、三十一组皆遵循一定的规律，一组之中，前者为息卦，后者为消
卦，后一组的息卦由前一组的息卦变化而来，后一组的消卦由前一组的
消卦变化而来。纪氏在解释"比乐师忧"时云："息为乐，消为忧，比
息卦自坤来。以五言也，五乾初伏坤初也，乾初坤初伏也，动之坤五，
合坤初一阳初。息所谓'乐则行之'，故为乐。师消卦，自乾来，以二

① （清）纪磊：《周易消息》，《续修四库全书》第34册，上海古籍出版社，2002年版，第
397页。
② （清）纪磊：《周易消息》，《续修四库全书》第34册，上海古籍出版社，2002年版，第
399页。

258

言也，二乾上伏坤上也，乾上，乾上也，动之坤二，合坤上一阳初。消所谓'忧则违之'，故为忧。故曰'比乐师忧'。"① 比为息卦，从坤而来，师为消卦，从乾而来，从排列上来看，并非对称结构。纪氏认为："乾在坤中，故云自坤。盖消息之始必反而后变也。"② 自比、师及其之后三十组皆按照先后以次相生。如"临观之义，或与或求"一组，纪氏云："乾为与、坤为求为义，义以内伏坤言也。临息卦自比来，以二言也，二乾二伏坤初也，坤初即初乾初，比五伏也，动之二伏，合乾二，以初合三，故为与。观消卦，自师来，以五言也，五乾五伏坤上也，坤上即上乾上，师二伏也，动之五伏合乾五，以上合五，故为求。故曰'临观之义，或与或求'。"③ 其他以此类推，皆遵循前后相生的次序。至于最后一组未济、夬时，复变回乾坤，如此周而复始。

唐代孔颖达将通行本六十四卦排列规律总结为"二二相耦，非覆即变"并说："今验六十四卦，二二相耦，非覆即变。覆者，表里视之遂成两卦，屯蒙、需讼、师比之类是也。变者，反覆唯成一卦，则变以对之，乾坤、坎离、大过颐、中孚小过之类是也。且圣人本定先后，若元用孔子《序卦》之意，则不应非覆即变，然则康伯所云'困卦之次，托象以明义'盖不虚矣。"④ "二二相耦"即两两一组，六十四卦共为三十二组，每组两卦构成相反或相对关系，其中五十六卦（二十八组）为"覆"，如屯、蒙之类。其余八卦，乾与坤、坎与离、颐与大过、中孚与小过属于"变"，变是六爻全部变化，阳爻变阴爻，阴爻变阳爻。

---

① （清）纪磊：《周易消息》，《续修四库全书》第 34 册，上海古籍出版社，2002 年版，第 769 页。

② （清）纪磊：《周易消息》，《续修四库全书》第 34 册，上海古籍出版社，2002 年版，第 769 页。

③ （清）纪磊：《周易消息》，《续修四库全书》第 34 册，上海古籍出版社，2002 年版，第 769～770 页。

④ （三国·魏）王弼、（晋）韩康伯注，（唐）孔颖达疏，于天宝点校：《宋本周易注疏》，中华书局，2018 年版，第 486～487 页。

有学者指出，"所谓'非覆即变'，是指在六十四卦的排列中，凡有互覆之卦者，此互覆之两卦即排在一起；凡无互覆之卦者（如乾之覆还为乾，此为无互覆），则互变或互错之两卦紧邻排列。今本卦序的排列，首先体现了'非覆即变'的思想"[①]。孔氏之说影响较大。

纪氏所论《杂卦》相生次序，迥异先儒，民国学者吴承仕认为："纪氏书名消息，乃不用孟、京相传之法。自谓《杂卦》一篇，为文王所定而孔子述之。始乾坤比师，归妹为女之终，未济为男之穷。乾变至夬，夬复变乾；坤变至未济，未济复变坤，循环不穷，此即古之卦变，而消息皆从此出。因据此立体例，作卦图，即据图例以解二篇之经、十篇之传。牵引穿穴，每言不杀，似有理致而实违旧法。"[②] 换个角度来看，纪氏以《杂卦传》的卦序为基础，混合卦变思想，构建了一套阴阳消息体系，颇具创新性。诚如学者所论："从其推导过程中，不难看到汉易升降、爻位、伏卦、爻变、卦变等体例及王夫之易学和胡煦易学的影响。纪氏此说无疑凸显了《杂卦》的地位，纠正了易学史上长期轻视《杂卦》的倾向，并深刻体现了《周易》的变易精神。以此解说《周易》文本和宋易图书之学可谓新意迭出，且对后世易学研究不无启发。"[③]

三、重释《河》《洛》之意

纪氏于宋易亦有深湛之思，《周易本义辨证补订》序云："《周易本义辨证》五卷，长洲惠氏撰，以汉儒之象数参宋儒之义理，剖析详明，折中至当，允为朱子功臣。昔尚有疏略处，使后之读《本义》者，仍不能无所致疑，是亦一憾事也。因不揣鄙陋，于惠书外复加补辑，而惠注

---

① 李尚信：《卦序与解卦理路》，巴蜀书社，2008 年版，第 10 页。
② 中国科学院图书馆整理：《续修四库全书总目提要》，中华书局，1993 年版，第 143 页。
③ 林忠军等著：《清代易学史》下册，齐鲁书社，2018 年版，第 696~697 页。

之未安者，间参订焉，谓之《本义辨证补订》。"① 书中多有批驳朱子之处，如"伏羲八卦次序"一条："《本义·系辞传》曰：'易有太极，是生两仪，两仪生四象，四象生八卦。'邵子曰：'一分为二，二分为四，四分为八也。'《说卦传》曰：'易，逆数也。'邵子曰：'乾一、兑二、离三、震四、巽五、坎六、艮七、坤八，自乾至坤皆得未生之卦，若逆生四时之比也，后六十四卦次序放此。'"②

纪氏认为所谓"易，筮也"，《系辞传》"易有太极"前有"是故"二字与上文衔接，仍是在谈筮法，所以，这句话是说"揲蓍成卦"之次序，并非画卦之次序。所谓太极者，即蓍卦之第一画，经过三次变化而来，代表乾元之统天；两仪即阴阳，蓍卦之第二画，经过六次变化而来，由一而二，即生两仪；四象指六七八九，蓍卦之第三画，经过九次变化而来，由二而三，三四是重象，故谓两仪生四象；八卦为上三画，经过十八变而来，与前三画合起来为六画，六画而成一卦，故为四象生八卦。所以，整句话都是以揲蓍而言，与伏羲画卦没有关系。《易》言生，不言分，"谓一分为二，二分为四，四分为八，有是理乎？故以乾一、兑二、离三、震四、巽五、坎六、艮七、坤八为伏羲八卦次序，乃邵子之说，先儒无有也"③。至于朱熹所言伏羲八卦方位、伏羲六十四卦次序及方位，纪氏亦持否定态度。

纪氏虽不信邵雍、朱熹先后天之说，但对于《河图》《洛书》笃信不疑。纪氏认为："图书之说，惠氏不信，故云皆不足据。然《易》中象数实不外于'天一地二'一节，勿因汉儒不言，遂并经文而不信

---

① （清）纪磊：《周易本义辨证补订》，《续修四库全书》第 34 册，上海古籍出版社，2002 年版，第 343 页。

② （清）纪磊：《周易本义辨证补订》，《续修四库全书》第 34 册，上海古籍出版社，2002 年版，第 344 页。

③ （清）纪磊：《周易本义辨证补订》，《续修四库全书》第 34 册，上海古籍出版社，2002 年版，第 344 页。

也。"① 以纪氏之见，圣人"则之"以作《易》，有确凿的经文依据，十为《图》、九为《书》，先儒已言之：

> 《本义·系辞传》曰："河出《图》，洛出《书》，圣人则之。"又曰"天一地二，天三地四，天五地六，天七地八，天九地十。天数五，地数五，五位相得而各有合。天数二十有五，地数三十，凡天地之数，五十有五，此所以成变化而行鬼神也。"此《河图》之数也。《洛书》尽取龟象，故其数戴九履一、左三右七、二四为肩、六八为足。盖蔡元定曰："图书之象自汉孔安国、刘歆，魏关朗子明，有宋康节先生邵雍尧夫皆谓如此。"②

至于"则之"一词语焉不详，纪氏从《杂卦传》中推导出《说卦》一篇即圣人之图说。其于《周易消息·凡例》云："《河图》是数，故自一至十皆数也。《洛书》是文，故自一至九皆文也。所谓'圣人则之'者，《河图》即'天地定位'一节，乃《杂卦》方位，以变化既成言也。《洛书》即'帝出乎震'一节，所谓'大明终始，六位时成也'，以变化言也。"③ 纪氏于是将《说卦传》"天地定位"一节解释为《河图》，"帝出乎震"一节解释为《洛书》。

细而言之，于《河图》中，一六居于北方，即既济初，乾初伏坤上，初即天一，上即地六，乾上坤下之象为天地定位，以《杂卦传》言之是否、泰，否、泰即乾、坤，即《说卦传》所云"乾以君之，坤以

---

① （清）纪磊：《周易本义辨证补订》，《续修四库全书》第 34 册，上海古籍出版社，2002 年版，第 344 页。

② （清）纪磊：《周易本义辨证补订》，《续修四库全书》第 34 册，上海古籍出版社，2002 年，第 344 页。

③ （清）纪磊：《周易消息》，《续修四库全书》第 34 册，上海古籍出版社，2002 年版，第 399 页。

藏之"①。二七居于南方，即既济二，坤五伏乾二，五兼二即天七，二即地二，离上坎下之象为水火不相射，以《杂卦传》言之是既济和未济，既济、未济即坎、离，即《说卦传》所云"雨以润之，日以烜之"②。三八居于东方，即既济三，乾三伏坤四，三即天三，四即地八，震上巽下之象为雷风相薄，以《杂卦传》言之是恒卦，恒即震、巽，《说卦传》所云"雷以动之，风以散之"③。四九居于西方，即既济四，坤三伏乾四，三即天九，四即地四，兑上艮下之象为山泽通气，以《杂卦传》言之即咸卦，咸即艮、兑，《说卦传》所云"艮以止之，兑以说之"④。五十居于中间，即既济五，乾五伏坤二，五即天五，二五即地十，亦即天地，神妙居中则为乾、坤，《系辞传》所云"在天成象"⑤，变化在下则为既济、归妹，《系辞传》所云"在地成形"⑥，《河图》均以变化已成而言。于《洛书》中，三居于东方为震，四居于东南为巽，九居于南方为离，二居于西南为坤，七居于西方为兑，六居于西北为乾，一居于北方为坎，八居于东北为艮，五居于中间亦为乾。居于中间运化万物，即所谓"大明终始，六位时成"⑦。《洛书》以变化言，变化之时，刚柔交易，及其既成则一六居北，二七居南，三八居东，四九居西，五十居中，所谓"五位

---

① （三国·魏）王弼、（晋）韩康伯注，（唐）孔颖达疏，于天宝点校：《宋本周易注疏》，中华书局，2018年版，第477页。

② （三国·魏）王弼、（晋）韩康伯注，（唐）孔颖达疏，于天宝点校：《宋本周易注疏》，中华书局，2018年版，第477页。

③ （三国·魏）王弼、（晋）韩康伯注，（唐）孔颖达疏，于天宝点校：《宋本周易注疏》，中华书局，2018年版，第477页。

④ （三国·魏）王弼、（晋）韩康伯注，（唐）孔颖达疏，于天宝点校：《宋本周易注疏》，中华书局，2018年版，第477页。

⑤ （三国·魏）王弼、（晋）韩康伯注，（唐）孔颖达疏，于天宝点校：《宋本周易注疏》，中华书局，2018年版，第379页。

⑥ （三国·魏）王弼、（晋）韩康伯注，（唐）孔颖达疏，于天宝点校：《宋本周易注疏》，中华书局，2018年版，第379页。

⑦ （三国·魏）王弼、（晋）韩康伯注，（唐）孔颖达疏，于天宝点校：《宋本周易注疏》，中华书局，2018年版，第10页。

相得而各有合"①。括而言之："盖《河图》其体，《洛书》其用，用行而体立矣。所谓'圣人则之'者，不了然乎。"② 至于纪氏之说是否正确，因经文本身语义不明，历代学者亦争论不休，莫衷一是，已难以定夺，可备一说，以待学界验证。

清代后期，汉宋易学的发展由对峙走向合流，纪磊以虞氏易为宗，详细考察汉易传承脉络及补正虞氏逸象，据《杂卦传》发明"消息"说，重释《河》《洛》之意，卓然成一家之言。纪氏"兼宗汉宋，而以汉师为归"③ 的治《易》理路，成为晚清时期汉宋易学融合的重要代表人物之一。

作者单位：同济大学

---

① （三国·魏）王弼、（晋）韩康伯注，（唐）孔颖达疏，于天宝点校：《宋本周易注疏》，中华书局，2018 年版，第 409 页。

② （清）纪磊：《周易消息》，《续修四库全书》第 34 册，上海古籍出版社，2002 年版，第 401 页。

③ （清）纪磊：《周易消息》，《续修四库全书》第 34 册，上海古籍出版社，2002 年版，第 776 页。

易　疑*

[日] 内藤湖南　撰　　张涛　周雷　译　　章潇逸　校

　　关于《易》的疑问，早在宋代就有欧阳修的著作《易童子问》，我国也有伊藤东涯等学者进行了一些新的研究，最近又有我校本田成之君于本刊上发表了《作〈易〉年代考》。他们的研究均有所裨益。近来，我在此之外亦多少有了一些新思考，且在《易》的成书由来方面有所收获，兹在此述其大略，希望得到同道学人的批评指正。

　　欧阳修和伊藤东涯对《易》最大的怀疑点，乃是"十翼"并非孔子所作；欧阳修以为"十翼"并非成于一人之手的看法，尤其堪称卓见。朱子的《语类》中也有"彖辞极精，分明是圣人所作"的说法，由此也可以说，他认为彖辞以外的内容并非圣人所作。在今日来看，这些已是明确无疑之事，没有必要对其观点再行玩味。若要在欧阳修和伊藤东涯已然注意到的内容之外，举出些许我的新发现的话，那就是"十翼"中被认为比较古老的《彖传》《象传》等篇之中，已经存在着失去了经文原意而展开的特殊释义。不过，这原则上早就由朱子等人所指出，《语类》中就有"孔子之《易》非文王之《易》，文王之《易》非伏羲之《易》，伊川《易传》又自是程氏之《易》也"的论述。但是，我特别注

---

* 本文系教育部哲学社会科学研究后期资助重大项目"以域外汉籍和出土文献为基础的《周易》新解"（项目批准号：22JHQ017）之阶段性成果。

意到，例如在《大畜》卦之中，九三爻有"良马"之语，六四爻有"童牛之牿"之语，六五爻有"豮豕之牙"之语，此卦原本必定为兽畜之义。而在《大象》中的解释却是"君子以多识前言往行，以畜其德"，如畜养牲畜之解，则明显《象传》的解释与经文原意并不一致。又如《革卦》初九有"黄牛之革"一言，从九五、上六中有"大人虎变""君子豹变"之辞来看，"革"显然应指皮革的"革"，然而《彖传》却讲"天地革而四时成""汤武革命"等，《象传》则将其解释为"治历明时"之意，二者应该均非经文的原意。再之，伊藤东涯认为《系辞》中对包牺、神农的述说，与《中庸》"祖述尧舜，宪章文武"的意义不合。在叙述上古帝王时，《吕氏春秋·尊师篇》按照神农、黄帝、颛顼、帝喾、尧、舜的顺序进行排列，《系辞传》则在此之上加上了包牺。这不禁让我们想到，与《吕氏春秋》相比，《系辞传》应该是更晚形成的东西。原先就已有人怀疑，《吕氏春秋》与《系辞传》之间或许存在某些关联，《吕氏春秋·大乐篇》中有"音乐之所由来者远矣，生于度量，本于太一，太一出两仪，两仪出阴阳"，这与《系辞传》"太极生两仪"的说法是极为相似的思想。对此，清朝的惠栋已经有所留意，并在其著作《易例》中引用了《吕氏春秋》的这段文字。又如《礼记·礼运》似乎也与《系辞传》有关，其中说到"太一"与天地、阴阳、四时的关系，亦与《系辞传》的"太极"、《吕览》的"太一"说法类似；"河出马图"的说法，也与《系辞传》中的"河出图、洛出书"类似；再如"秉蓍龟""卜筮瞽侑，皆在左右"的说法，均显示出两者间的关系。既然如此，不论《系辞传》《吕氏春秋》和《礼运》三书在创作前后的顺序如何，可以推断它们之间相互存在某些关系。如此说来，此三书创作的时代应当大体上相去不远，因此，可以认为《系辞传》恐怕是汉初的作品。

以上仅是对前人思考的一点拾遗。我想进一步思考的，是关于卦辞和爻辞成立的问题。虽然就此点而言，譬如从《升卦》之"王用享于岐山"、《明夷卦》之"箕子之明夷"等文辞来看，爻辞并非文王之作，而是周公之作的说法，在孔颖达《正义》中就已经存在，但于此之外，亦有得以提出相似疑问之处。例如，《蛊》之卦中有"不事王侯，高尚其事"。"王侯"并列的情况，我记得的材料中最早是《史记·秦始皇本纪》二十六年条和《史记·陈涉世家》，很难认为它是春秋以前的词语。其次，我特别想研究的是《泰》和《归妹》两卦中的"帝乙归妹"之语。"帝乙"一词在《尚书》的《酒诰》《多士》《多方》三篇中各出现一次。虽未有人对此进行过深入的钻研，但就《史记·殷本纪》所载"周武王为天子，其后世贬帝号，号为王"，《史记志疑》的作者梁玉绳提出的重要疑问非常值得参考。梁玉绳认为，夏、殷、周三代君主皆称"王"，也有以"后"为称者，但从未听说过称"帝"的情况。以"帝"字称夏、殷之君，始于《史记》。根据《史记·殷本纪》的这一解释，"帝""王"因其称号不同，地位似有高低之别，但从古书中绝不能看出这种情况。并且，即使有"帝乙"这一称谓，也不能据此认为夏、殷的君主均称"帝"。此误起于《国语·周语》将"祖甲"记为"帝甲"，"纣"记为"帝辛"；《国语》的文本纯粹是写法有误，无法作为依据。因此，《曲礼》"措之庙，立之主，曰帝"条下，孔颖达《正义》引崔灵恩之说，认为生时称"帝"者死后亦称"帝"，生时称"王"者死后亦称"王"，此说最为确切。简要说来，"帝乙"不过是他的名字罢了，绝非庙号。北魏崔鸿《十六国春秋》中可见西秦乞伏炽磐有"折冲将军信帝"，此处的"信帝"也不过是其人之名，正如"帝乙"无非是"帝乙"的名字罢了。以上大致是梁玉绳的观点。尽管以折冲将军信帝为例甚是牵强，不足取用，但总体来看，其就夏、殷之君称"帝"之说以及"帝乙"之称谓提起的诸种质疑，都具有极大的参考价值。我认为，"帝"字的原意即指"上帝"。《尚书·洪范》中赐予大禹《洪范九畴》之"帝"一字，自古以来就被解释为"天帝"。《吕刑》中所见的"帝"或"皇帝"之字，或被解释为帝颛顼或者帝尧、帝舜，今文家则将之解释为"天帝"。前引《曲礼》之中，郑玄也把"帝"字解释为"天神"。

我想这正是"帝"字的原意。然而，自从战国时代七国均将其国君称为"王"以来，"王"这一称号的分量逐渐变轻，便由此产生了追求更高位称号的倾向，最终至秦昭王、齐湣王时，二者同时以"东帝""西帝"为称，采用了帝号。这大概就是"帝"的称号被实际存在的君主所使用的最早情况。而在此之后，至秦始皇时，则又自称为"皇帝"。《尚书·尧典》中将"帝"字用于实际存在的君主，也大致是这一时期的产物。再者，在公羊家的思想中出现了"天子崩，迁徙则存为三王，绌灭则为五帝，下至附庸，绌为九皇，下极其为民"的说法，则夏、殷君主最终也被称为"帝"，司马迁应该也正是从这一意义上，在夏、殷的《本纪》之中使用了"帝"字。如此想来，"帝乙"一词的出现，至少无法上溯到秦昭王和齐湣王并称二帝之前，因此，我们不得不承认《易》的爻辞之中含有战国末年至汉代初期之间产生的词语。另外王应麟《困学纪闻》指出，《史记·春申君列传》中，春申君说服秦昭王引用《易经》云"狐涉水，濡其尾"，《战国策》作"狐濡其尾"，今日《易·未济卦》则为"小狐汔济，濡其尾"。可证战国之时，爻辞并不似今日之《易》中那般固定。

王应麟又引用《礼记·坊记》"不耕获，不菑畬，凶"，《荀子·非相》"'括囊，无咎，无誉'，腐儒之谓也"，及《左传·襄公九年》中穆姜把"元亨利贞"作为《随卦》"四德"之语，推论上述之说的作者或许并未见过《彖》《象》《文言》。此类亦是可看出《彖》《象》《文言》的成文时间其实并不古老之处。另外，就爻辞中使用"九""六"之字这一点来看，也可以认为其不甚古老。《左传》《国语》所引的《易》之语句，并不使用"九""六"之字，均是通过"之卦"来进行占卜的。而《左传》有一处云"艮之八"，《国语》一处云"泰之八""得贞屯悔豫皆八也"，这与"逢九、六变爻"的占卜方法不同，自古以来相关解释均不彻底。总之，据此可知《左传》《国语》所载卜筮法的由来，并未明确体现出关于数的观念。惠栋的《易例》也说，古文《易》上下经中本无"初九""初六"及"用九""用六"之文，虽有论者认为"初九""初六"均为汉人所加，然孔子的"十翼"之中，《坤》六二的《象传》、《大有》初九的《象传》、《文言》的"乾元用九"、《坤》用六的《象传》等皆有"九""六"的字样，故孔子时代已有此说。然而，这同样可以作为《易》中数的观念是"十翼"创作之时才有的，在此之前并不存在的证据。

再来看《系辞》的"君子所居而安者，《易》之序也。所乐而玩者，爻之辞也"一句。这里的"序"字恐怕有《序卦》的含义，使我们推想《序卦》与《系辞》之间或许有所关联。而以《序卦》的思想理解各卦意义，与《说卦》和《杂卦》的思路大不相同。就《杂卦》的顺序与《序卦》相异一点，晋代的干宝便已经指出。而其末尾"大过，颠也"以下数句似乎为错简之事，也已被郑玄、朱子等人所注意；然而朱子又云从押韵方面来看似乎并非错简，蔡氏则为了押韵对错简有所改正，亦是因为这一改动，其整体的顺序无疑与《序卦》不同。《序卦》从前即因其肤浅性而受到质疑，而《说卦》与《杂卦》则应该传达着各卦更为古老的原意。若《系辞》和《序卦》的形成时间更晚，而其形成年代大致与爻辞相同的话，那么爻辞必定完成于相当晚的时代。我曾经在本刊上论述过《说卦》与《尔雅》的《六畜》之部有关联，相比这些内容形成的时代，《系辞》和《序卦》的制作时期应当更为晚近。爻辞被整理为今日的形式，或许是汉初之事。即是说，我认为《系辞》中所见数的思想，与接近《易》原本意义的象，即《说卦》所主要表述的思想，原本应是相互独立的，它们是在《系辞》形成的时期才被归纳合一的。而把这种数的思想从原来的《易》中剥离来看的话，更能在此处发现种种的疑问。

我读《易》的上下两经时产生的最大疑问，就是各卦本来的成立过程。大致说来，《易》中的各卦，其爻辞较为普遍的形式，是将卦名分成数个种类。例如，《乾卦》卦名里没有"龙"，朱子之《语类》便有云"如乾之六爻，象皆说龙，至说到乾，却不为龙"，注意到了《说卦》的说法与爻辞的矛盾之处；我们现在姑且将之视为"龙"的卦，则其爻辞中有"潜龙""见龙""飞龙""亢龙""群龙"五种。其他还有《蒙卦》"发蒙""包蒙""困蒙""童蒙""击蒙"，《临卦》"咸临""甘临""至临""知临""敦临"，《复卦》"休复""频复""独复""敦复""迷复"，《井卦》"井泥""井谷""井渫""井甃""井冽""井收"，《兑卦》"和兑""孚兑""来兑""商兑""引兑"，其中除《井卦》外，爻辞皆含有五种卦名。另外，如《需卦》中有"需于郊""需于沙""需于泥""需于血""需于酒食"，《咸卦》中有"咸其拇""咸其腓""咸其股""咸其脢""咸其辅颊舌"，《困卦》中有"困于株木""困于酒食""困于石""困于金车""困于赤绂""困于葛藟于臲卼"，《艮卦》中有"艮其背""艮其趾""艮其腓""艮其限""艮其身""艮其辅"，《渐卦》中有"鸿渐于干""鸿渐于盘①""鸿渐于陆""鸿渐于木""鸿渐于陵"，《涣卦》中有"涣奔其机""涣其躬""涣其群""涣汗其大号""涣其血"等，也有由含有卦名的各三字及以上的词语所构成者。除《困卦》《艮卦》外，也皆各有五种。以此例推算，含有四种的有《同人》《谦》《豫》《颐》《遁》《节》等卦，三种的有《履》《蛊》《观》（也有认为含有五种的）、《贲》《剥》《蹇》《归妹》《丰》等卦。由上述情况产生的疑问便是，由六爻构成的各卦，含有卦名的爻辞中所见可被称为爻名者，除了《困》《艮》《井》三卦之外，全无齐备六种者。与将"数"的思想从《易》中剥离联系起来推测，则原本的《易》可能并非各卦都由六爻构成。虽然其中也有《坤卦》这样爻辞中不含卦名，而是由"履霜""直方""含章""括囊""黄裳"这些押韵词语构成的情况，但大体也就是五种（这里的"直方"如果用"直方大"的句读就不押韵，根据《象传》的解释也应该是"直方"）。这样一来，如今《易》各卦的卦名究竟

---

① 译者按：《周易》传世本亦有此处"盘"作"磐"或"般"者。

是否为其原本卦名，也就十分可疑了。《乾卦》的五种爻名虽然都含有"龙"，但含有"乾"字的仅有九三"君子终日乾乾"。另外，"包荒""包承""包羞"的三爻名横跨《泰》《否》两卦。又如"屦校灭趾""噬肤灭鼻""何校灭耳""过涉灭顶"等类似之语，横跨《噬嗑》《大过》两卦；"壮于趾""壮于前趾""壮于頄"三种横跨《大壮》《夬》两卦。这大概是原本由类似词语组成的爻被集中在一起，后来在整合为六十四卦时发生了错乱而造成的。如果确如上述所考，那么原本《易》的各卦未必由六爻构成，自然六爻即三画爻两相重叠而成的现今之卦的基础也不复存在，因此《易》在整体上也未必是由六十四卦构成。所以，《易》的本来形式应该是各卦各有五种爻，前例举出的三种或四种爻辞，或是有所残缺，或是各卦不必具有相同的爻数。以上是我读现存《易》的经文所产生的疑问，接着再尝试从其他方面思考《易》的成立问题。

先从《洪范》中记载的筮法来看。《洪范》仅举出"贞""悔"两种筮法，现代的《易》则作"吉""凶""悔""吝""无咎""厉"，判断的方法有所增加。而如"贞"字者，在现在的《易》中则已经失去了《洪范》中筮法的意义。"贞"字自不必说，与筮有关系的"占""卦"之类的字均从"卜"，而"悔"字原本的写法为"每卜"，果然也包含着"卜"的意思。无论是根据《说文解字》，还是现存的甲骨文，"贞"字都是卜问的意思，故此应当是用作卜法时的原意。而在《易》中变为"正"或"贞固"之意，"元亨利贞"四个字也被解释为"四德"。这种解释是否正确，欧阳修就已经提出疑问，他对"元"字在《象传》①中被增字为"乾元""坤元"之语，而在《文言》中却被解释为"四德"感到怀疑。再者，"利贞"一语的意义也存在疑问。此语原本的意思恐怕应是"对卜问者有利"，后来意思发生了变化，"贞"字被解释为

---

① 译者按：此处似应为《象传》。

"正"，"利贞"便为"贞正有利"之意，进而"利"和"贞"似又各自独立成为"四德"之一。根据以上几点来看，我们可以推测，原本是用于卜法的文字，后来却被筮法给盗用了，那么筮法的本质就有考察的必要了。

本来，"筮"字在《说文》之中被释为"筮，《易》卦用蓍也。从竹䒢。䒢，古文巫字"，段玉裁注言"从竹者，蓍如筭也，筭以竹为之。从䒢者，事近于巫也。九筮之名，巫更、巫咸、巫式、巫目、巫易、巫比，巫祠，巫参，巫环，字皆作巫"，均认为"筮"与"巫"有关。虽然"九筮"之名出自《周礼》，《周礼》郑注认为九筮之名中的"巫"字均为"筮"字之误，并由其字义对"九筮"一一进行了解释，但该说近年来为孙诒让所修正。孙诒让在《周礼正义》中从刘敞、陈祥道、薛季宣等人之说，认为"九巫"之"巫"应径读为本字，"巫"以下为古代精通筮法的九个人名，并特别指出了其中的巫咸和巫易——巫咸即《世本》中作筮的巫咸，"巫易"则是"巫易"的误写，即《楚辞·招魂》中的巫易。孙诒让之说诚为可从，由此可知，在《周礼》或《说文》的时代以前，"巫"与"筮"之间就已经有所关联了。我认为，筮原本应为巫所使用的签子一类之物；详细来说，先有相当于各卦的签，各个签中又有分为四种或五种的小名，欲用之占卜者在抽签后，根据抽出的几个小名——即相当于爻辞的东西，让巫判断出相应的结果。巫作为高贵职业的殷时期暂且不论，这种筮法并非周代以来天子或诸侯等贵族阶层使用的龟卜法，而应是更低阶层的人之间使用的占卜方法。而在自春秋战国以后，随着下层民众的兴起，以一般民众为主要对象的筮法也逐渐盛行，传其术之人附会各种故事，以此来抬高自身术法的价值，便创造了诸多我们在《左传》《国语》中所看到的那些情节，甚至时而殷高宗、箕子乃至文王等人的故事也被融入爻辞之中。朱子之《语类》云"凡爻中言人者，必是其人曾占得此卦"，并举出"帝乙归妹""箕子明夷""高宗伐鬼方"等为例，恐怕有些过于穿凿了。由此进一步来看，《系辞》

中所见的"数"的思想诞生的同时，以阴阳为基础来解卦的形式一并产生，最终二者合而为一，奠定了哲学的基础。如此一来，《彖传》《象传》等最早形成的《易》的理论性解释与卦辞、爻辞未必一致的情况，也就不足为怪了。进而《文言》《系辞》《序卦》等最终被统筹成型为《易传》的时间，比《吕氏春秋》《左传》《国语》等典籍的形成更晚，且其内容已与本来的《易》相差甚远，也就显而易见了。

以上是我在欧阳修和伊藤东涯等人的思考之外提出的少许关于《易》的疑问。本来，诸种经书多是在秦汉之间被整理成今日所见的形式的。其中只有《春秋公羊传》，何休《解诂》明明白白地说道"口授相传，至汉公羊氏及弟子胡母生等，乃始记于竹帛（《隐二年》）"，这是真心话。因此，章学诚在《文史通义》中云：

> 商瞿受《易》于夫子，其后五传而至田何。施、孟、梁邱，皆田何之弟子也。然自田何而上，未尝有书，则三家之《易》，著于《艺文》者，皆悉本于田何以上口耳之学也。

除商瞿以来的传授之不可信之外，田何最早将其著于竹帛一事，应可视为事实；至少可以认为，在此之前《易》的内容发生变化甚为容易。因此，筮的起源，或在遥远的殷代之巫——《礼运》中孔子曰"吾欲观殷道，是故之宋，而不足征也，吾得《坤乾》焉"，多少可作为证据；然而今日《周易》的最终形成，应该看作是不断变化的结果，且在文化急剧发展的战国时代，其发生的变化最多。朱子之《语类》云：

> 六十四卦，只是上经说得齐整，下经便乱董董地，《系辞》也如此，只是《上系》好看，《下经》便没理会，《论语》后十篇亦然，《孟子》末后，却划地好，然而如那般"以追蠡"样说话，也不可晓。

这或许可以看作是精读先秦古书之人毫无伪装的告白吧。

（选自《内藤湖南全集》第七卷，日本筑摩书房 1973 年版）

译校者单位：北京师范大学、沈阳职业技术学院、武汉大学

译者后记：

内藤湖南（1866~1934），原名内藤虎次郎，字炳卿，号湖南，是日本近代中国学的主要创始人和重要学者之一。他在中国古籍史料考据、中国古代社会性质和历史分期、中国近代文化发展与变动趋势等领域，都有着独到的见解。他提出的"唐宋变革论"等命题，至今仍有很强的学术影响力。内藤湖南作为日本中国学研究的巨擘，素以深厚的史学功底和敏锐的学术卓见著称。唯其如此，后人对他的关注也大多集中在史学领域。

实际上，内藤湖南对中国古代典籍和文化的考察是多方面、全方位的。就易学而言，他曾撰有专文，题名《易疑》，发表于 1923 年，后收入《内藤湖南全集》第七卷（日本筑摩书房 1973 年版）。文中对《周易》成书年代、卦爻辞形成过程，包括早期巫史文化的发展和演变等问题，均提出了自己的看法，其中多有创新之论和精彩之笔，对当今易学、经学、史学等领域的研究依然具有重要的启发和借鉴意义，值得关注。

职是之故，本编辑部特组织学者对内藤湖南《易疑》一文进行汉译和核校，以飨读者，希望能够有助于易学研究进一步深化和拓展。

日本怀德堂学派对朱子易学的继承与发展

——以中井竹山《易断》为例 *

李 莹

摘要：中井竹山（1730～1804）是日本怀德堂朱子学派的代表思想家，其以朱子学为宗而又不尽信。在其代表作《易断》中，竹山辨《易经蒙引》和《周易本义》之不同择精而"断"；重"字画""音韵"考据而"断"；疑"图目"和"十翼"，尊古而"断"。从而发现：中井竹山在易学研究上辨伪求真、善于比对、重视考据、敢于质疑，批判继承朱子易学以求回归原义为其解《易》特色。

关键词：怀德堂　中井竹山　《易断》　朱子易学　辨伪

中井竹山（1730～1804）是日本江户时代著名学塾怀德堂（今大阪大学之前身）第四代学主，名为积善，通称善太。他在经学上有较高成就，著有《易断》《礼断》《诗断》《尚书管见》《四书断》等，与其弟中井履轩（1732～1816）是大阪朱子学派的代表思想家，门下弟子众多。

《中井竹山传》中提到竹山对于经书注解："苟有所疑则朱说亦不

---

* 本文系国家社科基金一般项目"日本江户时代《周易》文献的整理与研究"（项目批准号：20BZX082）之阶段性成果。

取，然其大本紧要则依据朱说。"① 可见，竹山尊朱子而又不尽信。他著有《易说》一卷②和《易断》五卷③两部易学著作，《易断》较为完整，著中第五卷末标示有成书时间"明年三年丙戌"字样，据加地伸行考证，为"明和三年"④，即 1766 年。章节编排方式从朱熹《周易本义》，采古《易》经传分离方式，第一卷从《易》"图目"到《周易上经本义》的讼卦，第二卷从师卦到复卦，第三卷从无妄卦到姤卦，第四卷从萃卦到《系辞传》第六章，第五卷从《系辞传》第七章依次到《说卦传》《序卦传》《杂卦传》，最后还补写了《系辞传》第十二章⑤。

虽然竹山被视为"江户后期思想史的中心人物"⑥，但截至目前，学界对其思想研究仍尚少。究其原因，田世民说："一是竹山给人印象为学校的经营者，思想内容未受重视，相关研究也就较少；二是竹山的经学相关著作皆手稿本和抄本，藏于怀德堂文库，尚未活字翻刻公开为人所知。"⑦ 鉴于此，本文拟对《易断》展开全面分析，以探究中井竹山作为日本怀德堂学派代表思想家对朱子易学继承和发展的路径。

一、择精为断：《周易本义》《易经蒙引》之辨

中井竹山在《易断》中引用了诸多中国《易》著或儒者的说法，最为大量引用的是朱熹的《周易本义》和蔡清（号虚斋）的《易经蒙引》。

① 参见 ［日］加地伸行：《日本思想家　中井竹山・中井履轩》，株式会社明德出版社，1980年版，第 15 页。

② ［日］中井竹山：《易说》，大阪大学怀德堂文库藏门人小西某钞本，出版年月不详。

③ ［日］中井竹山：《易断》，大阪大学怀德堂文库藏手稿本，1766 年版。

④ ［日］加地伸行：《日本思想家　中井竹山・中井履轩》，株式会社明德出版社，1980 年版，第 333 页。

⑤ 文末的《系辞传》第十二章字迹较前文潦草，汉字未标点断句。

⑥ ［日］加地伸行：《日本思想家　中井竹山・中井履轩》，株式会社明德出版社，1980 年版，第 1～2 页。

⑦ 田世民：《中井竹山研究序说——回顾与展望》，《怀德堂研究》，2012 年第 3 号，第 53 页。

黎馨平认为："《易经蒙引》是蔡清在对朱子易说进行深思熟虑的基础上作出的，是研究朱子《本义》不可或缺的材料。"[1] 可见，中井竹山认可《易经蒙引》对《本义》的注疏价值。但他并非盲从于《蒙引》，对于有疑之处，则以"善按""余按""愚按""予意"等阐述个人见解。这样的内容形式与《蒙引》有相通之处。

高原认为："蔡清的《易经蒙引》是以朱子《本义》为纲，阐发朱子易学。但其对《本义》的理解又不是亦步亦趋，既有对《本义》的继承，又有许多独到的见解。"[2] 中井竹山亦注意到《蒙引》对《本义》的一些独特理解。如乾卦爻辞"用九，见群龙无首，吉"解中，他大段引用了蔡清的分析。

> 虚斋曰："自初九至上九，爻之变也。末乃缀之以用九者，总六爻之变也。而《本义》之意不然，姑阙此疑。"又曰："'用九'二字，缀在初九至上九之后，明是指六爻皆用九者言，故于'用九'二字上，看得有'见群龙无首'之象。今以'用九'为'诸卦百九十二阳爻之通例'，却又因'系以此卦六爻皆变者之占辞'，实是气势隔越。况《象传》及《文言》，悉以'用九'二字，当'见群龙无首'，亦可见矣。《本义》若要明通例，盖于初九之下明之，是亦可疑。"

> 善按，"用九"犹言"用阳"，不必主占法老阳之变。盖六爻皆阳，患在过刚，故周公示"用阳"之法，曰"见群龙无首吉"。既有此辞，是以占者遇此卦，而六爻皆变者，即此占之耳。用六亦然。朱子意谓"圣人系辞，为占者设"，恐非是。夫占筮之法，

① 黎馨平：《论蔡清〈易经蒙引〉对〈周易本义〉的注疏价值》，《周易研究》，2009年第4期，第17页。
② 高原：《发明朱子之学的蔡清易学观》，《山东大学学报》（哲社版），2011年第2期，第43页。

　　六爻皆变者，占之卦彖辞，乾坤二卦，亦依其例可也，何必别系辞，偃乎他卦之为①。

"用九"是乾卦较为独特的爻，朱子在《周易本义》中解："用九，言凡筮得阳爻者，皆用九而不用七，盖诸卦百九十二阳爻之通例也。以此卦纯阳而居首，故于此发之。而圣人因系之辞，使遇此卦而六爻变者，即此占之。"②而蔡清认为"用九"于卦末，是"总六爻之变"，才有"见群龙无首"之象，质疑朱子以此爻为"诸卦百九十二阳爻之通例"之说，甚至也提出通例不在"初九"之下，而在卦末亦是"可疑"。

　　林忠军等指出："《易经蒙引》依朱子之说折中宋、元、明诸家朱学注疏，极力纠正其中误读偏颇之处，条分缕析，十分详尽，极有价值。"③竹山在《易断》中引用蔡清之说，也是认可《蒙引》的分析。他在此基础上加以补充自己的见解，认为"用九"即"用阳"，不必主"老阳之变"，"用九"是"六爻皆阳"才有此用，占辞即为"见群龙无首吉"，而坤卦"用六"也是同理。由于乾坤二卦皆有此例，所以竹山认为朱子只强调乾卦"用九"，所谓"圣人因系之辞，使遇此卦而六爻变"之说"恐非是"。进而他对坤卦爻辞"用六，利永贞"，就直接引《蒙引》之"疑"而未再加解释。

　　　蔡曰："《本义》'自坤而变，故不足于元亨云'，此说略可疑。坤六爻皆变，则为纯乾，安可复计其为坤之变乎？既是纯乾，如何又无元亨？或疑，不言元亨，盖坤变为乾，元亨自不假言矣，惟利于永贞，又见不止于牝马之贞也。此说不合《本义》，亦一说也。"④

---

① 〔日〕中井竹山：《易断一》，大阪大学怀德堂文库藏手稿本，1766 年版。

② （宋）朱熹著，廖名春点校：《周易本义》，中华书局，2009 年版，第 32 页。

③ 林忠军、张沛、张韶宇等：《明代易学史》，齐鲁书社，2016 年版，第 63 页。

④ 〔日〕中井竹山：《易断一》，大阪大学怀德堂文库藏手稿本，1766 年版。

此段文字比原文略有删减，竹山把蔡清所言"此说不合《本义》"一并引用，可以看出他赞同此处对"用六"的辨析。但在《易断》中，竹山亦有多处比对《本义》和《蒙引》之后，指出《蒙引》的不妥之处，如谦卦"《象》曰：地中有山，谦"的解：

> 《象》，朱子曰："大抵人多见得在己者高，在人者卑，则抑己之高，而卑以下人，便是平也。"《蒙引》："'以卑蕴高，谦之象也'，此与上《本义》'山至高而地至卑，乃屈而止于其下，谦之象也'不同。彼高卑，为二人之象，此高卑，就一人身上言也。"
>
> 善按，《蒙引》非矣。象无二义，但彼则有之而不居之意，此则不居而实有之意。彼原始而言，此要终而言，是为异己，实则相待而发矣①。

"大抵人多见得在己者高，在人者卑，则抑己之高，而卑以下人，便是平也"引自《朱子语类》，竹山用此句释谦卦《象传》前一句"地中有山，谦"，而《蒙引》则与《朱子语类》相同，释后一句"君子以哀多益寡，称物平施"。竹山引此句以辨蔡清所言"同一卦之象，而所取却有二义"②。换言之，蔡清所言的"彼高卑"，指《周易本义》对卦辞"亨，君子有终"解为"山至高而地至卑，乃屈而止于其下，谦之象也"的"山""地"二象，而"此高卑"则指《象传》所说"地中有山"，即"以卑蕴高"的"一人"而言。对此，竹山认为"彼"与"此"之"高""卑"，是"相待而发"之义，而非象之"二义"。

随后竹山对谦卦"初六，谦谦君子，用涉大川，吉"之解中，也再次提出对《蒙引》的质疑。

---

① ［日］中井竹山：《易断二》，大阪大学怀德堂文库藏手稿本，1766年版。
② （明）蔡清著，黎心平、高原点校：《易经蒙引》，载北京大学《儒藏》编纂与研究中心编：《儒藏精华编6》，北京大学出版社，2014年版，第646页。

初六，善按，先儒于初六，不说大川之象。《蒙引》乃曰："涉川本无所取象，另是说谦谦之道，虽用以济险亦吉，况平居乎。"非矣。予意是以互体取象，由初六观者，前三爻不明是坎卦，先儒偶不察耳①。

竹山说"先儒于初六，不说大川之象"，因为朱子解该爻"以此涉难，何往不济？故占者如是，则利以涉川也"②也未明言"初六"之象。但《朱子语类》论"卦体卦变"："朱子发互体，一卦中自二至五，又自有两卦，这两卦又伏两卦。"③由此，竹山认为谦卦互体，即初六往上的六二、九三、六四，则可以看出它的互体为坎，坎有"险""难"之象。竹山的互体取象说，并未脱离朱子易学的范畴，因此他断《蒙引》中"涉川本无所取象"的说法为"非"。

二、考据为断：重字画、音韵和辨伪

朱子说到"读《易》之法"："《易》中多有不可晓处，如'王用亨于西山'，此却是'享'字。只看'王用亨于帝，吉'，则知此是祭祀山川底意思。如'公用亨于天子'，亦是'享'字，盖朝觐燕飨之意。《易》中如此类甚多。后来诸公解，只是以己意牵强附合，终不是圣人意。"④可见《易》之难解，在于对字义的理解。尉利工指出："训诂与义理并重是朱子对儒家经典的诠释原则。"⑤朱子在《周易本义》中体现了对训诂考据

① ［日］中井竹山：《易断二》，大阪大学怀德堂文库藏手稿本，1766 年版。
② （宋）朱熹著，廖名春点校：《周易本义》，中华书局，2009 年版，第 85 页。
③ （宋）黎靖德编，王星贤点校：《朱子语类》卷第六十七《易三·纲领下·读易之法》，中华书局，1986 年版，第 1668 页。
④ （宋）黎靖德编，王星贤点校：《朱子语类》卷第六十七《易三·纲领下·读易之法》，中华书局，1986 年版，第 1660~1661 页。
⑤ 尉利工：《朱子训诂与义理并重的经典诠释原则》，《哲学动态》，2013 年第 3 期，第 55 页。

的重视，中井竹山亦接受和继承朱子训诂之精神，重视考据以正经文之义。他对大有卦九三爻辞"公用亨于天子，小人弗克"，就只解了一句：

> 九三，朱子曰："字画音韵，是经中浅事。故先儒得其大者，多不留意，然不知此等处不理会，却枉费了无限辞说牵补，而卒不得其本义，亦甚害事也。"①

胡广的《周易大全》和李光地的《周易折中》中《集说》部分可见朱子此句来解大有卦九三爻，但此句原出自《朱文公文集》卷五十《答杨元范》。朱子言："大有卦'亨''享'二字，据《说文》本是一字，故《易》中多互用。"②所以，竹山直接借此来说明"字画音韵"是解经辨伪之要义，不多加"辞说牵补"。同人卦九五爻之《象传》"同人之先，以中直也"，竹山有如下解：

> 九五《象》，善按，不曰中止，而曰中直，叶韵已。《本义》曰：直，谓理直。理直即正也。《蒙引》因直字生义者，凿矣③。

朱子之解简洁，蔡清却对"直"字展开了分析："不曰'以中也'，不曰'以中正也'，露出'直'字者，自其义理所同、物不得而间之而云也。亦如需九二之'衍在中'、蹇九五之'以中节'，皆随本卦爻之所切者言也。"④竹山断此解"凿"，认为"中直"为"叶韵"，以朱子解之"理

---

① [日] 中井竹山：《易断二》，大阪大学怀德堂文库藏手稿本，1766 年版。

② （宋）朱熹撰，刘永翔、徐德明校点：《晦庵先生朱文公文集》（三）卷五十《答杨元范》，载朱杰人等主编：《朱子全书》（修订本）第 22 册，上海古籍出版社、安徽教育出版社，2002 年版，第 2289 页。

③ [日] 中井竹山：《易断三》，大阪大学怀德堂文库藏手稿本，1766 年版。

④ （明）蔡清著，黎心平、高原点校：《易经蒙引》，载北京大学《儒藏》编纂与研究中心编：《儒藏精华编 6》，北京大学出版社，2014 年版，第 629 页。

直"为正。

同理，竹山对蹇九五爻《象传》"'大蹇，朋来'，以中节也"解道："九五《象》，善按中节即犹中正也，与上文叶韵已。《蒙引》因生意义，误矣。"① 虽然朱子《本义》中未解此条，但在艮卦六五爻《象传》"'艮其辅'，以中正也"的解中有言："'正'字羡文，叶韵可见。"② 由此可见，竹山接受和继承了朱子《周易本义》中训诂考据的做法，以断《蒙引》之误。

除了依据《本义》之外，竹山还引其师五井兰洲（1697～1762）之语，对蔡清所考"象"字之义提出疑问。

> 余按，虚斋释"象"字，甚凿。兰洲先生尝谓：象南方奇兽，中国无之，唯见齿牙已。其形则图画而传之，故假以为有似之义。今未敢必其然，然较胜蔡说，故姑录之③。

蔡清在乾卦之解中有一长段辨析"彖""象"二字之义，其中关于"象"，他说："象之为物，《本草》言其身备百兽肉，皆有分数，又曰'象以十二种肉配十二辰，胆不附肝，随月在诸肉间'，则其为物固亦近于得天地之全气者，而又有与时偕行之义焉。"④ 对此，竹山直言"甚凿"，他更倾向于五井兰洲所说"象"为"南方奇兽，中国无之"，"假以为有似之义"的解释，说明竹山对文字之思辨，也深受其师影响。

虽然竹山对字义的考据有朱子之风，但并不意味着他全盘接受朱子之解，他在大畜卦九二爻"舆说辐"中解道：

---

① ［日］中井竹山：《易断三》，大阪大学怀德堂文库藏手稿本，1766 年版。
② （宋）朱熹著，廖名春点校：《周易本义》，中华书局，2009 年版，第 188 页。
③ ［日］中井竹山：《易断一》，大阪大学怀德堂文库藏手稿本，1766 年版。
④ （明）蔡清著，黎心平、高原点校：《易经蒙引》，载北京大学《儒藏》编纂与研究中心编：《儒藏精华编6》，北京大学出版社，2014 年版，第 427～428 页。

九二，朱子《林贯之字序》曰："轮之所以转者，牙之圆也。牙之所以转者，辐之直而蓄于毂也。毂之所以转者，内岂以贯乎轴，而外能使辐以指牙也。然自毂之外，虽能转物，而未免自转于物，唯轴则承轸载物，以贯夫毂，而未尝有所动焉。"云云。

善按，辐字，诸解不分晓，以臆受之。辐者车下横木，一木四名，曰轴、曰轨、曰轊、曰辐，皆同。所贯毂处，谓之轴；两轮之间，谓之轨；轴头谓之轊，谓之辐。朱子《字序》所指，以通轨轴名辐者恐非矣①。

事实上，《本义》有解："说，吐活反。辐，音服，又音福。九二亦为六五所畜，以其处中，故能自止而不进，有此象也。"②此处，朱子对此爻主要以象来解义理，竹山则认为诸解中"辐"字之义"不分晓"，即使《朱文公文集》卷七十六的《林贯之字序》③有所解释，但"辐""轴""轨""轊"功能不一，不能以"辐"来"通轨轴"。竹山没有指明论据出处，但可以看出，只要他认为有问题之处，包括《蒙引》《本义》在内多年延续的旧说，他也断然表现出其所疑。

再如遁卦《象传》"君子以远小人，不恶而严"，竹山解道："《象》，善按恶字当作去声读，旧说相承，作入声，似费解矣。"④又如，观卦卦辞"盥而不荐，有孚颙若"之解中："善按，先儒相承，以观字为乎去二声，恐非是矣，盖皆平声。"⑤随后观卦《象传》解中，他又再次提到："又按，'大观'及'观天下'，旧说俱作去声读，意义甚艰深，皆为平声，

---

① [日] 中井竹山：《易断三》，大阪大学怀德堂文库藏手稿本，1766 年版。

② （宋）朱熹著，廖名春点校：《周易本义》，中华书局，2009 年版，第 116 页。

③ 参见（宋）朱熹撰，戴扬本、曾抗美校点：《晦庵先生朱文公文集》（五）卷七十六《林贯之字序》，载朱杰人等主编：《朱子全书》（修订本）第 24 册，上海古籍出版社、安徽教育出版社，2002 年版，第 3682～3683 页。

④ [日] 中井竹山：《易断三》，大阪大学怀德堂文库藏手稿本，1766 年版。

⑤ [日] 中井竹山：《易断三》，大阪大学怀德堂文库藏手稿本，1766 年版。

辞理明当，先儒何以舍明当之义，故为艰深之解，可疑矣。"① 此类例文不少，皆可证明竹山运用"字画""音韵"来考据辨伪断《易》的特色。

三、以古为断：疑图目、辨十翼

《易断》之外，中井竹山还有一部易学著作《易说》，内容只有两辨：一是"《河图》《洛书》辨"，二是"《文言传》辨"。这两辨在《易断》中也有阐述，是竹山对《周易本义》篇首"图目"和所附"十翼"之说的思辨判断。

竹山首先对《河图》《洛书》有所疑。"余按，先儒《图》《书》之说，多可疑者，尝著其辨，今系左方，以诲识者。"② 以下是其《易说》，论《河图》《洛书》不可信之处。

> 以予观之，《河图》古者实有是物，而与《易》无涉。其七前六后之数，则陈穆之徒，所敷衍辏合，不足信焉。何者其数特与《系辞》所谓天地之数，及太衍之数合已，于《易》之本旨，无所轻重。夫天苟欲授宓戏以《易》，何不以《易》之本旨，特以筮数之末事也，是其不足信，一也。《易》以占书，脱乎秦灰，及汉除挟书律，遗编悉出，而独《河图》之数，亡闻焉。则陈穆奚自得是图，是其不足信，二也。《五行》《洪范》所列，于《易》，无干涉。而释图数者，皆以绝五行生成言之，不推五行，则其数无归宿。盖陈穆之徒，不知五行无涉于《易》，妄构成是图已，是其不足信，三也。先儒谓《图》《书》之数，顺数逆推纵横曲直，无往而不值，遂以为可信。夫自一至九至十，数之自然，后人假自然

---

① ［日］中井竹山：《易断三》，大阪大学怀德堂文库藏手稿本，1766年版。
② ［日］中井竹山：《易断一》，大阪大学怀德堂文库藏手稿本，1766年版。

之数，以饬其巧智，释之者，委曲交互，极力弥缝，则其无不值，固不足异也。大凡谶纬之类，未必无一二可观，但以大本既错也，不足取尔。图数亦然，是其不足信，四也。先简而后烦，理势之常，天下之事皆然，奇偶之成卦，可谓至简。而先之以《河图》，何其至烦，是其不足信，五也①。

朱子在《周易本义》卷首"图目"中有《河图》《洛书》，后世以为是《易》之本源者多。上文中，竹山列出五点理由，认为《河图》与《易》无涉，于《易》之本旨无所轻重，《图》《书》之传"不足信"，《图》《书》之数"不足信"。"羲画之不由《河图》，欧阳子论之，悉矣。"②可见，竹山受欧阳修的影响，对《河图》产生怀疑。

也因为不信《河图》《洛书》，竹山进而对《周易本义》所引邵雍之图进行批判。

又按，太极两仪四象八卦，因而重之，爻在其中，卦义文之易尽矣。邵氏所传，方位方圆先天后天诸图说，纵横推衍，似精微，而于《易》之本旨，无所轻重。要之，秦汉纬书之流也。学《易》者，不必深考而可也③。

邵雍之图和《河图》《洛书》一样，影响甚大。刘建萍提到："从蔡清的《易经蒙引》对易图的阐释，以及所撰《太极图说》与《河洛私见》对《河图》《洛书》的论述，可以肯定蔡清不仅承认易图，认同邵雍及朱子对易图的诸多观点，而且认为《河图》是《易》之祖宗。"④虽然蔡清认

---

① ［日］中井竹山：《易说》，大阪大学怀德堂文库藏门人小西某钞本，出版年月不详。

② ［日］中井竹山：《易说》，大阪大学怀德堂文库藏门人小西某钞本，出版年月不详。

③ ［日］中井竹山：《易断一》，大阪大学怀德堂文库藏手稿本，1766 年版。

④ 刘建萍：《论蔡清对河图洛书的阐释》，《闽江学院学报》，2017 年第 3 期，第 10 页。

同邵雍的"方位方圆先天后天诸图说"，竹山却不接受，他断以为"邵氏所传"于《易》之本旨"无所轻重"，甚至还归之为"秦汉纬书之流"。

对坤卦卦辞"西南得朋，东北丧朋"中，竹山解道：

> 余按，西南西南隅也，东北东北隅也。流行之体，东而南，而西，而北，而又东。今在西南隅，则前程西北皆阴，是得其朋，进至东北隅，是前程东南皆阳，是表其朋。先儒以后天方位，东北阳位，西南阴位，释之。非是。盖方位，后世易家之言，非羲文之旧矣①。

上文中，竹山不认可方位说，是因为"盖方位，后世易家之言"非"羲文之旧"。而朱子对此卦爻解："西南，阴方；东北，阳方。"②蔡清亦加解："'西南，阴方。东北，阳方'，为文王后天之《易》。"③由此，竹山断"先儒以后天方位，东北阳位，西南阴位"之解释为"非"。《说卦传》第三章中，他也再次提到："善按，羲文卦位方圆图等，邵子一家之学，后世之言也，非圣人之旧也。"④可见，竹山以古《易》来辨后儒之说。

> 又按，一分为二，二分为四，四分为八，八分为十六，十六分为三十二，三十二分为六十四，此是邵子加一倍之法，既未经见，以为一家之说则可也，非羲文之旧。今因《启蒙·原卦画》之文，妄更定之如左⑤。

---

① ［日］中井竹山：《易断一》，大阪大学怀德堂文库藏手稿本，1766 年版。
② （宋）朱熹著，廖名春点校：《周易本义》，中华书局，2009 年版，第 43 页。
③ （明）蔡清著，黎心平、高原点校：《易经蒙引》，载北京大学《儒藏》编纂与研究中心编：《儒藏精华编6》，北京大学出版社，2014 年版，第 485 页。
④ ［日］中井竹山：《易断五》，大阪大学怀德堂文库藏手稿本，1766 年版。
⑤ ［日］中井竹山：《易断一》，大阪大学怀德堂文库藏手稿本，1766 年版。

此处，竹山直接提出邵雍的"加一倍"法，"未经见""非羲文之旧"，不是古《易》原有之义，只是"一家之说"。

继而他因朱子《启蒙·原卦画》之文，展开六十四卦的排序，来表现"卦义文之易尽矣"。

> 其序则乾上加八卦，为乾夬大有大壮小畜需大畜泰；于兑上加八卦，为履兑暌归妹中孚节损临；于离上加八卦，为同人革离丰家人既济贲明夷；于震上加八卦，为无妄随噬嗑震益屯颐复；于巽上加八卦，为姤大过鼎恒巽井蛊升；于坎上加八卦，为讼困未济解涣坎蒙师；于艮上加八卦，为遁咸旅小过渐蹇艮谦；于坤上加八卦，为否萃晋豫观比剥坤。《大传》所谓"因而重之，爻在其中"，是也①。

"因而重之，爻在其中"的结论可见竹山受朱子的启发，依据《大传》（《系辞传》）之原文而断。但另一面，竹山对朱子所言"孔子所作之传十篇"②有所疑："余按，晁氏所定，似与古合。吕氏本于《史记》十翼之文，恐非是。十翼之说，不足信也。"③所以他在《系辞传》第七章，开篇阐述了自己的看法：

> 善按，先儒皆以《大传》为孔子所作，故以"子曰"字为衍文已。《史记》之言，不足信矣。《传》中多可疑之语，先儒之说非是矣。唯欧阳子之说，得其安。以今视之，《传》中以"子曰"标者，皆孔子之言，其他欧子所谓出于孔子，而相传于易师，有圣人之言为焉，有非圣人之言焉者，是也。欧说既具于篇首，余说亦详于《文言传》条下④。

---

① 〔日〕中井竹山：《易断一》，大阪大学怀德堂文库藏手稿本，1766年版。
② （宋）朱熹著，廖名春点校：《周易本义》，中华书局，2009年版，第29页。
③ 〔日〕中井竹山：《易断一》，大阪大学怀德堂文库藏手稿本，1766年版。
④ 〔日〕中井竹山：《易断五》，大阪大学怀德堂文库藏手稿本，1766年版。

竹山推崇欧阳修之说，断"《史记》之言，不足信"，指出《系辞传》中有"子曰"是"孔子之言"，而其他则有"圣人之言"，也有"非圣人之言"。竹山辨"十翼"，就是为了区别《易经》和《易传》的不同，解《经》辨伪不可尽信《传》。他在《易说》中直言："盖古《易》唯有《彖》《象》二传而已矣。《系辞》《说卦》《序卦》《杂卦》，皆非圣人之作，而其言淆乱，亦非一人之言。欧阳子所论，确乎不可易，而《文言》之非古，为尤甚矣。"① 所以在乾卦《文言传》末，竹山更是论道：

> 又按，《文言》一篇，欧阳氏所谓杂乱之说非一人之言者，以愚观之，篇首穆姜所称，既有明证，"潜龙勿用"已下，易学诸家，诠释之言，各自为说，义亦浅短。但中间以"子曰"标乌者，实圣人之言，无可疑矣……然五常之目，此岂所不言尔，昉于汉儒。吾学于五井先生所辨，新新乎有据矣。此节当得汉五帝绝之乎。然则以仁义礼知，配元亨利贞，亦后儒敷衍之说耳。四端孟子所发挥，穆姜时岂周有之耶？但其纵横推衍，无不值者，亦以天理之自然，不假人为也矣。学者活看，勿费拘泥焉②。

朱子解乾卦《文言》说："此篇申《彖传》《象传》之意，以尽乾坤二卦之蕴，而余卦之说，因可以例推云。"③ 朱子认可《文言传》的价值，继而以"仁义礼智"配"元亨利贞"来展开注解。对此，竹山从史学角度分析其中矛盾之处，直断"后儒敷衍之说耳"。竹山除了提到欧阳修之外，还提及"学于五井先生所辨"。在《易断》中，竹山关于其师五井兰洲的表述不多，但因兰洲曾入古学派儒者伊藤东涯（1670~1736）之门④，

① ［日］中井竹山：《易说》，大阪大学怀德堂文库藏门人小西某钞本，出版年月不详。
② ［日］中井竹山：《易断一》，大阪大学怀德堂文库藏手稿本，1766年版。
③ （宋）朱熹著，廖名春点校：《周易本义》，中华书局，2009年版，第35页。
④ 陶德民：《怀德堂朱子学之研究》，大阪大学出版会，1994年版，第3页。

而东涯又有作《十翼非夫子所著辨》①，可以理解竹山的学问有受古学影响，因此他也敢于对朱子易学"十翼之说"进行辨断。

四、结　语

中井竹山在《易断》中没有采用——对应卦爻辞的传统解经模式，他遵循古《易》的经传分离，以发扬朱子《周易本义》为宗，借鉴蔡清《易经蒙引》解经之法，带有考据学和古学之风，辨"疑"、辨"凿"、辨"误"，以"断"经文之义。平重道指出："（竹山）他是理论的提倡者，而非沉潜于实际经解的注释家。"②可以说，竹山辨伪求真，善于比对，重视考据，敢于质疑，他以批判的精神继承和发扬朱子易学，试图辨析《易》之原义成为其解《易》特色。

而如陈威瑨指出其弟中井履轩所著的《周易逢原》"适度将卦爻辞还原至占者所处之情境，才会发掘朱熹之谬而批判之"③，也是从不同的角度批判继承了朱子易学的思想。陶德民也曾提到五井兰洲为代表的怀德堂朱子学派有以下特征："坚持朱子学原理、原则的同时，兼有自由之精神，未必拘泥于某个学说。"④这种"对朱子学个别学说的批判"是受到了"古学的刺激和清朝考证学的影响"⑤。从《易断》可以看出，中井竹山作为兰洲的弟子，正是体现了怀德堂学派"自由之精神"，他对经文的解释也起到了教化后学之作用。

作者单位：广东金融学院

---

①　[日]伊藤东涯：《十翼非夫子所著辨》，载《读易私说》，关西大学内藤文库藏手写本。目录题目为《十翼非孔子之作辨》，前后略异。

②　[日]平重道：《怀德堂的经学思想》，《文化》，1939年第8号，第650页。

③　陈威瑨：《日本江户时代儒家〈易〉学研究》，政大出版社，2015年版，第140页。

④　陶德民：《怀德堂朱子学之研究》，大阪大学出版会，1994年版，第368页。

⑤　陶德民：《怀德堂朱子学之研究》，大阪大学出版会，1994年版，第369页。

宋人易书考（十二）

顾宏义

摘要：宋人好谈《易》，相关注疏、阐释以及发挥之著述也蔚为大观，远过前代。但宋人《易》书多有残佚，传世者也不乏错乱、窜伪者。故有必要对两宋易学文献进行逐人逐书的考辨。

关键词：宋代　易学　易书　文献

古易考

王应麟撰。

王应麟（1223～1296），字伯厚，号深宁居士，庆元府鄞县（今浙江宁波）人。从王埜学。淳祐元年（1241）中进士，宝祐四年（1256）中博学宏辞科。德祐初，官至礼部尚书。《延祐四明志》卷四称其宋亡不仕，"后二十年卒"，年七十四。所著有《深宁集》一百卷、《汉艺文志考证》十卷、《通鉴地理考》一百卷、《困学纪闻》二十卷、《玉海》二百卷等。《宋史》卷四三八有传。

袁桷《清容居士集》卷三三载"王先生应麟兄弟中博学宏词科，为翰林学士、礼部尚书。咸淳诏册辞命，皆先生所作。著书有《春秋考》《逸诗考》《古易考》《通鉴义例考》《困学纪闻》《玉海》一百卷、文集一百卷"。按：《经义考》卷三五云"未见"。

周易郑康成注

王应麟辑。

郑康成名玄，东汉经学家。《北史》卷八一《儒林传上》："汉世，郑玄并为众经注解……大行于河北……自魏末，大儒徐遵明门下讲郑氏所注《周易》，遵明以传卢景裕及清河崔瑾，景裕传权会、郭茂，权会早入邺都，郭茂恒在门下教授。其后能言《易》者，多出郭茂之门。"《隋书》卷三二《经籍志一》云"郑康成、王弼二注，梁、陈列于国学，齐代惟传郑义，至隋王注盛行，郑学寖微，今殆绝矣"。故王应麟辑《周易》郑《注》一卷。《四库全书总目》卷一著录王应麟编《周易郑康成注》一卷，云："案《隋志》载郑玄《周易注》九卷，又称'郑玄、王弼二注，梁、陈列于国学，齐代惟传郑义，至隋王注盛行，郑学寖微'。然《新唐书》著录十卷，是唐时其书犹在，故李鼎祚《集解》多引之。宋《崇文总目》惟载一卷，所存者仅《文言》《序卦》《说卦》《杂卦》四篇，余皆散佚。至《中兴书目》始不著录（原注：案《中兴书目》今不传，此据冯椅《厚斋易学》所引），则亡于南北宋之间。故晁说之、朱震尚能见其遗文，而淳熙以后诸儒即罕所称引也。应麟始旁摭诸书，裒为此帙，经文异字，亦皆并存。其无经文可缀者，则总录于末简。又以玄注多言互体，并取《左传》《礼记》《周礼正义》中论互体者八条，以类附焉。考玄初从第五元先受京氏《易》，又从马融受费氏《易》，故其学出入于两家。然要其大旨，费义居多，实为传《易》之正脉。齐陆澄《与王俭书》曰：'王弼注《易》，玄学之所宗。今若崇儒，郑注不可废。'其论最笃。唐初诏修《正义》，仍黜郑崇王，非达识也。应麟能于散佚之余，搜罗放失，以存汉《易》之一线，可谓笃志遗经，研心古义者矣。近时惠栋别有考订之本，体例较密。然经营创始，实自应麟，其捃拾之劳亦不可泯。今并著于录，所以两存其功也。"又同卷清惠栋编《新本郑氏周易提要》云："初，王应麟辑郑玄《易注》一卷，其后人附刻《玉海》之末。虽残章断句，尚颇见汉学之崖略，于经籍颇为有功。然皆不著所出之书，又次序先后，间与经文不应，亦有遗漏未载者。栋因其旧本，重为补正。凡应麟书所已载者，一一考求原本，注其出自某书，明其信而有征，极为详核。其次序先后，亦悉从经文厘定……虽因人成事，而考核精密，实胜原书。应麟固郑氏之功臣，栋之是编，亦可谓王氏之功臣矣。"明汲古堂跋略云："合《彖》《象》于经，盖自康成始。其说间见于鼎祚《集解》及《释文》《易》《诗》《三礼》《春秋义疏》《后汉书》《文选注》，应麟读《易》之暇，辑为此编，庶几先儒象数之学犹有考焉。"

《经义考》卷三五载王应麟《自序》云："郑康成学费氏《易》，为注九卷，多论互体。以互体求《易》，《左氏》以来有之，凡卦爻二至四、三至五两体交互，各成一卦，是谓一卦含四卦，《系辞》谓之中爻，所谓'八卦相荡，六爻相杂，唯其时物，杂物撰德'是也。惟乾、坤无互体，盖纯乎阳、纯乎阴也。余六子之卦，皆有互体。坎之六画，其互体含艮、震，而艮、震之互体亦含坎；离之六画，其互体含兑、巽，而兑、巽之互体亦含离。三阳卦之体，互自相含；三阴卦之体，亦互自相含也。王弼尚名理，讥互体，然注《睽》六二曰：'始虽受困，终获刚助，睽自初至五成困。'此用互体也。弼注《比》六四之类，或用康成之说。钟会著论，力排互体，而荀顗难之。江左郑学与王学并立，荀崧谓康成书根源□□，颜延之为祭酒，黜郑置王。齐陆澄遗王俭书云：'《易》自商瞿之后，虽有异家之学，同以象数为宗，数年后，乃有王弼之说。'王济云：'弼所误者多，何必能顿废先儒？若今弘儒，郑注不可废。'河北诸儒专主郑氏，隋兴，学者慕弼之学，遂为中原之师，此景迂晁氏所慨叹也。易有圣人之道四焉，义理之学，以其辞耳，变象占，其可阙乎？李鼎祚云：'郑多参天象，王全释人事，易道岂偏阙滞于天人哉？'今郑注不传，其说间见于鼎祚《集解》及《释文》《诗》《三礼》

《春秋义疏》《后汉书》《文选注》，因缀而录之，先儒象数之学，于此犹有考云。然康成笺《诗》多改字，注《易》亦然，如'包蒙为彪，豮豕之牙'为'互包'，'荒'读为'康'，'锡马蕃庶'读为'蕃遮'，'皆甲宅'之'皆'读为'解'，'一握为笑'之'握'读为'屋'，其说近乎凿，学者盍谨择焉。厌常喜新，其不为荄兹者几希。"按：有《四库全书》本等。

易　通

王幼孙撰。

王幼孙（1223~1298），字季稚，号自观先生，庐陵（今江西吉安）人。性笃孝，留心医药。宝祐丙辰（1256）赴阙上万言书言国事，归教授于乡。宋亡，其友文丞相兵败北去，幼孙谒于驿舍，为文祭之，期以必死。自是与宾客过从，守经执礼，浩然以终也。元大德二年正月卒，年七十六。著有《中庸大学章句》二卷、《太极图说拟答》《朱陆辨》《深衣图辨》《经籍论》《易通》《贯三为一图》《家传谱系》《简便方》《经验方》各一卷，杂著若干卷。事迹详见元程文海《雪楼集》卷二〇《自观先生王君墓碣》。按：本书佚。

太极图说拟答

王幼孙撰。

元程文海《雪楼集》卷二〇《自观先生王君墓碣》云王幼孙著有《太极图说拟答》一卷。《经义考》卷七一作《太极图说》。按：佚。

周易辑说

曾子良撰。

曾子良（1224~?），字仲材，号平山，南丰（今属江西）人，徙居金溪（今属江西）。元刘埙《隐居通议》卷一五《曾平山序水云邨诗》云其咸淳四年（1268）进士。"累任至建德府淳安令，甫三月国事变，归隐山中，鬻文以自给。辛卯（1291）秋，予访之，年六十有八矣。盖别二十年而复会，欣然道旧。明年，以予所作《水云邨吟稿》往请教焉，辱为序。"当其"入元，程巨夫以遗逸荐，不赴，扁'节居'二字于堂以示志"。学者称平山先生。《雍正江西通志》卷八〇称其所著有《易杂说》《中庸大学语孟解》等。按：《宋季忠义录》卷一六云其卒年六十三，似误。

元吴澄《吴文正集》卷二〇《周易辑说序》云："易之道，其大如天，其广如地，其悉备也，如天地间之万物，靡所不有。世之说易者，各随所见，苟不悖于理，其为言也必有可观，无他，易广大悉备，无不包罗，无不该徧故也。金溪曾先生讳子良，在宋两贡于乡，擢进士科，仕至县令。晚节隐居讲授，以通经学古、能诗能文为后进师。临川饶宗鲁游其门，每日授《易》，所闻皆能记忆。师既卒，乃祖述其意，撰著新辞，文口谈之质俚，如传注之纯雅，名曰《周易辑说》。意或未安，不敢辄改，盖有汉儒治经守家法之遗意焉。先生之年，吾父党也，素所敬慕者。今因所辑，得窥前辈之所学，又嘉宗鲁之能守其师说也，是以为之序云。"《千顷堂书目》卷一著录临川人饶宗鲁《周易辑说》，云其"辑所闻于平山曾子良者"。按：佚。

读易记

余山南撰。

余山南，名里未详。宋释道璨《柳塘外集》卷一有《和余山南金判清溪观荷》诗。似即此人。按：释道璨，咸淳间尝主饶州荐福寺。

《景定建康志》卷三三《书版》云建康府藏"余山南《南轩讲义》三十五版、余山南《读易记》六十五版"，则知是书南宋后期尝有刊本。按：本书佚。

易　说

吴绮撰。

吴绮，《周易传义大全·凡例》称其字忠甫，三山（今福建福州）人。余未详。《读易举要》卷四云建安张清子希献集注朱子《本义》，所引十三家中有吴绮之说。按：《经义考》卷三七云吴绮著《易说》，佚。

《读易举要》卷三引录"吴忠甫曰"一条："《连山》以重艮为首，象人。《归藏》以重坤为首，象地。《周易》以重乾为首，象天。若以三《易》为三代之《易》，吾斯之未能信。又以为三皇之《易》，吾尤未之敢信。然则三《易》如何？曰：三极之道也。"

易　说

谭大经撰。

谭大经，事迹未详。元熊良辅《周易本义集成》卷一引录"谭氏曰：乾乾无一息之非，天也"。《经义考》卷三七云谭大经著《易说》，佚。

易　解

邹巽撰。

《宋史·艺文志·易类》著录邹巽《易解》六卷。邹巽，当为南宋后期人，事迹不详。按：本书佚。

易　解

刘禹偶撰。

《宋史·艺文志·易类》著录刘禹偶《易解》十卷。刘禹偶，当为南宋后期人。事迹不详。按：本书佚。

易撼卦总论

朱承祖撰。

《宋史·艺文志·易类》著录朱承祖《易撼卦总论》十卷。朱承祖，当为南宋后期人，事迹不详。《雍正福建通志》卷二四载宋漳州推官有朱承祖，未知即此人否。按：本书佚。

大易观象

郑子厚撰，张垫补注。

《宋史·艺文志·易类》著录郑子厚《大易观象》三十二卷，注："张垫补注。"郑子厚、张垫，南宋后期人，然事迹皆不详。《雍正福建通志》卷三四云莆田县人张垫，中绍熙四年（1193）进士。似非一人。《经义考》卷三七云本书佚。

易　　统

刘赞撰。

《雍正浙江通志》卷二四一引《括苍汇纪》称刘赞著《易统》。刘赞，遂昌（今属浙江）人。余未详。

易　　说

储泳撰。

储泳，字文卿，号华谷，华亭（今上海松江）人，居周浦。《大清一统志》卷五九云其"有诗名，精阴阳五行，通儒元理。著有《祛疑说》"。《千顷堂书目》卷十二著录储泳《祛疑说》一卷，云其字华谷。不确。宋末卫宗武《秋声集》卷三有《挽储华谷》四首，有云："处晦心常乐，安贫节愈坚。遗书订无极，妙蕴发先天。扬子惟存宅，龟蒙粗有田。阨穷身至泯，遗子独青编。"又云："归来才一见，病已不能支。拟作岁寒友，俄成夜壑悲。凄风吹老泪，落日照幽姿。赓唱无从再，酸心阅旧诗。"据《四库全书总目·秋声集》云卫宗武淳祐间历官尚书郎，出知常州罢归，闲居三十余载，卒于至元二十六年（1289）。故推知储泳当卒于宋末。

《经义考》卷三七云储泳著有《易说》，并云其"尝注《老子》"。俞琰《读易举要》卷三"论易数之是非"有云："云间储华谷谓：'大者阳也，衍者衍而伸之，加倍是也。大衍者，以天数二十五，倍为五十也。阳则变化，故可衍而伸之。以大名衍，表其用阳而不用阴也。'其说甚新，然谓用阳而不用阴，恐或不然。"丁易东《大衍索隐》卷三有云"此即康节两倍之说"。按：本书佚。

又，储泳《祛疑说》有《易占说》一篇。

易占例

汪深撰。

汪深，号所性，歙（今属安徽）人，迁鄱阳（今江西鄱阳）。《新安文献志·先贤事略上》称其"与胡玉斋友善。尝著《易占例》"。

元胡一桂《周易启蒙翼传》下篇《卜筮合象占为一说》云："鄱阳汪所性深，先人私淑之友也，尝作《占例》，自为之序曰：'昔者圣人用易以明民，托之卜筮，然所得之辞，或有悬隔者，如问婚而得田猎，问祭祀而得涉川，问此答彼，阔然不相对，岂有迁就迁诞而用之者哉？若是，则卦爻之辞皆赘言矣。《传》曰："其言曲而中，其事肆而隐，因贰以济民行，以明得失之报。"又曰："明于天之道，而察于民之故，是兴神物，以前民用。"又曰："探赜索隐，钩深致远，以定天下之吉凶，成天下之亹亹者，莫大乎蓍龟。故系辞焉，所以告也，定之以吉凶，所以断也。"今占筮所得之辞，乃不应合，而在于迁就用之，则奈何哉？盖尝思之，《易》以卜筮设教，古人之卜筮盖少也，非有大事，不疑不卜也。其见于《书》者，虞有传禅之筮，周有征伐之卜而已，故《洪范》曰："汝则有大疑，谋及乃心，谋及卿士，谋及庶人，谋及卜筮。"而从逆之间，人谋先之，卜筮次焉。盖诚以事有两可之疑，而后托之卜筮也。而其占又必诚敬专一，积其求，决之真情至诚以达于神明，故神明感应之诚亦正告之以利害趋向，而不浪漫也。且《易》之初，其以六十四卦示人以占之例，亦已广矣。求君父之道于《乾》，求臣子之道于《坤》，婚姻于《咸》《恒》《渐》《归妹》，待于《需》，进于《晋》，行师于《师》，争讼于《讼》，聚于《萃》，散于《涣》，以至退于《遁》，守于《困》，安于《泰》《鼎》，厄于《夷》《蹇》，盈于《丰》《大有》，坏于《损》《蛊》，《家人》之在室，《旅》之在涂，《既》《未济》《损》《益》《大》《小过》《大》《小畜》，得失进退之义。虽卦名之为七十九字，文义明白，条例具足，亦可决矣。此未有文王卦辞之前，已可占而断者，况又三百八十四爻，而示之以变乎？夫人诚有大疑，谋及卜筮，必积其诚意，备其礼物，齐戒专一以占之。《大传》曰："是以将有为也，将有行也，问焉而以言。其受命也如响，无有远近幽深，遂知来物。"此占筮必得应合之辞，受命者，神明受祷占者之命辞也，如响者应之端的，而不漫浪以告也。傥有一毫不敬不诚不一之心，则问此而告彼，阔焉不与事相酬答，实神明之所不主而不告者也，又何受命如响之云？曷不即卦辞考之？文王于《蒙》尝起其占筮之教矣，其言曰："匪我求童蒙，童蒙求我。初筮告，再三渎，渎则不告，利贞。"周子曰："筮者，扣神也，再三渎，渎则不告矣。"此文王之所以起其例也。夫占而揲蓍，积十有八变，必成一卦，卦必有卦辞，爻必有爻辞，何以言其告不告也？盖诚意专一而筮，则神之告之，卦辞、爻辞应合所问。如占婚姻，与之《咸》《恒》，曰"纳妇吉"，曰"勿用取女"，曰"归妹征凶，无攸利"；占征伐，曰"利用侵伐"，曰"在师中，吉"，曰"不利行师"，曰"勿用师"；占田猎，曰"田获三狐"，曰"田获三品"，曰"即鹿无虞"，曰"田无禽"。若此者，皆所谓告也。若夫卦辞、爻辞不应所占之事，此则诚意不至，二三之渎，而所谓不告者也。此即文王之所谓不告也。不然，则得卦爻，必有辞以告之，又何以有不告之云？夫诚敬不至，则吾心之神明不存，而神明之神亦爽，得不合之辞，而犹曰"神明之告我也，必有他意"，揣摩臆度，迁就曲推，强取以定吉凶，以至狂妄侥幸、悖乱之念，皆自此生者，古有之矣，是惑之甚也。况世之占者，忽略灭裂，亵渎琐细，不敬尤甚，乃欲以此求神明之指其所之，至于不验，又妄以为卜筮之理不可信，彼岂知夫告不告之道哉？余之有见乎此也，乃取卦、爻辞，以人事分门别例，编为一书，俾世之占者以类求之，必本乎诚敬专一之道，而知占之不妄以告人也，岂不有以解千古之惑而发圣人之蕴乎！羲、文、周、孔在天之灵，不易吾言矣。'愚谓此论真足以发朱子之所未发，而且有以得文王告不告之旨，故详识之。若夫超于言辞之表，而参以卦爻之象，斯亦占法之所不可省云。"按：本书佚。

周易象义

丁易东撰。

丁易东，字汉臣，号石潭，武陵（今湖南常德）人。《大清一统志》卷二八〇云其"宋咸淳进士，官编修。入元，屡征不仕。筑石坛精舍，教授生徒，捐田千亩以赡之。著《周易传疏》。事闻，授以山长，赐额阮阳书院"。《钦定续文献通考》卷一四二云其"仕至朝奉大夫、太府寺簿兼枢密院编修官。入元不仕，教授乡里以终"。

丁易东《自序》云："易有圣人之道四焉，象辞变占而已矣。予少而学《易》，得王辅嗣之注焉，得子程子之《传》焉，得子朱子之《本义》焉。王氏、程子明于辞者也，子朱子明于变与占者也，独于象无所适从焉。逮壮游四方，旁搜传注，殆且百家，其间言理者不可缕数，若以象言，则得李鼎祚所集汉、魏诸儒之说焉，朱子发所集古今诸儒之说焉，冯仪之所集近世诸儒之说焉。间言象者，则有康节邵氏之说焉，观物张氏之说焉，少梅郑氏之说焉，吴兴沈氏之说焉，京口都氏之说焉，长乐林氏之说焉，恕斋赵氏之说焉，平庵项氏之说焉，节斋蔡氏之说焉，山斋易氏之说焉，朴卿吕氏之说焉，古为徐氏之说焉。是数家者，非不可观也，而邵氏、张氏则明《易》之数，本自著书，非专为卦爻设也。沈氏、都氏则明卦之变，赵氏、项氏、易氏、冯氏、徐氏则明卦之情，蔡氏、徐氏祖述《本义》，皆非专为观象设也。林氏之说，则反复八卦，既为朱子所排；郑氏之说，又别成一家，无所本祖。其专以《说卦》言象者，不过李氏鼎祚与朱氏子发耳。朱氏之说，原于李氏者也。李氏之说，原于汉儒者也。李氏所主者康成之学，于虞翻、荀爽所取为多，其源流有自来矣。然汉儒之说，于象虽详，不能不流于阴阳术数之陋。朱氏虽兼明乎义，而于象变纷然杂出，考之凡例，不知其几焉，良以统之无其宗，会之无其源也。予病此久矣，山林无事，即众说而折衷之。大抵易之取象虽多，不过三体，所谓本体、互体、伏体是也。然其为体也，有正有变，故有正中之本体，有正中之互体，有正中之伏体焉；有变中之本体，有变中之互体，有变中之伏体焉（原注："正"非"中正"之"正"，但谓其卦中未变之体耳。案：以上诸体皆本汉儒及唐李氏、近世汉上朱氏，非予之臆说也。但其中卦爻，先儒取象有未尽者，亦以其例推而补之）。其余凡例，固非一途，要所从来，皆由此三体推之耳。盖以正体取象者，不待变而其象本具者也；以变体取象者，必待变而其象始形者也。故自其以正体示人者观之，正而吉而无咎者，变则凶则悔吝也，正而凶而悔吝者，变则吉则无咎也。自其以变体示人者观之，变而吉而无咎者，不变则凶则悔吝也，变而凶而悔吝者，不变则吉则无咎也。兼正变而取象者，可以变可以无变，惟时义所在也。是可但论其正，不论其变乎？夫易，变易也，先儒言理者皆知之矣，至于言象，乃止许以正体言，不许以变体言，凡以变言象，率疑其凿，是以易为不易之易，不知其为变易之易也。既不通之以变易之易，则毋怪以象为可忘之筌蹄也。既以象为可忘之筌蹄，毋怪以象变之说率归于凿也。故善言易者，必错之以三体，而综之以正变，则统之有宗，会之有元，易之象可得而观矣。予于是窃有志焉，是编之述，因象以推义，即义以明象，固错之以三体，综之以正变，而必以正中之本体为先，而其余诸体则标于其后，又以示主宾之分也。至于言数，虽非专主，而间亦及之焉。盖将拾先儒之遗，补先儒之阙云耳。虽因辞明理，不如程子之详，言变与占，不如朱子之约，至尚论其象，自谓颇不失汉儒之旧，于李氏鼎祚、朱氏子发未敢多逊焉。后之言象者，不易吾言矣。于是而玩索焉，上可以遡汉儒之传，亦可以免汉儒之凿，庶几君子居观之一助云，作《周易象义》。柔兆阉茂蕤宾甲午，武陵丁易东序。"按：柔兆阉茂蕤宾，即丙戌（1286）五月。丁易东又《序》云："《易》之为书，自王辅嗣以前，汉儒专以象变明辞，固失之泥；及辅嗣以后，又止以清谈解义，于象变绝无取焉。伊川纯以义理发明，固为百世不刊之书，然于象变则亦引而不发。康节虽言象数，然不专于象象发明。朱子归之卜筮，谓邵传羲经、程演周《易》，得之矣。其于象数也，虽于《易学启蒙》述其大概，而《本义》一书尚多阙疑。仆用功于此有年矣，窃谓泥象变而言易固不可，舍象变而论易亦不可，于是历览先儒之说，依《本义》体，分经与《彖》《象》各为一编，大率以理为之经，象变为之纬，使理与象变并行不悖，庶几不失前圣命辞之本旨，以示初学，使知其大意云。"其《后序》云："易，变易也，六十四卦，一乾之变也；三百八十四爻，一初九之变也。太极动而生阳，《乾》之初九也；动极而静，《乾》之用九也。静而生阴，《坤》之初六也；静极复动，《坤》之用六也。分阴分阳，迭用柔刚，而易之变不可胜穷矣。太极之动，《乾》而已矣；动极而静，乃有《坤》焉。得《乾》之初九者，《复》也，变而为一阳者，六焉。得《乾》之初九与九二者，《临》也，变而为二阳者，十有五焉。得《乾》之初九以至九三者，《泰》也，变而为三阳者，二十焉。得《乾》之初九以至九四者，《大壮》也，变而为四阳者，十有五焉。得《乾》之初九以至九五者，《夬》也，变而为五阳者，六焉。自初九以至上九，则《乾》之全体也。变《乾》之初九则为《姤》，变《乾》之初九与九二则为《遁》，变《乾》之初九以至九三则为《否》，变《乾》之初九以至九四则为《观》，变《乾》之初九以至九五则为《剥》，变《乾》之初九以至上九则为《坤》。而一阴者，五阳之卦也；二阴者，四阳之卦也；三阴者，三阳之卦也；四阴者，二阳之卦也；五阴者，一阳之卦也。六阳俱变，则用九而为《坤》；六阴俱变，则用六而复为《乾》。《乾》而《坤》，《坤》而《乾》。然则《乾》之一卦，非六十四卦之所自来欤？初九一爻，非三百八十四爻之所自来欤？有变而后有象，有象而后有辞，有辞而后有占；不得于变，勿求于象，不得于象，勿求于辞，不得于辞，勿求于占。卦之变如此，则卦之象如此；卦之象如此，则卦之辞如此；卦之辞如此，则卦之占如此也。汉去古未远，诸儒尝以象变言《易》矣，言象变而遗理，不可也。王辅嗣一扫而去之，以其遗理而去之，可也；并象变而去之，则后之学者不知三圣命辞之本心矣。嗟夫！六十四卦皆《乾》一卦之变也，三百八十四爻皆《乾》初九之变也。故有变卦焉，有卦变焉。变卦也者，六十四卦变而四千九十六者是也。卦变也者，十二卦变而六十有四者是也。由《乾》一画而变焉为十二，由十二而变焉为六十四，由六十四而变焉为四千九十六。盖变卦其流，而卦变其源也，变卦其支，而卦变其本也。有卦变，而后有变卦，故予之于《易》，既以变卦而论其爻，必参卦变以原其画，夫然后圣人作《易》之旨无余蕴矣。虽然，探赜于积年之久，成书于期月之间，若神明之有以开其心者，而犹惧夫失之易也。是其是，非其非，盖将有待于万世之公论焉，傥无忝于鼻祖将军之家学云。昭阳协洽候豫卦，武林丁易东后序。"按：昭阳协洽，即癸未（1283）年。

刘辰翁《易象义序》云："《易》者，未定之辞也，其杂物取象，尚可知也。故三百八十四爻者，其例有深有浅，间而出于人事焉，以明物象者，皆人事也，而实则主象也，象无数也。窃意其'元吉''永贞''无咎'者，其最下之占辞耳，未成象也，乃其象之云云，犹有物也。凡占道皆如此也，充类有出于其辞之外者，必可见之象也。谓三百八十四爻为三百八十四事，而三百八十四事为《易》，止此足以尽天下后世之变者，愚儒之论也。又有拟《易》而并拟其名、拟其辞，如重言重意者，尤愚儒之论也。后有知来者，其为物必非前世之所有，则其占、其辞亦未必今世之所有也。故易者，常易也，惟易为无穷易，故无穷也。自伊川谈理，而象之不可通者通；康节衍数，而物之不能言者言。不可通者通，经义也；不能言者言，声韵也。不言理，不言数，而壹出于占筮。占筮是已。然使执《本义》者，坐帘肆日阅人，而不知变，其占必穷。何则？未得其所以易也。吾今日之易，易昨日矣，奈何株而守之？易者，神明之道也，随所感而生焉，有若启之者焉，而象外有其象，辞外有其辞矣。庶几哉！汉上为识其辞之所由生，象之所自出，易故至是始极矣。虽然，以互变飞伏求之，不得于互，必得于变，不得于互变，必得于飞伏，类多方迁就，以求其已成之辞使必通，而不知当日之可取象者尚多也，何以不为彼而为此？又何以变而又变，而各为其道，而或出于飞伏，而复返乎其初？何其舞法亡法而无定操，以至此也，岂作者意也？此则汉上之功，而汉上之过也。武陵丁石潭君为《象义》，核汉上而博诸家，其洁静也不杂，得《易》之体，其互变也不泥，得《易》之通。疏而明，渐而近，其不可为典要也，未尝不出于典常而可以为训，虽先儒复起，其辩不与易矣，而又未尝有意于辩也。自吾见近世成书若此者少，至《大衍索隐》，横竖离合，无不可考，则自得深矣。易肇于气，成于数。象与辞，虽其子，而胎息远矣。君能得之于大衍之先，又能衍之于大衍之后，则声韵律吕将无不合，而经世之所以知来者具是象与辞如响矣。君成书如屋，年如加我，尚旦暮见之。甲午（1294）春二十二日，庐陵刘辰翁序。"李珏《序》云："易之为道，大而天地风雷，细而鳖蟹蠃蚌之属，无不寓八卦之理，亦犹庄子言道在瓦砾稊稗，亦犹子思言鸢飞鱼跃上下察也。圣人有以见天下之赜，而拟诸形容，象其物宜，故谓之象。然不特为鼎、为颐、为飞鸟、为虚舟之类而已，触类而通之，若以巽为绳直，遇坎为矫輮，又是一事；坎为盗，遇离为甲胄干戈，又是一事；坎为心病、为耳痛，遇兑为巫，又是一事也。易无尽用，即此可推庄子曰'天地与我并生，万物与我为一'，自此以往，巧历不能得，而况其凡乎？知此语，则知《易》取象之物类同是一机，本无间隔，惟昧者莫之知也。噫！是《易》也言理，至于程伊川极矣；言象数，至于朱汉上精矣。倪兼山有云：'若二书为一，庶几理与象数兼得之。'诚笃论也。石潭丁君汉臣观象玩辞，探赜索隐，用功于《易》亦既有年，谓伊川既详于论理，则略于论象，自谓'止说得七分'，正以是也，真足以窥见伊川言外之旨。又谓朱汉上之说原于李鼎祚，然鼎祚或失于泥，汉上微伤于巧，不若博采兼收，而要其大归。此《象义》一书所由作也。观其序曰：'错之以三体，综之以正变，则统之有宗，会之有元，就使诸老复生，不易斯言矣。'试举其大略以明之，如坤纳乙，故称帝乙；兑纳丁，故取武丁；巽为白，故曰素履；乾为衣，故曰苞桑；燕为燕安之燕，爵为爵禄之爵，鸣谦以兑口而鸣，熏心以离火而熏；巽为发，加震之竹，则有簪之象；乾为玉，用玉于东方，则有圭之象；巽为绳，则有系与维之象；兑为毁折，则有褫与漏之象。至于豚鱼不宜析为二物，濡首不当泥诸饮酒，丘园实取义于艮山，弓轮盖取义于坎月。事事皆有祖述，而非傅会也；字字皆有据依，而非穿凿也。虽本之鼎祚、汉上，而兼摭虞翻、干宝诸子之所长，故能萃聚而成一家之书。伊川《易传》三分之未说者，至是补其阙而会其全，是可为智者道，难与俗人言也。惜不令兼山见之，予恐泄道之密，漏神之机，分张太和，磔裂元气，不能不为负苓者窃议于松下矣。而何言之敢赘？抑余尚记往年初入馆，汤东涧为少蓬，时有以《易》解进者，下之秘省看详，东涧因谓余曰：'曾茶山有《易释象》五卷，凿凿精实，发汉上所未发。'余深以未见其书为恨，今于石潭《象义》而有得，虽不及见茶山之《易》，亦可无憾矣。于是乎书。至元二十八年（1291）窝月朔，古甲李珏稚圭序。"章鉴《序》云："易之道其神乎，以象数则象数不可穷，以卜筮则占验不可违，以义理则义理之妙愈求而愈邃。《象义》之作，石潭之得于《易》者深矣。或曰：'《易》，穷理尽性以至于命之书也。近代河南氏之《易》，学者宗焉，以其根于理也。今专以象言，得无蹈诸儒一偏之失乎？'噫！天下无理外之物，《河图》未出，此理在太极；六爻既画，此理在《易》象。以象观象，则《易》无非象；以理观象，则象无非理。舍象以求《易》，不可也；舍理以求象，可乎哉？善乎！石潭之言曰：'不得于象，则不得于理，不得于理，则亦不得于象。'是书也，当合河南氏之《易》互观之。至元中秋朔，杭山寓叟章鉴书。"

《文渊阁书目》卷一著录丁易东《周易象义》一部十册。《千顷堂书目》卷一著录丁易东《易传》十一卷，注"一作十四卷"。按：《易传》，当为本书之别称。《四库全书总目》卷三著录丁易东《周易象义》十六卷，云："是编因《易》象以明义，故曰《象义》。其取象之例凡十有二：曰本体，即乾天坤地之类；曰互体，即杂物撰德之旨；曰卦变，《彖》所谓大往小来，《传》所谓柔来文刚、刚上文柔是也；曰正应，《传》所谓刚柔内外之应是也；曰动爻，阳老则变为阴、阴老则变为阳是也；曰变卦，《左传》所载古人占筮之法曰《乾》之《姤》、《乾》之《同人》是也；曰伏卦，乾则伏坤、震则伏巽，《说卦》所谓天地定位、雷风相薄是也；曰互对，即汉儒之旁通卦义与伏通，而有本体、全体之异曰反对，《损》之与《益》五二之词同，《夬》之与《姤》四三之辞同，可以类推者是也；曰比爻，初比二、二比三是也；曰原画，阳皆属乾、阴皆属坤是也；曰纳甲，《蛊》之先甲后甲、《巽》之先庚后庚是也。其于前人旧说，大抵以李鼎祚《周易集解》、朱震《汉上易传》为宗，而又谓李失之泥，朱伤于巧，故不主一家。如卦变之说则取邵子、朱子，变卦之说则取沈该、都絜，筮占之说则取朱子、蔡渊、冯椅，远绍旁搜，要归于变动不居之旨，亦言象者所当考也。诸家著录多作十卷，惟朱睦㮮《授经图》作《易传》十二卷，焦竑《经籍志》作《易传》十四卷。考易东所著，别无《易传》之名，盖即此编。朱氏并其《论例》一卷数之为十一卷，焦氏又并其《大衍索隐》三卷数之，遂为十四卷耳。朱彝尊《经义考》作十卷，注曰存。然世所传本残缺特甚，仅存十之二三，惟散见《永乐大典》中者，排比其文，仅缺《豫》《随》《无妄》《大壮》《暌》《蹇》《中孚》七卦及《晋卦》之后四爻，余皆完具，与残本互相参补，遂还旧观。以篇页颇繁，谨析为一十六卷，以便循览。原本附有《大衍策数》诸图，多已见《大衍索隐》中，今不复录。其《论例》一卷，自述撰著之旨颇备，今仍录以弁首焉。"按：有《四库全书》本等。

又，《四库全书总目》卷七著录丁易东《周易上下经解》残本四卷，云："此即《易象义》残本，传钞者改其名也。《十翼》惟存《彖传》《象传》，其余皆佚；上经自《乾卦》至《泰卦》仅有一页，尤为残缺；惟下经《晋》《大壮》《暌》《蹇》《中孚》五卦为《永乐大典》所佚者，此本独完，今已采掇补录，而别存其目于此，俾世知与《易象义》非两书焉。"

大衍索隐

丁易东撰。

《文渊阁书目》卷一著录丁易东《大衍索隐》一部五册。《千顷堂书目》卷一著录丁易东《大衍索隐》三卷。《四库全书总目》卷一〇八著录丁易东《大衍索隐》三卷，云："是书专明大衍之数，胪采先儒绪论，而以己意断之。王宏撰《山志》曰：'丁氏萃五十七家之说为《稽衍》，又自为《原衍》《翼衍》。'据易东《自序》云：'既成《原衍》《翼衍》二书，复为《稽衍》。'则王氏未见原本也。其书篇第，盖自'大衍之数五十，其用四十九'以下三十六图为《原衍》，自'图五十五数衍成五十位'以下二十九图为《翼衍》，自《乾凿度》以下列诸家之说而系以论断者为《稽衍》，凡三卷，卷各有序。《永乐大典》既脱去目录及《原衍》之序，又讹'翼衍'为'翼行'，而错《稽衍》篇题于《翼衍》内，前后至为棼杂。朱彝尊《经义考》则误以《原衍序》为全书《自序》，而世所传别本又全佚去《稽衍》一篇。盖流传既稀，益滋讹谬，幸别本所载原目尚有全文，谨据《永乐大典》补足《稽衍》一卷，其次序之凌乱者，则据原目厘正，仍为完帙焉。"按：有《四库全书》本等。

丁易东《原衍序》："天地之数五十有五，而大衍五十。先儒于此每失之凿，独朱子以五乘十之说近之。至于四十有九，率不过归之虚一而已，未有得夫五十数与四十九之全者，予窃病焉。比游浙右，有谓邵子先天、两仪、四象、八卦合四十九所虚之一，是为太极。其说虽异先儒，要无牵合傅会之病。予始以为大衍之说，不过此耳。徐而思之，则于《易》中天地五十五数尚有未合，固已疑之。未几，复得河南杨氏《大衍本原》，谓四十九与五十皆天地之数，各再自乘，而以中数自乘除之者，始知四十九真为四十九，五十真为五十，非强合之也。嘻！杨氏之说似矣。然其为数，必再自乘，又以中数除而后得，虽无牵强，颇非简易，未必圣人作《易》初意。尝以管见求之，亦既得其说之一二矣，而犹以为未也。思之思之，而又思之，一旦豁然，若有遭于神明之通者，然后知五十、四十九皆天地之数，合而衍之，其偶其奇，自然而成，至简至易。而四象之奇之策，三百八十四爻，以至万有一千五百二十之数，胥此焉出也。呜呼！何其数之神如此，妙如此，契合如此，而古人曾未及之耶？抑尝有知之者，而其说不传耶？是未可知也。或曰：'若子之说，则圣人作《易》之初意果在是，而他说可废耶？'曰：'易道无穷，识见有限。圣人作《易》，取此四十九、五十之数，以神蓍卦之用，而天地人物之理无所能逃，岂予之浅见遽可以尽圣人之本心乎？且予方其得以五衍之之说也，固未知以数乘除之说也，方其得以数乘除之说也，又未知有合而衍之之说也，安知后之学者，其说有不出于予之上者乎？若但以先儒之说病予，则咎虽有所不辞，理亦当仁不逊云。'名《原衍》。"又《翼衍序》云："大衍数用，余尝深思而得其说者凡三：以天一至地十合而衍之，此一说也；以《河图》《洛书》五而衍之，又一说也；以《河图》《洛书》乘数再自乘而除之，又一说也。以三者校之，则前图最为简易明白，一见可晓意，圣人作《易》之初，或取诸此。后二说非不可取，然以五衍之图，《河图》止得五十，《洛书》止得四十九，离而为二，以数自乘之图，虽可以得圣人用四十九而不用五十之意，而其说艰深，非精于数者不能遽晓焉。盖天地之数，无所不通，无往不合，特以精蕴分之，则前图乃《易》之精，而后之二说止《易》之蕴焉耳。余既列前图为《原衍》，而二说亦先儒所未及，故不忍弃置，复为此编，且以先天、八卦、洪范、九畴之合大衍者列之，而《洛书》之变终焉。名《翼衍》。"又《稽衍序》云："大衍之数五十，其用四十有九，先儒说者各自名家，未见有一定之论。如王弼，如孔颖达，类皆言理而不言数。自《乾凿度》而下，余得而考之者凡五十七家，其言数也非不可通，率多牵合傅会。余既成《原衍》《翼衍》二书，惧学者迷旧说而昧其指归也，复叙次诸家之异，折衷而为是编，名《稽衍》。"

古村易说

鲁叔宁撰。

鲁叔宁，名未详，自号古村，浏阳（今属湖南）人。元初至元年末尝赴廷召，以老疾辞归。

元张之翰《西岩集》卷十三《鲁叔宁古村易说序》略云："国家数路取人，阴阳卜筮无不与，至则馆集贤而廪给之。比年，虽云合雨集求其术，可以依稀仿佛者盖少，或依稀矣，仿佛矣，而不挟之钓功名干利禄者又加少。惟有道君子厌奔竞、事恬退则异于是。浏阳鲁叔宁专学《易》，尤精于数，赴召阙庭，有问辄验，尝赐车以便出入，诏以复徭役及欲与之官，每谢不敢。至元壬辰（1292），以老疾辞，上意殊眷眷，继陈所以去之实，乃许。将登舟，请余作《古村易说序》。"按：本书佚。

易通旨

何逢原撰。

何逢原，字文澜，分水（今浙江桐庐分水镇）人。《雍正浙江通志》卷一七七云其"咸淳中累官中书舍人，陈时政十事，言甚剀切。已而引疾去。至元中，荐授福建儒学提举，辞不赴，卒于家。逢原端究经史，旁通阴阳、星历、医药之书，著有《易》《诗》《书通旨》《四书解说》《玉华集》若干卷，藏于家"。按：本书佚。

易　说

谢枋得撰。

谢枋得（1226~1289），字君直，号叠山，信州弋阳（今属江西）人。宝祐四年（1256）举进士乙科。明年复中兼经科，除建宁府教授。德祐元年（1275）以江东提刑江西招谕使知信州。宋亡，遁居建宁。元初至元二十六年征召入京，不食而死，年六十四。事迹详见《叠山集》卷五李源道《文节先生谢公神道碑》。《宋史》卷四二五有传。

《叠山集》卷五载《叠山先生行实》云"枋得平生无书不读，为文章高迈奇绝，汪洋演迤，自成一家，学者师尊之。所著有《诗传注疏》《易说》《十三卦取象》、批点《陆宣公奏议》，并《文章轨范》行于世"。李源道《文节先生谢公神道碑》云其"平日所著《易》《书》《诗》三传行于世，杂著诗文六十四卷，翰林学士卢公挚为之序引，深所推激"。明李奎《褒崇忠节奏疏》云谢枋得所著有《易》《书》《诗》三传及《四书解》、杂著诗文六十四卷。按：《经义考》卷三八云"未见"。

易三图

谢枋得撰。

元袁桷《清容居士集》卷二一《易三图序》云："上饶谢先生遁于建安，番阳吴生蟾往受《易》焉，后出其图曰：'建安之学为彭翁，彭翁之传为武夷君，而莫知所授。'或曰：'托以隐秘，故谓之武夷君焉。'复曰：'吾《易》，神也。《易》何为而神？神者，《易》之始也。《易》不可以强名也，不名则亡《易》，愿叙其旨。'袁桷曰：夫亡《易》者，非圣人之本旨也。神以《易》，圣人之《易》得矣。然则曷为神？无端而莫可见也。惟无端焉，故无体焉；存而明之，而数以生焉；数生矣，而始有变；变立矣，而会以理。理者，其一也，理不能以尽《易》。因数以立者，理也；用变以逆者，非理也。故曰：'阴阳不测之谓神。'始晁以道纪传《易》统绪，截立疆理，俾后无以伪。至荆州袁溉道絜始受于薛翁，而《易》复传，袁乃以授永嘉薛季宣士龙。始薛授袁时，尝言洛遗学多在蜀汉间，故士大夫闻是说者争阴购之。后有二张：曰行成，精象数；曰缜，通于《玄》。最后朱文公属其友蔡季通如荆州，复入峡，始得其三图焉。或言《洛书》之传，文公不得而见，今蔡氏所传书讫不著图，藏其孙抗，秘不复出。临邛魏了翁氏尝疑之，欲经纬而卒不可得。季通家武夷，今彭翁所图疑出蔡氏，惜彭不具本始，谢先生名字今不著，其终也世能道之。"

元赵汸《东山存稿》卷六《邵庵先生虞公行状》云其"尝得江东谢仲直氏传授之说，以先天八卦圆图为《河图》，九数而九位为《洛书》，而十数而五位者为五位相得之图，心雅善之"。虞集《道园学古录》卷二〇有《谢先生诔》。清胡渭《易图明辨》卷三辨曰："谢枋得字君直，信州弋阳人。宋末，以江西招谕使知信州事。国亡，变姓名，遁入建阳。其后人稍识之。被征，不就，福建行省参政魏天祐送至大都，遂不食而死。事具《宋史》本传。仲直即君直也。清容以谢拒元命，为时所忌，故隐其名，复更其字。"按：《经义考》卷四五云谢仲直著《易三图》十卷，佚。

作者单位：华东师范大学

《永乐大典》易学典籍书目*

张美玲

摘要：明代永乐年间编纂的《永乐大典》作为一部集中国古代典籍于大成的类书，是研究明代以前学术文化的重要资料，其中包括大量明代以前的易学著作，一些今已亡佚的典籍被整部、整篇、整段地保存，具有极高的学术意义和文献价值。然而，《永乐大典》自明清以来屡遭劫难，经受历次战火和人为盗毁，存本散佚流传于世界各地。现存《永乐大典》中，仍保留大量今已佚失且尚无前人辑录的重要易学典籍，有助于丰富易学史的研究。通过对现存《永乐大典》易学典籍数量和存佚情况进行整理，能够有助于今后易学典籍研究相关的辑佚和整理工作的展开。

关键词：《永乐大典》 易学典籍 书目

《永乐大典》所载易学典籍数量众多，由于在流传过程中散佚严重，现存书目情况较为复杂，对易学典籍存佚进行较为系统整理的成果较为鲜见。经统计，现存《永乐大典》易学典籍书目共 175 种，涉及作者 144 人，另有 3 部文献作者不详。就目前来看，这些典籍包括现已亡佚

---

* 本文系国家社科基金冷门绝学研究专项学术团队项目"《永乐大典》易学典籍辑校与研究"（项目批准号：21VJXT010）之阶段性成果。

的书目共 75 种，《四库全书》"永乐大典本"共 26 种，尚有多种版本传世的典籍 74 种。需要说明的是，本文仅标注现存《永乐大典》易学佚籍和《四库全书》"永乐大典本"的情况，尚有多种版本传世的典籍暂不一一注明流传情况和现存版本。现将统计结果呈现如下，包括时代、作者、书名、存佚情况的信息：

先秦，《周易经传》

先秦，（旧题）卜子夏，《卜子夏［易］传》

西汉，京房，《京房易》

东汉，郑玄，《乾凿度》，四库永乐大典本

《乾坤凿度》，四库永乐大典本

《易纬稽览图》，四库永乐大典本

《易纬辨终备》，四库永乐大典本

《易纬通卦验》，四库永乐大典本

《易纬乾元序制记》，四库永乐大典本

《易纬是类谋》，四库永乐大典本

《易纬坤灵图》，四库永乐大典本

三国魏，王弼，《王弼辨》

《王弼［易］注》

晋，韩康伯，《韩康伯［易］注》

东晋，郭璞，《郭璞洞林引》

隋，王通，《文中子·问易》

唐，孔颖达，《孔颖达［易］正义》

唐，陆德明，《陆德明［易］音义》

唐，释一行，《易纂》，亡佚

唐，李鼎祚，《李鼎祚易集解》

唐，史征，《史征［易］口诀义》，四库永乐大典本

宋，徐复，《徐复［易］经义》

宋，欧阳修，《欧阳文忠公童子问》

宋，陈次公，《陈次公［易］经义》，亡佚

宋，周敦颐，《周子太极图说》

宋，张载，《张子正蒙》

宋，司马光，《司马温公说》，四库永乐大典本

宋，张载，《张子正蒙》

宋，张载，《张横渠［易］说》

宋，程颐，《程子［易］传》

宋，苏轼，《苏氏［易］传》

宋，杨时，《杨龟山［易］经说》

宋，程缤，《程缤［易］经义》，亡佚

宋，邵伯温，《易学辨惑》，四库永乐大典本

宋，王楚，《宣和博古图·周易六十四卦》，亡佚

宋，陈瓘，《陈了斋［易］说》

宋，朱震，《朱汉上［易］传》

宋，黄友龙，《黄友龙［易］经义》，亡佚

宋，李光，《李光读易详说》，四库永乐大典本

宋，郑刚中，《郑刚中［易］窥余》，四库永乐大典本

宋，张浚，《张紫岩读易杂记》

　　　　　　《张紫岩［易］传》

宋，李衡，《李衡义海撮要》

宋，郭雍，《郭雍［易］传》

　　　　　　《郭雍［易］解》

宋，郑樵，《郑樵厚二先生编》

宋，都絜，《都絜易变体义》，四库永乐大典本

宋，郑汝谐，《郑汝谐［易］翼传》

宋，程大昌，《易原》，四库永乐大典本

宋，杨万里，《杨万里［易］传》

宋，李杞，《李谦斋［易］详说》

    《李谦斋［易］详解》，四库永乐大典本

宋，朱熹，《朱子［易］本义》

宋，张栻，《张南轩［易］说》

宋，吕祖谦，《吕祖谦［易］集传》

    《吕祖谦［易］精义》

    《吕祖谦读易纪闻》

宋，王莘叟，《王莘叟［易］音讯》

宋，吕乔年，《吕乔年丽泽论说》

宋，吴仁杰，《古周易》

宋，唐仲友，《帝王经世图谱》

宋，林栗，《林栗［易］集解》

宋，冯椅，《冯椅［易］辑注》，四库永乐大典本

    《冯椅［易］辑传》

宋，袁说友，《袁说友［易］讲义》，亡佚

宋，张有成，《张有成［易］经义》，亡佚

宋，杨简，《杨慈湖［易］传》

宋，赵善誉，《赵善誉易说》，四库永乐大典本

宋，赵彦肃，《赵复斋［易］说》

宋，项安世，《项安世［易］玩辞》

宋，易祓，《易祓［易］总义》

宋，徐相，《徐相［易］直说》，亡佚

宋，蔡渊，《蔡节斋卦爻辞指》

    《蔡节斋［易］训解》

    《易象意言》，四库永乐大典本

宋，魏了翁，《魏了翁［易］集义》

《［易］要义》

宋，赵以夫，《赵以夫易通》

宋，何基，《何基［易］发挥》

宋，欧阳守道，《巽斋讲义》

《巽斋私塾讲义》

宋，姚镛，《姚镛［易］经义》，亡佚

宋，沈应丑，《沈应丑［易］经义》，亡佚

宋，左梦高，《左梦高［易］经义》，亡佚

宋，徐总干，《徐总干［易］传灯》，四库永乐大典本

宋，黄必大，《黄必大［易］经义》，亡佚

宋，赵孟旺，《赵孟旺［易］讲义》，亡佚

宋，赵与演，《赵与演［易］经义》，亡佚

宋，赵与澄，《赵与澄［易］经义》，亡佚

宋，赵与迥，《赵与迥易遗说》，亡佚

宋，赵汝楳，《赵汝楳［易］辑闻》

宋，赵必翰，《赵必翰［易］经义》，亡佚

宋，陈松龙，《陈松龙［易］经义》，亡佚

宋，董楷，《董楷［易］集说》

宋，柳正孙，《柳正孙［易］经义》，亡佚

宋，丁易东，《丁易东［易］象义》，四库永乐大典本

宋，田畴，《田畴学易蹊径》，亡佚

宋元之际，陈普，《陈普［易］解》

宋元之际，胡一桂，《胡一桂翼传》（《易学启蒙翼传》）

《胡一桂［易］附录》

《胡一桂［易］纂注》

宋元之际，吴澄，《吴澄纂言》

《吴澄纂言外翼》，四库永乐大典本

宋元之际，俞琰，《读易举要》，四库永乐大典本

《易图纂要》

《俞琰［易］集说》

宋元之际，陈深，《陈深读易编》，亡佚

宋元之际，张应珍，《张应珍［易］解》，亡佚

宋元之际，张清子，《张清子［易］集注》

《张清子［易］总论》

《张清子附录》

元，李简，《李简学易记》

元，许衡，《许鲁斋读易私言》

《许鲁斋先生心法》

元，保八，《保八［易］原旨》

元，胡震，《胡震［易］衍义》

元，胡炳文，《胡炳文通》

元，齐履谦，《齐履谦［易］本说》，亡佚

元，邓锜，《邓锜大易图》，亡佚

《邓锜［易］图说》，亡佚

元，陈应润，《陈应润爻变易蕴》

元，朱祖义，《朱祖义句解》，亡佚

元，曾贯，《曾贯易学变通》，四库永乐大典本

元，解蒙，《解蒙［易］精蕴大义》，四库永乐大典本

元，解观，《解观［易］经义》，亡佚

元，鲍恂，《鲍恂［易］会要》，亡佚

元，涂溍生，《涂溍生易疑拟题》，亡佚

元，傅贵全，《傅贵全［易］经义》，亡佚

元，梁寅，《梁寅［易］参议》

元，董真卿，《董真卿［易］会通》

元，陈讷，《陈讷易象本义》，亡佚

不详，李恕，《李恕易训》

不详，陈至复，《陈至复［易］辨疑》，亡佚

不详，陈侊，《陈侊［易］经义》，亡佚

不详，冯勉，《冯勉经义》，亡佚

不详，贡清之，《贡清之［易］撮要》，亡佚

不详，姑汾遁叟，《姑汾遁叟证类指龟》，亡佚

不详，郭昺，《郭昺［易］解》，亡佚

《郭昺［易］本义》，亡佚

不详，何庆璋，《何庆璋［易］经义》，亡佚

不详，苏起翁，《苏起翁读易记》，亡佚

不详，汤望之，《汤望之［易］经义》，亡佚

不详，王元，《王元经义》，亡佚

不详，徐友龙，《徐友龙［易］经义》，亡佚

不详，周应虎，《周应虎［易］经义》，亡佚

不详，周元，《周元［易］经义》，亡佚

不详，周震龙，《周震龙［易］经义》，亡佚

不详，曾橦，《曾橦易粹言》，亡佚

不详，钟大得，《钟大得［易］经义》，亡佚

不详，郑元序，《郑元序［易］经义》，亡佚

不详，郑天岩，《郑天岩［易］经义》，亡佚

不详，郑氏，《郑氏贲天之图》，亡佚

不详，祝毅，《祝毅［易］经义》，亡佚

不详，杨瀛，《杨瀛四尚易通》，亡佚

不详，赵珪，《赵珪［易］解》，亡佚

不详，曹钰，《曹钰［易］经义》，亡佚

不详，不详，《[易] 经义》，亡佚

不详，不详，《易象龟鉴》，亡佚

不详，吴说之，《吴说之疑问》，亡佚

不详，吕好义，《吕好义 [易] 精义》，亡佚

不详，不详，《诸家断易奇书》，亡佚

不详，曹珏，《曹珏 [易] 经义》，亡佚

不详，陈拙，《[易] 经义》，亡佚

不详，董文虎，《董文虎 [易] 经义》，亡佚

不详，龚锜，《龚锜 [易] 经义》，亡佚

不详，何万选，《何万选 [易] 经义》，亡佚

不详，金璋，《金璋 [易] 经义》，亡佚

不详，莫梓，《莫梓 [易] 经义》，亡佚

不详，吴适，《吴适 [易] 经义》，亡佚

不详，叶开先，《叶开先 [易] 经义》，亡佚

不详，叶应午，《叶应午 [易] 经义》，亡佚

不详，叶有庆，《叶有庆 [易] 经义》，亡佚

不详，袁庄臣，《袁庄臣 [易] 经义》，亡佚

不详，张希辅，《张希辅 [易] 经义》，亡佚

不详，周源，《周源 [易] 经义》，亡佚

作者单位：北京师范大学历史学院

《四库》大典本宋元易类文献疏证

——兼论《永乐大典索引》的相关错谬*

张玲莉

摘要：《四库》大典本宋元易类文献计 16 部，版本、文献价值突出，是研究《四库全书》《永乐大典》和宋元易学的重要资料。其中 12 部尚有部分文本见于《永乐大典》残卷，通过位置梳理，与文渊阁《四库全书》文本比对，可纠正和补充《永乐大典索引》相关错漏十余条，归纳出部分易类文献在《永乐大典》中的编排规律，丰富对《永乐大典》编纂史的认识。在肯定《四库》大典本保存文献和优化体例等成绩时，不能忽视其漏辑、删改现象，利用《四库》大典本研究时要参校《永乐大典》残卷或其他文本。

关键词：《四库》大典本　易类文献　宋元

清修《四库全书》（以下简称《四库》）始于从《永乐大典》（以下简称《大典》）中辑佚遗书，这些辑本被称作"永乐大典本"（以下简称大典本），其文献、版本价值突出，尤其是部分大典本成为某些文献现存唯一可据本子。《四库》大典本易类文献共计 25 部，其中 16 部属宋

＊　本文系国家社科基金冷门绝学研究专项学术团队项目"《永乐大典》易学典籍辑校与研究"（项目批准号：21VJXT010）之阶段性成果。

元时期，是研究宋元易学的重要资料。那么，这些文献现存《大典》残卷情况如何，其对文渊阁《四库》本有何参校价值？梳理清楚这些疑问，能够为学界研究提供更加可靠的文本参考建议。

栾贵明先生曾据中华书局1960年影印线装本《大典》（22函222册）编写出《永乐大典索引》（以下简称《索引》）①，按照作者、书名、子目篇名／首句、《大典》位置（含册、卷、页、栏），清晰明了，为查用《大典》提供了诸多便利。

本文将以《索引》为线索，将涉及的大典本宋元易类文献条目辑出，一则校正《索引》的错漏，一则在《索引》基础上补充每条目对应的《大典》韵部、文渊阁《四库》本卷次。

整理和辩证结果以表格加按语的形式呈现：其一，每部文献情况以单独表格呈现，包含"子目篇名／首句""《大典》册／卷／页""《大典》韵部""文渊阁《四库》卷次"等四项，前两项为《索引》原有，后两项为笔者增补。其二，初步比对《大典》残卷与文渊阁《四库》文本，如发现《索引》和文渊阁《四库》存在错漏或其他特殊情形，则在相应"子目篇名／首句"前加带圈数字，于表格后以按语分条校正或说明。

一、司马光《温公易说》

子目篇名／首句	《大典》册／卷／页	《大典》韵部	文渊阁《四库》卷次
① ［系辞·是故易……］	207/1188/1A	二支	卷六《系辞下》
② ［系辞·爻也……］	207/1188/5B	二支	卷六《系辞下》
③ ［系辞·是故吉……］	207/1188/6B	二支	卷六《系辞下》

---

① 栾贵明主编：《永乐大典索引》，作家出版社，1997年版。本文涉及的页码有：第133～134、249～250、396～397、472～473、515、594～595、612～613、816～817、846、891、1109～1110、1136～1137页。

子目篇名/首句	《大典》册/卷/页	《大典》韵部	文渊阁《四库》卷次
④[系辞]阳卦……	207/1188/18B	二支	卷六《系辞下》
⑤[系辞·其德……]	207/1188/20A	二支	卷六《系辞下》
[系辞·易曰……]	207/1188/26A	二支	卷六《系辞下》
[系辞·子曰危者……]	14/1191/2A	二支	卷六《系辞下》
[系辞·子曰德薄……]	14/1191/5A	二支	卷六《系辞下》
[系辞]天地絪缊……	14/1192/12A	二支	卷六《系辞下》
[系辞]子曰君子……	14/1192/21B	二支	卷六《系辞下》
[系辞·易兴……]	14/1200/16B	二支	卷六《系辞下》
[同人·同人于野……]	43/3008/2B	九真	卷二《同人》
[同人·初九]	43/3009/8B	九真	卷二《同人·初九》
[同人·六二]	43/3010/1B	九真	卷二《同人·六二》
[同人·九四]	43/3010/19B	九真	卷二《同人·九四》
[坤·初六]	48/3507/5B	九真	卷一《坤·初六》
⑥坤·六二	48/3507/17A	九真	卷一《坤·六二》
⑦[坤·六二]	48/3508/5B	九真	卷一《坤·六三》
[坤·六四]	48/3508/16A	九真	卷一《坤·六四》
泰·九三	162/14999/14A	七泰	卷二《泰·九三》

按：第①②处，《大典》微有漫漶。第③④⑤处，《大典》几近全漫漶，可依《四库》中的文本对《大典》漫漶处进行还原。第⑥处，文渊阁《四库》缺漏一大段，应据《大典》进行补正。第⑦处，《索引》有误，"坤·六二"应改为"坤·六三"。

《温公易说》对每爻的解读是连同爻辞和《小象传》一起，《大典》编排该书时，一般将对应内容系于爻辞后，非《小象传》后。

二、李光《读易详说》

[同人·同人于野亨……]	43/3008/3B	九真	卷三《同人》
[同人·唯君子……]	43/3008/36B	九真	卷三《同人·象》
[同人·象曰天与……]	43/3009/2A	九真	卷三《同人·象》
[同人·象曰出门……]	43/3009/11A	九真	卷三《同人·初九》
[同人·象曰同人……]	43/3010/4B	九真	卷三《同人·六二》
[同人·象曰伏戎……]	43/3010/12B	九真	卷三《同人·九三》
[同人·象曰乘其墉……]	43/3010/23A	九真	卷三《同人·九四》
[坤·象曰履霜……]	48/3507/6A	九真	卷一《坤·初六》
[坤·象曰六二……]	48/3507/23A	九真	卷一《坤·六二》
[坤·或从王事知……]	48/3508/6B	九真	卷一《坤·六三》
① [坤·六四]	48/3508/16A	九真	卷一《坤·六四》
② [坤·象曰括囊……]	48/3508/19A	九真	卷一《坤·六四》
[贲·贲亨……]	141/13872/3B	三未	卷四《贲》
[贲·观乎人文……]	141/13872/15A	三未	卷四《贲·象》
[贲·贲……]	141/13873/2B	三未	卷四《贲·象》
[贲·象曰舍车……]	141/13873/14A	三未	卷四《贲·初九》
[贲·象曰贲其……]	142/13874/3B	三未	卷四《贲·六二》
[贲·象曰永贞……]	142/13874/10B	三未	卷四《贲·九三》
[贲·象曰六四……]	142/13874/21B	三未	卷四《贲·六四》
[贲·象曰六五……]	142/13875/8B	三未	卷四《贲·六五》
[贲·象曰白贲……]	142/13875/18B	三未	卷四《贲·上九》
[泰·初九]	162/14998/7B	七泰	卷三《泰·初九》
[泰·九二]	162/14999/2B	七泰	卷三《泰·九二》
[泰·九三]	162/14999/19B	七泰	卷三《泰·九三》
[兑·兑亨利贞]	163/15140/14A	八队	卷十《兑》
[兑·象曰兑亨……]	163/15141/3B	八队	卷十《兑·象》

[兑·象曰丽泽兑……]	163/15141/17A	八队	卷十《兑·象》
[兑] 初九	164/15142/2B	八队	卷十《兑·初九》
[兑] 九二	164/15142/8B	八队	卷十《兑·九二》
[兑·象曰来兑……]	164/15142/14A	八队	卷十《兑·六三》
[兑·象曰九四……]	164/15142/21B	八队	卷十《兑·九四》
③ [兑·象曰浮于……]	164/15142/30A	八队	卷十《兑·九五》
[兑·象曰上六……]	164/15142/38B	八队	卷十《兑·上六》

按：《读易详说》依次对六十四卦卦爻辞加以论说，其对每爻的阐述是连同爻辞和《小象传》一起。《大典》编排该书时，一般将对每爻的解释系在象传之后。但第①②处，显示《大典》把《读易详说》对《坤·六四》爻辞、《小象传》的解说加以分开，这种情况应该是《大典》体例不协的体现。四库馆臣编校时将两条合在一起，符合《读易详说》的体例，值得肯定。

第③处，《索引》之"浮"为"孚"之讹，应改。

三、郑刚中《周易窥余》

[同人·唯君子……]	43/3008/38A	九真	卷四《同人》
[同人·象曰天与……]	43/3009/2B	九真	卷四《同人·象》
① [同人·象曰同人……]	43/3010/4B	九真	卷四《同人》初九、六二
[同人·象曰伏戎……]	43/3010/13B	九真	卷四《同人·九三》
[同人·象曰乘其……]	43/3010/23B	九真	卷四《同人·九四》
[贲·观乎人文……]	141/13872/17A	三未	卷六《贲》
[贲·贲……]	141/13873/3A	三未	卷六《贲·象》
[贲·象曰舍车……]	141/13873/14B	三未	卷六《贲·初九》
② [贲·象曰永贞……]	142/13874/11A	三未	卷六《贲》六二、九三

[贲·象曰六四……]	142/13874/22A	三未	卷六《贲·六四》
[贲·象曰六五……]	142/13875/9B	三未	卷六《贲·六五》
[贲·象曰白贲……]	142/13875/19B	三未	卷六《贲·上九》
[泰·初九象曰……]	162/14998/8A	七泰	卷三《泰·初九》
[泰·九二象曰……]	162/14999/3B	七泰	卷三《泰·九二》
[泰·九三象曰……]	162/14999/20B	七泰	卷三《泰·九三》
[兑·彖曰兑……]	163/15141/4A	八队	卷十四《兑》
[兑·象曰丽泽兑……]	163/15141/17A	八队	卷十四《兑·象》
[兑·初九]	164/15142/3A	八队	卷十四《兑·初九》
[兑·九二]	164/15142/9A	八队	卷十四《兑·九二》
[兑·象曰来兑……]	164/15142/14B	八队	卷十四《兑·六三》
[兑·象曰九四……]	164/15142/22B	八队	卷十四《兑·九四》
[兑·象曰孚于……]	164/15142/30B	八队	卷十四《兑·九五》
[兑·象曰上六……]	164/15142/39A	八队	卷十四《兑·上六》

按：《周易窥余》总体上是依卦爻顺序解读，但也有两爻合并解读的情形，第①②条即是如此，《大典》和文渊阁《四库》都能明确看出是对两爻的注解。

《周易窥余》常引前人著述，《大典》或出于节省篇幅，编排所引前人著述往往以省略形式交代见前某某之作，不直录原文。《四库》编修时，将《大典》省略内容补充进来。

四、都絜《易变体义》

[同人·初九]	43/3009/8B	九真	卷三《同人·初九》
[同人·六二]	43/3010/1B	九真	卷三《同人·六二》
[同人·九三]	43/3010/9B	九真	卷三《同人·九三》
[同人·九四]	43/3010/19B	九真	卷三《同人·九四》

续表

[坤·初六]	48/3507/2B	九真	卷一《坤·初六》
[坤]六三	48/3508/2A	九真	卷一《坤·六三》
[坤·六四]	48/3508/16B	九真	卷一《坤·六四》
[贲]初九	141/13873/11B	三未	卷五《贲·初九》
[贲]六二	142/13874/1A	三未	卷五《贲·六二》
[贲·九三]	142/13874/9A	三未	卷五《贲·九三》
[贲·六四]	142/13874/18A	三未	卷五《贲·六四》
[贲·六五]	142/13875/3A	三未	卷五《贲·六五》
[贲·上九]	142/13875/15A	三未	卷五《贲·上九》
[泰·初九]	162/14998/1B	七泰	卷三《泰·初九》
[泰]九二	162/14998/16A	七泰	卷三《泰·九二》
[泰·九三]	162/14999/14A	七泰	卷三《泰·九三》
[兑·九二]	164/15142/6B	八队	卷十一《兑·九二》
[兑·六三]	164/15142/12B	八队	卷十一《兑·六三》
[兑·九四]	164/15142/18B	八队	卷十一《兑·九四》
[兑·九五]	164/15142/27B	八队	卷十一《兑·九五》
[兑·上六]	164/15142/36B	八队	卷十一《兑·上六》

五、赵善誉《易说》

[贲·象曰白贲……]	142/13875/26A	三未	卷二《贲卦说》
[兑]巽兑皆阴卦	164/15143/5A	八队	卷四《兑卦说》
易之作也……	186/20649/1A	二质	卷首《易统论》

　　按：《易说》解六十四卦，每卦为论一篇，根据其现存《大典》的《贲卦说》《兑卦说》内容来看，《大典》割裂编排该书时，是将每卦内容系于对应卦第六爻象传之后。

六、徐总干《易传灯》

[系辞·其德……]	207/1188/20B	二支	卷四《奇耦君民》
[系辞·易之……]	14/1200/16B	二支	卷四《百物》
兑上八卦	164/15143/4A	八队	卷二《兑上八卦》
兑下八卦	164/15143/4B	八队	卷二《兑下八卦》

七、冯椅《厚斋易学》

① [系辞·是故易……]	207/1188/1B	二支	卷四十五《说卦中一》
② △ [系辞] 彖者材也……	207/1188/4B	二支	同上
△ [系辞] 爻也……	207/1188/6B	二支	同上
③ [系辞] 是故吉……	207/1188/12A	二支	同上
④ [系辞·阳卦……]	207/1188/18A	二支	同上
[系辞] 其故何……	207/1188/19A	二支	同上
[系辞] 其德……	207/1188/22A	二支	同上
⑤ [系辞·易曰……]	207/1188/27A	二支	同上
[系辞·子曰危者……]	14/1191/2B	二支	同上
[系辞] 天地……	14/1192/14A	二支	同上
○ [系辞·子曰君子……]	14/1192/27A	二支	同上
○ [系辞·易之……]	14/1200/19B	二支	卷四十六《说卦中二》
⑥ [系辞] 说卦曰……	14/1200/20A	二支	暂不明
[同人]	43/3008/1A	九真	卷二《同人》卦画
[同人] 同人于野亨……	43/3008/5A	九真	卷二《同人》
△ [同人] 彖曰同人……	43/3008/11B	九真	卷三十四《彖上赞·同人》
△ [同人] 同人曰……	43/3008/13A	九真	同上
△ [同人·唯君子……]	43/3008/40B	九真	同上

△［同人］天与火同人……	43/3009/3A	九真	卷三十八《象上赞·同人》
△［同人］君子以类族……	43/3009/3A	九真	同上
［同人·初九］	43/3009/9A	九真	卷二《同人·初九》
［同人·象曰出门同人］	43/3009/12A	九真	卷三十八《象上赞·同人·初九》
［同人·六二］	43/3010/1B	九真	卷二《同人·六二》
⑦［同人·象曰同人……］	43/3010/5B	九真	文渊阁本缺
［同人·九三］	43/3010/9B	九真	卷二《同人·九三》
［同人·象曰伏戎……］	43/3010/14B	九真	卷三十八《象上赞·同人·九三》
［同人·九四］	43/3010/19B	九真	卷二《同人·九四》
［同人·象曰乘其墉……］	43/3010/25A	九真	卷三十八《象上赞·同人·九四》
［坤·初六］	48/3507/3A	九真	卷一《坤·初六》
［坤·象曰履霜……］	48/3507/8A	九真	卷三十七《象上赞·坤·初六》
［坤·六二］	48/3507/19A	九真	卷一《坤·六二》
△［坤］六二	48/3507/26A	九真	卷三十七《象上赞·坤·六二》
△［坤］不习无不利……	48/3507/26A	九真	同上
△［坤］六三	48/3508/2B	九真	卷一《坤·六三》
△［坤］可贞或从王事……	48/3508/2B	九真	同上
△［坤］象曰含章……	48/3508/9B	九真	卷三十七《象上赞·坤·六三》
△［坤］或从王事……	48/3508/9B	九真	同上
［坤·六四］	48/3508/17A	九真	卷一《坤·六四》
［坤·象曰扩囊……］	48/3508/20B	九真	卷三十七《象上赞·坤·六四》
［贲］	141/13872/2A	三未	卷二《贲》卦画
［贲·贲亨……］	141/13872/4B	三未	卷二《贲》

续表

△ [贲・象曰贲亨]	141/13872/10B	三未	卷三十四《象上赞・贲》
△ [贲・观乎人文……]	141/13872/19B	三未	同上
[贲] 山下有火贲……	141/13873/4A	三未	卷三十九《象上赞・贲》
[贲] 初九	141/13873/11B	三未	卷二《贲・初九》
[贲・象曰舍车……]	141/13873/15B	三未	卷三十九《象上赞・贲・初九》
[贲・六二]	142/13874/1B	三未	卷二《贲・六二》
[贲・象曰贲其……]	142/13874/4B	三未	卷三十九《象上赞・贲・六二》
[贲] 九三	142/13874/9A	三未	卷二《贲・九三》
[贲・象曰永贞……]	142/13874/12B	三未	卷三十九《象上赞・贲・九三》
[贲] 六四	142/13874/18B	三未	卷二《贲・六四》
[贲・象曰六四……]	142/13874/23B	三未	卷三十九《象上赞・贲・六四》
[贲・六五]	142/13875/3B	三未	卷二《贲・六五》
[贲・象曰六五……]	142/13875/10B	三未	卷三十九《象上赞・贲・六五》
[贲] 上九	142/13875/15B	三未	卷二《贲・上九》
[贲・象曰白贲……]	142/13875/21B	三未	卷三十九《象上赞・贲・上九》
[泰・初九]	162/14998/1B	七泰	卷一《泰・初九》
[泰・初九象曰……]	162/14998/9B	七泰	卷三十八《象上赞・泰・初九》
[泰] 九二	162/14998/16B	七泰	卷一《泰・九二》
[泰・九二象曰……]	162/14999/5B	七泰	卷三十八《象上赞・泰・九二》
⑧ [泰誓] 九三	162/14999/14B	七泰	卷一《泰・九三》
[泰・九三象曰……]	162/14999/22B	七泰	卷三十八《象上赞・泰・九三》

[兑]	163/15140/13A	八队	卷四《兑》卦画
[兑·兑亨利贞……]	163/15140/14B	八队	卷四《兑》卦辞
兑志卦	163/15141/6B	八队	卷三十六《象下赞·兑》
[兑·象曰丽泽兑……]	163/15141/18A	八队	卷四十二《象下赞·兑》
[兑·初九]	164/15142/3B	八队	卷四十二《象下赞·兑·初九》
[兑]九二	164/15142/7A	八队	卷四《兑·九二》
[兑·象曰孚兑……]	164/15142/10A	八队	卷四十二《象下赞·兑·九二》
[兑]六三	164/15142/13A	八队	卷四《兑·六三》
[兑]象曰来兑……	164/15142/15A	八队	卷四十二《象下赞·兑·六三》
[兑]九四	164/15142/19A	八队	卷四《兑·九四》
[兑]九四	164/15142/23B	八队	卷四十二《象下赞·兑·九四》
[兑]九五	164/15142/28A	八队	卷四《兑·九五》
[兑·象曰孚于……]	164/15142/32A	八队	卷四十二《象下赞·兑·九五》
[兑·上六]	164/15142/36B	八队	卷四《兑·上六》
[兑·象曰上六……]	164/15142/41B	八队	卷四十二《象下赞·兑·上六》
同人于野亨……	43/3008/5A	九真	卷十一《同人》
[同人·象曰出门同人]	43/3009/12A	九真	卷十一《同人·初九》
[同人·象曰同人……]	43/3010/5B	九真	卷十一《同人·六二》
[同人·象曰伐戎……]	43/3010/14B	九真	卷十一《同人·九三》
[同人·象曰乘其墉……]	43/3010/25A	九真	卷十一《同人·九四》
[坤]初六	48/3507/8B	九真	卷五《坤·初六》
[坤]六二	48/3507/26A	九真	卷五《坤·六二》
[坤]六三	48/3508/9B	九真	卷五《坤·六三》
[坤·象曰括囊……]	48/3508/20B	九真	卷五《坤·六四》

续表

[贲·贲亨……]	141/13872/4B	三未	卷十四《贲》
[贲] 初九	141/13873/15B	三未	卷十四《贲·初九》
[贲·象曰贲其……]	142/13874/4B	三未	卷十四《贲·六二》
[贲·象曰永贞……]	142/13874/12B	三未	卷十四《贲·九三》
[贲·象曰六四……]	142/13874/24A	三未	卷十四《贲·六四》
[贲·象曰六五……]	142/13875/10B	三未	卷十四《贲·六五》
[贲·象曰白贲……]	142/13875/21B	三未	卷十四《贲·上九》
[泰·初九]	162/14998/9B	七泰	卷十《泰·初九》
[泰·九二]	162/14999/5B	七泰	卷十《泰·九二》
[泰·九三]	162/14999/22B	七泰	卷十《泰·九三》
[兑·兑亨利贞]	163/15140/14B	八队	卷二十九《兑》
[兑] 初九	164/15142/4A	八队	卷二十九《兑·初九》
[兑] 九二	164/15142/10A	八队	卷二十九《兑·九二》
[兑] 六三	164/15142/15A	八队	卷二十九《兑·六三》
[兑] 九四	164/15142/23B	八队	卷二十九《兑·九四》
[兑] 九五	164/15142/32A	八队	卷二十九《兑·九五》
[兑] 上六	164/15142/41B	八队	卷二十九《兑·上六》

按：第①至⑤处，《大典》漫漶，可用文渊阁本复原。第⑥处，《大典》第一句与文渊阁本对应，其余内容皆不见于文渊阁本，应是《四库》漏辑。另外，《大典》此条与前一条为前后紧邻的两条，都作"冯椅辑注"。第⑦处，文渊阁本缺，可用《大典》补正。第⑧处，《索引》之"誓"为衍字，应删。

《大典》所载《厚斋易学》目前只见"冯椅辑注""冯椅辑传"两部分，文渊阁本则有"易辑注""易辑传""易外传"三部分共52卷①，四

---

① 《四库》各库书、书前提要、《四库全书总目》等对《厚斋易学》的卷数标注有差别，具体可参看杨新勋：《〈四库全书〉南宋人〈易〉类著作提要辨证十则》，载安平秋主编：《中国典籍与文化论丛》第22辑，凤凰出版社，2020年版，第166～167页。

库馆臣编校该书时应该进行了较大体例调整。通过比对《大典》残卷和文渊阁本内容，这一点可得到证实，表中笔者以△○标注处是四库馆臣对《大典》内容进行了合并，其中△表示馆臣将《大典》前后紧邻两条进行合并，○表示馆臣对《大典》内同一条目内容进行合并。

八、李杞《用易详解》

① ［系辞·是故吉……］	207/1188/11B	二支	卷十五《系辞下传》
［系辞·其德……］	207/1188/22A	二支	卷十五《系辞下传》
［系辞·子曰危者……］	14/1191/2B	二支	卷十五《系辞下传》
［系辞·天地……］	14/1192/14A	二支	卷十五《系辞下传》
［系辞］子曰君子……	14/1192/26B	二支	卷十五《系辞下传》
［系辞·易之……］	14/1200/19A	二支	卷十五《系辞下传》
② ［同人］	43/3008/1A	九真	《四库》本缺
［同人·唯君子……］	43/3008/40A	九真	卷四《同人·象》
［同人·象曰天与……］	43/3009/3A	九真	卷四《同人·象》
［同人·象曰出门……］	43/3009/12A	九真	卷四《同人·初九》
③ ［同人·象曰同人于宗……］	43/3010/5B	九真	卷四《同人·六二》
［同人·象曰伏戎……］	43/3010/14B	九真	卷四《同人·九三》
［同人·象曰乘其……］	43/3010/25A	九真	卷四《同人·九四》
④ ［同人·象曰同人……］	43/3010/25B	九真	《索引》误
⑤ ［坤·象曰履霜……］	48/3507/8A	九真	卷一《坤·初六》
［坤·象曰六二……］	48/3507/25B	九真	卷一《坤·六二》
［坤］六三	48/3508/9A	九真	卷一《坤·六三》
［坤·象曰括囊……］	48/3508/20A	九真	卷一《坤·六四》
⑥ ［贲］	141/13872/2A	三未	文渊阁本缺
［贲］贲亨……	141/13872/19A	三未	卷五《贲·象》
［贲·贲……］	141/13873/3B	三未	卷五《贲·象》

续表

[贲·象曰舍车……]	141/13873/15B	三未	卷五《贲·初九》
[贲·象曰贲其……]	142/13874/4B	三未	卷五《贲·六二》
[贲·象曰永贞……]	142/13874/12B	三未	卷五《贲·九三》
[贲·象曰六四……]	142/13874/23B	三未	卷五《贲·六四》
[贲·象曰六五……]	142/13875/10B	三未	卷五《贲·六五》
[贲·象曰白贲……]	142/13875/21A	三未	卷五《贲·上九》
[泰·初九]	162/14998/9A	七泰	卷三《泰·初九》
⑦ [泰·九二]	162/14999/5A	七泰	卷三《泰·九二》
⑧ [泰·九三]	162/14999/22A	七泰	卷三《泰·九三》
⑨ [兑]	163/15140/13A	八队	文渊阁本缺
⑩ [兑·象曰兑……]	163/15141/6A	八队	卷十一《兑·象》
[兑·象曰丽泽兑……]	163/15141/18B	八队	卷十一《兑·象》
[兑·初九]	164/15142/3B	八队	卷十一《兑·初九》
[兑] 九二	164/15142/9B	八队	卷十一《兑·九二》
[兑·象曰来……]	164/15142/15A	八队	卷十一《兑·六三》
[兑·象曰九四……]	164/15142/23B	八队	卷十一《兑·九四》
⑪ [兑·象曰孚于……]	164/15142/31B	八队	卷十一《兑·九五》
⑫ [兑·象曰上六……]	164/15142/40B	八队	卷十一《兑·上六》

按：《大典》中著录为"李谦斋详说"或"李谦斋详解"，《索引》按"详说"和"详解"分而列之，分列时有错误之处，如⑦⑧⑩⑪处，《索引》将之列入"详说"下，核查《大典》，当为"详解"。

第①处，《大典》有漫漶。第②⑥⑨处，《大典》有但文渊阁本缺，《四库》漏辑。第③处，《大典》有，《索引》缺漏，为笔者增补。第④处，《索引》误，该页并无"李谦斋详解"内容，结合③当知《索引》是将"43/3010/5B"误为"43/3010/25B"。

第⑤处，文渊阁本对《大典》原有的"夷狄"相关内容进行了较多删改，利用《四库》本时要注意。

《用易详解》先是整体解卦辞和象传，其次解大象传，再后依次解各爻（爻辞和象传作为整体），《大典》将对卦辞、象传的解读系于象传之后，对大象传的解读系于大象传之后，对各爻的解读系于各爻小象传之后。

九、丁易东《周易象义》

[系辞·子曰君子……]	14/1192/28A	二支	卷十五《系辞传下》
① [系辞·易之兴……]	14/1200/21A	二支	卷十五《系辞传下》
[同人·同人于野……]	43/3008/8B	九真	卷三《上经·同人》
[同人·唯君子……]	43/3008/44A	九真	卷九《象上传·同人》
[同人·象曰天与……]	43/3009/6A	九真	卷十一《象上传·同人》
[同人·初九]	43/3009/9A	九真	卷三《上经·同人·初九》
[同人·象曰出门……]	43/3009/13B	九真	卷十一《象上传·同人·初九》
② [同人·六二]	43/3010/2A	九真	卷三《上经·同人·六二》
[同人·象曰同人……]	43/3010/7A	九真	卷十一《象上传·同人·六二》
[同人·九三]	43/3010/10B	九真	卷三《上经·同人·九三》
[同人·象曰伏戎……]	43/3010/17A	九真	卷十一《象上传·同人·九三》
[同人·九四]	43/3010/20A	九真	卷三《上经·同人·九四》
[同人·象曰乘其……]	43/3010/27B	九真	卷十一《象上传·同人·九四》
[坤·初六]	48/3507/3A	九真	卷一《上经·坤·初六》
[坤] 履霜……	48/3507/11B	九真	卷十一《象上传·坤·初六》
[坤·六二]	48/3507/19B	九真	卷一《上经·坤·六二》
[坤] 象曰六二……	48/3507/29A	九真	卷十一《象上传·坤·六二》
[坤·六三]	48/3508/2B	九真	卷一《上经·坤·六三》

续表

[坤] 象曰含章	48/3508/13A	九真	卷十一《象上传·坤·六三》
[坤·六四]	48/3508/17B	九真	卷一《上经·坤·六四》
[坤] 括囊无咎……	48/3508/22B	九真	卷十一《象上传·坤·六四》
[贲·贲亨……]	141/13872/6B	三未	卷四《上经·贲》
[贲·观乎……]	141/13872/23B	三未	卷九《象上传·贲》
[贲·贲……]	141/13873/6A	三未	卷十一《象上传·贲》
[贲] 初九	141/13873/12A	三未	卷四《上经·贲·初九》
[贲·象曰舍车……]	141/13873/18A	三未	卷十一《象上传·贲·初九》
[贲·六二]	142/13874/2A	三未	卷四《上经·贲·六二》
③ [贲·象曰贲其……]	142/13874/6B	三未	卷十一《象上传·贲·六二》
[贲·九三]	142/13874/9B	三未	卷四《上经·贲·九三》
[贲·象曰永贞……]	142/13874/15A	三未	卷十一《象上传·贲·九三》
[贲·六四]	142/13874/19A	三未	卷四《上经·贲·六四》
[贲·象曰六四……]	142/13874/27A	三未	卷十一《象上传·贲·六四》
[贲·六五]	142/13875/4B	三未	卷四《上经·贲·六五》
[贲·象曰六五……]	142/13875/13A	三未	卷十一《象上传·贲·六五》
[贲·上九]	142/13875/16A	三未	卷四《上经·贲·上九》
[贲·象曰白贲……]	142/13875/24A	三未	卷十一《象上传·贲·上九》
[泰·初九]	162/14998/2A	七泰	卷二《上经·泰·初九》
[泰·初九象曰……]	162/14998/12A	七泰	卷十一《象上传·泰·初九》
[泰·九二]	162/14998/17A	七泰	卷二《上经·泰·九二》
[泰·九二象曰……]	162/14999/9A	七泰	卷十一《象上传·泰·九二》
[泰·九三]	162/14999/15B	七泰	卷二《上经·泰·九三》
[泰·九三象曰……]	162/14999/25A	七泰	卷十一《象上传·泰·九三》
[兑·兑亨利贞]	163/15140/16B	八队	卷八《下经·兑》
[兑·象曰兑……]	163/15141/10B	八队	卷十《象下传·兑》
[兑·象曰丽泽兑……]	163/15141/20A	八队	卷十二《象下传·兑》
[兑·初九]	164/15142/5A	八队	卷十二《象下传·兑·初九》

续表

[兑] 六二	164/15142/7A	八队	卷八《下经·兑·六二》
[兑·象曰孚兑……]	164/15142/11A	八队	卷十二《象下传·兑·六二》
[兑] 六三	164/15142/13A	八队	卷八《下经·兑·六三》
[兑·象曰来兑……]	164/15142/16B	八队	卷十二《象下传·兑·六三》
[兑] 九四	164/15142/19B	八队	卷八《下经·兑·九四》
[兑·象曰九四……]	164/15142/25B	八队	卷十二《象下传·兑·九四》
[兑·九五]	164/15142/28B	八队	卷八《下经·兑·九五》
[兑·象曰孚于……]	164/15142/34A	八队	卷十二《象下传·兑·九五》
[兑·上六]	164/15142/37A	八队	卷八《下经·兑·上六》
[兑·象曰上六……]	164/15143/2A	八队	卷十二《象下传·兑·上六》

按：第 ① 处，《大典》残缺一部分。第 ② 处，《大典》有，《索引》缺漏，笔者加以补充。第 ③ 处，《索引》以脚注指出"书名原作'丁易读易编'"，核《大典》原文，实为"丁易东象义"，《索引》此说误，《大典》为双行小字，《索引》之误很可能是将左边"丁易东"与右边"（陈深）读易编"后三字误作一行。

十、吴澄《易纂言外翼》

同人	43/3008/9A	九真	卷三《象例第七中》
[同人·初九]	43/3009/9B	九真	卷二《象例第七上》
[同人·六二]	43/3010/2B	九真	卷三《象例第七中》
① [同人·九三]	43/3010/11A	九真	卷三、卷四、卷二
[同人·象曰乘其……]	43/3010/28A	九真	卷二《象例第七上》
[坤·初六]	48/3507/3B	九真	卷二《象例第七上》
② [坤] 象曰履霜……	48/3507/12A	九真	不明
③ [坤·六三]	48/3508/3A	九真	卷四、卷三、卷四

续表

[坤·六四]	48/3508/17B	九真	卷四《象例第七下》
[贲·六二]	142/13874/2A	三未	卷三《象例第七中》
[贲·六四]	142/13874/19B	三未	卷四《象例第七下》
④ [贲·六五]	142/13875/5A	三未	卷二、卷四
⑤ [泰·初九]	162/14998/2B	七泰	卷四、卷三
⑥ [泰·九二]	162/14998/18A	七泰	卷二不同页

按：第①③④⑤⑥处，《大典》中同一条目在文渊阁本中处于不同卷次或同卷不同页，这些揭示出四库馆臣辑出散片后对内容作了重新编排。

第②处，《大典》内容不见于文渊阁本《易纂言外翼》，却见于吴澄《易纂言》卷五，具体原因待另文探讨。

十一、解蒙《易精蕴大义》

① [系辞·其德……]	207/1188/24B	二支	卷十《系辞下传》
② [系辞] 易曰……	207/1188/29A	二支	卷十《系辞下传》
[系辞·子曰危者……]	14/1191/4A	二支	卷十《系辞下传》
③ [系辞·子曰德薄……]	14/1191/7B	二支	卷十《系辞下传》
[系辞·君子知……]	14/1192/5A	二支	卷十《系辞下传》
[系辞·天地……]	14/1192/16B	二支	卷十《系辞下传》
[系辞] 子曰君子……	14/1192/34A	二支	卷十《系辞下传》
④ [系辞·君子安其身……]	14/1192/34A	二支	卷十《系辞下传》
同人	43/3008/10B	九真	卷三《同人》
[同人·唯君子……]	43/3008/47A	九真	卷三《同人·彖》
[同人·象曰天与……]	43/3009/8A	九真	卷三《同人·彖》
[同人·象曰出门……]	43/3009/15A	九真	卷三《同人·初九》
[同人·象曰同人……]	43/3010/8B	九真	卷三《同人·六二》

[同人·象曰伏戎……]	43/3010/19A	九真	卷三《同人·九三》
[同人·象曰乘其墉……]	43/3010/30A	九真	卷三《同人·九四》
[坤] 初六	48/3507/14A	九真	卷一《坤·初六》
[坤] 六二	48/3507/31B	九真	卷一《坤·六二》
[坤] 六三	48/3508/14B	九真	卷一《坤·六三》
[坤·象曰括囊……]	48/3508/24A	九真	卷一《坤·六四》
[贲·贲亨……]	141/13872/8A	三未	卷四《贲》
[贲] 象曰贲亨……	141/13872/12A	三未	卷四《贲·彖》
[贲·贲……]	141/13873/8A	三未	卷四《贲·象》
[贲·象曰舍车……]	141/13873/19B	三未	卷四《贲·初九》
[贲·象曰贲其……]	142/13874/8A	三未	卷四《贲·六二》
[贲·象曰永贞……]	142/13874/17A	三未	卷四《贲·九三》
[贲·象曰六四……]	142/13874/29A	三未	卷四《贲·六四》
[贲·象曰六五……]	142/13875/15A	三未	卷四《贲·六五》
[贲·象曰白贲……]	142/13875/25B	三未	卷四《贲·上九》
[泰·初九]	162/14998/13B	七泰	卷三《泰·初九》
[泰·九二]	162/14999/11B	七泰	卷三《泰·九二》
[泰·九三]	162/14999/27B	七泰	卷三《泰·九三》
[兑·兑亨利贞……]	163/15140/17B	八队	卷八《兑》
[兑·象曰兑……]	163/15141/13B	八队	卷八《兑·彖》
[兑·象曰丽泽兑……]	163/15141/21B	八队	卷八《兑·象》
[兑·初九]	164/15142/6A	八队	卷八《兑·初九》
[兑·九二]	164/15142/12A	八队	卷八《兑·九二》
[兑·六三]	164/15142/18A	八队	卷八《兑·六三》
[兑·象曰九四……]	164/15142/27A	八队	卷八《兑·九四》
⑤ [兑·象曰等于……]	164/15142/36A	八队	卷八《兑·九五》
[兑·象曰上六……]	164/15143/3B	八队	卷八《兑·上六》

按：第①处，《索引》有误，位次是从"24A"开始而非"24B"。

第 ④ 处，《索引》所标"子目篇目 / 首句"有误，此条是对"危以动，则民不与也……立心勿恒凶"的注解。第 ⑤ 处，《索引》有误，"子目篇目 / 首句"所示"兑·象曰等于……"，"等"应改为"孚"。第 ②③ 处，《大典》漫漶或残缺不全。

十二、曾贯《易学变通》

① [坤·六三]	48/3508/4B	九真	卷一《坤》之部分
[贲·象曰白贲……]	142/13875/29A	三末	卷三《贲》
② [泰·初九]	162/14998/3A	七泰	卷二《泰》之部分
[兑] 或问巽兑	164/15143/7B	八队	卷六《兑》

按：《易学变通》解六十四卦，每卦单独成论。第 ①② 处，《大典》现存内容只是解坤、泰二卦的一部分。

综合以上梳理，16 部《四库》大典本宋元易类文献，目前尚有 12 部有部分内容存于《大典》残卷，分别是《温公易说》《读易详说》《周易窥余》《易变体义》《易说》《易传灯》《厚斋易学》《用易详解》《周易象义》《易纂言外翼》《易精蕴大义》《易学变通》，这部分文献都是按卦编排。现有《大典》残卷暂未见《易学辨惑》《易象意言》《读易举要》《易原》等 4 部文献文本，而这 4 部文献均由单篇独立小文组成，非依经传解《易》。《易纂言外翼》虽为按篇成书，但目前存于《大典》者皆为按卦而论的内容。

现存《大典》残卷宋元易类文献文本，主要是针对《系辞传》（极少部分）、《同人卦》（卦辞、彖、象、初九、六二、九三、九四）、《坤卦》（初六、六二、六三、六四）、《贲卦》（卦辞、彖、象、初九、六二、九三、六四、六五、上九）、《泰卦》（初九、九二、九三）、《兑卦》（卦辞、彖、象、初九、九二、六三、九四、九五、上六）等的注解。卷次主要集中于《大典》卷 1188、1191～1192、1200、3008～3010、3507～

3508、13872～13875、14998～14999、15140～15143。韵部则主要分布于"二支""三未""七泰""八队""九真"等。

以《索引》为线索，通过《大典》残卷与《四库》文本的一一对校，本文有如下价值：其一，发现并纠正《索引》之误或缺十余条。其二，《四库》大典本有得有失，"得"主要表现在文献保存之功，尤其是面对《大典》散佚、漫漶、残缺的情形，另还对《大典》编排中存在的体例不协、省略等情形进行了调整和补充，"失"主要是漏辑、删改现象。研究者利用《四库》大典本时，有必要参孝《大典》残卷。其三，笔者在按语中对《大典》易类文献的编排规律的总结，一方面可丰富对《大典》体例及其纂修的认识，另一方面则可用这些规律以《大典》所据底本或《四库》大典本复原《大典》。

作者单位：人民教育出版社

《黄宗炎易学研究》序

林忠军

胡士颖博士是一位具有学术潜力的青年学者，早有献身学术之志，不为世俗功利所动，视学术为生命，博览群书而不厌，多年致力于易学哲学、儒家思想、早期全真教历史、俱舍学，兼顾数字人文研究，以研究涉猎之广和常发独到之见惊世，有多部著作问世，今又有《黄宗炎易学研究》付梓，此乃易学界之盛事，可喜可贺。

自古学术之道有二：一是本之于经典解读，经过不间断思索探寻，达到豁然贯通圣人之意，再现符合圣贤本意的理论，此为经典还原式研究。一是用已有、娴熟的方法与理论，去省察解构古代经典，重新建构经典之意，此为经典阐发式研究。宋有朱、陆之争，清有汉、宋之辨，皆类似，今之学界仍延续两种研究方法与路数：文字训诂、文献考据，属于前者；哲学分析，阐发经典之意，属于后者。二者孰是孰非，不可轻易评判。如四库馆臣所言："夫汉学具有根柢，讲学者以浅陋轻之，不足服汉儒也。宋学具有精微，读书者以空疏薄之，亦不足服宋儒也。消融门户之见而各取所长，则私心祛而公理出，公理出而经义明矣。"[1]

观胡士颖博士之新作《黄宗炎易学研究》，将黄宗炎易学置于明末清初的学术背景之下，运用考辨、解释方法，依据黄宗炎易学原典资料

---

[1] （清）永瑢等：《四库全书总目》卷一，中华书局，1965年版，第1页。

立论，探讨了黄宗炎家世、生平、著述及易学历程等问题，并着眼于易学，论述了黄宗炎易学思想、方法、特点及其对于图书之学的反思与批判，属于经典还原式研究。又以当代学术话语系统审视黄宗炎易学，突破了易学注疏形式，阐明了黄宗炎易学中的理气论、心性论、事功论、治道论、三教论等思想，属于阐发式研究。

胡士颖博士立足文献，对于易学著作考释和易学思想、易学方法、问题梳理及其图书之学评判解说等，本之于经典，而且言之有理，持之有故，避免了闭门造车、主观杜撰，最大限度还原了黄宗炎易学思想体系，非深厚而扎实的学术素养和敏捷而深刻的洞察力，难以达到如此境地。经典还原式研究，再现原典和作者的本意，往往被视为学术的传承，其实不然。就研究而言，对于学术未开荒之地，仍然是一种创新。众所周知，黄宗羲与黄宗炎兄弟的易学是明清之际"双璧"，"二人易学各具特色又相互补充"，其中黄宗羲易学究极象数，洞晓始末，一一疏通，体现出"史家的明睿沉着"和理性；而黄宗炎则专研注疏、易理与辩驳图书易学，易学解释"以义理为主"，"为前人所未发"，体现出"自身性格的冲动、激烈以及遗民的坚贞愤懑、抑郁不平"。"二人堪为浙东易学双子星"（胡士颖语）。然黄宗羲是明末学术大家，如名山巨川，声闻远播，其易学思想备受学界关注，有专著问世。而黄宗炎乃隐世著《易》，虽亦有时人称道，然湮没无闻已久。胡士颖博士有感于此，以黄宗炎易学为研究选题，作硕士论文，然后积多年之功，反复修订、补充、完善之，从图书之学解构，到"六书通径""理象合一""辞象兼天人"等理论阐述，再到以诸种方法注《易》。其考辨扎实，论断真实可信，其分析清晰缜密。这种开拓性的研究，也是一大学术创新。

况且，经典还原式的研究，因受限于时代文化语境和个人理解能力，不管解释者在经典解释活动中主观上如何为避免臆断而做出努力，其解释和见解只能说接近原典（或作者）原意，很难做到完全符合经典（或作者）之意，总是或多或少带有主观之色彩。也就是说，任何经典的解释和研究不可能完全还原或再现经典（或作者）的原意，均是解释者个人带有一定理解指向的"合理偏见"。以此观之，胡士颖博士关于黄宗炎易学研究，虽花费大量时间去收集黄宗炎易学有关文献资料，然后以大量的资料为据，去思考和探讨黄宗炎易学，主观上力图还原黄宗炎易学原貌，然而这些黄宗炎易学还原式的研究，无论是黄宗炎生平简介、学易历程、思想渊源考释，还是黄氏兄弟易学比较研究、黄宗炎易学体系研究和评价，貌似客观真实，其实不能完全等同于历史上客观存在的黄宗炎及其易学，仍是胡士颖所理解的黄宗炎易学，而这种"合理之偏见"，不能不说也是一种创新。

同时，胡士颖博士依据当下中国哲学和思想研究范式，以黄宗炎理气论、心性论、事功论、治道论、三教论为纲目，条分缕析，层层深入，摆脱了易学注疏的束缚，重构黄氏的易学思想。具体言之，胡士颖博士在其著作中将黄宗炎易学哲学思想和其他思想概括为两条线索：一是"天人、心性与修养之学"，一是"社会理论和学术及其文化批评"。二者关系是"同一问题两个表现"，反映了黄宗炎"对政治社会、历史文化的思考和建树"。基于此，他从理气关系出发，展开了黄宗炎的易学哲学思想论述。"其中理气之论是诸论之核心，而乾坤、阴阳与天地自然观则是构成理气论的重要基础。"然后"以天道该人事，以人事法天行"说去论黄氏心性说和事功说，再由黄氏事功说引申出治道论和宗教思想。"使其概念系统、逻辑理路、诠释方法、理论体系和精神旨趣等得到完全清晰的展现"，以彰显出"黄氏借助易学建构其儒家理论与社会学说，欲以摆脱社会、历史的双重困境"。作者以黄氏易学原典为圭臬，按照自己的理解，环环相扣，层层递进，自成逻辑系统，以新形式复活了黄宗炎易学。胡士颖博士在现代语境中复活的黄宗炎思想，既与黄宗炎的思想相吻合，又超越了黄氏思想，黄宗炎易学已再不是历史上的黄宗炎易学，而是当今视域下作者赋予了现代意义的黄宗炎易学。如作者所言，"展现在我面前的是新的黄宗炎，是处在明末清初遗民群体中的黄宗炎，乃至整个易学、儒学和历史文化中的黄宗炎，也是时常入吾之学术情境、人生心境及对外在环境如何而处的黄宗炎"（作者《后记》）。这是当下易学界研究黄宗炎易学的力作，也是最具有启发意义的研究成果，绝非像有学者所谓的现代语境中易学研究只是传统易学的"追思文稿"和"哲理悼词"。

总之，胡士颖博士的《黄宗炎易学研究》既重文字训诂、文献考据，旁征博引，言必有据，"具有根柢"；又重概念命题分析和理论阐发，思辨而深邃，"具有精微"，是经典还原式研究和阐发式解释的完美结合，是当代学术研究之典范。因此，无论是研究内容还是研究范式，《黄宗炎易学研究》值得当今学人学习与借鉴。略述以上数言以为序，不当之处还请海内外学者指正。

2024 年 5 月于济南

作者单位：山东大学

说明：胡士颖博士所撰《黄宗炎易学研究》即将由山东大学出版社出版，我们先行刊出林忠军教授为该书所撰序言，以飨读者。

易学视域下《黄帝内经》
运气说的时空观

李　良

　　摘要：五运六气学说是《黄帝内经》中的重要内容，其将人置于整个大自然之中，以"人与天地相参"，即天地人三位一体的整体观念，探讨人体与自然界的历法季节交换和阴阳升降之间的节律关系，在探讨过程中包含和使用了大量的易学的象数概念，也体现了很多中国独有的历法和时空观的内容。据推测，五运六气学说形成的时代，大致在战国后期到东汉之间，而这个时期正好是易学发展的重要时期，因而两者之间不可避免地产生了很多联系。

　　关键词：《黄帝内经》　时空观　运气说　象数　历法

　　运气学说是中国古代研究气候变化及其与人体健康和疾病关系的学说，始见于唐代王冰整理的《黄帝内经素问》，在中医学中占有重要的地位。运气学说的基本内容，是在中医整体观念的指导下，以阴阳五行学说为纲，以天干、地支为引，研究天文历法与天地阴阳之变化、人体生理健康疾病的学说。学界一般认为《黄帝内经》成书于战国末期到东汉之间，非一人一时之作，作者已不可考，是中国现存最早的中医理论专著，包括《素问》和《灵枢》两个部分。由于成书时期年代久远，篇卷散佚，至唐代已"篇目重叠，前后不伦，文义悬隔，施行不易"①。唐王冰整理《素问》，得先师张公秘本，补其所亡，广为次注，运气学说因而流传。运气学说主要指《天元纪大论》《五运行大论》《六微旨大论》《气交变大论》《五常政大论》《六元正纪大论》《至真要大论》等七篇大论，后世称为"运气七篇"或"七篇大论"，篇幅约占《素问》全书的三分之一，由于其内容丰富，文字古奥，历来被认为是《黄帝内经》中最艰深的部分。历代研究《黄帝内经》的著名学者中，多数学者都加以肯定并作诠释，亦有人持反对态度。如何正确认识运气说成为中医史乃至哲学史上的重要内容。本文在前人的基础上，对运气说的发展与先秦到两汉易学的关系进行了重新梳理和诠释。

一、运气学说的萌芽

运气学说的萌芽由来已久，《左传·昭公元年》记载，公元前541年，晋侯求医于秦，秦伯派医和去给晋侯诊病，医和分析其病因时指出："天有六气，降生五味，发为五色，征为五声。"② 这与《国语·周语下》之"天六地五，数之常也"③属于同一观念体系。春秋末期已经开始有地五与天六相应这样的说法，虽然五、六之实指的概念还不够清晰，也有所变迁，但五运六气的格局已经大体奠定。

由道而形成的天地通过阴阳交感而化生万物，展现的宇宙由简单到复杂的序列，即太极生天地四象八卦万物。万物生成后，按照自己属性，随着四时更替、八卦方位流转，生生不息，循环往复，以至无穷，

---

① （唐）王冰注：《重广补注黄帝内经素问》，中医古籍出版社，2015年版，序言第2页。
② （晋）杜预注，（唐）孔颖达等正义：《春秋左传正义》，（清）阮元校刻：《十三经注疏》，中华书局，2009年影印本，第4396~4397页。
③ 徐元诰集解，王树民、沈长云点校：《国语集解·周语下第三》，中华书局，2002年版，第89页。

这种变化，自古以来就和历法息息相关。中国历史上向来以历法发达著称，可以追溯到上古时代，其特点就是时空一体。以时空为视角，形是对空间的占有，空间以方位作界定，因而形具有方位的属性。这样，阳化气，阴成形，形为阴，气为阳，阳产生时令气候，阴形成空间方位。论方位又有了东南西北之分，东南西北又有寒热温凉的属性含义。在运气说的宇宙概念里，时间与空间也是一体的，并使用卦象符号天干地支将这些要素表述出来。

汉代"卦气说"以震、离、兑、坎为四正卦，"分主东、南、西、北四方和春、夏、秋、冬四时，这是依据《说卦》中的八卦方位说发展而来的"[①]。《说卦》以坎、震、离、兑与四方、四时相配，提供了一个时空框架的原型，孟喜在此基础上加工改造，使之进一步与一年二十四节气相配，并用其中的阴阳奇偶的象数变化来解释以致代表季节变化的周期性规律。所谓"坎、震、离、兑，二十四气，次主一爻，其初则二至、二分也"[②]，是说此四卦每卦六爻，凡二十四爻，每爻代表一个节气，其初爻分别代表冬至、夏至、春分、秋分。如下图（见图一）：

坎	冬至	小寒	大寒	立春	雨水	惊蛰
震	春分	清明	谷雨	立夏	小满	芒种
离	夏至	小暑	大暑	立秋	处暑	白露
兑	秋分	寒露	霜降	立冬	小雪	大雪

图一 坎、震、离、兑配节气

由上可见，坎、震、离、兑的二十四爻可以完整地表现一年中气候演变的情况，与十二中气、十二节气一一对应。汉代孟喜的卦气说，是以十二月卦为主干的。十二月卦也叫十二消息卦。消是阴进阳退，息是阳进阴退。阴阳二气的相互推移决定了四时的变换，这种情况和阴阳二

---

① 余敦康：《汉宋易学解读》，华夏出版社，2006 年版，第 13 页。

② （清）惠栋撰，郑万耕点校：《易汉学》卷一《孟长卿易上·四正》，中华书局，2007 年版，第 524 页。

爻的相互推移所引起的卦变极为类似，于是卦气说利用这种类似安排了一个十二消息卦的框架结构。从复卦到乾卦，阳气逐步加强，阴气减弱，即阳爻从复卦的初爻开始，位置逐步上升，复卦初爻为阳，临卦初爻、二爻为阳，泰卦初、二、三爻为阳，大壮则是初爻至四爻均为阳，夬卦初爻至五爻为阳，乾卦六个爻皆为阳，至此阳气达到极点。从姤卦开始，阳气渐消，阴气萌发。即阴爻从姤卦的初爻开始，逐步上升，而阳爻则逐步减弱。姤卦初爻为阴，遁卦初爻、二爻为阴，否卦初爻至三爻为阴，观卦初爻至四爻为阴，剥卦初爻至五爻为阴，坤卦六爻全阴，至此阴气至极，阳气被剥落殆尽。这个过程阴爻逐步增加，阳爻依次减少以至全阴。如此循环，周而复始，这个过程描述的便是一年十二个月寒来暑往，季节更替。如下图（见图二）：

图二　十二消息卦

本文认为，运气说在吸收了卦气说历法相关内容的同时，还使用了多种历法，包括十月太阳历、二十四节气历、阴阳合历、北斗历和五运六气历法，每种历法各有所主，其中十月太阳历对应天干和地之阴阳，二十四节气历对应地支和天之阴阳，太阴历对应月之阴阳，阴阳合历对应地球、月球、太阳的阴阳，北斗历对应以北斗七星为指向的天球阴阳，五运六气历则汇集了各种历法的内容，结合卦气说影响，形成了运气学说。运气学说的基础理论仍然是阴阳五行说，由阴阳归结的"六气"与由五行推导的"五运"，是整个立体网络中起主导作用的两个交错互动的循环圈，"五运"构成五年周期循环圈，"六气"构成六年周期循环圈，两个系统交错互动，五六相合构成三十年周期循环圈，将三十年周期套进干支纪年，则构成六十年周期循环圈。

二、五行与五运系统

中国自古就有以"观象授时"来制定历法的传统，风行于两汉的望气占候术为"五运"理论准备了"五天""五气"等以五为基础框架对事物的归类，比如五星（木星、火星、土星、金星、水星）、五色（青、赤、黄、白、黑）、五音（角、徵、宫、商、羽）、五方（东、南、中、西、北）、五味（酸、苦、甘、辛、咸）、五季（春、夏、季夏、秋、冬）等，并赋予其更多的人文意义，并通过观察其变化，进而推测人事的吉凶祸福。可以确定的是，运气说中的五运也是来源于这种思想。《五运行大论》说：

> 臣览《太始天元册》文，丹天之气经于牛女戊分，黅天之气经于心尾己分，苍天之气经于危室柳鬼，素天之气经于亢氐昴毕，玄天之气经于张翼娄胃。所谓戊己分者，奎壁角轸，则天地之门户也。夫候之所始，道之所生，不可不通也①。

从这里明显可以看出，描述的是古人通过天文观测，看到夜空中有五色之气贯通于星宿之间；再由星宿所对应方位，配合五色之气对应的五运，来确定各年的岁运。但运气学说剔除了望气占候术中的神学因素。五运经天在王冰所补的《素问》运气七篇内容中并没有相应的图示，至宋代刘温舒《素问入式运气论奥》说："此五气所经，二十八宿

---

① （唐）王冰注：《重广补注黄帝内经素问》，中医古籍出版社，2015年版，第326页。

与十二分位相临，则灼然可见，因此以纪五天而立五运也。"① 并以此作出五天五运图（见图三）：

图三　五天五运图②

这张图是古人以地球为中心，观察天体运动画出的。面南而立，将黄道附近的星象划分成若干个区域，就可清楚地看到丹、黅、苍、素等二十八宿的方位，分别分布在东、南、西、北四个方位上。具体来说：东方青龙七宿：角宿、亢宿、氐宿、房宿、心宿、尾宿、箕宿；北方玄武七宿：斗宿、牛宿、女宿、虚宿、危宿、室宿、壁宿；西方白虎七宿：奎宿、娄宿、胃宿、昴宿、毕宿、觜宿、参宿；南方朱雀七宿：井宿、鬼宿、柳宿、星宿、张宿、翼宿、轸宿。

天上岁运以斗建为准。分布于图中的天干，是标示五行在五方中的位置。五运周期就是天体运动的周期。五运由土开始，依次相生，每年一运，轮流统发，每一运又分太过与不及，其中阳干即甲、丙、戊、

---

① （宋）刘温舒著，张立平校注：《素问运气论奥》，学苑出版社，2008 年版，第 75 页。
② （宋）刘温舒著，张立平校注：《素问运气论奥》，学苑出版社，2008 年版，第 73 页。

庚、壬表示太过；阴干即乙、丁、己、辛、癸表示不及，五运一个周期共计十年，这种方法叫作"十干纪运"（见图四）。

甲	乙	丙	丁	戊	己	庚	辛	壬	癸
土运	金运	水运	木运	火运	土运	金运	水运	木运	火运
太过	不及	太过	不及	太过	不及	太过	不及	太过	不及

图四 十干纪运图

我们从运气说中也可以看到，一年年运的主运，其排列顺序是固定不变的，初运为木气主运，二运为火气主运，三运为土气主运，四运为金气主运，五运水气主运，其五行顺序排列是木—火—土—金—水。如果以五运为参照来划分一年，那么就得到了一年可以划分五个季的结论，再以天干纪月，可以得出一年分为十个月的十月太阳历。这种分法，在《藏气法时论》中有记载：

> 肝主春……其日甲乙……
>
> 心主夏……其日丙丁……
>
> 脾主长夏……其日戊己……
>
> 肺主秋……其日庚辛……
>
> 肾主冬……其日壬癸……①

《六节藏象论》还记载了三百六十日为一年的算法："天以六六为节，地以九九制会，天有十日，日六竟而周甲，甲六复而终岁，三百六十日法也。"②天有六六为节说的是三阴三阳，天有十日干，日干六竟也就是重复六次，就是六十日，就是一甲子。甲六复就是反复六次就相当一岁的时间，这就是十月历的历法。由于这里的一年是五个季节，与传

---

① （唐）王冰注：《重广补注黄帝内经素问》，中医古籍出版社，2015 年版，第 120~123 页。

② （唐）王冰注：《重广补注黄帝内经素问》，中医古籍出版社，2015 年版，第 51 页。

统一年四季春夏秋冬的四分法大有不同，与《黄帝内经》其他篇章一年四季的论述也有矛盾之处，所以关于长夏的定义长久以来存在着各种说法，也是解读《黄帝内经》时候的一大疑难问题，历代以来各说纷纭。按照以木火土金水五之数来划分一年的季节这个方法，我们还可以得出天之五气的在地上的五行应象，在《阴阳应象大论》中记载：

> 东方生风，风生木，木生酸，酸生肝……
> 南方生热，热生火，火生苦，苦生心……
> 中央生湿，湿生土，土生甘，甘生脾……
> 西方生燥，燥生金，金生辛，辛生肺……
> 北方生寒，寒生水，水生咸，咸生肾……①

因为五气属于天之阳的阳中之阴，五行属于地之阴阳，所以只能应象，但方位也由此而有了五行的属性：风气来自东方，生五行之木；热气来自南方，生五行之火；湿气来自中央，生五行之土；燥气来自西方，生五行之金；寒气来自北方，生五行之水。如此五就划分出了五方，十天干也就有了五行属性、方位属性和时间的属性，就可以确定所处环境的五行属性。如《六节藏象论》说："五运之始，如环无端，其太过不及何如？岐伯曰：五气更立，各有所胜，盛虚之变，此其常也。帝曰：何谓所胜？岐伯曰：春胜长夏，长夏胜冬，冬胜夏，夏胜秋，秋胜春。所谓得五行时之胜，各以气命其藏。"②

这就是以五运应五季，以五为单位划分一年的原理。而"所谓得五行时之胜，各以气命其藏"的意思就是以五气之青、赤、黄、白、黑来匹配人体五脏之肝、心、脾、肺、肾，再把五行时之胜配上五脏，可以

---

① （唐）王冰注：《重广补注黄帝内经素问》，中医古籍出版社，2015年版，第30～34页。
② （唐）王冰注：《重广补注黄帝内经素问》，中医古籍出版社，2015年版，第53页。

得出下图（图五）：

甲己	乙庚~金克木	木克土	东方青	甲乙木	肝
丙辛	丁壬~水克火	火克金	南方赤	丙丁火	心
戊癸	己甲~木克土	土克水	中央黄	戊己土	脾
庚乙	辛丙~火克金	金克木	西方白	庚辛金	肺
壬丁	癸戊~土克水	水克火	北方黑	壬癸水	肾

图五

这就是"五运~六气~五行~五常"的推演过程，也可以明白太过与不及都会导致不平衡，人因此就会生病。所以保持健康，就要保持五脏之气平和，叫作"以平为期"①。又因为天气变化是有常，变化才是常态，所以《六节藏象论》说：

> 五运相袭而皆治之，终期之日，周而复始，时立气布，如环无端，候亦同法。故曰，不知年之所加，气之盛衰，虚实之所起，不可以为工矣②。

然而，世事无常，变化无常才是五常的意义所在，也就是明白其之所以无常，才知道怎么做才可以有常，所以《气交变大论》云：

> 夫五运之政，犹权衡也，高者抑之，下者举之，化者应之，变者复之。此生长化成收藏之理，气之常也，失常则天地四塞矣③。

---

① （唐）王冰注：《重广补注黄帝内经素问》，中医古籍出版社，2015年版，第433页。
② （唐）王冰注：《重广补注黄帝内经素问》，中医古籍出版社，2015年版，第53页。
③ （唐）王冰注：《重广补注黄帝内经素问》，中医古籍出版社，2015年版，第361页。

关于十月历，历史上也曾出现过。有观点指出，《夏小正》就是采用的十月历，也就是说一年只有十个月，每个月三十六天，相关的内容可在其每个月的天象记载中发现：

正月：鞠则见。初昏参中……

二月：斗柄悬在下……

三月：参则伏……

四月：昂则见。初昏南门正……

五月：参则见。初昏大火中……

六月：初昏斗柄正在上……

七月：汉案户。初昏织女正东乡。斗柄悬在下则旦……

八月：辰则伏。参中则旦……

九月：辰系于日……

十月：初昏南门见。织女正北乡则旦①。

从这些资料可以发现，从一到十月中，星象初昏完成了360度的周天旋转，可以认为是十月历的佐证。此外，在《管子·五行》篇中，有以五行来配应自冬至起至次一冬至的一年，按木火土金水的次序排列，甲配木，丙配火，戊配土，庚配金，壬配水。《淮南子·时则训》有"季夏之月……其位中央，其日戊己。盛德在土"②的记载，与十月历一致，可知春秋时确有一年分为五等份的分法。

之前我们已经知道，运气说中的金木水火土是地之阴阳，已经到了有形的层次，已经彰显出来了，应该"曰柔曰刚"，但还没说清楚天干纪日的问题，这在《天元纪大论》中有记载："愿闻五运之时也何如？

---

① 方向东：《大戴礼记汇校集解》卷二《夏小正》，中华书局，2008 年版，第 139～287 页。

② 刘文典撰，冯逸、乔华点校：《淮南鸿烈集解》卷五《时则训》，中华书局，2013 年版，第 171 页。

鬼臾区曰：五气运行，各终期日，非独主时也。"① 也就是说五运不但轮流主时，也轮流主岁、主月、主日，所以才有了"肝主春……其日甲乙"②，因此天干的作用，不仅仅是纪年，也是要用来纪日的。至于为什么十月太阳历不用天干来纪月，则是因为这个历法有个很明显的问题。十月历虽然方便，但问题也很明显，就是日期和一个太阳回归年对不上，很快就不准确了，所以需要校正，因此十月历不能用天干纪月。其次，知道了地之阴阳，历法的任务最多只完成了一半，因为《天元纪大论》说"木火土金水火，地之阴阳也，生长化收藏下应之"③，按照"阳化气，阴成形"的原则，就会明白地之阴阳的五行只是明白了阴为体的一部分，是可以度的有形，还有一部分是"寒暑燥湿风火，天之阴阳也，三阴三阳上奉之"④，是无形，正所谓《六节藏象论》所说"天度者，所以制日月之行也；气数者，所以纪化生之用也"⑤，要搞清楚天之阴阳的变化，就需要二十四节气历。

三、阴阳与六气系统

天之六气，即寒、暑、燥、湿、风、火，基本上反映了中原地区一年内阴阳消长气候变化的基本状态，主要是采用了二十四节气的相关概念。用二十四节气来测定三阴三阳变化的历史，也相当长久。因为二十四节气里最重要的二分二至，早在上古时期就已经确定。至于为什么是三阴三阳，《天元纪大论》里讲得也很清楚："阴阳之气，各有多少，故曰三阴三阳也。形有盛衰，谓五行之治，各有太过不及也。"⑥ 也就是

---

① （唐）王冰注：《重广补注黄帝内经素问》，中医古籍出版社，2015年版，第319页。
② （唐）王冰注：《重广补注黄帝内经素问》，中医古籍出版社，2015年版，第120页。
③ （唐）王冰注：《重广补注黄帝内经素问》，中医古籍出版社，2015年版，第321~322页。
④ （唐）王冰注：《重广补注黄帝内经素问》，中医古籍出版社，2015年版，第321页。
⑤ （唐）王冰注：《重广补注黄帝内经素问》，中医古籍出版社，2015年版，第50页。
⑥ （唐）王冰注：《重广补注黄帝内经素问》，中医古籍出版社，2015年版，第320页。

说，地之五行的形有盛有衰，这是因为天之阴阳之气的过与不及造成的，天之阴阳之气又各分三，叫作三阴三阳，三阴三阳用地支来表述。至于为什么分三，《六节藏象论》说："夫自古通天者，生之本，本于阴阳。其气九州九窍，皆通乎天气。故其生五，其气三。三而成天，三而成地，三而成人，三而三之，合则为九。"① 因为三阴三阳不容易比较，所以又在《至真要大论》中解释阴阳各有多少："帝曰：善。愿闻阴阳之三也何谓？岐伯曰：气有多少，异用也。帝曰：阳明何谓也？岐伯曰：两阳合明也。帝曰：厥阴何也？岐伯曰：两阴交尽也。"②

对于一年之气的分法，《六节藏象论》说："五日为一候，三候为一气，三个节气为一个时季，四个时季为一年。"③ 一年为三百六十五又四分之一日。在天为三阴三阳，在地则为六气，然后又用十二地支来配六气，在《天元纪大论》云："子午之上，少阴主之；丑未之上，太阴主之；寅申之上，少阳主之；卯酉之上，阳明主之；辰戌之上，太阳主之；巳亥之上，厥阴主之。"④ 运气说中的三阴三阳用六气来命名，用地支来表述。六气的表现形式也是固定的，分为"风、热、火、湿、燥、寒，每一气有固定的时间，称为气位"⑤。六气的循环往复是严格按照二十四节气进行的，每年以大寒日为一个运气年起点，以每四节气为六气一步，按"初之气厥阴风木，二之气少阴君火，三之气少阳相火，四之气太阴湿土，五之气阳明燥金和终之气太阳寒水"⑥ 排列。在运气说中，整个天地处于阴阳循环的不断的变化之中，对此《天元纪大论》说：

欲知天地之阴阳者，应天之气，动而不息，故五岁而右迁；应

① （唐）王冰注：《重广补注黄帝内经素问》，中医古籍出版社，2015 年版，第 51~52 页。
② （唐）王冰注：《重广补注黄帝内经素问》，中医古籍出版社，2015 年版，第 453 页。
③ （唐）王冰注：《重广补注黄帝内经素问》，中医古籍出版社，2015 年版，第 52 页。
④ （唐）王冰注：《重广补注黄帝内经素问》，中医古籍出版社，2015 年版，第 324 页。
⑤ （唐）王冰注：《重广补注黄帝内经素问》，中医古籍出版社，2015 年版，第 324 页。
⑥ （宋）刘温舒著，张立平校注：《素问运气论奥》，学苑出版社，2008 年版，第 56 页。

地之气，静而守位，故六期而环会。动静相召，上下相临，阴阳相错，而变由生也①。

因此，六气又有了司天、在泉及其左右间气的概念。司天是指轮值主气在上，在泉指处于司天之气的正下方的气。司天之气主上半年，在泉之气主下半年，司天、在泉共主一年之气。司天、在泉总是一阴一阳、二阴二阳、三阴三阳固定。此外，位于司天和在泉左右两侧的六气叫作左右间气（如图六）。

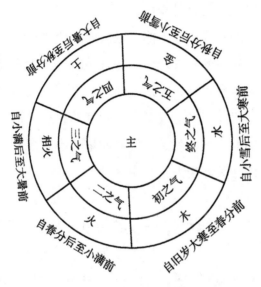

图六　六气司天图②

在运气说中，"气"是天地万物的来源，人与天地万物沟通转换的媒介，天地人三者是"气"分布到不同领域的结果，《六微旨大论》言："岐伯曰：言天者求之本，言地者求之位，言人者求之气交。帝曰：何谓气交？岐伯曰：上下之位，气交之中，人之居也。故曰：天枢之上，天

① （唐）王冰注：《重广补注黄帝内经素问》，中医古籍出版社，2015年版，第322页。

② （明）汪机著，周国琪、李海峰校注：《运气易览》，中国中医药出版社，2016年版，第46页。

气主之；天枢之下，地气主之；气交之分，人气从之，万物由之。"① 这里就提到了气交和三才的观点。

传统易学中的三才之道来源于《说卦传》中"立天之道曰阴与阳，立地之道曰柔与刚，立人之道曰仁与义"②和《系辞传下》中"《易》之为书也，广大悉备。有天道焉，有人道焉，有地道焉。兼三才而两之，故六。六者非它也，三才之道也"③。在一个三画卦中，上爻代表天，下爻代表地，中爻代表人；在一个六画卦中，五、上两爻代表天，初、二爻代表地，三、四爻代表人。而初爻与四爻相应，三爻与上爻相应，故曰"人与天地相参也，与日月相应也"④。

三阴三阳代表的六气贯穿人体生老病死的全过程。六气不仅仅是太阳绕黄道一周分成六份的六种现象，而且是古代天人相应思想的深刻体现。天有六气，人也有六气，天地之间的六气影响人体内部的六气，进而影响人体的生理机能。在运气说中，六气的状态包括太过和不及，代表六气敷布在空间的程度，就是六气的能量大小与多少，从而影响人体和天地万物，所以《天元纪大论》说：

> 然天地者，万物之上下也。左右者，阴阳之道路也。水火者，阴阳之征兆也。金木者，生长之终始也。气有多少，形有盛衰，上下相召，而损益彰矣⑤。

天覆盖万物，在万物之上；地承载万物，在万物之下，故曰"天地

---

① （唐）王冰注：《重广补注黄帝内经素问》，中医古籍出版社，2015年版，第346页。

② （三国·魏）王弼、（晋）韩康伯注，（唐）孔颖达疏，于天宝点校：《宋本周易注疏》卷第十三《说卦》，中华书局，2018年版，第475页。

③ （三国·魏）王弼、（晋）韩康伯注，（唐）孔颖达疏，于天宝点校：《宋本周易注疏》卷第十二《系辞下》，中华书局，2018年版，第465页。

④ （明）马莳：《黄帝内经注证发微》，中医古籍出版社，2017年版，第1191页。

⑤ （唐）王冰注：《重广补注黄帝内经素问》，中医古籍出版社，2015年版，第318～319页。

者，万物之上下也"①。天地又指天之阴阳气与地之阴阳气，天居于上，地居于下。阳在左而上升，阴在右而下降，所以左右是阴阳升降的道路。在运气学中，左右又指左右间气，天之阴阳气与地之阴阳气各有左右间气，也是天地之气运行的通道。火为阳，水为阴。阴阳之气不可见，但水与火可以印证阴阳的存在，故曰"水火者，阴阳之征兆也"②。征，证也，印证之义；兆，可见之兆。木应春，主发生；金应秋，主收成。春为生化之始，秋为收成之终，故曰"金木者，生成之终始也"③。阴阳之气有多有少，阴阳之形（物质）有生长壮老的演变过程，形气相感，上下相召，则五运六气的盛衰变化和太过不及都能显示出来了，所以《至真要大论》云：

> 帝曰：幽明何如？岐伯曰：两阴交尽故曰幽，两阳合明故曰明。幽明之配，寒暑之异也④。

幽明就是寒暑，寒暑就是阴阳。幽之极则阳生，明之极则阴生。以二分法划分一年之六气，正好是三阴三阳。三阴三阳的多少、盛衰以及由表入里、由太而少，说的是阴阳生成之后的运用。

把一年分为五个季节，五是阴阳之征兆和生成之始终，那么六就是六气的变化。二十四节气历法，就是确定六气变化的历法。又"五日一候，三候一气，二气为一月"⑤，二十四节气以十二地支表示，同时也以地支记录六气，按照"子午之配少阴；丑未配太阴；寅申配少阳；卯酉配阳明；辰戌配太阳；巳亥配厥阴"⑥的排列顺序，不断循环往复。

① （唐）王冰注：《重广补注黄帝内经素问》，中医古籍出版社，2015年版，第34页。
② （唐）王冰注：《重广补注黄帝内经素问》，中医古籍出版社，2015年版，第34页。
③ （唐）王冰注：《重广补注黄帝内经素问》，中医古籍出版社，2015年版，第319页。
④ （唐）王冰注：《重广补注黄帝内经素问》，中医古籍出版社，2015年版，第460页。
⑤ （唐）王冰注：《重广补注黄帝内经素问》，中医古籍出版社，2015年版，第52页。
⑥ （宋）刘温舒著，张立平校注：《素问运气论奥》，学苑出版社，2008年版，第89页。

由此，在历法层面，干支甲子组合，完成了一个太阳回归年里五运六气完整周期变化的记录，也完成了时间、空间、方位的统一和天地阴阳五行变化的循环。但随之而来的问题又出现了，那就是年运的主运、客运是怎么回事。

四、北斗历法与时空

关于客运与客气的算法，也有固定的模式。主运是以大寒日开始，按照木火土金水的排列主一年之运。客运在确定每年值年大运之后就可以推算，当年客运的初运就是值年大运，依次排列，逐岁变迁，十年一周。关于主运与客运，历来只有推算方法，而没有解释，而如此复杂的推演方式，也是运气说让人诟病的一大原因。以一年之内时间周期的主运主气来分析，是依据太阳运行轨迹所在的黄道天象推演的以太阳为中心的太阳系的五运六气的运行，而年运的客运客气，是依据九星天象推演的以九星为中心的太阳系之外五运六气的运行。

（一）星宿、斗柄与天道左旋

中国传统天文历法中关于北斗星的记载和应用也非常之多，早在《尚书·舜典》就有"璇玑玉衡，以齐七政"[1]的记载，在《鹖冠子·环流》明确记载"斗柄东指，天下皆春；斗柄南指，天下皆夏；斗柄西指，天下皆秋；斗柄北指，天下皆冬"[2]，在这里是以北斗星斗柄指向来确定一年四季的。《淮南子·天文训》收录："帝张四维，运之以斗，月徙一辰，复返其所，正月指寅，十二月指丑，一岁而匝，终而复始。"[3]近年

---

[1] （汉）孔安国传，（唐）孔颖达等正义：《尚书正义》卷第三《舜典》，（清）阮元校刻：《十三经注疏》，中华书局，2009年影印本，第265页。

[2] 黄怀信：《鹖冠子校注》，中华书局，2014年版，第70页。

[3] 刘文典撰，冯逸、乔华点校：《淮南鸿烈集解》卷三《天文训》，中华书局，2013年版，第110页。

来的考古发现又证明，以北斗为参照物制定历法的时期更为久远，可以追溯到上古时代。根据冯时先生研究表明："河南濮阳西水坡近 6500 年前的仰韶文化时期古墓葬群西水坡 45 号墓的天文学内涵已颇具体系，包括上古天人思想、星象观测、授时方法及早期宇宙论，显示了当时先民已具有的诸如立表测影、分至四气、原始历法、恒星观象、北斗建时、二十八宿与四象体系、盖天观等系统的天文知识，而且形成了基于观象授时制度的传统宇宙观。"① 这里的"斗"指的就是北斗七星的斗柄。斗柄循环旋转，顺时针旋转一圈为一周期，谓之一"岁"。

　　一般认为，北斗历是太阳历法的一种补充，主要是以北斗七星和二十八星宿为坐标，"历定阴阳（寒暑），历定四时，历定五行（即五季），历定八节，历定二十四节气"②。我们在上文已经分析过，十月太阳历和二十四节气历都是以太阳为中心的，运气说中的主运和主气都是以太阳回归年为周期单位。但按照《天元纪大论》的说法，其天文观测视角是"九星悬朗，七曜周旋"③，很明显，九星是指北斗，七曜是指日月和金木水火土五星，从这两句可以明显确定九星大于七曜。关于天之五运，《五运行大论》云："丹天之气经于牛女戊分，黅天之气经于心尾己分，苍天之气经于危室柳鬼，素天之气经于亢氐昴毕，玄天之气经于张翼娄胃。所谓戊己分者，奎壁角轸，则天地之门户也。夫候之所始，道之所生，不可不通也。"④ 这里的二十八星宿代表的星空，是以北极星为中心的太阳系外太空，又告诉我们这里的天门地户才是"候之所始，道之所生"⑤。如果我们以阴阳再分阴阳的视角来分析，把太阳看作

①　冯时：《见龙在田　天下文明——从西水坡宗教遗存论到上古时代的天文与人文》，《濮阳职业技术学院学报》，2012 年第 3 期。

②　刘明武：《换个方法读〈内经〉——灵枢导读》，中南大学出版社，2012 年版，第384~394 页。

③　（唐）王冰注：《重广补注黄帝内经素问》，中医古籍出版社，2015 年版，第 320 页。

④　（唐）王冰注：《重广补注黄帝内经素问》，中医古籍出版社，2015 年版，第 325 页。

⑤　（唐）王冰注：《重广补注黄帝内经素问》，中医古籍出版社，2015 年版，第 326 页。

天，地球看作地，那么十月太阳历中的年之五运，是太阳代表的天之阳的阴，应在地球上的六气是地之阴中的阳，五行金木水火土是地之阴中的阴。以此类推，如果我们把"九星悬朗"看作天，那么五运经天的五气就是天之阳中的阴，"七曜"代表的太阳系则为地之阴，以此来推算"九星悬朗"一个五运六气周期，可以发现，其数字正好是六十甲子年。那么年运的作用是什么呢，这个问题在《六节藏象论》中指出来了："不知年之所加，气之盛衰，虚实之所起，不可以为工矣。"① 我们已经知道，在运气说中，天人同构的思想一直是一条主线，人体的结构也是如此，我们在《阴阳应象大论》中看到这样一段话："天不足西北，故西北方阴也，而人右耳目不如左明也。地不满东南，故东南方阳也，而人左手足不如右强也。"② 类似的描述在《五常政大论》中也出现："天不足西北，左寒而右凉；地不满东南，右热而左温；其故何也？……阴阳之气，高下之理，太少之异也。"③

这里出现了两个关键点"天不足西北，地不满东南"④。本文认为这个观点出自古代的"天球"概念中"天心"有偏的现象。"天球"出现的概念相当早，在《尚书·顾命》篇已经出现"大玉、夷玉、天球、《河图》在东序"⑤ 的描述。我们已经知道，在中国古人的认知中，方位是以天空中的二十八星宿为参照物制定的，除了"斗柄东指，天下皆春"以斗柄指向定四季之外，《尚书·尧典》还记载"日中，星鸟，以殷仲春……日永，星火，以正仲夏……宵中，星虚，以殷仲秋……日短，星昴，以正仲冬"⑥ 的描述，反映了以二分二至的黄昏观测二十八

---

① （唐）王冰注：《重广补注黄帝内经素问》，中医古籍出版社，2015年版，第53页。

② （唐）王冰注：《重广补注黄帝内经素问》，中医古籍出版社，2015年版，第35页。

③ （唐）王冰注：《重广补注黄帝内经素问》，中医古籍出版社，2015年版，第379~380页。

④ （唐）王冰注：《重广补注黄帝内经素问》，中医古籍出版社，2015年版，第35页。

⑤ （汉）孔安国传，（唐）孔颖达等正义：《尚书正义》卷第十八《顾命》，（清）阮元校刻：《十三经注疏》，中华书局，2009年影印本，第508页。

⑥ （汉）孔安国传，（唐）孔颖达等正义：《尚书正义》卷第二《尧典》，（清）阮元校刻：《十三经注疏》，中华书局，2009年影印本，第251页。

星宿中张、心、虚、昂四仲中星的位置，来确定时间和方位的方法。

从观测角度来看，人站在地球上，只要在地球表面，视野中的天空都是半圆状，好像是天穹一样，太阳、月亮、星星都分布在天穹的不同位置，所以把这个假想的球假想为"天球"。在这个坐标系下以地平面的子午线定南北，为经线，子为北，午为南。以卯酉定东西，为纬线，卯为东，酉为西。然后以此为坐标，在天球面上进行假想的点和线的勾勒，二十八星宿分列在天球上，从而来确定星星的视位置。以地球视觉角度不变来观测，天上的星星的位置是在不断变化的，天似穹庐，二十八星宿好像在围绕北方星空的一个点在匀速旋转，假想的天穹的旋转轴叫天轴，天轴在北半球的延长线的方向所在的星星叫北极星，就是天球北极的大概位置。

据冯时先生研究认为，早在5000年前，华夏大地上的先民就观测到天极的位置并不在假想中的天之中央，而是朝西北倾斜。也就是说天极在北极星的西北，冯时先生说："根据岁差计算得到的公元前5000年的天象却表明，当时的赤道圈确实向着西北倾斜……天极与极星是两个截然不同的概念。天文学所指的天极实际是指某一时代北天中的不动点，也就是所谓的赤道北极……先民以可见天体天——星为天极之所在，但这却不是当年的极星……天枢于《周髀算经》又称北极枢，由于它成为北斗拱极运动的枢纽，因而充当了当年极星。"[1]伊世同1990年提出"天倾西北"是由于岁差原因导致星象的相对位置向西北倾斜的观点。岁差指回归年短于恒星年的一种现象，据现代天文观测是每71年西退1度[2]。

本文也认为这是由于岁差造成的。由于地球绕着太阳转，太阳绕着天极转，黄道相对于赤道就出现了东移的现象，所以产生了岁差。中国

---

① 冯时：《中国天文考古学》，中国社会科学出版社，2010年版，第61、127、136页。

② 伊世同：《星象考原——中国星象的原始和演变》，《濮阳教育学院学报》，2001年第3期，第6～9页。

史料记载，晋时虞喜研究发现岁差："尧时冬至日短星昴，今二千七百余年，乃东壁中，则知每岁渐差之所至。"[①] 鉴于岁差在中国制备历法中的主要作用是用来设置闰月，本文认为，运气说中的历法也掌握了这个规律。因此"天不足西北"的坐标参照系是北斗，也就是所谓"九星悬朗"。

按照以"斗柄东指，天下皆春；斗柄南指，天下皆夏"定四季的方法，我们可以观察到，相对于地球和北斗星，其实北斗星在地球一昼夜的旋转是"地道右旋"，北斗星一年的旋转则是"天道左旋"。原因与岁差相同，也是因为地球的自转和公转（图七）。

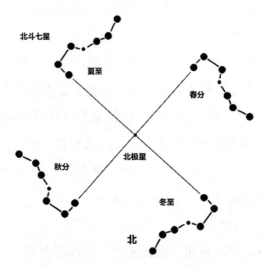

图七　斗柄四季指向示意图[②]

而五运和六气的循环排列也是如此，关于五运相袭，《五运行大论》对此解释：

> 土主甲己，金主乙庚，水主丙辛，木主丁壬，火主戊癸[③]。

---

① （元）脱脱等：《宋史》卷七十四《律历志·明天历》，中华书局，1985 年版，第 1689 页。
② 根据《鹖冠子·环流》"斗柄东指，天下皆春……"绘制。
③ （唐）王冰注：《重广补注黄帝内经素问》，中医古籍出版社，2015 年版，第 325 页。

运临角轸，则气在奎壁，气与运常司天地之门户。戊己在角轸，则甲乙在奎壁。甲己岁必甲戌乙亥也，故《素问》曰土位之下风气承之，其他以此类推。水，金子也，阳土故居金行之末，以为亥始。水，木母也，巳，金祖也，阴土故居水行之墓，以为巳始，故曰天地之门户而万物所从出。以天之五运应地之阴阳的五行，五行配《河图》方位可以明显看出：五行的运行是土—金—水—木—火，顺时针旋转。

经过以上分析，我们知道了，运气说中的历法构建是基于北斗。因此，运气说中的天，是分层次的，有九星之天，有七曜之天，各主不同。

（二）首甲定运的时空意义

我们再看看古人观测到的五运六气，就可以明显看出，天之五气是"九星悬朗"代表的太空中的五运的应象。那么"九星悬朗"的周期是如何划分的呢？《六节藏象论》记载："五日谓之候，三候谓之气，六气谓之时，四时谓之岁。"[1] 我们已经知道了年上运气的算法，按照五六相合和司天在泉各主半年的算法可以推出，以六个月为一气，六气谓之时需要三十六个月，四时谓之岁是一百四十四个月，正好是十二年的地支周期，配十天干则是以六十甲子年为一个完整的循环周期。

接下来要做的，就是干支纪年如何与干支纪月相合，才能保证历法不乱。这就需要确立开始的年份和月份，对此《六微旨大论》给出了答案：

> 岐伯曰：天气始于甲，地气始于子，子甲相合，命曰岁立，谨候其时，气可与期[2]。

① （唐）王冰注：《重广补注黄帝内经素问》，中医古籍出版社，2015年版，第52页。
② （唐）王冰注：《重广补注黄帝内经素问》，中医古籍出版社，2015年版，第343～344页。

此处明确指出以干支结合的甲子年为纪年的第一个初始年份，依次甲子年、乙丑年……六十年为一周，周而复始，循环不息。根据考古发现，商代已经有完整的六十甲子出现。其次确定干支纪月。干支纪月，又叫"月建"，即"某月建于某支（辰）"，建是建立，天文意义是北斗星的斗柄指向十二辰的位置。干支纪月以寅月为首月，以朔日（即数字纪月每月的初一日）作为起点，遇闰月则与上月用同一干支纪月，历代官方采用这种纪月法。古人编了一首《五虎建元歌》："甲己之年丙作首，乙庚之年戊为头，丙辛之年从庚算，丁壬壬寅正月求，戊癸甲寅建正月，十干年月顺行流。"①有了纪年和纪月，以此类推，干支纪日和干支纪时也就明确了。甲子第一日，乙丑为第二日，六十日为一周，周而复始。最后确定干支纪时。时的天由该日所对天干推求，其歌诀如下："甲己还生甲，乙庚丙作初，丙辛从戊起，丁壬庚子居，戊癸何方发，壬子是真途。"②即若该日是甲或己的，在子时上配上甲为甲子；日是乙或庚的，在子时上配上丙为丙子；丙辛日子时配上戊为戊子；丁壬日为庚子；戊癸日为壬子。知道了子时的干支，便可推知其余。至此，干支纪年、纪月、纪日、纪时完成，形成了完整的北斗历法。至此，北斗历法建立完成，也就是《天元纪大论》所说：

> 周天气者，六期为一备；终地纪者，五岁为一周。君火以明，相火以位，五六相合，而七百二十气为一纪。凡三十岁，千四百四十气，凡六十岁，而为一周。不及太过，斯皆见矣③。

以地球的视角分层来看，在地球围绕太阳旋转的周期中，产生的五运之气就是主运。客运则来自太阳系外太空"九星"，"九星"的五运之

---

① 《周易古筮考》卷八，民国十五年刻本，第262页。
② 《周易古筮考》卷八，民国十五年刻本，第268页。
③ （唐）王冰注：《重广补注黄帝内经素问》，中医古籍出版社，2015年版，第322~323页。

气分别从五个不同的空间方位横跨过天空，一个周期是十年。

五、太阴历与纳音五行

我们前文已经分析了十月太阳历、二十四节气历和北斗历，那么作为历法制备来说，月亮是很难绕过去的一个重要环节。以月亮的阴晴圆缺来纪月的历法叫太阴历，也是中国传统历法之一，是以月球绕行地球一周为一月，十二月再配合地球绕日一周之时数的差数，置闰来确定一年。历史上，通常采用阴阳合历，采取十九年置七闰月的方法来调和差异。在运气说中关于月亮的描述不多，但从《素问》《灵枢》其他篇章中来看，月亮的作用也非常重要，如《八正神明论》云：

> 月始生则血气始精，卫气始行；月郭满则血气实，肌肉坚，月郭空，则肌肉减，经络虚，卫气去，形独居，是以因天时而调血气也。是以天寒无刺，天温无疑；月生无泻，月满无补；月郭空无治。是谓得时而调之①。

众所周知，古人在制定历法的时候，时空一体的思想贯穿始终，观测日月星辰的运行又是历法最基本的目标，如果不能处理好月亮与运气说的关系，简直是不可想象的。下面将从运气七篇有关音律和天地数的内容入手，结合五音六律、河洛八卦、六十甲子与纳音等易学术数体系和律历志等其他资料，运用推理、推演和对比等方法，推测出太阴历法与运气说的关系。

---

① （唐）王冰注：《重广补注黄帝内经素问》，中医古籍出版社，2015年版，第140页。

（一）天地数与《河图》数

在运气七篇中，出现了很多数字的运用，与后世《河图》数相比，如出一辙，如《六元正纪大论》云：

> 甲子、甲午岁：上少阴火，中太宫土运，下阳明金。热化二，雨化五，燥化四……乙丑、乙未岁：上太阴土，中少商金运，下太阳水。灾七宫。湿化五，清化四，寒化六，所谓正化日也……丙寅、丙申岁：上少阳相火，中太羽水运，下厥阴木。火化二，寒化六，风化三，所谓正化日也①。

这里面的数字明显可以看出一是水，二是火，三是木，四是金，五是土，六是水，七是火，八是木，九是金，十是土，一到五是生数，六到十是成数，这里与《河图》（图八）数一致，《河图》数配九宫（图九）就可以发现，这就是汉代的天地之数，即后世宋人所称的《河图》数，其实就是五行生成数。这说明，在运气说里，《河图》数和九宫的概念已经运用得十分成熟，所以说"天以六六为节，地以九九制会"②。而九

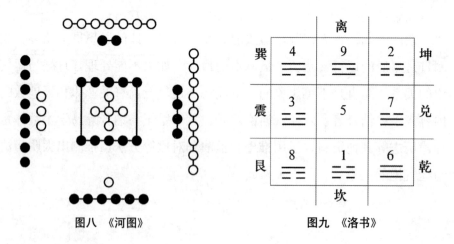

图八　《河图》　　　　　　图九　《洛书》

---

① （唐）王冰注：《重广补注黄帝内经素问》，中医古籍出版社，2015年版，第410～419页。
② （唐）王冰注：《重广补注黄帝内经素问》，中医古籍出版社，2015年版，第49页。

宫去掉中宫，就可以与八方、八节、八风相对应，而得到了九宫数，就可以得到洛书和后天八卦。

（二）纳音与律历

我们从运气七篇可以知道，运气说和音律有密切的联系，关于太少相生、五音建运的论述已经比较清晰。如《五运行大论》记载："东方生风……在音为角；南方生热……在音为徵；中央生湿……在音为宫；西方生燥……在音为商；北方生寒……在音为羽。"[①]《六元正纪大论》记载："辰戌之纪也。太阳、太角、太阴、壬辰、壬戌，其运风，其病眩掉目瞑。太角、少徵、太宫、少商、太羽。"[②]相似的记载在《吕氏春秋·十二纪》也有，描述了天干与五行中除土之外，五音除宫之外和五方除中之外的对应原则，比如甲乙对应角音、木德，壬癸对应羽音、水德等。

众所周知，五行土、金、水、木、火，五音建运宫、商、羽、角、徵。宫、商、角、徵、羽为五声音阶，加上变徵、变宫组成七声音阶，由这七个音级（八度）分出十二律（十二个半音）。五音就是从这十二个律中取出五个律来组成一个调式，如以黄钟律为宫，则太簇为商，姑洗为角，林钟为徵，南吕为羽，称为"黄钟宫调"。十二律吕可以"旋相为宫"，也就是说，每律都可以产生五音，十二律可得六十音。六十音之数与六十甲子之数相合，十二律与十二辰相合，五音又与五行相合，古人认为这些数据并非人为掺和，实出天地自然之理，于是古人将六十音与六十干支（六十甲子）分别配应，这就是纳音。纳音的算法，是以起算的干支的开始，按遁甲路线是仲、孟、季，而其相配的干支开始，则走孟、仲、季。以金自西行为始，从甲子起依照"参分夷则损一，下生夹钟。参分夹钟益一，上生亡射。参分亡射损一，下生中吕。

[①]（唐）王冰注：《重广补注黄帝内经素问》，中医古籍出版社，2015年版，第329~336页。
[②]（唐）王冰注：《重广补注黄帝内经素问》，中医古籍出版社，2015年版，第393页。

阴阳相生，自黄钟始而左旋，八八为伍"[1]，按照仲、孟、季逆行，火—木—水—土—金，则三十纳音五行全备，五音一终，再行甲午，同理又得另三十甲子纳音五行（图十）。

甲子 黄钟商	乙丑 大吕商	丙寅 太簇徵	丁卯 夹钟徵	戊辰 姑洗角	己巳 仲吕角	庚午 蕤宾宫	辛未 林钟宫	壬申 夷则商	癸酉 南吕商
甲戌 无射徵	乙亥 应钟徵	丙子 黄钟羽	丁丑 大吕羽	戊寅 太簇宫	己卯 夹钟宫	庚辰 姑洗商	辛巳 仲吕商	壬午 蕤宾角	癸未 林钟角
甲申 夷则羽	乙酉 南吕羽	丙戌 无射宫	丁亥 应钟宫	戊子 黄钟徵	己丑 大吕徵	庚寅 太簇角	辛卯 夹钟角	壬辰 姑洗羽	癸巳 仲吕羽
甲午 蕤宾商	乙未 林钟商	丙申 夷则徵	丁酉 南吕徵	戊戌 无射角	己亥 应钟角	庚子 黄钟宫	辛丑 大吕宫	壬寅 太簇商	癸卯 夹钟商
甲辰 姑洗徵	乙巳 仲吕徵	丙午 蕤宾羽	丁未 林钟羽	戊申 夷则宫	己酉 南吕宫	庚戌 无射商	辛亥 应钟商	壬子 黄钟角	癸丑 大吕角
甲寅 太簇羽	乙卯 夹钟羽	丙辰 姑洗宫	丁巳 仲吕宫	戊午 蕤宾徵	己未 林钟徵	庚申 夷则角	辛酉 南吕角	壬戌 无射羽	癸亥 应钟羽

图十 六十甲子纳音表

五音定五运，用六律定司天在泉之气，然后与气候、物候联系起来，我们就可以发现，音律可以看作是五运六气的另外一种表达方式，《汉书·律历志》记载：

> 黄钟：黄者，中之色，君之服也；钟者，种也。天之中数五，五为声，声上宫，五声莫大焉。地之中数六，六为律，律有形有色，色上黄，五色莫盛焉。故阳气施种于黄泉，孳萌万物，为六气元也。以黄色名元气律者，著宫声也。宫以九唱六，变动不居，周流六虚。始于子，在十一月。大吕：吕，旅也，言阴大，旅助黄钟［宣］气而牙物也。位于丑，在十二月。太族：族，奏也，言阳气大，奏地而达物也。位于寅，在正月。夹钟：言阴夹助太族宣四方之气而出种物也[2]。

---

① （汉）班固著，（唐）颜师古注：《汉书》卷二十一《律历志》，中华书局，1962年版，第965页。

② （汉）班固著，（唐）颜师古注：《汉书》卷二十一《律历志》，中华书局，2012年版，第892~893页。

从这一段文字可以看出音律与气候、物候的结合，以这样的视角看，音律也可以看作是关于"气"的另一种测量表达形式。如果说六十甲子是一个五运六气周期，那么六十纳音，也可以认为是一个五运六气周期，那么与"六十律"关系密切的"纳音"和"纳甲"说就进入了我们的视线。

（三）纳甲与月相

汉代卦气说盛行，其中京房学说是汉元帝时代的官方易学，影响很大。京房（前 77～前 37）是西汉著名的象数易学家，但京房易学与汉代其他易学家相比有很大不同，故史书才说："唯京房为异党，不与孟氏同。"[1] 在京房易学里，"纳甲"学说是非常重要的组成部分，其纳甲方法如下图所示（图十一）：

	乾	震	坎	艮
上爻	壬戌	庚戌	戊子	丙寅
五爻	壬申	庚申	戊戌	丙子
四爻	壬午	庚午	戊申	丙戌
三爻	甲辰	庚辰	戊午	丙申
二爻	甲寅	庚寅	戊辰	丙午
初爻	甲子	庚子	戊寅	丙辰

	坤	巽	离	兑
上爻	癸酉	辛卯	己巳	丁未
五爻	癸亥	辛巳	己未	丁酉
四爻	癸丑	辛未	己酉	丁亥
三爻	乙卯	辛酉	己亥	丁丑
二爻	乙巳	辛亥	己丑	丁卯
初爻	乙未	辛丑	己卯	丁巳

图十一　纳甲

---

[1] （汉）荀悦著，张烈点校：《汉纪·孝成皇帝纪二》卷第二十五，中华书局，2002 年版，第 435 页。

这个图可以看出，八纯卦每一卦都有对应的干，每一爻都有对应的支。八卦共四十八爻，干支对有六十个，还差十二个干支对，于是规定甲与壬同，乙与癸同，即壬午与甲午同，癸丑与乙丑同，这样六十甲子就都对上了。与此类似的可以比照东晋葛洪在其所著《抱朴子·内篇》卷十一"仙药"中曾提到"五音六属"的说法，并将五音与数及纳音五行属性相配应："按《玉策记》及《开明经》皆以五音六属……子午属庚，卯酉属己，寅申属戊，丑未属辛，辰戌属丙，巳亥属丁。"①

在《抱朴子·内篇》中更言："一言得之者，宫与土也；三言得之者，徵与火也；五言得之者，羽与水也；七言得之者，商与金也；九言得之者，角与木也。"②换句话说就是，宫属土，其数为一；徵属火，其数为三；羽属水，其数为五；商属金，其数为七；角属木，其数为九。

经过对比，我们可以看出葛洪所说将天干地支纳入卦体之中的五音六属与京房纳甲是一致的。我们可以再来对比一下自唐末宋初以来流行的一种推算人年命的"六十甲子纳音表"（图十二）：

甲子 乙丑 海中金	丙寅 丁卯 炉中火	戊辰 己巳 大林木	庚午 辛未 路旁土	壬申 癸酉 剑锋金
甲戌 乙亥 山头火	丙子 丁丑 洞下水	戊寅 己卯 城墙土	庚辰 辛巳 白腊金	壬午 癸未 杨柳木
甲申 乙酉 泉中水	丙戌 丁亥 屋上土	戊子 己丑 霹雷火	庚寅 辛卯 松柏木	壬辰 癸巳 常流水
甲午 乙未 沙中金	丙申 丁酉 山下火	戊戌 己亥 平地木	庚子 辛丑 壁上土	壬寅 癸卯 金箔金
甲辰 乙巳 佛灯火	丙午 丁未 天河水	戊申 己酉 大驿土	庚戌 辛亥 钗钏金	壬子 癸丑 桑松木
甲寅 乙卯 大溪水	丙辰 丁巳 沙中土	戊午 己未 天上火	庚申 辛酉 石榴木	壬戌 癸亥 大海水

图十二　六十甲子纳音表

① （晋）葛洪著，王明校释：《抱朴子内篇校释》卷之十一《仙药》，中华书局，1985年版，第209页。

② （晋）葛洪著，王明校释：《抱朴子内篇校释》卷之十一《仙药》，中华书局，1985年版，第209页。

　　经过对比可以看出这张表中的纳音五行与"五音六属"和"京房纳甲"也是完全一致。在汉代另外一部著名经书《周易参同契》中，专门提出了"月相纳甲"的说法（图十三）：

　　　　三日出为爽，震庚受西方。八日兑受丁，上弦平如绳。十五乾体就，盛满甲东方。蟾蜍与兔魄，日月（炁）双明，蟾蜍视卦节，兔者吐生光。七八道已讫，屈折低下降，十六转受统，巽辛见平明，艮直于丙南，下弦二十三，坤乙三十日，东方丧其明。节尽相禅与，继体复生龙，壬癸配甲乙，乾坤括始终。七八数十五，九六亦相当，四者合三十，易象索灭藏①。

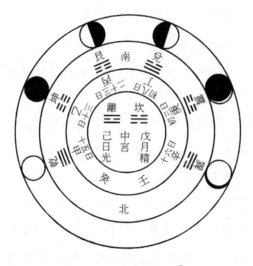

图十三　月相纳甲图②

　　简单来说，"初三的时候，月出在庚方，而初八的时候在丁方，十五的时候月出现在甲方，等到十六的时候，它又出在辛方，然后二十三又到了丙方，三十又到了乙方。至此我们就可以看出，月体纳甲其实

①　（清）仇兆鳌著，邓盼点校：《古本周易参同契集注》下卷《五言传文·药生象月章》，华东师范大学出版社，2015年版，第99～101页。
②　参考郭彧：《周易图说总汇》上册，华东师范大学出版社，2004年版，第361页。

就是把月相变化的周期纳入了干支之中。其取年月的整数即年为三百六十天、月为三十天"①。魏伯阳把一个月三十日划分为六节，每节五日，各以一卦主之，也体现了天以六为节，以五为生数的思想。据张文智先生考证："(1) 京房'六十律'理论为其老师焦延寿所传。(2) 六十律从十二律吕生变而来。(3) 十二律与六十律之间的关系，就像八卦与六十四之间的关系一般。(4) 焦延寿、京房师徒亦以'六十律'说进行占验。(5) 刘歆所奏之音律知识不如京房所论音律内容更为详细完备……京房'纳甲'说的核心观念至少可以上溯到战国中期以前……京房之'六十律'与'纳甲'说确实渊源有自。"②

"月体纳甲"说与京氏纳甲说的区别在于，京氏纳甲说将十个天干纳入由六画组成的别卦，而"月体纳甲"则将十干纳入由三画组成的八经卦。关于八卦的起源，《系辞传》说是伏羲"仰观天文，俯察地理，近取诸身，远取诸物"才画出了八卦。但不能因此确定伏羲是不是发现了月形之象八卦③。而据刘大钧先生研究清华简《筮法》时的成果亦从侧面证明这一观点："而清华简《筮法》的整理面世，不仅使我们找到了天干地支在先秦战国时代早已纳入八卦卦体的证据，更由此两段简文中，我们亦见到了《周易集解》所引虞翻以天体八卦纳甲说《易》'悬象著明，莫大乎日月'，实为战国时代即已有传之说，且战国时代甚至更早恐已有其说。"④ 从这里看出，纳甲之说的历史相当久远。由于从时间节律、方位、五行属性等各个方面来看，地月运行周期与干支周期完全一致。

---

① 周立升：《〈周易参同契〉的月体纳甲学》，《周易研究》，2000 年第 4 期，第 35～40 页

② 张文智：《从出土文献看京房"六十律"及"纳甲"说之渊源》，《周易研究》，2015 年第 5 期，第 29～37 页。

③ 刘玉建：《论魏氏月体纳甲说及其对虞氏易学的影响》，《周易研究》，2001 年第 4 期，第 21～25 页。

④ 刘大钧：《读清华简〈筮法〉》，《周易研究》，2015 年第 2 期，第 5～9 页。

六、道器与测量

经过以上分析，我们可以发现，北斗历、太阳历、太阴历、阴阳合历等历法内容都是用来"度"天之数的，但运气说中还隐藏有另外一种历法——气数历，专门用来推演天地阴阳之气的变化。气数历与汉代卦气说有很深的渊源。

（一）阴阳柔刚与六气大司天

学界一般认为，运气说一般认为是用来推演气候和物候变化规律的，并在宋代得到了官方的大力推广。自宋代以来，出现了一大批精通运气学的医家，各自对运气学进行了阐发。然而对运气学说的质疑也一直存在，主要表现在运气七篇中，五运六气以 60 年为一个周期的往复循环模式，很多时候与历史记载的事实不相符。到了明清时代，明清医家受北宋邵雍元运会世说影响，经费启泰、杨璿、王丙、陆懋修等人不断发展，形成了六气大司天理论。明代费启泰建立了三阴三阳"大运"理论，至王丙建立了大司天年表，清代陆懋修承袭王丙之说名之"六气大司天"，编制了黄帝甲子以来 77 个甲子的大司天列表，用于解释史上众多著名学派的产生，六气大司天理论至此完整，产生了重要影响[①]。大司天理论是以 60 年为单元、3600 年为周期的大运气格局，标志着运气理论的完善和发展。清代医家陆懋修在《六气大司天上篇》云："余盖本于外曾祖王朴庄先生引《内经》七百二十气凡三十岁为一纪，千四百四十气凡六十岁为一周。扩而大之，以三百六十年为一大运，六十年为一大气。五运六气迭乘，满三千六百年为一大周

---

① 柯资能、孙明、廖莲婷：《六气大司天理论历史源流考》，《中国中医基础医学杂志》，2015年第 10 期，第 1199～1201 页。

天。公言如此，遂以知古人之用寒用温，即各随其所值之大司天以为治。"① 他还在文后附《大司天三元甲子考》，大意为：明朝薛方山先生作《甲子会纪》，追溯自黄帝命大挠作甲子，贞下起元，按照厥阴、少阴、太阴、少阳、阳明、太阳六气顺序递推，则与前贤治病用药规律相符合。以厥阴为下元，则少阴为上元，太阴为中元。又以少阳为下元，则阳明为上元，太阳为中元。以黄帝八年起第一甲子下元，前30年为厥阴风木司天，后30年为少阳相火在泉。以此类推，至1984年为第七十九甲子（1984～2043）下元之始。这一观点对后世影响很大。

其实，如果从运气理论入手分析，运气学说的适用局限问题就可以得到答案。《天元纪大论》里关于天地起始的描述说：

> 太虚寥廓，肇基化元，万物资始，五运终天，布气真灵，总统坤元，九星悬朗，七曜周旋，曰阴曰阳，曰柔曰刚，幽显既位，寒暑弛张，生生化化，品物咸章②。

我们已经知道，阴阳主要是一种划分方法，"阳化气，阴成形"，都是相对而言，那么相对于辽阔的太空来说，能够显现的都是属于"阴"，所以历法是用"阳"的道理去推演，然后基于对"阴"的观测来校正，这叫作"幽显既位"。因此，六气大司天理论虽然是基于运气说的阐发，但仍然没有抓住最根本的"道"。"道"藏在"太虚寥廓"之中，以阴阳主导一切，我们所处的"七曜"的位置，只是其中的一个片段。因此，天外还有天。所以《天元纪大论》又说："至数之机，迫迮以微，其来可见，其往可追。敬之者昌，慢之者亡，无道行私，必得夭殃。谨奉天

---

① （清）陆懋修著，于峥、魏民校注：《世补斋医书》，中国古籍出版社，2014年版，第11～12页。

② （唐）王冰注：《重广补注黄帝内经素问》，中医古籍出版社，2015年版，第319～320页。

道，请言真要。"①

以此类推，在六气大司天层级之外应该还有更高级别的运气周期存在，如"五日一候，三候一气"就是低一级的运气周期，还可以有更低级别的运气周期，划分是可以无穷无尽的，正如《阴阳离合论》所说："阴阳者，数之可十，推之可百，数之可千，推之可万，万之大不可胜数，然其要一也。"②

（二）道器不相离，亦不相即

我们在运气七篇中可以发现一个奇怪的问题，就是关于一年有"三百六十五又四分之一"和"三百六十日"两种不同的说法，有人认为这是因为成书的时间不同，采用的不同历法所致，但我们以"阴阳柔刚，幽显既位"的角度去看，就会发现这是因为出发点的区别导致的。

比如《六节藏象论》中有"日行一度，月行十三度而有奇焉"③的说法，这是对已经可见的成形的星辰历法测量的描述，属于"六"在藏"象"的度数，属于"阴成形"系统，所以"立端于始，表正与中，推余于终，而天度毕矣"④。同时又说"天以六六为节，天有十日，日六竟而周甲，甲六覆而终岁，三百六十日法也"⑤，这里的六个甲子三百六十日成一岁是"法"，是造成"象"的原因，属于"阳化气"系统。"阳化气"系统表现为无形的状态，但可以通过形质的变化来认知，很难量化精确，随生命存在而有，随生命消失而无。"阴成形"系统表现为有形而可见，可分析、可具体、可量化。所以《六节藏象论》说"夫六六之节，九九制会者，所以正天之度，气之数也。天度者，所以制日月之行

---

① （唐）王冰注：《重广补注黄帝内经素问》，中医古籍出版社，2015年版，第323页。

② （唐）王冰注：《重广补注黄帝内经素问》，中医古籍出版社，2015年版，第38～39页。

③ （唐）王冰注：《重广补注黄帝内经素问》，中医古籍出版社，2015年版，第50页。

④ （唐）王冰注：《重广补注黄帝内经素问》，中医古籍出版社，2015年版，第51页。

⑤ （唐）王冰注：《重广补注黄帝内经素问》，中医古籍出版社，2015年版，第51页。

也，气数者，所以纪化生之用也"①，明确说明了一个是测量结果为主，一个是推算结果为纪。

《系辞上传》云："形而上者谓之道，形而下者谓之器。"② 形而上的是无形的道体层面，形而下的是万物各自的表层的相，是已经到了物的表层方面了。在运气学说中，地是金木水火土五行，属于形而下的范畴，天是三阴三阳，属于形而上的范畴，"故其生五，其气三"③，所以天地万物生生化化"本于阴阳"，到这里我们就能够看到一个完整的"天人相应"体系了。

"一阴一阳之谓道"④，在运气说中，原本无形的"道"，已经成为一种可以通过"度"和"法"来触摸的道以术显、术以道存之存在。那么除了以度"日月星辰"而制定的历法之外，以推天之气的变化的"三百六十日法也"⑤ 也就是"气数历"，就呼之欲出了，这就印证了道器不相离，亦不相即的哲学思想。

（三）推天道以明人事

分析至此，我们可以发现，运气说就是天地阴阳之道的术数推演体系，通过可观测的"日月星辰"来制定历法，由于日月星辰都属于已经生成的范围，所以属于"阴成形"的"其生五"体系，属于地道的范畴，然后通过六十甲子蕴含的天地阴阳之道来推演"气"的变化，属于未生成的范围，所以属于"阳化气"的"其气三"体系，属于天道的范畴。两者互相参照以校正历法，实现时间与空间以及阴阳属性的统一，

---

① （唐）王冰注：《重广补注黄帝内经素问》，中医古籍出版社，2015年版，第50页。
② （三国·魏）王弼、（晋）韩康伯注，（唐）孔颖达疏，于天宝点校：《宋本周易注疏》卷第十一《系辞下》，中华书局，2018年版，第426页。
③ （唐）王冰注：《重广补注黄帝内经素问》，中医古籍出版社，2015年版，第12页。
④ （三国·魏）王弼、（晋）韩康伯注，（唐）孔颖达疏，于天宝点校：《宋本周易注疏》卷第十《系辞上》，中华书局，2018年版，第392页。
⑤ （唐）王冰注：《重广补注黄帝内经素问》，中医古籍出版社，2015年版，第51页。

则属于人道的范畴。到此，历法和中医理论的关系已经非常清楚，中医理论是以阴阳为纲，按照"人与天地相参""天人同构"的指导思想，以易理为主线，以历法为载体，以天地结构为框架，以术数体系为脉络，构建出来的关于人与天地关系及生理健康变化的理论体系，与易学"推天道以明人事"有千丝万缕的关系。

人与天地万物都是大自然的组成部分，都是阴阳二气孕育化生的产物，都遵循同一个天地法则。宇宙时空中的五运六气的变化规律对人体生理运行的影响，在时间上和天文一致，表现为日月斗及五星运动，在空间上和时间一致，表现为阴阳风雨晦明等变化。而运气说中的历法，是用来候天地阴阳之气的变化的工具，是天地时空属性和方位的"坐标系"。

综上所述，我们可以发现，运气学说是以干支历法为核心框架，围绕"五"与"六"两个数字展开的理论探讨，而干支历法实质上是以"北斗、日、地、月"为核心的星体之间不同时空相对位置变化的规律，"运气学说原本是医家研究气候变化对人体健康的影响，并试图找出其中的规律性的一种理论"[①]，其时空一体的时空观充分体现了与易学的一致性，而用"五"与"六"来推演一切事物变化的方法，也明显与象数派易学思想渊源颇深，大司天理论的诞生更是运气学说与邵雍易学说融合的结果。但是，将数的地位与作用推向极端，单纯以运气学说推算来分析一切事物的变化，明显是不会符合实际情况的，非常容易失之以偏，其复杂的变化也让人很难掌握和应用。同时我们也应充分认识到，运气说以干支历法为核心构建中医理论框架的做法为中医理论提供了天文学观测依据，有极其重要的现实意义，这也为中医理论的进一步溯源和发展奠定了基础。

作者单位：山东大学易学与中国古代哲学研究中心

---

① 徐仪明：《性理与岐黄》，复旦大学 1994 年博士学位论文。

从《易传》归属新说看新时代易学的成就*

谢炳军

摘要：以小见大，可以略见新时代易学成就。张涛教授治易三十载，成就斐然，其至少体现在《易传》学派归属新说、易学思想诠释、易学研究新视野等方面。从《易传》归属新说可略见张教授治易成就。张教授立足文献，注重理论建设，指出《易传》是儒道互补、以儒为主，综合百家、超越百家的产物，这是易学史中的一个突破。这一个重要的学术突破，既与《易传》生成的政治现实相符合，又与儒家、道家、墨家、法家、阴阳家、兵家等先秦学派学说竞争、学说交融和互补等思潮相吻合，在易学史中已足成一家之言。

关键词：新时代易学 《周易》 《易传》归属

"新时代易学"这个概念，是为了突出现代易学的时代性而提出的。新时代易学有三个主要特征，一是重归文献，寻找生成文献的可能语境；二是易学家观照现实，具有高度的文化自觉精神；三是面向未来，实现理论的创新和《周易》文化的创新性转化。以小见大，可以略见新

---

* 本文系国家社科基金青年项目"日本足利学校藏宋刊本《周易注疏》整理与研究"（项目批准号：18CTQ015）之阶段性成果。

时代易学成就。张涛教授是新时代易学名家，治易近三十载，成就斐然。张教授很早就与易学结缘。1994 年 8 月，张涛教授师从我国著名史学家田昌五先生攻读博士学位。田先生建议张教授以秦汉易学作为研究对象展开博士生涯的学术画卷。1998 年 6 月，张教授以《秦汉易学思想研究》一文获得历史学博士学位，并引起了学术界的关注。余敦康先生说：

> 本文为易学研究开拓了一个崭新的领域，在学术上具有重大的启发意义。长期以来，人们受传统观念的束缚，视易学为儒家经学的一个部分，把注意力放在经传注释、学派演变等问题上，不仅使研究对象、范围受到很大的限制，而且严重地模糊了易学的思想本质，无从揭示易学思想发展的规律。本文作者独辟蹊径，创立新解，以一种历史的眼光，宏观的视野，指出易学在先秦的形成乃是综合百家、超越百家的产物，体现了中国文化思想兼容并包、开放进取的精神[1]。

这是公允之论。《秦汉易学思想研究》获得了山东大学和山东省首届优秀博士学位论文，就是其注脚。平心而论，此文奠基了张涛教授在现代易学界中的地位，形成了他自成一家的学术影响力。

在易学的田园中，张涛教授经过三十年的深耕，在易学理论创新、易学人才培养、易学文化推广和实践等方面都取得了令人瞩目的学术成就，推进了现代易学理论的建树、经学思想文化史的诠释、中国哲学史的研究，值得我们关注和探讨。限于篇幅，本文以张涛教授为个案来探讨新时代易学的成就。

---

① 余敦康：《〈秦汉易学思想研究〉序》，参见张涛：《秦汉易学思想研究》，中华书局，2005 年版。

一、《易传》学派归属的三种看法

我们先来回顾一下今本《易传》自古以来的研究概况。《易传》包括《彖传》上下、《象传》上下、《系辞》上下、《文言》《说卦》《序卦》《杂卦》十篇。围绕着《易传》文本的作者、著作年代、学派归属等易学问题，古今中外的学者见仁见智。最早谈论《易传》作者的是司马谈。《史记·太史公自序》云：

> 太史公曰："先人有言：自周公卒五百岁而有孔子。孔子卒后
> 至于今五百岁，有能绍明世，正《易传》，继《春秋》，本《诗》
> 《书》《礼》《乐》之际？意在斯乎！意在斯乎！小子何敢让焉。"[1]

《正义》："太史公，司马迁也；先人，司马谈也。"[2]《史记·田敬仲完世家》载："太史公曰：盖孔子晚而喜《易》。《易》之为术，幽明远矣，非通人达才，孰能注意焉！故周太史之卦田敬仲完，占至十世之后。"[3]即司马迁认为孔子是通人达才，其"序"《彖传》《系辞》《象传》《说卦》《文言》。《史记·孔子世家》又载："孔子晚而喜《易》，序《彖》《系》《象》《说卦》《文言》。读《易》韦编三绝。曰：'假我数年，若是，我于《易》则彬彬矣。'"[4]由此观之，《易传》已被司马谈认为与孔子有直

---

[1] （汉）司马迁撰，（南朝·宋）裴骃集解，（唐）司马贞索隐，（唐）张守节正义：《史记》卷一百三十《太史公自序》，中华书局，2013年版，第3974页。

[2] （汉）司马迁撰，（南朝·宋）裴骃集解，（唐）司马贞索隐，（唐）张守节正义：《史记》卷一百三十《太史公自序》，中华书局，2013年版，第3974页。

[3] （汉）司马迁撰，（南朝·宋）裴骃集解，（唐）司马贞索隐，（唐）张守节正义：《史记》卷四十六《田敬仲完世家》，中华书局，2013年版，第2293页。

[4] （汉）司马迁撰，（南朝·宋）裴骃集解，（唐）司马贞索隐，（唐）张守节正义：《史记》卷四十七《孔子世家》，中华书局，2013年版，第2334页。

接关系。司马迁承继其父之志，追述经典之源头。汉武帝时，罢黜百家，独尊儒术，司马迁响应当时的意识形态，提出了孔子作《易传》的一家之言。班固在司马迁之后，明确地提出"人更三圣，世历三古"的观点，为《易经》成为中国典籍之首奠定了不可动摇的文化地位①。司马迁和班固的孔子作《易传》之说影响深远，儒者几无异词，孔颖达等儒者作《周易正义》亦从其说②。直至北宋，欧阳修始发难。《易童子问》载：

> 童子问曰："《系辞》非圣人之作乎？"曰："何独《系辞》焉，《文言》《说卦》而下，皆非圣人之作，而众说淆乱，亦非一人之言也。昔之学《易》者，杂取以资其讲说，而说非一家，是以或同或异，或是或非，其择而不精，至使害经而惑世也。然有附托圣经，其传已久，莫得究其所以来而核其真伪。故虽有明智之士，或贪其杂博之辩，溺其富丽之辞，或以为辩疑是正，君子所慎，是以未始措意于其间。若余者可谓不量力矣，邈然远出诸儒之后，而学无师授之传，其勇于敢为而决于不疑者，以圣人之经尚在，可以质也。"③

由此可见，欧阳修认为《系辞》《文言》《说卦》而下皆非孔子所作④。

赵汝谈紧随欧阳修之后，亦认为《十翼》非孔子所作，徐总干则

---

① 谢炳军：《论圣人作〈易〉说的生成》，载张涛主编：《中华易学》第九卷，文物出版社，2022年版，第134页。

② 孔颖达《周易正义》卷首《论夫子十翼》云："其《彖》《象》等《十翼》之辞，以为孔子所作，先儒更无异论。"参见（三国·魏）王弼、（晋）韩康伯注，（唐）孔颖达疏，于天宝点校：《宋本周易注疏》序，中华书局，2018年版，第16页。

③ （宋）欧阳修撰，李逸安点校：《欧阳修全集》卷七十八《易童子问》，中华书局，2001年版，第1119页。

④ 谢炳军：《〈周易〉文本生成研究》上册，载潘美月、杜洁祥等主编：《古典文献研究辑刊》26编第7册，中国台湾花木兰文化事业有限公司，2018年版，第26页。

疑《系辞下》《说卦》杂入了《易纬》之文。至明代，质疑《十翼》者
渐多。邓梦文疑《系辞》《说卦》《序卦》皆有不类孔子之言①。季本祖
述欧阳修之说，以为"《系辞》《文言》《说卦》《序卦》《杂卦》五《传》
或传于孔子，或后人附会"②，认为实情难以明确。且季氏自行己意，多
割裂《易传》之文。此改经之举，为四库馆臣所批驳。刘濂亦称："《十
翼》之辞，不尽出于圣门也，故其言多无谓，且叛于二圣之教，古今宗
之而不敢异。《易》道之荒，凡以此也。"③薛甲变乱经文，删汰《大象》
《系辞》《文言》《说卦》《序卦》《杂卦》诸《传》，是为疑古之举。至清
初，明儒改经之余习尚存。郑赓唐则私增《系辞》各章之名④；周渔则
谓"《系辞》《文言》亦指为非孔子之说……即《象传》亦有所去取"⑤；
舒凫篡改《大象》之文⑥；姜兆锡分割《文言》为两部分，分缀于《乾》
《坤》两卦的《彖》《象》之下，并且订定《杂卦》最后八卦的顺序⑦，
此亦属于改经过勇之举。程廷祚以为《十翼》之名不当，故将之统称为
《传》，是为《十传》，并认为《大象传》不可附于卦辞之后。此有自创
体例，变乱古式之嫌。崔述认为《易传》必非孔子所作，而是出于七十
子以后之儒者。至晚清，廖平、康有为皆否认孔子作《十翼》，而认为

---

① （明）邓梦文：《八卦余生》卷十七，《续修四库全书》第 5 册，上海古籍出版社，2002 年
版，第 283 页。

② （明）季本：《易学四门》卷三，《续修四库全书》第 5 册，上海古籍出版社，2002 年版，
第 250 页。

③ （明）刘濂：《易象解·序》，《四库全书存目丛书》第 4 册，齐鲁书社，1997 年版，第
244 页。

④ （清）刘赓唐：《读易搜》卷十，《四库全书存目丛书》第 27 册，齐鲁书社，1997 年版，
第 668～694 页。

⑤ （清）永瑢等：《四库全书总目》卷七《易类存目三》，中华书局，1965 年版，第 72 页。

⑥ （清）舒凫：《易大象说录》上卷，《四库全书存目丛书》第 30 册，齐鲁书社，1997 年版，
第 268 页。

⑦ （清）姜兆锡：《周易述蕴》卷之一，《四库全书存目丛书》第 33 册，齐鲁书社，1997 年版，
第 11～17 页。

孔子作《周易》卦辞、爻辞，实为奇论①。

近现代，日本学者宇野哲人称："大体上《十翼》非孔子之作，则为不可摇动之论也。"② 林继平认为荀子与《易传》生成关系密切，在荀子思想普遍影响之下，荀门弟子及其他儒家学者，大量吸取道家思想，乃至阴阳家、墨家思想，以及古代神话传说等史料，历经集体创作而在秦末或汉初完成《易传》③。陈鼓应认为《易传·系辞》《彖传》受老、庄思想影响至深，故应是道家之作，而非儒家之作④。陈先生此说影响很大。吕绍纲则反对此说，指出："《易大传》与《老子》是两个不同的思想体系，《易大传》的思想骨干得自孔子及儒家，而与《老子》无关。《老子》思想可以上溯至殷易《坤乾》，它绝不可能是《易经》和《易大传》的发展中介。"⑤

至此，关于《易传》生成的问题，主要有三种看法：第一种是孔子作《易传》；第二种是《十翼》有一部分为孔子所作或为孔子论《易》的记录，有一部分出自孔子后学或汉儒；第三种是《易传》与孔子没有关系。

---

① 谢炳军：《〈周易〉文本生成研究》上册，载潘美月、杜洁祥等主编：《古典文献研究辑刊》26 编第 7 册，中国台湾花木兰文化事业有限公司，2018 年版，第 26～28 页。

② 宇野哲人撰，罗霈霖译：《易十翼质疑》，台湾《中山大学文史学研究所月刊》，1934 年第 1 期第 3 卷。

③ 林继平：《论〈易传〉思想之形成——从〈周易〉原为卜筮之书谈起》，《东方杂志》，1986 年第 5 期第 20 卷。

④ 陈鼓应《〈易传·系辞〉所受老子思想的影响——兼论〈易传〉乃道家系统之作》，《哲学研究》，1989 年第 1 期；陈鼓应《〈易传·系辞〉所受庄子思想之影响》，《哲学研究》，1991 年第 4 期。

⑤ 吕绍纲：《〈易大传〉与〈老子〉是两个根本不同的思想体系》，《哲学研究》，1989 年第 8 期。

二、今本《易传》"儒道互补，
以儒为主"的学术特征

从古今中外的学者对《易传》生成的认识看，每一种认识既与当时的学术思潮和时代背景有着深刻的联系，又与不同时代的学者的学术视野有直接关系。孔子作《易传》之说不见于作为研究孔子生平和思想的第一手资料的《论语》，也不见于先秦的其他子类之书。实际上，孔子作《易传》之说的形成主要是汉代儒家学者宣传和官方意识形态叠加推动的结果，其后这个结果被司马迁所接受而写进了《史记》，以"实录"的方式奠基了孔子作《易传》的结论①。尤其值得指出的是，先秦和秦汉的文献也都没有关于《易传》出自道家的只言片语。《易传》中的一些思想的确是受到道家思想的深刻影响，但这不是《易传》思想的整体面貌。在这个学术公案上，张涛教授贡献了他的卓见。他指出，今本《易传》的生成与其时代的政治现实和社会思潮直接相关。张教授说：

> 战国中后期，与政治渐趋统一的形势相适应，诸子各家之间出现了互相吸收、互相渗透、互相融合的局面。黄老学派或者说稷下道家的形成，《吕氏春秋》的编撰，都是这一局面的反映，而包容性、超越性表现得最突出的，就是《易传》诸篇的问世②。

这简明扼要地道出了《易传》生成的时代背景。"三易"中的《周易》是占卜实践的产物，是具有政治精英和文化精英双重身份的知识阶层的集体之作，它的成书流动着周代官方意识形态的血液。周文王作为周族

---

① 谢炳军：《论圣人作〈易〉说的生成》，载张涛主编：《中华易学》第九卷，文物出版社，2022年版，第153页。

② 张涛：《秦汉易学思想研究》，中华书局，2005年版，第21页。

的政治领袖，周公旦作为西周的国家领导人，他们在《周易》的成书过程中立有首功。而与周人发现道德价值相适应，《周易》体现了周人对道德的拥抱和珍惜。其他官方教本《诗》《书》《礼》《乐》等经典照样闪现着这种道德光芒。同理，《易传》各篇成书于春秋末年到战国中后期这段时间，其思想来源是丰富和复杂的，张教授所说的"诸子各家之间出现了互相吸收、互相渗透、互相融合的局面"正是这种学术现象的精辟概括。

随后，张教授明确地指出，今本《易传》融合了儒家和道家的思想基因。他说：

> 《易传》论人事多本于儒家，但其中自然主义的天道观，由天道推衍人事的整体思维模式等，均与道家老庄和黄老学派的思想学说相一致。蒙文通在《经史抉原》中总结道："《易传》多论天道，言性命，言感寂，言道器，颇近道家。《易》家显然是有取于道家的。"从总体上来看，《易传》的思想呈现出一种儒道互补、以儒为主的思想倾向①。

依据蒙文通之见，儒道学说的交融是《易传》不可忽视的思想内涵。张教授推进了蒙氏之说。简而言之，即儒家和道家在《易传》成书过程中发挥了主要作用，构成《易传》中儒道互补、以儒为主的思想格局。具体而言，从《易传》的内容来看，其论及人事时，多本于儒家；言及宇宙观时，其天道观、由天道推衍人事的整体思维模式等方面与道家学说有着密切关联，这从某种程度上展现了儒家与道家思想在《易传》中的交融与互补。如此，《易传》"一方面避免了道家蔽于天而不知人的缺陷，另一方面又避免了儒家蔽于人而不知天的缺陷，成为当时对整体和谐的

---

① 张涛：《关于〈周易〉学派归属问题的新认识》，《光明日报》，2022 年 12 月 17 日第 11 版。

最完美的表述"①。张教授又利用出土文献和传世文献的二重证据法论证了孔子重视发挥《易经》之德义的读《易》态度，他说：

> 据马王堆汉墓帛书《要》篇等，孔子并不否认《周易》作为卜筮之书的原初功用，自己亦曾"吾百占而七十当"，只是他更关注卦爻辞的德性内涵，强调："《易》，我后亓（其）祝卜矣！我观亓德义耳也！"《论语·子路》亦载孔子引《恒卦》"不恒其德，或承之羞"，以说明"德"较之"占"的价值。可以说，"观亓（其）德义"乃是孔子读《易》、研《易》的根本精神所在。孔子对于《易经》的认识和理解也深刻影响了儒家后学及《易传》的产生②。

此指出，孔子对《易经》的价值认识并不仅仅局限于占卜，而是更重视挖掘卦爻辞的道德价值。孔子从《易经》的文本出发，发现和揭示了《易经》中的道德观，并将"观其德义"作为儒家读《易》的基本原则。可以说，孔子抓住了《易经》的核心思想。今本《易经》的卦爻辞，虽然出自占卜的实用性目的，但其已经流动着神圣的道德血液。比如，乾卦卦辞"元亨利贞"之"贞"，不宜解释为甲骨文所见之"贞（问）"，而应理解为含有德义之意的"正"。笔者曾指出，孔子在阐释官学典籍之时，追寻《周易》文本原义，认为《周易》经文含有周文王的德义思想，肯定了"贞"为"正"义的德义价值③。这是由《易经》这本书的文本内容决定的，与周公旦主持的制礼作乐的德义思想相符。

张教授准确地指出了孔子在易学史中的杰出贡献，即"孔子对于

---

① 张涛：《秦汉易学思想研究》，中华书局，2005 年版，第 19 页。

② 张涛：《关于〈周易〉学派归属问题的新认识》，《光明日报》，2022 年 12 月 17 日第 11 版；张涛：《易学思想诠释与历史文化探微》，东方出版社，2022 年版。

③ 谢炳军：《从商周"贞"字义的变化看早期中华信仰的成长》，《中原文化研究》，2020 年第 3 期。

《易经》的认识和理解也深刻影响了儒家后学及《易传》的产生"①。这是正解。孔子传承了《易经》的道德思想并在教学中加以解说。孔子后学传承和发展了孔子所关注的道德观，重视对《易经》的推阐，接力传播了《易经》的思想，使《易经》成为关于道德规范和道德教育的经典之一。先秦儒家对《易经》的传播和解说，又是今本《易传》部分思想和内容的主要来源。而且，今本《易传》深化了这种哲思，即《易传》作者从儒家易说出发，从最初具体的、实践性的道德规范，转向对道德原则本身的高度关注。道德原则由此成为判断吉凶的根本准则。可以说，孔子对《易经》德义的理解和教学，使易学从传统的卜筮基础转向道德哲学的研究，深刻影响了儒家后学对《易经》的接受、解释和传播等活动。

张教授又留意到今本《易传》中蕴含的道家思想。他说："以阴阳解《易》是易学研究逐步抽象化、哲理化的结果。到了《易传》，以阴阳解《易》已经十分普遍，阴阳变易已被视为《周易》及宇宙万物的普遍法则，从卦象、爻象到各种自然现象和社会现象，都可以用阴阳加以解释，这样就形成了'一阴一阳之谓道'的精湛命题。阴阳说在《易传》特别是《系辞》中，已经发展到很高的程度，并且成为它的一个重要理论内容。考其来龙去脉，这主要是受到道家思想的影响。"② 在此，张教授揭示了道家论说的阴阳概念在《易传》学说中的关键地位。具体来说，《易传》的作者吸收了道家详加论说的阴阳概念，并用来解释《易经》，推动了易说的抽象化、哲理化，从而拓展了古代思想的领域。这反映了儒家、道家学术交流互融及先秦易学的演变趋势。张教授又说：

---

① 张涛：《关于〈周易〉学派归属问题的新认识》，《光明日报》，2022 年 12 月 17 日第 11 版。
② 张涛：《秦汉易学思想研究》，中华书局，2005 年版，第 15 页。

《易传》中关于宇宙生化和天道运行等方面的诸多命题，明显与道家有着极为紧密的联系，而为儒家所罕言。自汉代以来，《老子》与《周易》之间的渊源已为学者所注意。扬雄《太玄赋》有言："观《大易》之损益兮，览老氏之倚伏。"在《汉书·艺文志》中，班固总述以老子为代表的道家思想主旨时指出："《易》之嗛嗛，一谦而四益，此其所长也。"在他们看来，《易》《老》旨多相通、相同之处……可以说，老子从《易经》即卦爻辞中得到颇多启示和沾溉，而其思想又深刻影响了《易传》诸篇的形成①。

汉代的易学经历了道家易学和儒家易学两个主要阶段，扬雄与班固将《易经》和《老子》相提并论，反映了汉代学界对《易》《老》两书所具有的相同归趣的关注。张教授指出，一方面，《易经》对《老子》具有启示意义。也即，老子从《易经》中获得诸多启示，经过思考，创造出了新的思想成果，形成了自己的哲学体系。另一方面，《老子》对《易传》的成书产生了不可忽视的影响，即《易传》的作者吸收了道家宇宙观及其一系列哲学概念，创造性地形成了自己的学说。

在论及《易传》与庄子的关系时，张涛教授也有自己的独特见解，他说：

> 《庄子·大宗师》："在太极之先而不为高，在六极之下而不为深。"这里的"太极"是指空间的最高极限。而《易传》一方面将"太极"作为筮法范畴，用以指大衍之数，也就是著草混而未分的状态；另一方面则对"太极"的意蕴作了进一步升华、发展，使其具有宇宙论的哲学意义，即前面所述的太极生两仪之说②。

① 张涛：《关于〈周易〉学派归属问题的新认识》，《光明日报》，2022 年 12 月 17 日第 11 版。
② 张涛：《秦汉易学思想研究》，中华书局，2005 年版，第 16 页。

《易传》作者将"太极"这一个术语引进了易学的领域，并赋予了其新义。可见《易传》作者对《庄子》一书甚为熟悉。在庄子看来，"道"最高最深而又无时不在，无处不在，所以即使在空间上比"太极"还高的事物也不为高。因为这种"高"是物质性的，没有到达"道"的境界。这种言"道"的哲学思维被《易传》作者吸收。《易传》将"太极"这一个概念升华到具有宇宙论的高度，正是《易传》对庄子"太极"这一个术语的创新性运用的明证。张教授在新近发表的文章中又进一步论证了这个方面：

> 庄子在继承并超越老子之"道"论的同时，进一步延续了因《易》以立言的思路。正如钟泰《庄子发微》所说："庄子之言，多取象于《易》，取义于老。"庄子对《易经》的语言文字、思想内容都不陌生，而其思想又深刻影响到了《易传》，其中最为显著的便是《易传》"阴阳""太极"等范畴的运用……发端于战国中期齐国稷下的黄老之学，继承老子以"道"为最高范畴的理论，重视"精气"的观念，而《系辞上传》中"精气为物，游魂为变"云云，明显与此有所关涉和联系[1]。

此指出，今本《易传》的思想与庄子的思想有精神相通之处。一是，今本《易传》对诸如"阴阳""太极"等相同术语的运用。《庄子·天下》："《易》以道阴阳。"庄子认为，《易经》意在阐述阴阳之道。二是，今本《易传》对《易经》立象尽意的做法的弘扬。《周易·系辞上》：

> 子曰："书不尽言，言不尽意。"然则圣人之意，其不可见乎？子曰："圣人立象以尽意，设卦以尽情伪，系辞焉以尽其言，变而

---

[1] 张涛：《关于〈周易〉学派归属问题的新认识》，《光明日报》，2022年12月17日第11版。

通之以尽利，鼓之舞之以尽神。"①

此提出了"立象尽意"美学命题，这一个命题对中国的文学、哲学、艺术学等均有重大影响。

总而言之，《易传》既发扬了儒道的思想文化，又突破了儒家和道家的思想束缚。换而言之，《易传》以儒家伦理道德为底色，吸收道家的天地观念和阴阳等概念，建立起了一种比单纯的儒家和道家更加全面、丰富和深刻的哲学体系。

三、今本《易传》"综合百家，超越百家"的学术特征

今本《易传》除了得到儒家和道家的思想肥力，还吸收了先秦其他诸子思想的丰富养分，实现了学说创新。张涛教授先后论证了墨家、兵家、阴阳家、法家等先秦诸子学派与《周易》经传的学术联系②。最近张教授又发表了新论，对自己的这些见解进行了总结和理论升华：

> 今本《墨子》虽未见直接引《易》述《易》，但不能无视墨家与《周易》经传之间的内在联系，不能忽略其理论体系中的易学因素……在《易传》中，兼爱、尚贤等均属墨子所推崇的观念和主张，也不难找到与两者类似的表述。《家人卦·象传》有"'王假有家'，交相爱也"之语，与墨家所强调的"兼相爱，交相

---

① （三国·魏）王弼、（晋）韩康伯注，（唐）孔颖达疏，于天宝点校：《宋本周易注疏》卷第十一《周易系辞上》，中华书局，2018 年版，第 426 页。

② 张涛：《墨家思想与〈周易〉经传》，《暨南学报》（哲学社会科学版），2013 年第 3 期；张涛、孙世平：《〈周易〉经传与先秦兵家》，《理论学刊》，2014 年 9 期；张涛、陈婉莹：《〈周易〉经传与先秦阴阳家》，《理论学刊》，2015 年第 11 期；张涛：《〈周易〉经传与法家思想》，《理论学刊》，2018 年第 6 期，等等。

利"非常相似。《系辞上传》曰"履信思乎顺，又以尚贤也"，《颐卦·象传》言"天地养万物，圣人养贤以及万民"，都体现出"尚贤""养贤"已被《易传》吸纳和发展，成为一种规律性、根本性的思想。此外，在一些具体的政治主张方面，《易传》更直承墨家之说。像《节卦·象传》"天地节而四时成，节以制度，不伤财，不害民"云云，就源于墨家所倡导的"俭节则昌，淫佚则亡"等崇尚节俭的理论主张①。

此指出墨家与《易经》的内在联系以及《墨子》与《易传》思想的共通性。这些共通性表明，《易传》体系中含有墨家因素，即《易传》作者对《墨子》的思想和理论有所借鉴，例如《易传》吸收了《墨子》一书中兼爱、尚贤、节用等思想和主张。

在论及《周易》经传与阴阳家的学术渊源时，张涛教授说：

阴阳家的思想观念中也反映出《易经》的深刻影响，可以说是《易经》理念的进一步发挥、发展。清华简《筮法》等资料显示，阴阳、五行观念与《周易》的全面结合早在战国时期就已经实现。《易传》则在建立和完善自身思想体系的过程中，不乏对阴阳家学说的吸纳和借鉴。阴阳家最典型的五德终始说，以五种"德"之间的生克制化为核心。《易传》更进一步用"生生"来概括这种规则，并以之为宇宙及万物存在的根本动力和依据。《吕氏春秋·有始览·应同》对五德终始说有详细的记录，其中提到事物根据"类固相召，气同则合，声比则应"的原则进行分类，后来的"天人感应"之说便是基于这一理念逐渐发展而完成的。《易

---

① 张涛：《关于〈周易〉学派归属问题的新认识》，《光明日报》，2022 年 12 月 17 日第 11 版。相关的表述，请参看张涛：《墨家思想与〈周易〉经传》，《暨南学报》（哲学社会科学版），2013 年第 3 期。

传》亦重"感应"的思想，如《乾卦·文言传》有"同声相应，同气相求"的说法，《同人卦·象传》亦有"君子以类族辨物"之言，都体现了对阴阳家思想的采纳和融会①。

此指出《易经》对先秦阴阳家的思想观念的形成有重要影响，而《易传》作者又吸收和借鉴了阴阳家的阴阳五行、五德终始等学说，并使得阴阳家的一些核心概念得到深化和发展，如"生生"规则、天人关系等。阴阳家的思想观念与《周易》经传的互动与融合，丰富和完善了《易传》的思想体系。由此可见，张教授的学术创新在于对文献资料的深入挖掘和分析，明确了阴阳家思想与《周易》经传的互动联系，为探寻《易传》的学术来源提供了富有学理性的文献证据。

在论及《周易》经传与法家的学术渊源时，张涛教授说：

> 我们检索《周易》经传的文本，不难发现，法家推崇备至的"用狱尚刑"的观点在《周易》的《彖传》及《象传》中多有体现。比如《豫·彖传》的"圣人以顺动，则刑罚清而民服，豫之时义大矣哉"，《蒙·象传》的"利用刑人，以正法也"；又如《噬嗑·象传》的"雷电，噬嗑。先王以明罚敕法"，《丰·象传》的"雷电皆至，丰。君子以折狱致刑"；再如《旅·象传》的"山上有火，旅。君子以明慎用刑，而不留狱"，《贲·象传》的"山下有火，贲。君子以明庶政，无敢折狱"和《解·象传》的"雷雨作，解。君子以赦过宥罪"，等等……"和谐"是《周易》的根本精神，其经传中蕴含着丰富的和谐理念，而法家在维护法律权威的同时，也注重"和"所发挥的重要作用。韩非提出："积德而后神

---

① 张涛：《关于〈周易〉学派归属问题的新认识》，《光明日报》，2022 年 12 月 17 日第 11 版。相关的表述，请参看张涛、陈婉莹：《〈周易〉经传与先秦阴阳家》，《理论学刊》，2015 年第 11 期。

静，神静而后和多，和多而后计得，计得而后能御万物，能御万物则战易胜敌，战易胜敌而论必盖世；论必盖世，故曰'无不克'。无不克本于重积德，故曰'重积德则无不克'。"这里的"和多而后计得"，凸显了"和"，即协调、融洽的格局在政治大业成功之中占有的地位和作用……《周易》经传中有很多关于"时"的论述，提出了"与时偕行"的观点。法家也重新审视了"时"的观念，并提出了"动静有时""随时以举事""观时发事"……这些都与《周易》"与时偕行"的思想具有内在的一致性……帛书《易传》中《要》篇提出的君之要道的观点，在思想意涵上与法家确实有相似之处。先秦法家的代表人物商鞅曾指出："故其治国也，察要而已矣"，"察要"的思想已初见端倪①。

张涛教授从《周易》经传与法家思想的关系入手，揭示了两者在刑罚观念、和谐思想、因时而变、君之"要"道等方面具有内在一致性。这一观点的学术创新在于将《周易》的和谐理念与法家思想相互联系，阐明两者内在的学术逻辑；同时，将帛书《易传》中《要》篇的观点与法家思想对比研究，使得两者的思想内涵得到进一步的挖掘和发扬。由此可见张涛教授对文化经典的生成及其学术渊源关系的娴熟把握和深刻思考。

同样，在考察《周易》经传与兵家关系时，张涛教授也有精辟之论，例如：

武器、装备、粮草虽是战争胜败的关键性因素，但在其主体"人"的面前，仍然是要退居次席的。这些理论成果在《易传》诸篇中有着深刻的体现。例如，《师卦·象传》有言："刚中而应，

---

① 张涛：《〈周易〉经传与法家思想》，《理论学刊》，2018 年第 6 期。

行险而顺，以此毒天下而民从之，吉又何咎矣。"战争是残酷的，所谓"师旅之兴，不无害于天下"，故在冷兵器时代，军心士气、民心所向对战争成败起着决定性的作用。《彖传》的作者认为，《师卦》之所以为"吉""无咎"的原因，就在于其用兵行师能得众人之心，即"民从之"。与之相同，《师卦·象传》也说："地中有水，师。君子以容民蓄众。"从理论的高度将"师之道"的着眼点汇集到民众的身上……在此之外，先秦兵家学派对《易传》军事思想的影响还表现为从哲学的高度对军事规律予以总结，即用"中"这个极富抽象意义的概念来评判战场上的得失……除了军事思想之外，先秦兵家学派对《易传》的影响还表现在社会政治思想方面……《周易》为忧患之作，见于殷周之际的《易经》卦象和卦爻辞，其中即隐含有自我反思的忧患思想……《六韬》作者对于忧患意识的态度，即将此视作治国安邦的重要前提，其内涵也已经超出了单纯的军事思想范畴。所以，在忧患意识问题上，先秦兵家与《易传》有着相同的视角和出发点，只不过后者在理论的深度和系统化方面更进了一步。先秦兵家在政治思想领域对《易传》的另一个重要影响就是民本思想①。

此指出先秦兵家学派对《易传》思想及其成书等方面的影响，其主要集中在军事思想和社会政治思想等方面。《易传》对先秦兵家思想的创新体现为三点：(1)首次从理论高度将"师之道"的着眼点聚焦到民众的身上，如《师卦·象传》和《师卦·象传》；(2)《易传》从哲学的高度总结军事规律，用"中"这个抽象概念来评判战场上的得失，体现了《易传》对先秦兵家军事思想的总结和发展。(3)《易传》概括和突出了忧患意识和民本思想的社会意义。可见，张涛教授清晰地揭示了先秦兵

---

① 张涛、陈婉莹：《〈周易〉经传与先秦阴阳家》，《理论学刊》，2015年第11期。

家思想与《易经》的密切关系，论证了先秦兵家学派对《易传》军事思想和社会政治思想的影响以及《易传》的学术创新，为后人继续探讨《周易》经传和兵家的关系问题提供了宝贵的学术参考。

综上所述，张涛教授指出，《易经》对先秦墨家、阴阳家、法家、兵家等诸子各派起着重要的思想指导作用，而先秦百家之说又为《易传》提供了新鲜和丰富的思想养分，在认同、包容各家学说的基础之上，实现了易说的综合超越和创新发展。这种综合超越和创新发展不仅极大地丰富了古代中国的哲学体系，是各家学术思想融合的典型例子，更为后世提供了重要的学术启示。

新时代易学的成就值得关注和研究。张涛教授是新时代易学名家，将今本《易传》的文本性质归结为"儒道互补，以儒为主；综合百家，超越百家"。这个重要的学术创见，既与《易传》生成的政治背景相符合，又与儒家、道家、墨家、法家、阴阳家等先秦学派学说竞争、学说交融和互补等思潮相吻合，在易学史上足以成一家之言。而且，这个学术论断标志着新时代易学不论是在学术视野的广度上，还是在理论高度上，都上到了一个新的平台。

作者单位：广东外语外贸大学

《四库全书总目·子部·术数类》十六则

《中华易学》编委会整理

编者按：本编委会自成立伊始，便高度重视易学古籍文献的整理、出版工作，前期整理、校点的《四库全书总目·经部·易类》《续修四库全书总目提要·经部·易类》文献获得了读者的一致好评。鉴于四库易学研究的需要，编委会决定选载《四库全书总目·子部·术数类》。此次整理，以《四库全书总目》（中华书局1965 年影印本）为底本，横排简体，避讳字及明显的讹误、衍脱之处一律径改，不出校。（执笔：任小叶　王楠）

术数之兴，多在秦汉以后。要其旨，不出乎阴阳五行，生克制化。实皆《易》之支派，傅以杂说耳。物生有象，象生有数，乘除推阐，务究造化之源者，是为数学。星土云物，见于经典，流传妖妄，浸失其真。然不可谓古无其说，是为占候。自是以外，末流猥杂，不可殚名。史志总概以"五行"。今参验古书，旁稽近法，析而别之者三：曰相宅相墓、曰占卜、曰命书相书。并而合之者一，曰阴阳五行。杂技术之有成书者，亦别为一类附焉。中惟数学一家，为《易》外别传，不切事而犹近理。其余则皆百伪一真，递相煽动。必谓古无是说，亦无是理，固儒者之迂谈；必谓今之术士能得其传，亦世俗之惑志，徒以冀福畏祸。今古同情，趋避之念一萌，方技者流各乘其隙以中之。故悠谬之谈，弥变弥多耳。然众志所趋，虽圣人有所弗能禁。其可通者存其理，其不可通者姑存其说可也。

术数类一

太玄经十卷（编修励守谦家藏本）

汉扬雄撰，晋范望注。《汉书·艺文志》称扬雄所序三十八篇，《太玄》十九。其本传则称太玄、三方、九州、二十七部、八十一家、二百四十三表、七百二十九赞，分为三卷，曰一、二、三，与《太初历》相应。又称有首、冲、错、测、摛、莹、数、文、掜、图、告十一篇，皆以解剥玄体，离散其文，章句尚不存焉。与《艺文志》十九篇之说，已相违异。桓谭《新论》则称《太玄经》三篇，《传》十二篇，合之乃十五篇，较本传又多一篇。案阮孝绪称《太玄经》九卷，雄自作章句。《隋志》亦载雄《太玄经章句》九卷。疑《汉志》所云十九篇，乃合其章句言之。今章句已佚，故篇数有异。至桓谭《新论》则世无传本，惟诸书递相援引，或讹十一为十二耳。以今本校之，其篇名、篇数一一与本传皆合，固未尝有脱佚也。注其书者，自汉以来，惟宋衷、陆绩最著。至晋范望，乃因二家之注，勒为一编。雄书本拟《易》而作，以家准卦，以《首》准《彖》，以赞准爻，以《测》准《象》，以《文》准《文言》，以《摛》《莹》《掜》《图》《告》准《系辞》，以《数》准《说卦》，以《冲》准《序卦》，以《错》准《杂卦》，全仿《周易》。古本经传各自为篇，望作注时，析《玄首》一篇，分冠八十一家之前。析《玄测》一篇，分系七百二十九赞之下。始变其旧，至今仍之。其书《唐艺文志》作十二卷，《文献通考》则作十卷，均名曰"太玄经注"。此本十卷，与《通考》合，而卷端标题则称晋范望字叔明解赞。考《玄测》第一条下有附注曰"此是宋、陆二家所注，即非范望注也。盖范望采此注意，自经解赞，儒有近习，罔知本末，妄将此注升于'测曰'之上，以杂范注，混乱义训。今依范望正本移于'测曰'之下，免误学者。已下七百二十九测注并同"云云。考望自序，亦称因陆君为本，录宋所长，捐其所短，并首一卷，本经之上，散测一卷，注文之中，训理其义，以测为据。然则望所自注，特其赞词。其他文则酌取二家之旧，故独以解赞为文。今概称望注，要其终而目之耳。卷端列陆绩《述玄》一篇，据陈振孙《书录解题》为范本所旧有。又列王涯《说玄》五篇，又列《释文》一卷，则不知何人附入。其太玄图旁，范望序末及《玄首》《玄测》之首尾，凡附记九条，卷末又有一跋，均不署名氏。考序后附记，称近时林瑀。瑀与贾昌朝同时，则此九条当出北宋人手。又王涯《说玄》之末附题一行云："右迪功郎充两浙东路提举茶盐司干办公事张实校勘"，则附记或出于实欤？其《释文》一卷，亦不著名氏。考郑樵《通志·太玄经释文》一卷，亦林瑀撰，疑实刊是书时，并以涯之《说》、瑀之《释文》冠于编首也。

太玄本旨九卷（江苏巡抚采进本）

明叶子奇撰。子奇字世杰，号静斋，龙泉人。明初以荐官巴陵主簿。扬雄以《玄》拟《易》，卷首所列旧图，具七十二候。晁说之《易玄星纪谱》，亦以星候为机括。子奇独谓《太玄》附会律历节候而强其合，不无臆见。历举所求而未通者八条，以明未足尽《易》之旨。而又称其能自成一家之学，在两汉不可多得。因别为诠释，以正宋、陆旧注之讹。盖亦如说《易》之家，废象数而言义理也。考《太玄》大意，虽不尽涉乎飞伏互应，与焦、京之说有别。然《汉书》雄本传称：《玄首》四重者非卦也，数也。其用自天玄推一昼、一夜、阴阳、数度、律历之纪，九九大运，与天终始，与《太初历》相应，亦有颛顼之历焉。汉儒所述，其说至明。子奇必以为不协律历，其说殊戾。然《玄》文艰涩，子奇能循文阐发，使读者易明，亦有一节之可取。数百年来，注是书者寥寥，存以备一家可也。

元包五卷
附元包数总义二卷（浙江汪启淑家藏本）

北周卫元嵩撰，唐苏源明传，李江注，宋韦汉卿释音。其《总义》二卷，则张行成所补撰也。杨楫尝序其书云：元嵩，益州成都人。明阴阳历算，献策后周，赐爵持节蜀郡公。胡应麟《四部正讹》则云："元嵩，后周人。所撰述有《齐三教论》七卷，见郑樵《通志》。又《隋志》释氏类，称蜀郡沙门卫元嵩上书，言僧徒猥滥，周武帝下诏，一切废毁，即其人也。"杨楫本序颇与《隋志》合。序称元嵩有传，考《北史》无之，杨氏误也。案应麟谓元嵩先为沙门，所考较楫为详。然《北史》载元嵩《艺术传》中，应麟求之于专传，不见其名，遂以为《北史》不载。则楫不误而应麟反误。至《崇文总目》以为唐人，《通志》《通考》并因之，则疏舛更甚矣。唐释道宣《广宏明集》，于元嵩深有诋词，盖以澄汰僧徒，故缁流积恨。然温大雅《创业起居注》，载元嵩造谣谶，裴寂等引之以劝进，则亦妖妄之徒也。是书体例近《太玄》，序次则用《归藏》，首坤而继以乾、兑、艮、离、坎、巽、震卦，凡七变合本卦，其成八八六十四。自系以辞，文多诘屈。又好用僻字，难以猝读。及究其传注音释，乃别无奥义。以艰深而文浅易，不过效《太玄》之颦。宋绍兴中，临邛张行成以苏、李二氏徒言其理，未知其数，复遍采《易》说，以通其旨，著为《总义》。元嵩书《唐志》作十卷，今本五卷。其或并或佚，盖不可考。杨楫序称：大观庚寅，前进士张昇景初，携《元包》见遗，曰自后周历隋、唐，迄今五百余载，世莫得闻，顷因杨公元素内翰传秘阁本，俾镂版以传。然此书《唐志》《崇文总目》并著录，何以云五百余年，世莫得闻。王世贞疑为依托，似非无见。今术数家从无用以占卜者，徒以流传既久，姑录存之。行成书，《玉海》作二卷，与今本合。与《元包》本别著录。然考昇子张洸跋，已称以行成疏义，与临邛韦汉卿释音，合为一编，则二书之并，其来已久。毛晋刊版，盖有所本，今亦仍之。其释音漏题汉卿名，则晋之疏耳。

潜虚一卷　附潜虚发微论一卷（浙江巡抚采进本）

宋司马光撰。光有《温公易说》，已著录。是编乃拟《太玄》而作。晁公武《读书志》曰："此书以五行为本，五行相乘为二十五，两之为五十。首有气、体、性、名、行、变、解七图。然其辞有阙者，盖未成也。其手写草稿一通，今在子建侄房。"朱子跋张氏《潜虚图》亦曰："范仲彪炳文家多藏司马文正公遗墨，尝示予《潜虚》别本，则其所阙之文甚多。问之，云：'温公晚著此书，未竟而薨，故所传止此。'近见泉州所刻，乃无一字之阙，始复惊疑，读至数行，乃释然曰：'此赝本也。'"其说与公武合。此本首尾完具，当即朱子所谓泉州本，非光之旧。又公武言"气、体、性、名、行、变、解"七图，熊朋来则言《潜虚》有气图，其次体图，其次性图，其次名图，其次行图，其次命图，其目凡六。而张氏或言八图者，行图中有变图解图也。是命图为后人所补。公武言"五行相乘为二十五，两之为五十"，而今本实五十五行。是其中五行亦后人所补，不止增其文句已也。吴师道《礼部集》有此书后序，称初得《潜虚》全本，又得孙氏阙本，续又得许氏阙本，归以参校，用朱子法，非其旧者，悉以朱圈别之。然其本今亦不传。林希逸尝作《潜虚精语》一卷，今尚载《鬳斋十一稿》中。凡所存者，皆阙本之语，而续者不载。尚可略见大概。然于阙本中亦不全取，究无以知某条为赝本，盖世无原书久矣，姑以源出于光而存之耳。陈淳讥其所谓虚者，不免于老氏之归。要其吉臧平否凶之占，以气之过不及为断，亦不失乎圣贤之旨也。张敦实论凡十篇，据吴师道后序，则元时已附刻于后，今亦并存。敦实，婺源人。官左朝奉郎、监察御史。其始末无考。考《太玄经》末有"右迪功郎充浙江提举盐茶司干办公事张实校勘"字，疑即一人。或南宋避宁宗讳，重刻《太玄经》时删去敦字欤？是不可得而详矣。

皇极经世书十二卷（通行本）

宋邵子撰。据晁说之所作《李之才传》，邵子数学本于之才，之才本于穆修，修本于种放，放本陈抟。盖其术本自道家而来。当之才初见邵子于百泉，即授以义理、物理、性命之学。《皇极经世》盖即所谓物理之学也。其书以元经会、以会经运、以运经世，起于尧帝甲辰，至后周显德六年己未。凡兴亡治乱之迹，皆以卦象推之。厥后王湜作《易学》，祝泌作《皇极经世解起数诀》，张行成作《皇极经世索隐》，各传其学。朱子《语录》尝谓自《易》以后，无人做得一物如此整齐，包括得尽。又谓康节《易》看了，都看别人的不得。其推之甚至。然《语录》又谓《易》是卜筮之书，《皇极经世》是推步之书，《经世》以十二辟卦管十二会，绷定时节，却就中推吉凶消长，与《易》自不相干。又谓康节自是《易》外别传。蔡季通之数学亦传邵氏者也，而其子沈作《洪范皇极内篇》，则曰以数为象则畸零而无用，《太玄》是也；以象为数则多耦而难通，《经世》是也。是朱子师弟于此书，亦在然疑之间矣。明何瑭议其天以日月星辰，变为寒暑昼夜，地以水火土石，变为风雨露雷，涉于牵强。又议其乾不为天而为日，离不为日而为星，坤反为水，坎反为土，与伏羲之卦象大异。至近时黄宗炎、朱彝尊攻之尤力。夫以邵子之占验如神，则此书似乎可信。而此书之取象配数，又往往实不可解。据王湜《易学》所言，则此书实不尽出于邵子。流传既久，疑以传疑可矣。至所云"学以人事为大"，又云"治生于乱，乱生于治，圣人贵未然之防，是谓《易》之大纲"，则粹然儒者之言，非术数家所能及。

斯所以得列于周、程、张、朱间欤？

皇极经世索隐二卷（永乐大典本）

宋张行成撰。行成字文饶，一作子饶，临邛人。始末不甚可考。其
进所著《易说七种表》，称自成都府路提辖司干办公事丐祠而归。《玉
海》称乾道二年六月，以行成进《易》可采，除直徽猷阁。汪应辰《玉
山集》有《论邓深按知潼川府张行成状》，殆由直阁出守欤？此编即所
进七书之一。朱彝尊《经义考》注云未见。今见《永乐大典》中者，别
载序文《总要》及《机要》二图，而所解《观物》诸篇，乃散缀于邵伯
温解各段之下。盖割裂分附，殊失其旧。今摘录叙次，以还其原第，遂
复为完书。邵子数学源出陈抟，于羲、文、周、孔之易理，截然异途。
故尝以其术授程子，而程子不受。朱子亦称为"《易》外别传"，非专门
研究其说者，不能得其端绪。儒者或引其书以解《易》，或引《易》以
解其书，适以相淆，不足以相发明也。行成于邵子之学用力颇深，以伯
温之解于象数未详，复为推衍其意义，故曰《索隐》。《宋史·艺文志》
作一卷。考行成进书原表自称二卷，《宋史》显为字误。今以原表为据，
厘为二卷云。

皇极经世观物外篇衍义九卷（永乐大典本）

宋张行成撰。是书专明《皇极经世外篇》之义，亦所进七《易》之
一也。《皇极经世内篇》前四卷推元会运世之序，后四卷辨声音律吕之
微。《外篇》则比物引类，以发挥其蕴奥。行成以《内篇》理深而数略，
《外篇》数详而理显，学先天者当自《外篇》始。因补阙正误，使其文
以类相从，而推绎其旨，以成是编。上三篇皆言数，中三篇皆言象，下
三篇皆言理。皆行成以意更定，非复旧第。然自明以来刻本，率以《外

篇》居前，题为《内篇》，未免舛互失序。赖行成此本，尚可正俗刻之讹。且原书由杂纂而成，本无义例。行成区分排比，使端绪易寻，亦颇有条理，虽乾坤阖辟，变化无穷，行成依据旧图，循文生义，于造化自然之妙未必能窥。至于邵氏一家之学，则可谓心知其意矣。魏了翁尝称其能得易数之详，而书不尽传。则宋代已不免散佚。朱彝尊《经义考》但载《皇极经世索隐》而不及此书，则沈湮已久。惟《永乐大典》所载尚为完本。今据原目，仍厘为九卷，著于录。

易通变四十卷（永乐大典本）

宋张行成撰。亦所进《易说》七种之一也。其说取陈抟至邵子所传先天卦数等十四图，敷演解释以通其变，故谓之通变。案以数言《易》，本自汉儒。然孟喜之《易》，言六日七分而已。至京房之《易》，言飞伏纳甲而已。费直之《易》，言乘承比应而已。至魏伯阳作《参同契》，借《易》以明丹诀，始言甲壬、乙癸之方位。而《易纬·是类谋》亦谓冬至日在坎，春分日在震，夏至日在离，秋分日在兑。《易通卦验》又谓乾西北主立冬，坎北方主冬至，艮东北主立春，震东方主春分，巽东南主立夏，离南方主夏至，坤西南主立秋，兑西方主秋分。盖《易》之支流，有此衍说。至宋而陈抟作图，由穆修以递授于邵子，始借儒者之力，大行于世。故南宋之后，以数言《易》者，皆以陈、邵为宗。又以陈本道家，遂讳言陈而惟称邵。行成于蜀中作守，籍吏人之家，得邵子所传十四图，因著此书。其自序谓康节之学，主于交泰、既济二图，而二图尤以卦气为根柢。参伍错综以求之，而运世之否泰，人物之盛衰，皆莫能外，其自许甚高。其中如人之五脏，亦以《易》数推之，谓当重几斤几两，殊为穿凿。李心传讥其牵合。祝泌谓其发明处甚多，而支蔓处亦甚多，然其说亦自成理。自袁枢、薛季宣以下，虽往往攻之，迄不能禁其不传也。此本流传甚少，外间仅有宋刻本及明费宏家钞本。今以《永乐大典》所载参互勘校，录而存之，以备数术之一家。是书之名，《永乐大典》作《易通变》，费宏本作《皇极经世通变》，宋本但题曰《通变》而无"易"字，亦无"皇极经世"字。盖原刻其全书七种，此乃其一，故有细目而无大名，不能据以断两本之是非。以《永乐大典》所题在费氏本前，当为旧本，今姑据以著录焉。

观物篇解五卷（两江总督采进本）
附皇极经世解起数诀一卷（浙江汪启淑家藏本）

宋祝泌撰。泌字子泾，鄱阳人，自号观物老人。书首署衔称"承直郎充江淮荆浙福建广南路都大提点坑冶铸钱司干办公事"，而《起数诀》内又自署"提领所干办公事"，不知其终于何官也。案朱彝尊《经义考》有泌所撰《皇极经世钤》十二卷。此本题作《观物篇解》，又止五卷，与彝尊所记目次不合。而别载泌自序一篇，所陈大旨，又颇与此本义例相近。或一书两名，而后人合并之欤？又案泌自序，末署端平乙未，而《起数诀》序内题淳祐辛丑。上距乙未六年，在《皇极经世钤》已成之后。且今《起数诀》乃单本别行，而《观物篇解》第四卷中亦有，并以《起法》《用法》别载成卷语。是当与《用法》别为一书，而《用法》已佚，即《起数诀》所存，亦仅"声韵"一谱，已非其旧。今姑附入《观物篇解》后，以存其概。泌所言大小运数，虽皆归宿于卦一图，其断法则不专在卦而在四象。大旨先用四爻藏闰，次用四爻直事，大运起《泰》，小运起《升》，于牛思纯《宝局》、张行成《通变》多所驳正。然如邵子言四象相交而成十六事，泌遂创为二十五变之说。邵子言《姤》《复》小父母，泌遂创为《同人》起分秒之说。皆与《经世》书乖异不合。其推大小运，一变不协则再变，至三变四变以求协者，尤非出于自然。至于声音律吕之学，邵子得之其父古，古书备见《正音叙录》，轨辙可寻。泌乃取三十六字母之翻切，以声起数，以数合卦。仅与壬遁同用，求深反浅。且声音韵谱所说，以夫普旁母字当字母之用，既属支离。至所云人用分数，物用秒数，数起《同人》之类，尤为迂曲难解，似非尽出于邵氏本意。然《永乐大典》别载有祝氏《占例》，所言实皆奇中。陶宗仪《辍耕录》载泌精《皇极》数，其甥傅立传其术，为元世祖占卜，尚能前知，则亦小道之可观者。盖其学虽宗康节，而亦自别有所得。故其例颇与《经世》书不符，而其推占亦往往著验。方技之家，各挟一术，邵子不必尽用《易》，泌亦不必尽用邵子，无庸以异同疑也。二书世所钞传，间有讹脱。诸本并同，无从订正，今亦姑仍之云。

皇极经世书解十四卷（直隶总督采进本）

国朝王植撰。植有《四书参注》，已著录。案《皇极经世》书，邵伯温以为共十二卷，一至六则"元会运世"，七至十则"律吕声音"，十一二为"观物篇"。赵震又分"元会运世"之六卷为三十四篇，"律吕声音"之四卷为十六篇。《性理大全》则合内篇十二、外篇二，共为六十四篇。又谓"律吕声音"十六篇，共图三千八百四十。明嘉兴徐必达所刻《邵子全书》细目，复《以元经会》分十二会为十二篇，《以会经运》分二百四十运为十二篇，《以运经世》分十篇，"律吕声音"则合有字有声，及无字无声，平上去入，各九百六十图。植为此书，则并《元会运世》为三卷，《律吕声音》为一卷，内篇、外篇共为卷者八，而又标蔡元定原纂图十，及所补录图五，新附图三于卷首。其于旧本，多所更定。如午会之六世之巳，书秦夺宣太后权，黄畿注未录入。此补录之。《声音》篇之配以卦，黄畿以为出于祝氏《钤》，此一切芟汰之。又广引诸家之说以相发明，其考究颇为勤挚。邵子之数虽于《易》为别派，然有此一家之学，亦不可磨灭于天地之间。植之所说，虽未必尽得本旨，而自宋以来，注是书者不过数家，存之亦足资旁证也。

易学一卷（内府藏本）

宋王湜撰。是书《宋志》不著录。其名见晁公武《读书志》，但称同州王湜，而不详其始末。张世南《游宦记闻》称：康节先生《皇极经世》，其学无传。此外有所谓《太乙数》，渡江后，有北客同州免解进士王湜，潜心是书，作《太乙肘后备检》三卷，为阴阳二遁绘图一百四十有四。上自帝尧以来，至绍兴六年丙辰云云，是南宋初人矣。今《太乙肘后备检》未见传本，此书则《通志堂经解》刊之。书中首论太极、两仪、四象、八卦，而以夜半日中心肾升降之气明之，又有取于《庄子》"肃肃出乎天，赫赫发乎地"之语，全本于道家之说。其自序则称于陈抟、穆修、李之才、刘牧之书，兼而思之，是以先天之学出于炉火之证也。然其论先天之图，谓希夷而前，莫知其所自来。其时距邵子未远，而其言如是，可以知传自伏羲，遭秦焚书，流于方外之说，出于后儒之附会。其末为《皇极经世节要》。自序有云：康节遗书，或得于家之草稿，或得于外之传闻，间有讹谬。于是决择是非，以成此书，示读《皇极》者以门户。亦可知《皇极经世》一书不尽出于邵子。其言可谓皎然不欺，有先儒淳实之遗矣。

洪范皇极内篇五卷（永乐大典本）

宋蔡沈撰。沈父元定，究心《洪范》之数，未及论著，尝曰："成吾书者，沈也"。沈反复数十年，然后成书，分内外篇，而释数之辞尚未备，故各条之下有但标"数曰"二字而无其文者。《永乐大典》及《性理大全》皆作《洪范内篇》。惟熊宗立注本以论三篇为内篇，数八十一章为外篇。考是书数八十一章，拟《易》六十四卦，当为内篇。论三篇拟《易·系辞》《说卦》等传，当为外篇。今各本皆以论三篇列于前，而八十一章列于后，伦序颇为不协。疑《性理大全》与《永乐大典》同时纂辑，所据同一误本，未及详考欤？明余深著《洪范畴解》，曹溶称为释蔡氏内篇，畴即八十一章之数也。程宗舜作《洪范内篇释》，其自序曰：释八十一数，亦不指三篇之论。韩邦奇引《论》中"象以偶为用"数语，作《洪范传》。传以别于经，即外篇矣。意其时必有流传善本，与永乐间书局所据不同。故诸家之言如此，其讹似无可疑。然余深等所据之本今不复见，未敢轻改古书，姑仍其旧第编之。又考王应麟《玉海》载此书名《洪范数》，王圻《续通考》作《洪范皇极内外篇》，朱彝尊《经义考》作《洪范内外篇》。今详考其书，当以《续通考》所名为是。《续通考》不载卷数，《经义考》作七卷。今以类相从，编为五卷。考"洛书"之名见于《易》，不见于《书》。《洪范》之文以明理，非以明数。其事绝不相谋。后人以《乾凿度》太乙行九宫法指为《洛书》，案《史记·日者列传》所载占日七家，太乙家居其一，《汉书》载太乙诸术，亦列于五行家，明为方技之说，事不出于经义矣。卢辩注《大戴礼记·明堂篇》始附合于龟文。案卢辩，北齐人，其说最为晚出，朱子引此注以证龟书，指为郑康成撰。朱子博极群书，岂不知康成未注《大戴礼记》，特欲申龟文之说，别无古证，是不得不移之郑康成耳。至宋而图书之说大兴，遂以为《洪范》确属《洛书》，《洛书》确属龟文，龟文确为"戴九履一"等九数，而圣人叙彝伦之书变为术家谈奇耦之书矣。沈作是书，附会刘歆《河图》《洛书》相为表里，八卦九章相为经纬之说，借《书》之文以拟《易》之貌。以九九演为八十一畴，仿《易》卦八八变六十四之例也。取《月令》节气，分配八十一畴，阴用孟喜解《易》卦气值日之术也。其撰著以三为纲，积数为六千五百六十一，阴用焦赣六十四卦各变六十四卦之法也。大意以《太玄》《元包》《潜虚》既已拟《易》，不足以见新奇。故变幻其说，归之《洪范》，实则朝三暮四，朝四暮三，同一僭经而已矣。此在术数之家，已为重儓之重儓，本不足道。以自沈以后，又开演《范》之一派，支离镠辖，踵而为之者颇多。既有其末，不可不著其本。故录而存之，而别著录于术数类。明非说经之正轨，儒者之本务也。

天原发微五卷（两淮盐政采进本）

宋鲍云龙撰。云龙字景翔，歙县人。景祐中乡贡进士。入元不仕以终。是书以秦、汉以来言天者或拘于数术，或沦于空虚，致天人之故郁而不明，因取《易》中诸大节目，博考详究，先列诸儒之说于前，而以己见辨论其下。拟《易大传》天数二十有五，立目二十五篇：曰《太极》，以明道体；曰《动静》，以明道用；曰《静动》，以明用本于体；曰《辨方》，言一岁运行必胎坎位；曰《元浑》，言万物终始总摄天行；曰《分二》，言动静初分；曰《衍五》，言阴阳再分；曰《观象》，言四象生两仪之故；曰《太阳》，曰《太阴》，曰《少阳》，曰《少阴》，以日月星辰分配，用邵子之说，与《大传》旨异；曰《天枢》，言北辰；曰《岁会》，言十二次；曰《司气》，言七十二候；曰《卦气》，言焦、京学为《太玄》所出；曰《盈缩》，言置闰；曰《象数》，言图书；曰《先后》，言先后天；曰《左右》，言左旋右旋；曰《二中》，言五六为天地中；曰《阳复》，言复为天心；曰《数原》，言万变不出一理；曰《鬼神》，言后世所谓鬼神多非其正；曰《变化》，言天有天之变化，人有人之变化，而以朱子主敬之说终之。其中或泛滥象数，多取扬雄旧说，不免稍近于杂。要其条缕分明，于数学亦可云贯通矣。元元贞间，郑昭祖刊行其书，方回、戴表元皆有序。至于明初，其族人鲍宁，本赵汸之说，附入辨正百余条。剖析异同，多所推阐。又作篇目名义，及采云龙与方回问答之语为《节要》一卷，冠之于首。盖亦能发明云龙之学者。然于原文颇有所删改，非复元贞刊本之旧矣。

大衍索隐三卷（永乐大典本）

宋丁易东撰。易东有《周易象义》，已著录。是书专明大衍之数。胪采先儒绪论，而以己意断之。王宏撰《山志》曰：丁氏萃五十七家之说为《稽衍》，又自为《原衍》《翼衍》。据易东自序云：既成《原衍》《翼衍》二书，复为《稽衍》。则王氏未见原本也。其书篇第，盖自"大衍之数五十其用四十九"以下三十六图为《原衍》，自"图五十五数衍成五十位"以下二十九图为《翼衍》。自《乾凿度》以下，列诸家之说而系以论断者为《稽衍》，凡三卷，卷各有序。《永乐大典》既脱去目录及《原衍》之序，又讹《翼衍》为"翼行"，而错《稽衍》篇题于《翼衍》内，前后至为紊杂。朱彝尊《经义考》则误以《原衍》序为全书自序，而世所传别本又全佚去《稽衍》一篇。盖流传既稀，益滋讹谬，幸别本所载，原目尚有全文。谨据《永乐大典》补足《稽衍》一卷。其次序之凌乱者，则据原目厘正，仍为完帙焉。

易象图说内篇三卷　外篇三卷（两江总督采进本）

元张理撰。理有《大易象数钩深图》，已著录。是书内篇凡三：曰《本图书》，曰《原卦画》，曰《明蓍策》。外篇亦三：曰《象数》，曰《卦爻》，曰《度数》。其于元会运世之升降，岁时寒暑之进退，日月行度之盈缩，以及治乱之所以倚伏，理欲之所以消长，先王制礼作乐，画井封疆，一切推本于图书。盖与张行成《易通变》相类，皆《皇极经世》之支流也。图书之学，王湜以为自陈抟以前莫知所自来，而说者则谓为秘于道家，至抟乃显。此书引《参同契》"巽辛见平明，十五乾体就"云云，以明圆图；引"朔旦为《复》，阳气始通，《姤》始纪绪，履霜最先"云云，以明方图。其说颇相吻合。意所谓遭秦焚书，此图流于

411

方外者，即影附此类钦？黄虞稷谓邓锜《大易图说》与理此书俱为《道藏》所录。今以《白云霁道藏目录》考之，实在洞真部灵图类灵字号中，则其说出道家可知矣。

三易洞玑十六卷（福建巡抚采进本）

明黄道周撰。道周有《易象正》，已著录。是编盖约天文历数归之于《易》。其曰"三易"者，谓伏羲之《易》、文王之《易》、孔子之《易》也。曰"洞玑"者，玑衡古人测天之器，谓以《易》测天、毫忽不爽也。一、二、三卷为《伏羲经纬》上中下，即陈、邵所传之《先天图》。四、五、六卷为《文图经纬》上中下，即《周易》上下经次序。七、八、九卷为《孔图经纬》上中下，即《说卦传》出震、齐巽之方位，十卷、十一、二卷为《杂图经纬》上中下，则《杂卦传》之义。十三卷为《馀图总纬》，则因《周官·太卜》而及于占梦之六梦、眠祲之十辉，以及后世奇门太乙之术。十四、十五、十六卷为《贞图经纬》上中下，与杂图相准，有衡、有倚、有环。衡者平也，倚者立也，环者圆也。其自述曰："夫子有言，书不尽言，言不尽意。凡《易》之言语文字，仅修辞尚玩之一端。即焦、京、管、郭幽发微中，取验不过一时，揲扐不过数策。圣人之不为此钻仰亦已明矣。舍此二条，夫子所谓三极并立，穷变极赜，范围曲成，与天地相似者，果为何物？盖天地人之象数，皆具于物，布而为历，次而为律，统而为《易》。去其图著，别其虚实，以为《春秋》《诗》，又以孟子所言千岁之日至、五百兴王为七十二相承之历。故是书之作，意欲网罗古今，囊括三才，尽入其中。虽其失者时时流于机祥，入于驳杂，然易道广大，不泥于数，而亦不离于数；不滞于一端，而亦不遗于一端。纵横推之，各有其理。"唐李鼎祚《周易集解》序云：郑多参天象，王全释人事。天道难明，人事易习。《易》之为道，岂偏滞于天人哉！故道周此书，乍观似属创获。

然郑康成解《随》之初九云："震为大涂，又为日门，当春分阴阳之所交。"此道周言岁气之所本也。故云晷益则日损，晷损则日益。康成解《比》之初六云："有孚盈缶，爻辰在未，上值东井，井之水人所汲，故用缶。"此道周言星名之所本也。故云《坤》为箕，《复》为尾，斗之翕舌则为《噬嗑》，牛之任重致远则为《随》，卦气值日始于京房，充之则为元会之运。推策定历，详于一行。衍之则为章蔀之纪。推其源流，各有端绪。史称其殁后家人得其小册，自推终于丙戌年六十二。则其于藏往知来之道，盖非徒托空言者。然旁见侧出，究自为一家之学，以为经之正义则不可，退而列诸术数，从其类也。

右术数类数学之属，一十六部，一百四十七卷，皆文渊阁著录。

案：《太玄经》称准《易》而作，其揲法用三十六策，王谠《唐语林》曰：王相涯注《太玄》，尝取以卜，自言所中多于《易》筮，则《太玄》亦占卜书也。然自涯以外，诸儒所论，不过推其数之密，理之深耳。未闻用以占卜者，亦未有称其可以定吉凶，决疑惑者。即王充以下诸儒，递有嗤点，亦未有诋以占卜无验者。则仍一数学而已。故今仍隶之数学，不入占卜。《元包》《潜虚》以下，亦以类附焉。《皇极经世》虽亦《易》之余绪，而实非作《易》之本义。诸家著录，以出于邵子，遂列于儒家。然古之儒者，道德仁义，诵说先王；后之儒者，主敬存诚，阐明理学。均无以数为宗之事，于义颇属未安。夫著述各有体裁，学问亦各有派别。朱子《晦庵大全集》，皆六经之旨也。而既为诗文，不得不列为集。《通鉴纲目》亦《春秋》之义也，而既为编年，不得不列为史，此体例也。《阴符经刊误》《参同契刊误》，均朱子手著，而既为黄老神仙之说，不得不列为道家，此宗旨也。邵子既推数以著书，则列之术数，其亦更无疑义矣。

整理者单位：北京师范大学中国易学文化研究院